W0259818

Patientensicherheit, Arzthaftung, Praxis- und Krankenhausorganisation

Dietrich Berg · Klaus Ulsenheimer
(Herausgeber)

Patientensicherheit, Arzthaftung, Praxis- und Krankenhausorganisation

Mit 29 Abbildungen und 14 Tabellen

Professor Dr. Dietrich Berg
Schwaigerstraße 33
92224 Amberg
dberg@asamnet.de

Professor Dr. Dr. Klaus Ulsenheimer
Kanzlei Ulsenheimer & Friedrich
Maximiliansplatz 12/IV
80333 München
ulsenheimer@uls-frie.de

ISBN-10 3-540-23677-5 Springer Berlin Heidelberg New York
ISBN-13 978-3-540-23677-1 Springer Berlin Heidelberg New York

Bibliografische Information Der Deutschen Bibliothek
Die Deutsche Bibliothek verzeichnet diese Publikation in der Deutschen Nationalbibliografie; detaillierte bibliografische Daten sind im Internet über <http://dnb.ddb.de> abrufbar.

Springer ist ein Unternehmen von Springer Science+Business Media

springer.de

Printed in Germany

Einbandgestaltung: deblik, Berlin

SPIN 11340904 64/3153-5 4 3 2 1 0 – Gedruckt auf säurefreiem Papier

Vorwort

Die Erhaltung und Wiederherstellung von Gesundheit hat in der menschlichen Werteordnung hohe Priorität. Sie ist das Ziel des ärztlichen Berufsstandes, der lange Zeit ohne größere öffentliche Hinterfragung oder gar Kritik tätig werden konnte. In Deutschland hat sich das Bild des Arztes in Deutschland jedoch inzwischen deutlich geändert. Das zunehmende Selbstverständnis des Patienten, der als Partner und nicht mehr als Empfänger von Ratschlägen und Anordnungen verstanden werden will, und die zunehmende Transparenz ärztlicher Tätigkeit gehen parallel mit der Verrechtlichung und der derzeit besonders belastenden Bürokratisierung der Medizin. Insbesondere die Letztere erfuhr durch die steigende Ökonomisierung – hervorgerufen durch zunehmende finanzielle Engpässe – eine erhebliche Beschleunigung.

Um die Situation – vielleicht etwas übertrieben – zu veranschaulichen, könnte man formulieren, daß früher der Patient mit seiner Krankheit ein Risiko einging; heute entstehen zusätzliche Risiken: für den Patienten ein Behandlungsrisiko durch die Hinzuziehung des Arztes und für den Arzt ein forensisches Risiko durch die Behandlung seines Patienten – eine scheinbar paradoxe Situation angesichts des ungeheuren medizinischen Fortschritts, der Perfektionierung der Technik und der stetig wachsenden Spezialisierung der ärztlichen Berufstätigkeit.

Die Kritik an Ärzten, Pharmaindustrie und Forschung ist Ausdruck einer gewissen Fortschrittsangst, die der Philosoph Marquardt[1] treffend beschrieben hat: „Die dramatisch zunehmende Fähigkeit der Medizin, Krankheiten zu besiegen, wird … als wachsende Entmenschlichung der Medizin und Verdinglichung ihrer Patienten verdammt." Und er vergleicht den modernen Menschen mit der Prinzessin auf der Erbse: „Wer fortschrittsbedingt unter immer Weniger zu leiden hat, leidet unter diesem Wenigen immer mehr."

Wie auch immer diese Entwicklung zustande kommt: Man wird feststellen müssen, daß die Klagebereitschaft – basierend auf einem zunehmenden Glauben an und einem zunehmenden Anspruch auf eine vollkommene Medizin – in gleichem Maße steigt, wie die Bereitschaft zur Akzeptanz biologischer Gesetzmäßigkeiten sinkt. Der Irrglaube an die Vollkommenheit der Natur und die unbegrenzten Möglichkeiten der Medizin schließt in logischer Konsequenz eine Haftung der Natur für von ihr veranlasste Fehler aus – also wird derjenige in Anspruch genommen, der versucht, Fehler der Natur zu korrigieren. Dadurch verschwimmen oftmals die notwendigen Grenzen zwischen Unglück und Unrecht, zwischen Schicksal und Schuld und damit die rechtlichen Voraussetzungen persönlicher Haftung.

Dieses Buch verfolgt zwei Ziele, nämlich zum Einen, die Sicherheit des Patienten in der Medizin zu fördern. Durch zielgerichtete Fortbildung, Aufklärung des Patienten und eine verbesserte Organisation der medizinischen Abläufe kann er-

---

[1] Marquardt O (1989): Medizinerfolg und Medizinkritik. Die modernen Menschen als Prinzessin auf der Erbse. „Der Gynäkologe" 22: 339-342.

reicht werden, daß – wie in der modernen Luftfahrt – eine Schadensmöglichkeit erkannt und eliminiert wird, ehe es zum Schaden kommt. Zum Anderen soll versucht werden, die Risiken des Arztes, die er in Gestalt der Haftung für seine ärztliche Tätigkeit eingeht, zu verringern. Es werden Hilfen angeboten, Schadensquellen, die durch die Rechtsprechung und die Analysen der Gutachterstellen erkannt wurden, zu vermeiden. Viele tatsächliche Fehler beruhen auf individuellem Versagen; sie sind nie völlig auszuschließen. Viele Fehler aber gründen sich auf ein Versagen der Organisationskette infolge von Kommunikations- und Koordinierungsdefiziten bei der Zusammenarbeit der Beteiligten in Klinik und Praxis, indem eines der Glieder dieser Kette nachgibt – und das muß nicht immer der Arzt sein.

Mögen daher die folgenden Beiträge dazu dienen, die Sensibilität für Fehlermöglichkeiten zu stärken, die Erkennung von Schadensquellen zu erleichtern, die individuellen Schwachstellen zu vermeiden und die Organisation der medizinischen Versorgung zu verbessern – zum Nutzen des Patienten und seines Arztes.

Amberg/München, im April 2006 D. Berg und K. Ulsenheimer

Inhaltsverzeichnis

Autorenverzeichnis

Prof. Dr. med. Dietrich Berg
Chefarzt der Frauenklinik i. R.
Schwaigerstr. 33
92224 Amberg

Dr. jur. Elmar Biermann
Justitiar des Berufsverbandes der Anästhesisten
Roritzerstr. 27
90419 Nürnberg

RA Rolf-Werner Bock
Ulsenheimer Friederich Rechtsanwälte
Schlüterstr. 37
10629 Berlin

Ass. jur. Katrin-Anne Burdelski
Versicherungskammer Bayern
Maximilianstr. 53
80530 München

Ass. jur. Michael Duffner
Versicherungskammer Bayern
Maximilianstr. 53
80530 München

RA Dr. med. Dr. jur. Rainer Erlinger
Ulsenheimer Friederich Rechtsanwälte
Maximiliansplatz 12
80333 München

Dr. med. Andreas Felber
AssTech, München
Dieselstr. 11
85774 Unterföhring bei München

Prof. Dr. med. D. Fink
Direktor der Klinik für Gynäkologie
Universitätsfrauenklinik
Frauenklinikstraße 24
CH-8091 Zürich

Dr. jur. Harald Franzki†
Präsident des OLG Celle a. D.
Leberstraße 47
29223 Celle

RAin Dr. jur. Tonja Gaibler
Ulsenheimer Friederich Rechtsanwälte
Maximiliansplatz 12
80333 München

Dr. med. Kay Goerke
Chefarzt der Frauenklinik
Bodelschwingh-Str. 10
68723 Schwetzingen

Prof. Dr. med. Urs Haller
em. Direktor der Universitätsfrauenklinik Zürich
Gaishausstr. 12
CH-9050 Appenzell

Prof. Dr. jur. Bernd-Rüdiger Kern
Juristenfakultät
Universität Leipzig
Burgstraße 27
04109 Leipzig

Ass. jur. Günther Kleitner
Versicherungskammer Bayern
Maximilianstr. 53
80530 München

Prof. Dr. Dr. hc. Adolf Laufs
Kohlackerweg 12
69151 Neckargemünd

Ass. jur. Raimund Lichtmannegger
Versicherungskammer Bayern
Warngauer Str. 30
81539 München

Ass. jur. Jürgen Müller
Versicherungskammer Bayern
Maximilianstr. 53
80530 München

Dr. jur. Franz Joseph Pelz
Vors. Richter am OLG i.R.
Zur Gräfte 23
48161 Münster

Ass. jur. Anna Schmid
Versicherungskammer Bayern
Maximilianstr. 53
80530 München

Prof. Dr. med. Thomas Schwenzer
Direktor der Städt. Frauenklinik
Beurhaus-Str. 40
44137 Dortmund

Ass. jur. Sophie Sonnleitner
Versicherungskammer Bayern
Maximilianstr. 53
80530 München

Christine Trengler
Veit-Stoß-Str. 25
80687 München

Prof. Dr. Dr. Klaus Ulsenheimer
Ulsenheimer Friederich Rechtsanwälte
Maximiliansplatz 12
80333 München

Dr. med. Johann-Wilhelm Weidringer
Bayerische Landesärztekammer
Mühlbauerstr. 16
81677 München

1. Arzthaftungs- und Strafrecht

K. Ulsenheimer

Patientensicherheit und Haftungsprävention

Patientensicherheit und Haftungsprävention stehen – untrennbar miteinander verbunden – in einem wechselseitigen Abhängigkeitsverhältnis: Jede Stärkung der Sicherheit des Patienten vor, während und nach der ärztlichen Behandlung senkt die Fehlerquellen und damit das forensische Risiko des Arztes. Umgekehrt dient jede Maßnahme zur Vermeidung oder Verringerung von Risiken und Schäden auf ärztlicher Seite der Verbesserung der Behandlungsbedingungen und damit dem Schutz des Patienten. Erfolge auf dem Feld der Patientensicherheit bedeuten zugleich Erfolge für den Arzt im Haftungsbereich, so dass alle Bemühungen und Aktivitäten in der einen oder anderen Richtung stets eine *doppelt*-positive Wirkung haben.

Vor diesem Hintergrund gewinnt das *präventive Risk-Management-Konzept*, Schadensprophylaxe zu betreiben, d.h. vorhandene Schwachstellen aktiv anzugehen, damit „nichts passiert", eine gesteigerte Bedeutung: es hilft nicht nur dem Arzt in der gegenwärtigen „Hochkonjunktur" der Arzthaftung, gezielt gegenzusteuern und sich vor Ansprüchen, Anzeigen oder Klagen zu schützen, sondern verringert zugleich durch die Beseitigung der Haftungsquellen auch die Ursachen für das Vorgehen der Patienten. Diesem liegen entweder Vorwürfe bezüglich der Behandlungsqualität, d.h. die Nichteinhaltung des jeweiligen fachspezifischen ärztlichen Standards, oder aber die nicht sachgerechte, adäquate Organisation der Behandlungsabläufe oder die nicht ordnungsgemäße Aufklärung des Patienten zugrunde. Auf diesen Feldern muss daher angesetzt werden, wenn man im Interesse der Ärzte, aber eben auch der Patienten die heutige Situation auf arzthaftungsrechtlichem Sektor verbessern will. Dass dies dringend notwendig ist, zeigen zum einen der stetige, zum Teil rasante Anstieg der zivilen und strafrechtlichen Auseinandersetzungen, zum anderen – dadurch bedingt – die ebenso kontinuierliche, zum Teil drastische Steigerung der Versicherungsprämien für die Berufshaftpflicht und der besorgniserregende, schleichende Rückgang der Unternehmen, die überhaupt noch bereit sind, Krankenhäuser und Ärzte entsprechend zu versichern.

Prozesse gegen Ärzte

Prozesse gegen Ärzte wegen unsachgemäßer Behandlung sind sicherlich „keine Entdeckung erst unserer Tage"[1], sondern haben zu allen Zeiten die Gerichte beschäftigt und werden es auch in Zukunft tun. Denn der Arzt steht selbstverständlich bei der Erfüllung seiner Aufgaben nicht im rechtsfreien Raum, sondern unterliegt – wie jeder andere Staatsbürger auch – mit all seinen menschlichen Schwächen, persönlichen Unzulänglichkeiten oder fachlichen Mängeln richterlicher Kontrolle durch die Bindung an Gesetz und Recht. Diese Kontrollen haben sich aber in einem Ausmaß gesteigert, dass weder Ärzte, Krankenhäuser oder Patienten noch Justiz, Versicherungswirtschaft oder Gesellschaft tatenlos zusehen können. Leider fehlt eine bundesweite Statistik, anhand deren man exakt die quantitative Entwicklung nachzeichnen könnte, doch verfügen wir über vielfache Einzelangaben, die – von niemandem bestritten – für die Gesamtsituation aussagekräftig sind. Ich möchte einige konkrete Zahlen als Beleg nennen:

© Bei der Gutachterkommission Nordrhein in Düsseldorf gingen 1980 483 Anträge ein, während gut 20 Jahre später (2001) die Zahl der Anträge 1656 betrug, also eine Steigerung um 342, 85 %;

© beim Landgericht München I wurden im Jahr 2000 152 Klagen in Arzthaftungssachen eingereicht, im Jahre 2005 232, eine Steigerung um 52,6 % in fünf Jahren;

© das OLG Hamm hatte im Jahre 1980 73 Berufungssachen auf dem Gebiet der Arzthaftung zu bearbeiten, im Jahre 2002 war die Zahl auf 259 gestiegen, hatte sich also in gut 20 Jahren mehr als verdreifacht;

© die Staatsanwaltschaft bei dem Landgericht Köln führte 1998 173 Strafverfahren gegen Ärzte im wesentlichen wegen Behandlungs-, Organisations- und Aufklärungsfehlern durch, vier Jahre später (2001) war die Zahl der Ermittlungsverfahren auf 341 angestiegen[2].

Deutlich sichtbar wird aus diesen Zahlen zum einen die ungebrochene Steigerungstendenz, aber – unter Berücksichtigung der Tatsache, dass es 116 Landgerichte und Staatsanwaltschaften in der Bundesrepublik gibt - auch die Richtigkeit der Aussage, dass – ohne Übertreibung - die Zahl der Klagen gegen Ärzte und Krankenhäuser über 10.000 und die Zahl der staatsanwaltschaftlichen Ermittlungsverfahren wegen ärztlicher Fehlleistungen im Diagnose- und Therapiebereich über 3000 liegen dürfte. Völlig irreal und ohne jeglichen sachlichen Hintergrund sind allerdings die in den Medien bisweilen publizierten „Horrormeldungen" von 25.000 toten Patienten durch Ärztefehler, 30.000 Klagen und „bis zu 400.000 Kunstfehlern pro Jahr"[3].

---

[1] Steffen, Beiträge zur gerichtlichen Medizin, Band 43, 1985, S. 10.

[2] Siehe im Einzelnen dazu mit Nachweisen Ulsenheimer, Arztstrafrecht in der Praxis, 3. Auflage 2003, Rdn. 1 a).

[3] Siehe dazu auch Ulsenheimer, Arztstrafrecht in der Praxis, aaO, Rdn. 1 a).

Gründe für diese Entwicklung

Die Gründe für diese Entwicklung sind vielfältig, teils medizinischer, teils gesellschaftlicher, teils rechtlicher Natur. Zu nennen sind insbesondere

© der Schwund des für die frühere Zeit charakteristischen Vertrauensverhältnisses zwischen Arzt und Patient, sein Ersatz durch eine reine „geschäftsmäßige" vertragliche Beziehung,
© der Fortschritt der Medizin mit einer ungeheueren Ausweitung der Behandlungsmethoden und einer perfekten Technik, die es erlauben, zum einen Fehler im Sinne persönlicher oder fachlicher Unzulänglichkeiten besser aufzudecken und zum anderen immer kompliziertere Eingriffe mit größerem Risiko zu wagen,
© die wachsende Arbeitsteilung in der Medizin mit ihrer fortschreitenden Spezialisierung und Subspezialisierung, durch die sich die Zahl der Schnittstellen und damit die Möglichkeiten organisatorischer Versäumnisse erhöht,
© die Unpersönlichkeit der Apparatemedizin und vieler Großkliniken, häufiger Wechsel der behandelnden Ärzte und Pflegekräfte,
© das übersteigerte Anspruchsdenken und die überzogene Erwartungshaltung der Patienten,
© das gewachsene Selbstbewusstsein und die stärkere Konfliktbereitschaft der Patienten,
© Rechtsschutzversicherungen, die das Kostenrisiko der Rechtsverfolgung abdecken,
© Rechtsanwälte, die die Rechtsverfolgung aus zum Teil eigensüchtigen Interessen nicht nur unterstützen, sondern initiieren,
© die einseitige antiärztliche Berichterstattung in Presse und Medien über angeblichen „Ärztepfusch",
© persönliche Animosität, Ärger, Enttäuschung, Vergeltungswunsch und ähnliche Motive des geschädigten Patienten und/oder seiner Familienangehörigen,
© Konkurrenzdenken der Ärzte untereinander,
© Aktivitäten des MDK der Krankenkassen gemäß § 66 StGB V, um die Zahlungspflicht auf die Haftpflichtversicherung des Arztes bzw. der Krankenhäuser zu verlagern,
© die Rechtssprechung mit ihren vielfältigen Beweiserleichterungen (z.B. bei groben Behandlungsfehlern, unzulänglicher oder fehlender Dokumentation, mangelnder Befunderhebung, Gerätedefekten u.a.) und der Überdehnung der Aufklärungsanforderungen.

Hält man sich diese Gründe vor Augen, wird man unschwer einräumen müssen, dass auf keinem der genannten Felder ein Umdenken oder eine Änderung zu erwarten ist. Im Gegenteil: Zwei neue Entwicklungen werden den Anstieg der Arzthaftung weiter verstärken. Zum einen ist hier die Etablierung des „Fachanwalts für Medizinrecht" zu nennen, der sich überwiegend auf Patientenseite betätigen und zu diesem Zweck entsprechende Mandate akquirieren wird. Zum anderen sind in letzter Zeit verstärkte Bemühungen verschiedener Prozessfinanzierungs-Gesellschaften zu beobachten, die in ihrer Werbung insbesondere auf die „gut geeigneten" Klagen gegen Ärzte verweisen und dadurch für Patienten und Anwälte naturgemäß in diese Richtung stimulierend wirken.

Von der Risikoerkennung zur Risikovermeidung

Zuzugeben ist allerdings, dass sich Klagen, außergerichtliche Auseinandersetzungen zwischen Patient und Arzt und Strafverfahren angesichts der vielen Millionen stationärer und ambulanter Krankenbehandlungen pro Jahr im kleinsten Promillebereich bewegen. Dennoch bedeutet jeder dieser Fälle für den Patienten, den Arzt, die Pflegekräfte, das Krankenhaus und die Versicherungen ein schwerwiegendes, oft bedrückendes und lange nachwirkendes Ereignis. Deshalb darf es nicht damit getan sein, die gegenwärtige Situation im Arzthaftungsbereich und ihre Entwicklung einfach als unausweichlich hinzunehmen, vielmehr muss versucht werden, systematisch in Krankenhäusern und Arztpraxen das Gefährdungspotential für die Patienten – und damit die Haftungsrisiken für den Arzt – aufzuspüren und durch geeignete Maßnahmen ihre Verwirklichung auszuschließen. Dies ist der Ansatz des sogenannten Risk-Management, besser als *juristische Qualitätssicherung* bezeichnet, die ein integraler Bestandteil der *medizinischen Qualitätssicherung* werden, d.h. sie ergänzen muss, ohne sie zu ersetzen. Anstelle immer nur zu reagieren, nachdem ein Schadenfall eingetreten ist, geht es dem Risk-Management um Haftungs- und damit Schadensprävention. Aus Fehlern und „Beinaheschäden", sogenannten critical incidents, lernen, heißt die ebenso simple wie wirkungsvolle Devise. Mit Hilfe einschlägiger Gerichtsurteile, Schadensfälle, gesetzlicher Bestimmungen, Absprachen der Berufsverbände, Empfehlungen, Leitlinien und Richtlinien der Fachgesellschaften, Meldungen über gefahrenträchtige, aber letztlich ohne tatsächlichen Schaden gebliebene Ereignisse werden bekannte und unerkannte Risikoquellen eines Krankenhauses oder einer Arztpraxis gleichsam wie mit einem Seismographen „abgeklopft" und jeder „Ausschlag" als Schwachstelle registriert, die beseitigt werden muss.

Da es im Bereich der Krankenbehandlung mehr um die medizinische Perspektive, im Bereich der Organisation und Aufklärung mehr um juristische Fragen geht, haben in den nachfolgenden Abhandlungen Ärzte und Juristen zu signifikanten, in der Arzthaftung immer wieder auftretenden Problemen und Fehlerquellen Stellung genommen. Daraus sollen vor allem Ärzte und Krankenhäuser lernen. Aber auch Juristen, die sich mit dem Arzthaftungsrecht beschäftigen, können eine Fülle von Anregungen, Hinweisen und Erfahrungen aus der Lektüre dieses Buches gewinnen. Denn Vorbedingung für die Beratung und Entscheidung ist die Kenntnis der „Soll-Qualität", d. h. wie die Behandlung und der Behandlungsablauf entsprechend dem medizinischen Standard und den juristischen Vorgaben hätten erfolgen müssen. Nur wenn es gelingt, flächendeckend und permanent im Interesse des Schutzes der Patienten vor dem *iatrogenen Risiko* und zum Schutze des Arztes vor dem *forensischen Risiko* die – in Rechtssprechung und Literatur bekannten –

Schadensursachen, z.B. das Übernahmeverschulden, die verspätete Heranziehung des Facharztes, die Koordinations- und Informationsmängel bei der Teamarbeit oder die Aufklärungsdefizite im Alltag des Krankenhaus- und Praxisbetriebs auszumerzen, wird sich ein Wandel zum Besseren einstellen. Dazu bedarf es eines Mehr an Wissen, Verständnis und praktischer Anleitung, das die Autoren der Einzelbeiträge in großer Fülle vermitteln.

2. Schadenstatistik aus Sicht eines Heilwesenhaftpflichtversicherers

R. Lichtmannegger und G. Kleitner

Alle Versicherungsgesellschaften, die nach breitem Rückzug der deutschen Arzthaftpflichtversicherer in den letzten Jahren noch Heilwesenrisiken zeichnen, dürften sich einig sein: Die Schadenfallzahlen im Bereich der vorgeworfenen Behandlungsfehler gegenüber niedergelassenen Ärzten und Krankenhäusern steigen weiter. Hierfür lassen sich unterschiedlichste Gründe anführen. Einerseits ist das Anspruchsdenken der Patienten zu nennen. Andererseits sind mehr und mehr Patienten rechtsschutzversichert, so dass sie auch aus Kostengründen mitunter langwierige Gerichtsverfahren nicht (mehr) scheuen. Generell sind die Patienten sensibler und kritischer als noch vor einigen Jahren, da im Zeitalter der neuen Medien sich Behandlungspfade und operative Vorgehensweisen in diversen Internetplattformen nachlesen lassen[1]. Auch die Spezialisierung der Rechtsanwälte zum Fachanwalt für Medizinrecht[2] hat sicher dazu beigetragen, dass immer mehr Patienten bei eingetretenen Komplikationen nach ärztlicher Behandlung durch einen „Medizin-Rechtsfachmann" prüfen lassen, ob die Behandlung lege artis erfolgte.

Steigende Fallzahlen vermeintlicher Behandlungsfehler

Bei der AOK Bayern wurde in den Jahren 2000 – 2003 von den dort Krankenversicherten in rund 7.400 Fällen um Unterstützung bei vermeintlichen Behandlungsfehlern nachgefragt, in 1.500 dieser Fälle durch den Medizinischen Dienst der Krankenversicherung (MDK) ein Gutachten betreffend die als fehlerhaft gerügte ärztliche Behandlung erstellt. Hierbei soll bei jedem vierten Fall ein Behandlungsfehler nachgewiesen worden sein. Andere Schätzungen gehen der AOK Bayern[3] zufolge von deutschlandweit 400.000 Behandlungsfehlern pro Jahr aus. Wieder andere Quellen sprechen von 30.000 per anno nicht lege artis durchgeführten Behandlungen[4].

Auch die Versicherungskammer Bayern, die traditionell Ärzte, Krankenhäuser und Kliniken vor allem in Bayern und Rheinland-Pfalz versichert, verzeichnet eine stete Zunahme ihrer Schadenfälle.

---

1 Wenngleich diese dortigen Veröffentlichungen, wie Untersuchungen zeigen, äußerst kritisch zu hinterfragen sind. Vgl. Frauenarzt Heft 44 2003 S. 356.

2 Aufgrund der großen Nachfrage wird seit dem Jahre 2005 von den Rechtsanwaltskammern die Fortbildung zum Fachanwalt für Medizinrecht angeboten.

3 TZ München vom 21.11.2003.

4 Müller Jürgen, Risk Management im Krankenhaus, Luchterhand, 2003, S. 41 mit weiteren Nachweisen.

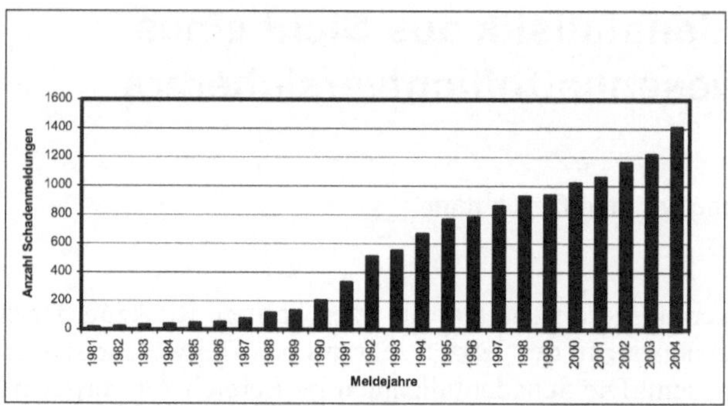

Abb. 2.1. Schadenfallentwicklung Kommunale Krankenhäuser in Bayern und Rheinland Pfalz (nur Arzthaftpflicht)

Unter Berücksichtigung auch der freien und freigemeinnützigen Krankenhäuser beläuft sich die Zahl der für das Jahr 2004 gemeldeten Schäden aus dem Krankenhaussektor auf 2.172. Selbst der Vergleich der Jahre 2003 (1.216 Fälle) / 2004 (1.405 Fälle) belegt allein für die kommunalen Krankenhäuser eine Zunahme von rd. 13,5 %. Ersichtlich wird daraus Zweierlei: Die gemeldeten Schadensfälle steigen – ausgehend von hohem Niveau - weiter an. Offensichtlich führt die infolge gesundheitspolitischer Beschneidung zu verzeichnende Schließung von Kliniken[5] und die sich infolge Konzentration der Behandlungsfälle auf große Einrichtungen erhoffte Qualitätssteigerung nicht zu einem Rückgang der Schadenfallzahlen.

Darüber hinaus zeigt Abb. 2.1 „nur“ die in den jeweiligen Jahren gemeldeten Fälle[6]. Berücksichtigt man – wie in Abb. 2.2 am Beispiel von sog. Geburtsschäden dargestellt – dass Schadenereignisjahr und Zeitpunkt der Anmeldung von Haftpflichtansprüchen erheblich auseinanderfallen können, liegt die Zahl der sich tatsächlich per anno ereignenden Schadenfälle erheblich höher.

[5] Waren es im Jahr 2000 noch 2.242 Krankenhäuser, so betrug die Zahl der Kliniken in Deutschland im Jahr 2003 nur noch 2.197 (vgl. Krankenhausstatistik, DKG Ber. III / Re 8.12.05).

[6] Meldejahresschäden sind die in einem Kalenderjahr gemeldeten Schadenfälle, ohne dass dabei das Meldejahr mit dem tatsächlichen Schadenereignisjahr identisch sein muss.

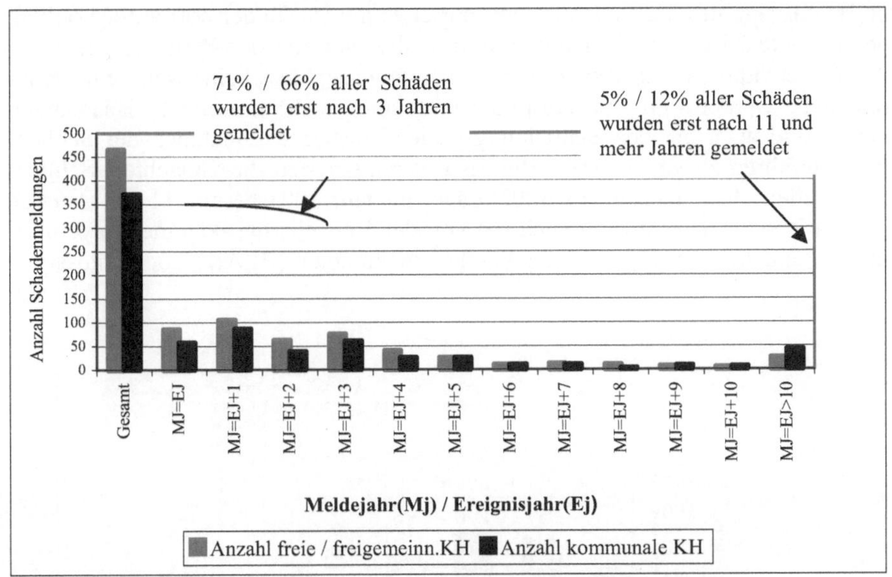

Abb. 2.2. Meldung von Geburtsschäden bei der VKB unter Berücksichtigung von Melde- und Ereignisjahr

Die steigenden Fallzahlen und die verschärfte Haftungsjudikatur führen zu immer stärker steigendem Aufwand bei den Haftpflichtversicherern der Ärzte und Kliniken. So hatte die Versicherungskammer Bayern bereits in 2002 bei etwas über 30 Mio. € Prämienaufkommen aus der Heilwesenhaftpflicht Zahlungen im Geschäftsjahr von rund 26 Mio. € geleistet und für künftige Zahlungen aus Haftpflichtfällen über 300 Mio. € Rückstellungen gebildet.

Die Zahl der nicht in die Statistiken der Haftpflichtversicherer gelangenen Fälle dürfte erheblich sein. Neben den Prüfungen der medizinischen Behandlungen durch die eigene Krankenkasse/-versicherung des Patienten bemühen sich bundesweit Gutachten-/Schlichtungsstellen der Landesärztekammern um Vermeidung von Streitigkeiten zwischen Arzt und Patient anlässlich einer Behandlung. Durch kostenlose Prüfung der medizinischen Behandlung soll der Patient rasch eine unparteiische wie medizinisch kompetente Beurteilung „seines Falles“ erhalten.

Entscheidungen bei Gutachten-/Schlichtungsstellen der Landesärztekammern

Ergibt die Prüfung der Gutachtenstelle keinen Anhalt für eine medizinische Fehlbehandlung des Patienten, wird der Fall oft von den Haftpflichtversicherern nicht erfasst. Nicht alle Verfahrensstatuten der Gutachten-/Schlichtungsstellen sehen eine Beteiligung des Versicherers[7] vor, nur etwa die Hälfte der dort antragsstellenden Patienten[8] ist anwaltlich vertreten. In Fällen einer für den Patienten ablehnenden Entscheidung ist überwiegend davon auszugehen, dass keine weitere medizinrechtliche Überprüfung und Anspruchsverfolgung mehr stattfindet[9]. Unabhängig davon sind auch bei den Schlichtungsstellen drastische Zunahmen der Schlichtungsverfahren zu verzeichnen. Bundesweit registrierten die Gutachten-/Schlichtungsstellen 1999 noch 9.545 Prüfanträge, im Jahr 2003 bereits 11.053 Anträge von Patienten[10]. Dies zeigen auch die von der Versicherungskammer Bayern erfassten und bei der Bayerischen Landesärztekammer (BLÄK) abgeschlossenen Fälle.

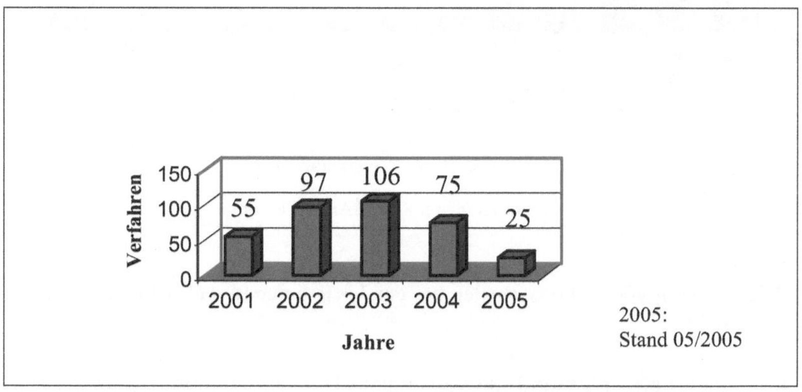

Abb. 2.3. Entwicklung der Schlichtungsverfahren bei der BLÄK nach Meldejahresschäden bei der Versicherungskammer Bayern (abgeschlossene Verfahren ab 2002)

Enthalten sind in vorstehender Abbildung alle (bei der Gutachtenstelle) abgeschlossenen und erfassten Verfahren ab 2001. Alle Verfahren, die noch nicht abgeschlossen sind, weil z.B. das in Auftrag gegebene Gutachten noch aussteht, sind hier nicht aufgeführt. Ebenso nicht enthalten sind die von der Versicherungskammer Bayern bei anderen Landesärztekammern für versicherte Ärzte und Krankenhäuser geführte Verfahren. Insofern ist die Anzahl der tatsächlich laufenden Verfahren weitaus höher als die in vorstehender Abbildung angegebenen.

---

7 Die Versicherer werden nach den Statuten der jeweiligen Gutachten-/Schlichtungsstellen nur in Bayern, Sachsen und bei der Norddeutschen Schlichtungsstelle beteiligt.

8 Vgl. z.B. Dr. M. Eissler in MedR 2004, S. 429 (430). Danach waren in Baden-Württemberg im Jahr 2002 in 737 abgeschlossenen Verfahren lediglich in 378 Fällen Patienten anwaltlich vertreten.

9 Vgl. Laum, Beck, Smentkowski, Schlichtung mit großer Akzeptanz' in Sonderdruck des Rheinischen Ärzteblattes 12/2003, S. 2. Danach haben sich von den von der Kommission negativ für den Antragsteller verbeschiedenen Anträgen 87 % mit dieser Entscheidung zufrieden gegeben.

10 Bayerisches Ärzteblatt 5/2004, S. 269; Dr. M. Eissler, MedR 5/2005, S. 281.

Wie aus nachfolgender Übersicht (Abb. 2.4) der 476 bei der Versicherungskammer Bayern angemeldeten Verfahren entnehmbar, stellen v.a. die Chirurgen, Orthopäden, Geburtshelfer und Gynäkologen die überwiegende Zahl der von Fehlervorwürfen betroffenen Fachrichtungen dar.

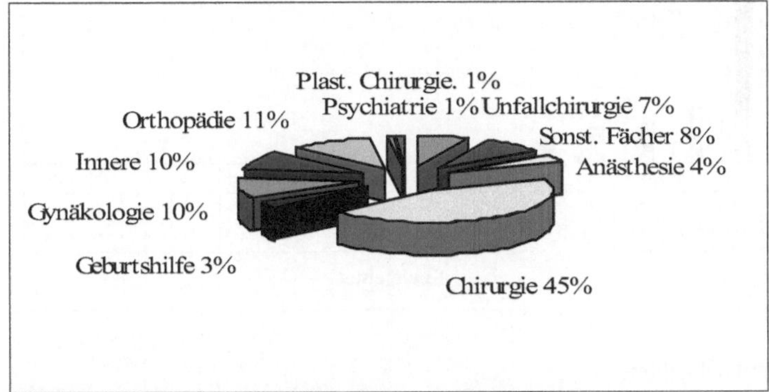

Abb. 2.4. Verfahren nach Fachgebieten (Bayern)

Diese fachliche Aufteilung der von der Versicherungskammer Bayern geführten Gutachtenverfahren deckt sich mit den Statistiken der Schlichtungsstellen- und Gutachtenverfahren, wie am Beispiel der Untersuchung der Landesärztekammer Baden Württemberg für 2002 und der Bayerischen Landesärztekammer für 2001 deutlich wird[11].

Danach liegt, wie in den letzten Jahren, unverändert der Schwerpunkt der betroffenen Fachdisziplinen bei den operativen Fächern (Abb. 2.5).

Auch die eingangs bereits erwähnte Untersuchung der AOK Bayern stimmt hinsichtlich dieses Rankings der Hochrisikofächer und zumeist von Vorwürfen getroffenen Fachgruppen für die Bereiche Chirurgie und Orthopädie überein.

In der Übersicht der Krankenkasse zu den vorwurfsbegründenden Ursachen nehmen Mängel in der Aufklärung eine eigene „Spitzenposition" der Behandlungsfehler ein. Aus Sicht der Versicherungskammer Bayern ist darauf hinzuweisen, dass sich die sog. Aufklärungsrüge – also der Vorwurf, es sei gar nicht oder nur unzureichend über ein eingetretenes sog. behandlungsimmanentes Risiko aufgeklärt worden – quer durch alle Fachgebiete erstreckt. Zudem hat dieser Vorwurf allein aus rechtssystematischen Gründen zunehmend „Auffangcharakter". Wann immer Patientenanwälte mit dem Vorwurf eines Behandlungsfehlers i. e. Sinne nicht durchdringen – sei es, weil er tatsächlich nicht vorliegt und der Krankheitsverlauf als schicksalhaft anzusehen ist oder weil die Beweislast den Vorwurf einer schuldhaft vorwerfbaren Sorgfaltspflichtwidrigkeit des medizinischen Personals nicht zulässt – wird die Aufklärungsrüge zur Anspruchsbegründung zunehmend in den Fokus der Argumentation gestellt.

11 MedR 2004, S. 429, 341; Bayerisches Landesärzteblatt 5/2004 , S. 269, 270.

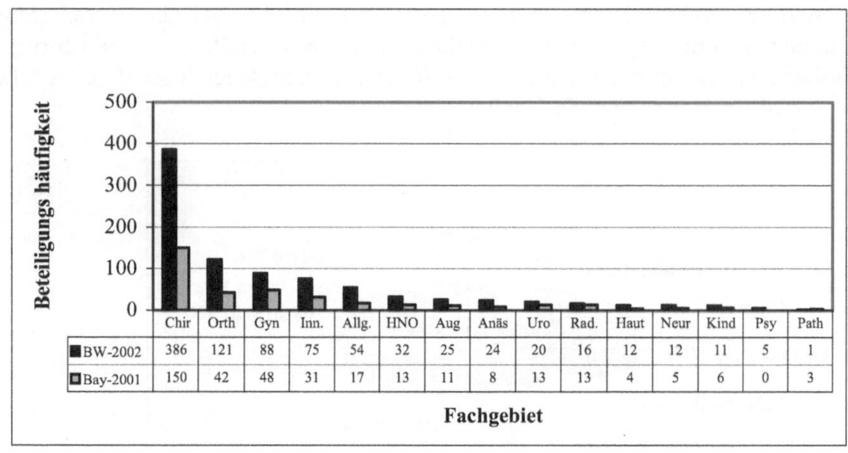

	Chir	Orth	Gyn	Inn.	Allg.	HNO	Aug	Anäs	Uro	Rad.	Haut	Neur	Kind	Psy	Path
BW-2002	386	121	88	75	54	32	25	24	20	16	12	12	11	5	1
Bay-2001	150	42	48	31	17	13	11	8	13	13	4	5	6	0	3

Abb. 2.5. Übersicht Fachgebiete

Die Versicherungskammer Bayern rät daher dringend zur Dokumentation des Aufklärungsgespräches unter Verwendung der handelsüblichen Aufklärungsbögen. Nur so gelingt es, auch die oftmals weit zurück liegende Behandlungen betreffende Aufklärungsrügen erfolgreich abzuwehren.

Betrachtet man in Abb. 2.6 in der zusammengefassten Statistik der Bundesärztekammer die Auswertung der von den Schlichtungsstellen in regionalen Ärztekammern begutachteten Fälle, ergibt sich ein für die Ärzte und Krankenhäuser akzeptables Bild[12].

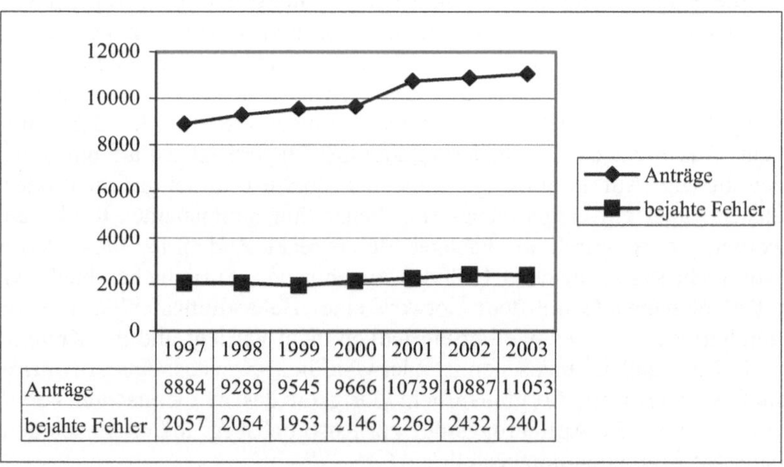

	1997	1998	1999	2000	2001	2002	2003
Anträge	8884	9289	9545	9666	10739	10887	11053
bejahte Fehler	2057	2054	1953	2146	2269	2432	2401

Abb. 2.6. Gutachten-/Schlichtungsverfahren 1997-2003 bundesweit

---

12 Vgl. hierzu auch Dr. M Eissler MedR 5/2005, S. 281.

Danach steigt die Anzahl der gestellten Anträge kontinuierlich um durchschnittlich 4 % p. a. Deutlich weniger stark steigt jedoch die Zahl der bejahten Fehler.

Dieses Bild bestätigt sich auch in den Fällen der Versicherungskammer Bayern. In den seit 2001 abgeschlossenen Fällen bei der Bayer. Landesärztekammer (vgl. Abb. 2.7) wurden in nahezu 80 % der Fälle Behandlungsfehler verneint.

Damit sind die von der Versicherungskammer Bayern erzielten Ergebnisse geringfügig besser als der von der Bayer. Landesärztekammer ermittelte Fehlerdurchschnitt. Bei in den Jahren 1998 – 2003 abgeschlossenen 498 Verfahren ergibt sich dort eine Behandlungsfehlerquote von etwa 28 %. Dabei sind die Begutachtungsergebnisse für den Haftpflichtversicherer wertvoll.

Wie sich aus der Auswertung in Abb. 2.8 ergibt, folgte die Versicherungskammer Bayern in lediglich 5% der von der Schlichtungs- und Gutachtenstelle der Bayerischen Landesärztekammer entschiedenen Fälle nicht dem Votum der Schlichtungskommission. Der Grund dafür liegt in der über die medizinische Bewertung hinausgehenden rechtlichen Einschätzung zur ärztlichen Aufklärung, Schadenskausalität oder Beweislast.

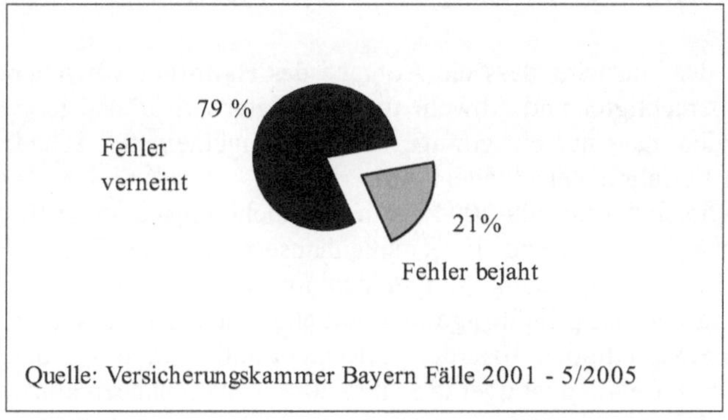

Abb. 2.7. Verfahrensresulte der Gutachtenverfahren bei der Bayer. Landesärztekammer

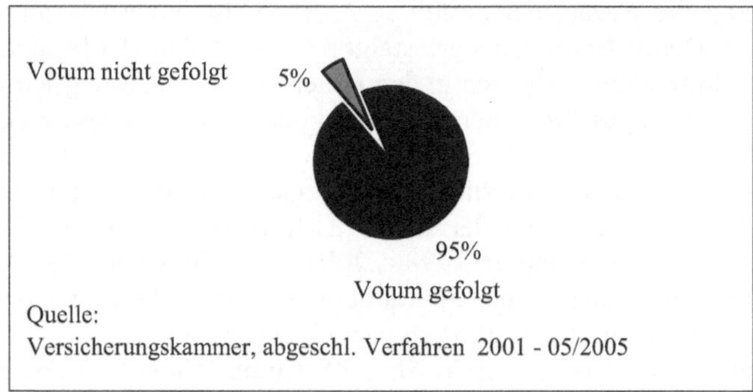

Abb. 2.8. Relevanz des Votums der Gutachten/Schlichtungsstelle bei der BLÄK für die Versicherungsammer Bayern

Prozesse in Arzthaftungsstreitigkeiten

Eingedenk der Tatsache, dass die Aufgabe des Haftpflichtversicherers in der Regulierung berechtigter und Abwehr unberechtigter Ansprüche liegt[13], ist es nicht verwunderlich, dass nur ein geringer Teil der angemeldeten Schadenfälle im gerichtlichen Verfahren entschieden wird.

Ein Vergleich der im Jahr 2004 bei der Versicherungskammer Bayern gemeldeten Neuschäden betreffend in Krankenhäusern durchgeführten Behandlungen (2.172 Haftpflichtanmeldungen) und den im Jahr 2004 nach vorangegangener Überprüfung der Haftpflichtfrage neu aufgenommenen Prozesse (209 Verfahren) zeigt, dass etwa lediglich 10% der Fälle nicht außergerichtlich beigelegt werden konnten. Diese Relation ist über die Jahre 2001 – 2003 nahezu konstant.

Der Versicherungskammer Bayern liegen noch keine belegbaren Untersuchungen darüber vor, in wie vielen Fällen der Klageverfahren überhaupt ein Verfahren vor der Gutachtenstelle der Bayerischen Landesärztekammer vorausging[14], bzw. inwieweit die Ergebnisse von Schlichtungsverfahren gerichtlicher Prüfung standhielten.

Exemplarisch für das Jahr 2004 zeigt in Abb. 2.9.1. die Zahl der in diesem Jahr erledigten 86 Verfahren (aus den laufenden Jahren 2001-2004), dass von den durch Urteil entschiedenen 54 Fällen (62,7%), der überwiegende Teil, nämlich 46 Fälle (85%), zu 100% gewonnen wurde (Abb. 2.9.2.). Die der Klage stattgebenden

---

13 Versicherungsbedingungen § 3 II AHB, § 2 II, Nr. 1 KommHB.

14 Ein Gutachten-/Schlichtungsverfahren ist nicht zwingende Prozessvoraussetzung und andererseits bindet die dortige Entscheidung das Gericht nicht in einem späteren Prozess.

Urteile fielen durchwegs günstig für die Kliniken bzw. die beklagten Ärzte aus, weil das Gericht den Schadenersatzvorstellungen der Klägerseite (Patientenseite) nur zu einem geringen Teil entsprach[15].

Aber auch die durch gerichtlichen Vergleich der Prozessparteien (Abb. 2.9.3.) beendeten Fälle mit – gemessen am ursprünglichen Klagebegehren – überwiegend günstigen Ausgang für den Versicherer des Arztes belegen die vor der Prozessführung sorgfältig durchgeführte Prüfung der Ansprüche der Parteien.

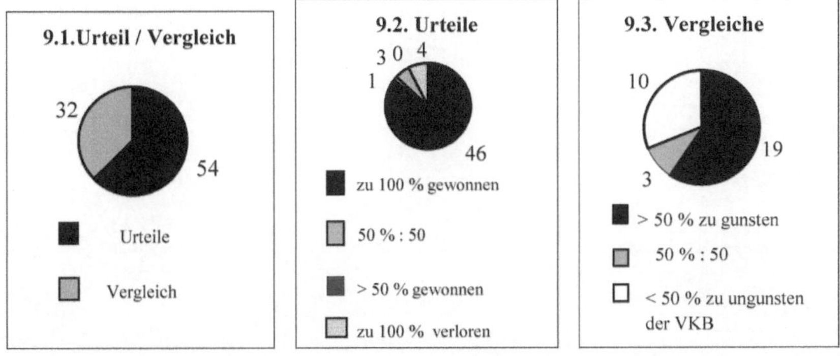

Abb. 2.9. Ausgang der in 2004 beendeten Haftpflichtprozesse

Zusammenfassung/Ausblick

Das Ende des Anstiegs von Haftpflichtansprüchen in der Heilwesenhaftpflichtversicherung scheint noch nicht erreicht zu sein.

Trotz der im Ergebnis moderat steigenden Zahl berechtigter Behandlungsfehlervorwürfe steigen die Aufwände der Haftpflichtversicherer für Schadenersatzzahlungen an Geschädigte und für Regressforderungen von Sozialversicherungsträgern erheblich. Angesichts der steigenden Haftpflichtprämien und der zunehmend schwierigen Refinanzierung im Gesundheitswesen bedarf es großer Anstrengungen von Ärzten, Krankenhäusern und Versicherern, um die steigende Flut an Behandlungsfehlervorwürfen einzudämmen. Hier wird sicher noch mehr als bisher gezieltes Riskmanagement in den Focus der Krankenhausträger und Ärzteschaft rücken müssen um präventiv Haftungsgefahren systematisch auszuschalten.

Gleichwohl belegt die Zahl der überwiegend positiv für die Ärzteschaft entschiedenen Schlichtungsverfahren und der ebenfalls in diesem Sinne positiv gerichtlichen Verfahren, dass die medizinischen Leistungserbringer trotz deutlich gestiegener Fallzahlen gute ärztliche wie pflegerische Qualität vorhalten.

---

15 Entweder allein hinsichtlich der vom Patienten eingeklagten Schadenersatzhöhe oder bereits dem Haftungsgrund nach, weil ein weiter gehender kausaler Behandlungsfehler nicht nachgewiesen werden konnte und deshalb die Klage zum überwiegenden Teil abweisungsreif war.

3. Qualitätssicherung nach SGB V

K. Goerke

Gesetzliche Grundlagen

Um medizinische und pflegerische Qualität sichtbar, messbar und vor allem vergleichbar zu machen, sind in den letzten Jahren auf der Grundlage des Sozialgesetzbuches V (SGB V) und des GMG (GKV-Modernisierungs-Gesetz) in Deutschland umfangreiche Strukturen geschaffen worden, die die Erhebung, Auswertung und die Bewertung der Daten zur Aufgabe haben.

Seit 1.1.2004 liegt die Beschlusskompetenz für Maßnahmen der Qualitätssicherung der nach § 108 zugelassenen Krankenhäuser beim Gemeinsamen Bundesausschuss (GBA), der wiederum einen Unterausschuss „Externe stationäre Qualitätssicherung" eingerichtet hat. Der GBA setzt sich aus je neun stimmberechtigten Vertretern der Deutschen Krankenhaus-Gesellschaft (DKG), der Spitzenverbände der Krankenkassen und drei unparteiischen Mitgliedern, sowie neun nicht stimmberechtigten Patientenvertretern zusammen. Erst im oben genannten Unterausschuss mit beratender Funktion sind dann auch Bundesärztekammer, Deutscher Pflegerat und Verband der Privaten Krankenversicherer vertreten.

Seit Januar 2001 ist die Bundesgeschäftsstelle für Qualitätssicherung (BQS gGmbH) in Düsseldorf mit der Leitung und Koordination, der inhaltlichen Entwicklung und Weiterentwicklung und der organisatorischen Umsetzung der externen vergleichenden Qualitätssicherung in deutschen Krankenhäusern beauftragt. Zur inhaltlichen Beratung wurden spezifische Fachgruppen gegründet (Mammachirurgie, Operative Gynäkologie, Perinatalmedizin und andere Gebiete), die die Weiterentwicklung der Verfahren und der Qualitätsindikatoren, die inhaltliche Bewertung der Ergebnisse und die Festlegung von Referenzwerten zur Aufgabe haben. Auch die Weiterentwicklung des Datensatzes und die Festlegung der in die externe vergleichende Qualitätssicherung einbezogenen Leistungen ist Aufgabe der Fachgruppen. Als Mitglieder sind deshalb Experten aus Medizin und Pflege von den Parteien der Selbstverwaltung, Vertreter der entsprechenden Medizinisch-Wissenschaftlichen Fachgesellschaften und Patientenvertreter berufen worden. Es besteht eine sehr enge Zusammenarbeit der Fachgruppe auf Bundesebene mit den entsprechenden Gremien auf der Landesebene.

Für die eigentliche Sammlung der Daten, die Auswertungen auf Landesebene und vor allem aber die Bewertung und Umsetzung der Ergebnisse sind die jeweiligen Landesgeschäftsstellen (LQS) zuständig, die in vielen Fällen ebenfalls ein Fachgremium, meist für Gynäkologie und Geburtshilfe insgesamt, einberufen haben.

Jedes Krankenhaus ist gesetzlich verpflichtet, an der externen vergleichenden Qualitätssicherung teilzunehmen, eine unvollständige Lieferung der Daten ist mit finanziellen Sanktionen für das Krankenhaus verbunden. Die BQS hat hierzu Spezifikation und Datensatzbeschreibungen erstellt, die von den jeweiligen Software-Anbietern entweder in Krankenhaus-Informationssysteme, teilweise aber auch nur in spezifischen Abteilungssystemen umgesetzt worden sind. Leider resultiert daraus für den Anwender auf Krankenhaus- oder Abteilungsebene oft immer noch ein erheblicher Dokumentationsaufwand, in vielen Fällen sogar eine nicht unerhebliche Doppel-Dokumentation der relevanten Daten.

Historisches

Beginnend mit der Erhebung geburtshilflicher Daten in München in 1975 und kurz darauf der Ausdehnung auf Bayern insgesamt wurden in Deutschland erstmals systematisch Daten zur externen vergleichenden Qualitätssicherung erhoben und ausgewertet. Nach Niedersachsen folgten auch bald andere Bundesländer dem Beispiel, so dass ab 1982 in Deutschland eine flächendeckende Erhebung der Daten, allerdings immer nur auf Landesebene, vorlag. Da die Datensätze nicht ganz einheitlich waren, keine Konzepte zur Gesamtauswertung vorlagen und teilweise auch eine gewisse Konkurrenz zwischen den Landesgeschäftsstellen herrschte, konnte seinerzeit keine Zusammenführung der Daten auf Bundesebene erreicht werden. Für die geburtshilflichen Datensätze gelang dies erstmals für das Jahr 2001 durch die BQS, wobei eine echte Vergleichbarkeit weder in 2001 noch in 2002 gegeben war, da die Umstellung auf ein neues Datensatzformat z.T. auch mit unterschiedlichen, länderspezifischen Übergangsfristen ein sehr heterogenes Datenmaterial geliefert hat. Erst ab 2003 steht ein valider Bundesdatenpool zur Verfügung. Wichtigstes Ziel der Weiterentwicklung ist die Zusammenführung der Daten aus Perinatal- und Neonatalerhebung, da insbesondere für Risikogeburten nur so eine sinnvolle Datenbasis zur Auswertung geschaffen werden kann.

Bezüglich der operativen Gynäkologie wurde Anfang der 80-er Jahre versucht, zunächst mit Pilotkliniken ein ähnliches Programm wie in der Geburtshilfe zur Erfassung aller gynäkologischen Eingriffe aufzulegen. Nach Übernahme in ein Projekt der Deutschen Gesellschaft für Gynäkologie und Geburtshilfe (DGGG) und weitere Verbreitung des Erhebungsinstrumentes, sowie die Übernahme durch mehrere Landesgeschäftsstellen fand die Qualitätssicherung in der operativen Gynäkologie eine immer weitere Verbreitung. Insbesondere Hessen hat mit der früh begonnenen und bis heute bestehenden landesweiten Gesamterfassung aller gynäkologischer Eingriffe eine hervorragende Basis für die Entwicklung weiterer Qualitätsindikatoren geschaffen.

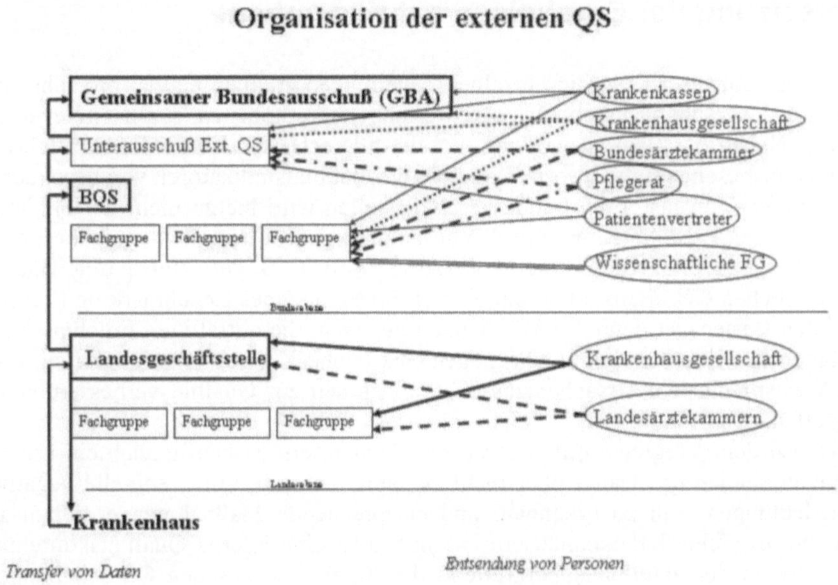

Organisation der externen QS

Gemeinsamer Bundesausschuß (GBA)
Unterausschuß Ext. QS
BQS
Fachgruppe
Fachgruppe
Fachgruppe
Krankenkassen
Krankenhausgesellschaft
Bundesärztekammer
Pflegerat
Patientenvertreter
Wissenschaftliche FG
Landesgeschäftsstelle
Fachgruppe
Fachgruppe
Fachgruppe
Krankenhausgesellschaft
Landesärztekammern
Krankenhaus
Transfer von Daten
Entsendung von Personen

Abb. 3.1. Organisation der externen QS

Auf Bundesebene besteht derzeit (Stand für 2005 und 2006) nur bei Eingriffen an den Adnexen, bei Hysterektomien sowie Konisationen eine Dokumentationspflicht. Hier zeigt sich allerdings auch ein großes Defizit der externen vergleichenden Qualitätssicherung, nämlich die fehlende Einbeziehung ambulant durchgeführter Eingriffe und vor allem die fehlende sektorübergreifende Qualitätssicherung. Durch die immer kürzer werdenden Liegezeiten im Krankenhaus treten eine Reihe von Komplikationen gar nicht während des eigentlichen stationären Aufenthaltes auf, werden somit auch nicht erfasst und ausgewertet. Ebenso ist die Beurteilung der Ergebnisqualität (z.B. Überlebensraten bei onkologischen Eingriffen, Erfolge bei Inkontinenzoperationen) nur bei entsprechender Nachbeobachtung überhaupt möglich.

Eingriffe an der Brust, und insbesondere Operationen bei Mammakarzinom sind komplex und häufig im Rahmen strukturierter Datenerfassungen nur sehr schwierig abzubilden. Entsprechend kompliziert und diffizil ist auch der entsprechende Datensatz. Nach Installation des Verfahrens in 2003 dürften erstmals in 2004 hierzu ausreichend Ergebnisse vorliegen, die einerseits eine Abbildung der Versorgungsrealität zeigen, und die andererseits die Möglichkeit zur weiteren Verfeinerung der Messinstrumente bieten.

Derzeit wird ebenfalls versucht, die Dokumentation für die QS mit der notwendigen Dokumentation im Rahmen der Disease Management Programme (DMP) abzugleichen und zu vereinheitlichen. Nur so lässt sich für den Anwender auf Klinikebene die Dokumentationspflicht auf ein annähernd akzeptables Niveau bringen.

Umsetzung der Ergebnisse auf Klinikebene

Die Krankenhäuser bzw. die einzelnen Abteilungen erhalten einmal pro Jahr von den Landesgeschäftsstellen eine Auswertung der erhobenen qualitätsrelevanten Daten. Neben der Basisauswertung, bei der alle erfassten Daten dargestellt werden, ist insbesondere die Information über die Qualitätsindikatoren von besonderer Bedeutung. Von fast allen Landesgeschäftsstellen wird hierzu nicht nur ein Vergleich der eigenen Abteilung mit den gesamten Landesdaten, sondern insbesondere auch mit anderen Häusern vergleichbaren Profils (z.B. Perinatalzentren, Häuser mit ähnlichen Geburtenzahlen) dargestellt. Im Sinne eines Benchmarking (Lernen von den Besten) ist dann die Möglichkeit gegeben, die auffälligen Ergebnisse im Rahmen des internen Qualitätsmanagements (siehe Kapitel 4) aufzugreifen, und nach entsprechender Ursachenanalyse Maßnahmen zur Qualitätsverbesserung zu ergreifen.

Neben dem Vergleich mit anderen Krankenhäusern ist häufig auch ein Longitudinalvergleich der Daten über mehrere Jahre sinnvoll, um eventuelle negative Entwicklungen früh zu erkennen, und entsprechende Maßnahmen ergreifen zu können. In vielen Krankenhäusern hat sich auch eine interne Qualitätskonferenz etabliert, in der abteilungsübergreifend die Ergebnisse aus den QS-Erhebungen diskutiert und Lösungsvorschläge zur Verbesserung der Prozess-, Struktur- und Ergebnisqualität gemeinsam gefunden werden können.

Folgende Maßnahmen haben sich auf der Ebene des Krankenhauses als sinnvoll herausgestellt:

- Diskussion der Ergebnisse in Abteilungsbesprechungen, Qualitätszirkeln oder abteilungsübergreifend
- Regelmäßige Thematisierung der Ergebnisse in Mitarbeiterbesprechungen
- Unterjähriges Controlling der QS-Ergebnisse
- Regelmäßige Prozessanalysen und ggf. Reorganisation über QS-Zirkel
- Klinikinterne oder externe Schulungen bei festgestellten Defiziten

Derzeit (2005 und 2006) werden folgende Qualitätsziele ausgewertet:

Operative Gynäkologie

Möglichst wenige Patientinnen mit Organverletzungen bei laparoskopischen Operationen
Möglichst wenige Patientinnen mit Organverletzungen bei Hysterektomie
Möglichst wenige Patientinnen mit transurethralem Dauerkatheter als assistierte Blasenentleerung länger als 24 Stunden
Möglichst wenige Patientinnen mit isolierten Ovareingriffen und fehlender postoperativer Histologie oder Follikel- oder Corpus-luteum-Zyste oder fehlende Organpathologie als führender histologischer Befund
Möglichst viele Patientinnen mit Organerhaltung bei Ovareingriffen mit benigner Histologie

Möglichst wenige Patientinnen mit fehlenden Malignitätskriterien oder fehlender postoperativer Histologie unter allen Patientinnen mit Konisation
Möglichst wenige Patientinnen mit Wundinfektionen nach Hysterektomie
Möglichst viele Patientinnen mit Antibiotikaprophylaxe bei Hysterektomie
Möglichst wenige Patientinnen mit Wundinfektionen nach Hysterektomie bei perioperativer Antibiotikaprophylaxe
Möglichst wenige Patientinnen < 35 Jahren mit Hysterektomie bei benigner Histologie
Möglichst viele Patientinnen mit medikamentöser Thromboseprophylaxe bei Hysterektomie
Möglichst häufig Obduktion bei verstorbenen Patientinnen

Mamma-Chirurgie

Angemessene Rate entdeckter Malignome bei offenen Biopsien
Möglichst viele Eingriffe mit postoperativem Präparatröntgen nach präoperativer Markierung durch Mammographie
Möglichst viele Patientinnen mit immunhistochemischer Hormonrezeptoranalyse bei invasivem Mammakarzinom
Möglichst viele Patientinnen mit Angabe von pT, pN, pM oder M bei invasivem Mammakarzinom
Möglichst viele Patientinnen mit tumorfreiem Präparateschnittrand nach Exzision maligner Herde
Möglichst viele Patientinnen mit Angabe des Pathologen zum Sicherheitsabstand
Möglichst wenige Patientinnen mit Axilladissektion bei DCIS oder papillärem in-situ-Karzinom
Möglichst viele Patientinnen mit Axilladissektion bei invasivem Mammakarzinom
Möglichst viele Patientinnen mit Entfernung von mindestens 10 Lymphknoten bei Axilladissektion bei invasivem Mammakarzinom
Angemessene Indikationsstellung zur brusterhaltenden Therapie bei Tumorstadium pT1 oder pT2
Möglichst viele Patientinnen mit Nachbestrahlung bei brusterhaltender Therapie bei invasivem Mammakarzinom
Möglichst wenige Patientinnen mit Revisionsoperationen aufgrund von intra- bzw. postoperativen Komplikationen
Möglichst wenige Patientinnen mit postoperativen Wundinfektionen
Möglichst viele Patientinnen mit geplanter adjuvanter medikamentöser Therapie bei Mammakarzinom
Möglichst viele Patientinnen mit geplanter adjuvanter endokriner Therapie bei rezeptorpositivem Mammakarzinom
Möglichst viele Patientinnen mit geplanter adjuvanter Chemotherapie bei rezeptornegativem Mammakarzinom
Möglichst viele Patientinnen mit Meldung an ein epidemiologisches Krebsregister oder Tumorzentrum
Möglichst viele Patientinnen mit angemessenem zeitlichen Abstand zwischen prätherapeutischer histologischer Diagnose und Operationsdatum bei Ersteingriff

Geburtshilfe

Qualitätsziele
Angemessen häufig Mikroblutuntersuchung bei Einlingen mit pathologischem CTG
Angemessen häufig Mikroblutuntersuchung bei Einlingen mit pathologischem CTG und sekundärer Sectio caesarea
Häufig Anwesenheit eines Pädiaters bei Geburt von lebendgeborenen Frühgeborenen mit einem Schwangerschaftsalter von 24+0 bis unter 35+0 Wochen
Stets Bestimmung des Nabelarterien-pH-Wertes bei lebendgeborenen Einlingen
Geringe Azidoserate bei reifen lebendgeborenen Einlingen mit Nabelarterien-pH-Bestimmung
Geringe Anzahl Mütter mit Dammriss Grad III oder IV bei spontanen Einlingsgeburten a) Spontane Einlingsgeburten b) Spontane Einlingsgeburten ohne Episiotomie c) Spontane Einlingsgeburten mit Episiotomie
Geringe Anzahl revisionsbedürftiger Wundheilungsstörungen d) Spontangeburt e) Vaginal-operative Entbindung f) Sectio caesarea
Häufig antenatale Kortikosteroidtherapie (Lungenreifeinduktion) bei Geburten mit einem Schwangerschaftsalter von 24+0 Wochen bis unter 34+0 Wochen unter Ausschluss von Totgeburten a) Geburten mit einem Schwangerschaftsalter von 24+0 Wochen bis unter 34+0 Wochen unter Ausschluss von Totgeburten b) Geburten mit einem Schwangerschaftsalter von 24+0 Wochen bis unter 34+0 Wochen unter Ausschluss von Totgeburten und mit einem präpartalen stationären Aufenthalt von mindestens einem Kalendertag c) Geburten mit einem Schwangerschaftsalter von 24+0 Wochen bis unter 34+0 Wochen unter Ausschluss von Totgeburten und mit einem präpartalen stationären Aufenthalt von mindestens zwei Kalendertagen
Selten mütterliche Todesfälle

Abb. 3.2. Qualitätsziele 2005/2006

Umsetzung der Ergebnisse auf Landesebene

Die Landesgeschäftsstellen sind direkte Ansprechpartner der Krankenhäuser für die Annahme der Daten, Überprüfung auf Plausibilität und Erstellung der Qualitätsberichte auf Landesebene. Danach werden die Daten in den Bundesdatenpool bei der BQS überführt.

Ein auffälliges Ergebnis bei Qualitätsindikatoren kann durch unzureichende Versorgungsqualität aber auch durch Dokumentationsfehler oder durch methodische Limitationen des Indikators zustande kommen. Insofern ist die Bewertung auffälliger Ergebnisse durch die Fachgruppen auf Landesebene, und die Identifizierung von Krankenhäusern mit Qualitätsdefiziten eine sehr komplexe Angelegenheit.

Die Landesgeschäftsstellen verstehen sich aber keineswegs als Kontrollinstanz, sondern vielmehr als beratende Stelle, die auffälligen Abteilungen aufgrund von

Erfahrungen in Häusern mit guter Qualität Hilfestellungen zur Verbesserung der Qualitätsparameter bieten kann.

Auf Landesebene wird in festgelegter Form mit Auffälligkeiten umgegangen (sog. Strukturierter Dialog). Mit kleinen landesspezifischen Abweichungen ist folgendes Vorgehen etabliert:

- Die Fachgruppen auf Landesebene stellen aufgrund der ausgewerteten Daten unter Einbeziehung der bundeseinheitlichen Referenzwerte und der landesspezifischen Referenzwerte oder landesspezifischer Spezialauswertungen unter Einbeziehung mehrerer Qualitätsmerkmale einen Handlungebedarf in bezug auf eine konkrete Abteilung fest
- Die betroffenen Krankenhäuser werden schriftlich informiert und binnen einer festgesetzten Frist zur Stellungnahme aufgefordert
- Die Stellungnahme wird in den Fachgruppen beraten
- Bei nicht ausreichender Klärung erfolgen landesspezifische weitere Maßnahmen wie
  - Gezielte Gespräche mit den Abteilungsleitern
  - Abteilungsbegehungen
  - Einbeziehung der Krankenhausdirektion
- Krankenhäuser mit bestehenden Qualitätsdefiziten erhalten eine Frist zur Qualitätsverbesserung
- Bei ausbleibender oder ungenügender Verbesserung wird das Krankenhaus gegenüber dem Lenkungsgremium der Landesgeschäftsstelle entanonymisiert, wo ggf. weitere Maßnahmen veranlasst werden (z.B. Begehung des Krankenhauses)

Umsetzung der Ergebnisse auf Bundesebene

Da die Daten auf Bundesebene anonymisiert sind, dienen sie hier neben der Darstellung der Versorgungsqualität und der medizinischen Qualität insgesamt vor allem auch der Weiterentwicklung der vorhandenen Messinstrumente.

Die verwendeten Qualitätsindikatoren müssen hohe methodische Anforderungen für die Entwicklung und den Einsatz erfüllen, um eine Qualitätsbewertung zu ermöglichen

Entscheidend ist die Validität des Indikators. Es muss also ein klares Qualitätsziel formuliert sein und es sollte belegbar sein, warum das Erreichen dieses Ziels als Ausdruck guter Qualität angesehen werden kann. Darüber hinaus werden an den Indikator Anforderungen gestellt, die gewährleisten, dass die Messung mit erforderlicher Zuverlässigkeit und Genauigkeit erfolgt. Hierfür ist auch die Form der Datenerhebung mit entsprechenden präzisierenden Ausfüllhinweisen von besonderer Bedeutung.

Ein idealer Indikator erfüllt alle methodischen Anforderungen. Er misst exakt und zuverlässig (reliabel), ist für jedermann verständlich, zeigt jede Auffälligkeit an (Sensitivität des Indikators), zeigt ausschließlich Auffälligkeiten an (Spezifität des Indikators) und bedarf keiner Interpretation, da jede Auffälligkeit als Qualitätsmangel angesehen werden kann. Nicht nur der „gesunde Menschenverstand“ sagt, dass solche Indikatoren nicht zur Verfügung stehen können. Beim Einsatz der tatsächlich verfügbaren Indikatoren müssen daher den Anwendern die Stärken und Schwächen der einzelnen Indikatoren im jeweiligen Einsatzbereich bewusst sein. Die von den Indikatoren gezeigten Auffälligkeiten bedürfen daher immer einer weiteren Analyse und können für die einzelne Abteilung nicht automatisch als Ausdruck schlechter Qualität interpretiert werden.

Teil der Entwicklung der Auswertungskonzepte ist die Definition von Auffälligkeits- und Referenzbereichen. Die Grenzen der Referenzbereiche legen fest, dass außerhalb dieses Bereichs liegende Ergebnisse auffällig sind und können Hinweise auf verbesserungswürdige Qualität geben. Sie dienen ggf. auch als Auslöser für den Strukturierten Dialog auf Landesebene (siehe Abschnitt „Umsetzung der Ergebnisse auf Landesebene“).

Die Definition von Referenzbereichen orientiert sich dabei an den Ergebnissen, die sich aus der wissenschaftlichen Literatur, der Analyse eigener Erhebungen oder aus den Erkenntnissen der klinischen Praxis ableiten lassen. Die Festlegung der Referenzbereiche sollte einerseits möglichst frühzeitig erfolgen, erfordert aber andererseits oft erste Auswertungsergebnisse, wenn die wissenschaftliche Literatur hierzu keine ausreichenden oder sich stark unterscheidende Ergebnisse enthält.

Kriterien für die Entscheidung über Referenzwerte sind insbesondere

- Evidenz aus der wissenschaftlichen Literatur,
- die beobachtete Spannweite der Krankenhausergebnisse aus vorangegangenen Bundesauswertungen
- die Anzahl der Krankenhäuser, für die ein Strukturierter Dialog mit den verfügbaren Ressourcen auf der Landesebene durchführbar erscheint.

Neben Referenzbereichen, die jene Ausprägungen eines Qualitätsindikators umfassen, die Ausdruck guter Indikations-, Prozess- oder Ergebnisqualität sind, werden aber auch Auffälligkeitsbereiche für Datenvalidität bestimmt. Hierbei geht es darum, auffällig niedrige Raten unerwünschter Ereignisse in der Ergebnisqualitätsmessung oder unplausibel hohe Raten bei Messung von Indikations- oder Prozessqualität systematisch und nachvollziehbar zu identifizieren, um im Rahmen des Strukturierten Dialogs die Validität der hierzu gelieferten Daten zu überprüfen.

4. Qualitätsmanagement in Klinik, Praxis, sektorübergreifender Versorgung – erkennbarer Nutzen auch für Riskmanagement?!

J. W. Weidringer

Kurze Begriffsklärung

Im Interesse einer begrifflichen Klarheit sollen kurz die Begriffe „Qualitätskontrolle, Qualitätssicherung und Qualitätsmanagement" erläuternd dargestellt werden:

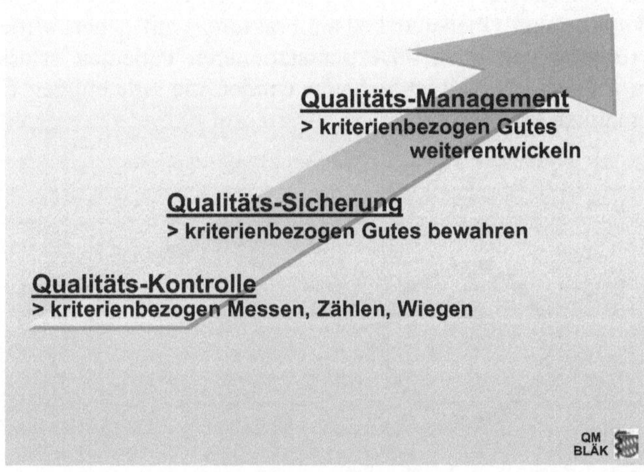

Abb. 4.1. Begriffsdefinition Qualitätskontrolle – Qualitätssicherung – Qualitätsmanagement

Status quo ante – oder: Nachhaltige Wirkung einiger ausgewählter „historischer" Qualitätsmanagement-Gedanken

„Beenden Sie die Abhängigkeit von Vollkontrolle und Routineprüfungen, um Qualität zu erzielen ..." so lautet die These Nr. 3 der 14 Regeln für Management, wie W. E. Deming 1950 bereits formulierte (4); sinngemäß kommentiert dies Deming selbst dahingehend, dass es zu lange dauert, um durch Qualitätsüberprüfungen die Qualität zu verbessern, dies noch dazu völlig unwirtschaftlich sei.

Als funktionell wirksame Konsequenz seines Ansatzes fortgesetzter Ablaufverbesserung hat der PDCA-Zyklus von W.E.Deming in den letzten Jahren geradezu eine Renaissance erfahren.

Der Deming'sche PDCA-Zyklus wirkt ganz aktuell und nachhaltig weiter: er findet sich wieder und ist hinterlegt bei der aus dem Jahr 2000 stammenden Version der DIN EN ISO 9001:2000 – Normenserie wie auch dem EFQM-Excellence-Modell 2000.

So trivial es erscheinen mag, der Kausalbezug zwischen Ergebnis- und Ausgangssituation wird erst in den aktuell gültigen Versionen der beiden seit Jahrzehnten verfügbaren Qualitätsmanagement-Darlegungs-Modelle (DIN EN ISO- sowie EFQM® (aus dem Jahr 2000 *dezidiert und primär erkennbar)* hinterfragt!

Letztlich ausgelöst durch **vorgeblich** schlecht erbrachte ärztliche Leistungen in der Peri-/Neonatologie sowie in der Chirurgie startete die (Münchener) Ärzteschaft in den 70er Jahren die Peri-/Neonatal-Studie, in Baden-Württemberg innovative Chirurgen Erhebungen zur Qualitätssicherung - letztere nach dem sog. Tracer-Konzept - fokussierend auf die Leit-Diagnosen Herniotomie, Cholezystektomie, Osteosynthese von Oberschenkelhals-Frakturen, mit denen Mitte der 70er Jahre die Versorgung von etwa 40% der stationären Patienten erfasst werden konnte. In den folgenden zwei Jahrzehnten wurden die Erhebungen umfangreicher, die Systematiken komplexer.

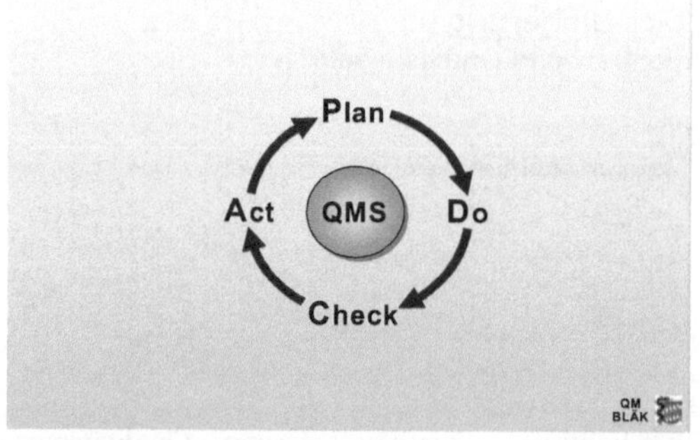

Abb. 4.2. PDCA- Zyklus nach Deming; im Mittelpunkt steht ein funktionierendes Qualitätsmanagementsystem (QMS); Version der DIN EN ISO 9001:*2000*-Normenserie wie auch dem EFQM®-Excellence-Modelle *2000* 1) sowie dem KTQ®-Verfahren 2) und auch dem QEP®-Konzept 3)

1) EFQM®: European Foundation for Quality Management
2) KTQ®: Kooperation für Transparenz und Qualität
3) QEP®: Qualität und Entwicklung in Praxen

Kurzübersicht zu einigen derzeit im Gesundheitswesen etablierten QM-Darlegungsverfahren

Qualitätsmanagementsysteme in Dienstleistungsbetrieben nach DIN EN ISO 9001:2000 ff

Anfang der 80er Jahre wurden zunächst sogenannte „Vornormen" erarbeitet; ab Mitte der 80er Jahre wurden die Deutschen Normen (DIN-Normen) vom DIN, dem Deutschen Institut für Normung e.V., herausgegeben. Anfang der 90er Jahre erhielten die europäisch harmonisierten DIN-Normen als zusätzliches Kennzeichen das Kürzel EN (europäische Normierung); ISO steht für International Organization for Standardization.

Die *DIN EN ISO 9001:2000 als Bewertungsgrundlage für die Erteilung eines Zertifikats* differenziert dabei inhaltlich folgende Themenbereiche:

0 Einleitung
1 Anwendungsbereich
2 Normative Verweisungen
3 Begriffe
4 Qualitätsmanagementsystem
5 Verantwortung der Leitung
6 Management von Ressourcen
7 Produktrealisierung
8 Messung, Analyse und Verbesserung

Die vorgenannten acht Elemente repräsentieren insgesamt 64 Anforderungen der DIN EN ISO 9001:2000. Schon semantisch, linguistisch und auch inhaltlich wird deutlich, dass eine Adaptierung in den medizinischen Versorgungsbereich nicht immer direkt realisierbar ist. Dennoch ist im Gesundheitsbereich eine gewisse Nachfrage nach Zertifizierungen nach DIN EN ISO zu registrieren:

Nach einer „inoffiziellen" Auflistung von Akut- und Reha-Krankenhäusern und –Kliniken (in der Zeitschrift Qualimed) wurden bis zum IV. Quartal 2001 (die Übersicht wurde bisher nicht fortgeschrieben) knapp 8% deutscher Krankenhäuser nach der DIN EN ISO 9001-Norm zertifiziert: Hierbei waren weit überwiegend nur einzelne Abteilungen oder Funktionsbereiche von Kliniken oder Krankenhäusern nach der genannten Norm zertifiziert.

Es erscheint angesichts der oben genannten Kriterien verständlich und wird auch aus einzelnen konkret beteiligten Kliniken berichtet, dass manche der acht DIN EN ISO - „Elemente" zumindest schwer unmittelbar auf die Patientenversorgung abbildbar sind. Ende 2002 hat eine mit Repräsentanten verschiedener europäischer Staaten besetzte „Health Care Working Group" mit der – sprachlichen – Adaptierung der DIN EN ISO-Inhalte an das Gesundheitswesen begonnen und wird die Arbeiten voraussichtlich 2006 abschließen. Andererseits wird übereinstimmend von einem Motivationsschub unmittelbar vor der Zertifizierung berichtet, der für alle Strukturen innerhalb einer Klinik oder Praxis eine Neuorientierung ermöglicht. Üblicherweise ergibt sich hieraus tatsächlich eine optimierte Patientenversorgung und eine verbesserte Ertragssituation, zumindest in Teilbereichen.

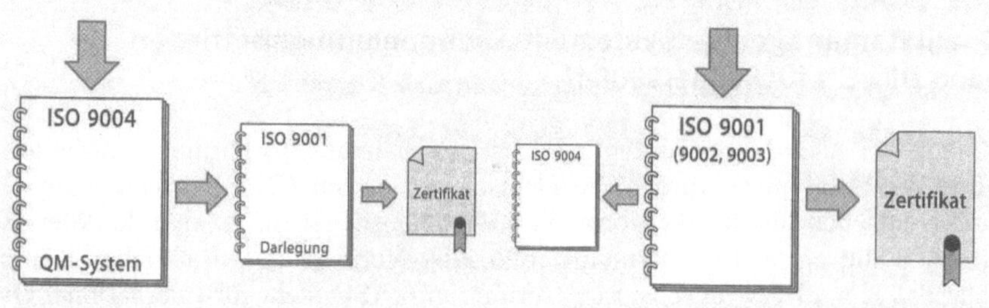

Abb. 4.3. Ursprünglich sollte der Aufbau eines QM-Systems entsprechend der DIN EN ISO 9004 im Zentrum des Interesses stehen, doch die tatsächliche Entwicklung hat die Schwerpunkte umgedreht. So scheint es vielen letztlich Zertifizierten v.a. um die Vorzeigbarkeit der Zertifizierungsurkunde zu gehen, weniger um das Leben eines Qualitätsmanagement-Systems. [Mit freundlicher Genehmigung des Autors, Dr. J. Zorn, IABG, Ottobrunn, 1999, aus „Qualität und Zuverlässigkeit" 11/96, S.1212, aus dem Carl-Hanser-Verlag, München

Qualitäts-Darlegung nach dem EFQM®-Excellence-Model 2000

Die European Foundation for Quality Management (EFQM®), Brüssel, wurde 1988 als europäisch-wirtschaftliche Antwort auf den amerikanischen Malcolm-Baldrige-National Quality-Award von europäischen Industrieunternehmen (aus Deutschland v. a. die Firmen Volkswagen und Bosch) mit zunächst indirekter Unterstützung der EU gegründet.

Ziel des EFQM®-Modells ist es, im Rahmen der Philosophie einer Bewerbung um einen Qualitätspreis Unternehmen zur „Business Excellence" zu motivieren.

Das von und für marktwirtschaftlich orientierte Unternehmen entwickelte EFQM®-Modell zur *Qualitätsverbesserung und Darlegung* von Qualitätsmanagement wurde in einigen hundert Krankenhaus-*Abteilungen* Deutschlands – in sehr unterschiedlicher Ausprägung, meist im Sinne einer Selbstbewertung, wenige Male im Sinne einer Zertifikatserteilung (s.u.) – zur Anwendung gebracht.

Im Jahre 2005 ist erstmals in der Geschichte der EFQM®ein Krankenhaus unter den Finalisten des European Quality Award (Zumarraga Hospital, Spanien).

Die dem EFQM®-Modell zugrunde liegende Intention der Gewinnmaximierung durch Etablierung einer optimalen Ablauforganisation trifft im Gesundheitswesen der Bundesrepublik Deutschland innerhalb einer sozial-ethischen Betrachtungsweise zumindest auf ambivalenten Widerhall.

Zweifellos beinhaltet die Optimierung der Ablauforganisation eines Unternehmens durch kontinuierliche Anwendung des EFQM®-Modells die Chance, ungenutzte Ressourcen freizusetzen und damit eigenständig Rationalisierung anstelle von Rationierung zu ermöglichen.

Verbesserungsfähig erscheinen beim EFQM®-Modell allerdings die Aspekte der Patienten-Orientierung im EFQM®-Modell wie auch eine Optimierung des Fremdbewertungsverfahrens aus datenschutzrechtlicher Sicht.

Neu eingeführt wurde von der European Foundation for Quality Management im Jahr 2002 für die praktische Bewertung eine Art Zertifizierungsverfahren, welches für Unternehmen, die sich mit dem Excellence-Modell beschäftigen, die Erteilung eines Zertifikates „Anerkennung für Beschäftigung mit Excellence" sowie darüber hinaus, beim Erreichen von mindestens 400 Punkten, eines Zertifikates „Anerkennung für die Umsetzung von Excellence" beinhaltet.

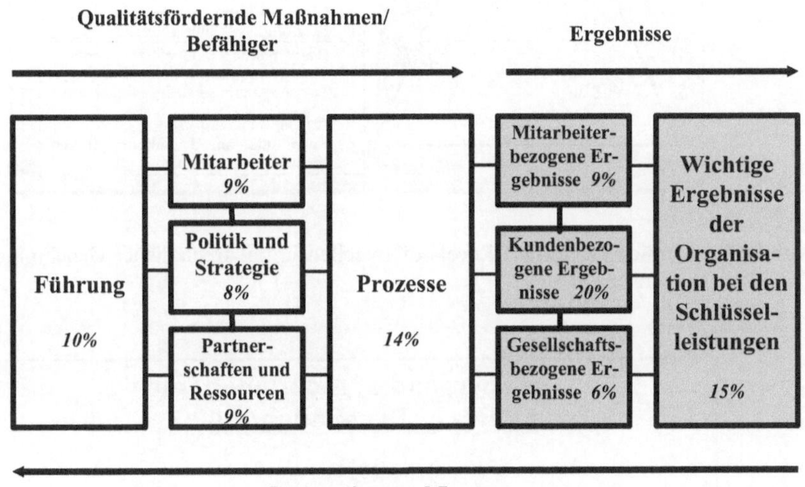

Abb. 4.4. EFQM – Excellence -Model□ 2000 der European Foundation for Quality Management, mit freundlicher Genehmigung der EFQM, P. Docwra 11/2002

Gewinner des European Quality Award erzielen von den (visionär) 1.000 Punkten ungefähr 750, international erfolgreiche Preisbewerber zwischen 500 und 600 Punkte.

Legt man die Punkte – Bewertungskriterien des (bisherigen) EFQM®– Modells an, so würde ein nach DIN EN ISO 9001:2000 zertifiziertes Unternehmen ungefähr 200 – 300 Punkte in der EFQM®-Skalierung erreichen.

Das EFQM®-Modell mit seinen 9 Kriterien repräsentiert ein Denk-Modell zur gemeinsamen Zielerreichung eines Total Quality Managements, bei dem der Weg ständiger Qualitätsverbesserung das Ziel ist („Rennen ohne Zieleinlauf") – mit der Möglichkeit einer Darlegung der jeweiligen aktuellen Positionierung in einer „europäisch vergleichenden" Punkteskala.

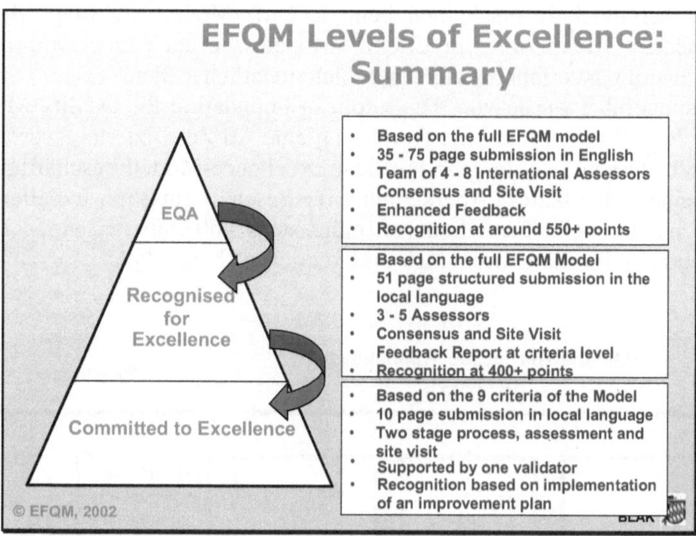

Abb. 4.5. Pyramide der EFQM Levels of Excellence, mit freundlicher Genehmigung der EFQM: P. Docwra, 11/2002

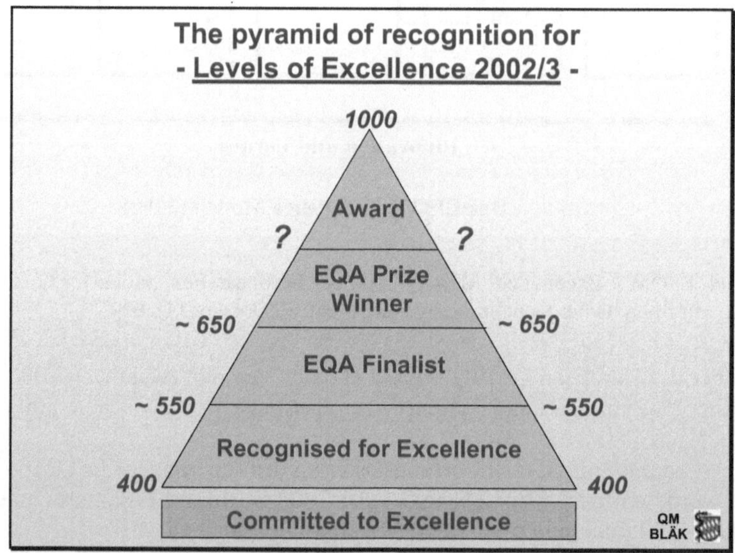

Abb. 4.6. Pyramide der EFQM Levels of Excellence: Punkt-Korrelation

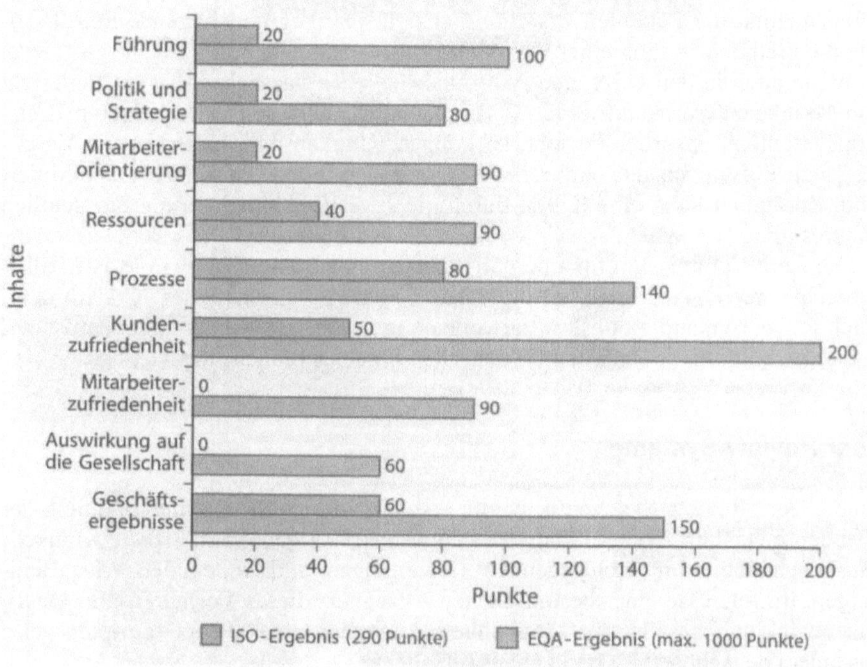

Abb. 4.7. Spiegelung der Inhalte der 20 Elemente der DIN EN ISO 9001 am EFQM – Modell (1997) aus: „European Quality Award" von Ph. Radtke u. D. Wilmes [mit freundlicher Genehmigung des Carl-Hanser-Verlags, München, 1997]

Joint Commission on Accreditation of Health Care Organizations (JCAHO) und Joint Comission for International Accreditation (JCIA)

Mitte der 50er Jahre engagierten sich die wissenschaftlich-medizinischen Fachgesellschaften Amerikas, initial gemeinsam mit den wissenschaftlich-medizinischen Fachgesellschaften Kanadas, verstärkt bei der Klärung sozioökonomischer Fragestellungen im Gesundheitswesen. Hieraus resultierte letztlich die Gründung der Joint Commission on Accreditation of Health Care Organization (JCAHO). Die JCAHO verleiht an entsprechende Krankenhäuser, welche im Sinne einer freiwilligen Mitgliedschaft angeschlossen sind, ein offizielles Zertifikat (amerikanisch: Accreditation) .

Die JCAHO verfügt über eine knapp 50jährige Erfahrung in Krankenhaus-Akkreditierungen und hat ein etabliertes „Surveyor"-System mit teils ehrenamtlichem, teils hauptamtlichem, interdisziplinärem und interprofessionellem Klinik-Personal. Die entsprechenden Krankenhausbegehungen mit speziell geschultem, externen Klinik-Leitungspersonal (ca. 350 Standards, > 1000 Kriterien) erfolgen nach einem strukturierten Bewertungskatalog, der v.a. auf die Darlegung der Ergebnisqualität der Patientenversorgung abzielt. Die zugrundeliegende Selbst- sowie die Fremdbewertung einer Klinik ist zyklisch angelegt.

Wenn auch in den USA eine Art grundsätzlicher staatlicher Konzessionierung von Krankenhäusern und damit zusammenhängendem relativ niedrigerem Leistungsvergütungsanspruch besteht, so können Kliniken eine höherwertige Vergütung von Leistungen nur dann erhalten, wenn sie durch die JCAHO akkreditiert sind. Zusätzlich kann eine Klinik durch die JCAHO-Akkreditierung ein deutlich höheres Image erwerben.

Die Joint Commission for International Accreditation (JCIA) wurde 1977 als – außerhalb der USA – weltweit agierende Tochtergesellschaft der JCAHO tätig. Auch in Deutschland gibt es mittlerweile einige entsprechend den „Standards" der JCIA akkreditierte (im angloamerikanischen Sprachgebrauch) Krankenhäuser.

Peer-Review-Systeme

Eine „Peer"-Review-Systematik wurde erstmals in den Niederlanden Anfang der 90er Jahre etabliert. Hierbei kommt es zu wechselseitigen Praxis- sowie Krankenhausbegehungen mit nachfolgenden Bewertungen und kollegialen Kurz-Beratungen. Im Interesse einer bestmöglichen Akzeptanz dieses Verfahrens zur Qualitätsentwicklung besteht die Möglichkeit, „unerwünschte" Peers (beispielsweise aus einem benachbarten Krankenhaus) abzulehnen.

Die Idee des Peer-Review-Systems wurde in Deutschland mittlerweile in einzelnen Fachgebieten übernommen, z. B. durch die Deutsche Gesellschaft für Pneumologie, die mittlerweile ein freiwilliges Peer-Review-System in einigen beteiligten Kliniken praktiziert.

In der niederländischen primärärztlichen Versorgung findet ein Peer-Review-Verfahren mit dem Namen „Visitatiae" regelmäßige Anwendung; eine Übertragung dieses methodischen Ansatzes nach Deutschland wurde unter wissenschaftlicher Begleitung der Abteilung für Allgemeinmedizin an der Universitätsklinik Heidelberg und unter Einbindung des Berufsverbandes Deutscher Allgemeinärzte diskutiert (EPA [8] im Sinne von European Physician Assessment).

Kooperation für Transparenz und Qualität im Krankenhaus (KTQ®)

Initiiert von Repräsentanten des VdAK/AEV-Bundesverbandes und der Bundesärztekammer beschäftigte sich zunächst eine kleine Arbeitsgruppe seit Ende 1997 mit Lösungsansätzen für ein möglichst patienten- und ergebnisorientiertes, regelmäßig anwendbares Zertifizierungsverfahren für Krankenhäuser in Deutschland. Ende des Jahres 2000 gehörten dem Lenkungsgremium auch die Deutsche Krankenhausgesellschaft sowie sämtliche Spitzenverbände der Gesetzlichen Krankenversicherung als Vertragspartner, der Deutsche Pflegerat und die proCum Cert mit beratender Stimme an.

In Arbeitsgruppen wurden gemeinsam mit Vertretern der Wissenschaftlich-Medizinischen Fachgesellschaften und Repräsentanten des Medizinischen Dienstes der Krankenversicherungen sowie Repräsentanten der Pflege und Repräsentanten aus Verwaltungsdirektionen erste Bewertungskataloge erarbeitet für u.a. folgende Funktionsbereiche: Anästhesie, Chirurgie, Gynäkologie, Innere, Krankenhausleitung, Orthopädie, Pflege.

In der sog. Pilotphase wurden im Jahr 2000 unter wissenschaftlicher Begleitung des Instituts für Medizinische Informationsverarbeitung, Tübingen, einerseits das Verfahren insgesamt, andererseits vor allen Dingen der Bewertungskatalog einer ersten Validierung an 25 Pilot-Krankenhäusern unterzogen.

Das Projekt hatte eine mehrjährige Förderung des Bundesministeriums für Gesundheit erhalten.

Seit 01. Januar 2001 firmiert KTQ® als gGmbH, gegründet von den Vertragspartnern Spitzenverbände der Krankenversicherungen, der Deutschen Krankenhausgesellschaft sowie der Bundesärztekammer und mit dem Deutschen Pflegerat (http://www.ktq.de). Der KTQ®-Katalog ist gegliedert in 6 Kategorien mit 44 Kriterien.

Nach einer Selbstbewertung von Krankenhäusern als Gesamtfunktionseinheiten anhand eines Bewertungskataloges kann sich das Krankenhaus einer Überprüfung durch sog. Visitoren (interdisziplinär und multiprofessionell zusammengesetztes Team) unterziehen. Bei Erreichen der erforderlichen Voraussetzungen wird ein Zertifikat der KTQ® vergeben; ein hiermit zusammenhängender Qualitätsbericht wird sowohl auf der Homepage der KTQ® wie auch durch das Krankenhaus direkt im Internet veröffentlicht. Auch dieses Zertifikat hat eine (auf maximal drei Jahre) begrenzte Gültigkeit mit jährlichen Zwischen-Visitationen.

Multiprofessionelle sowie interdisziplinäre Visitoren führen jene Visitationen durch, sind selbst zumindest auf dem Level des Curriculums Qualitätsmanagement der Bundesärztekammer qualifiziert und in Führungspositionen im Krankenhaus tätig (Pflege, Verwaltung, Ärzteschaft).

Im Herbst 2003 wurde für die Anwendung von KTQ® im ambulanten Sektor eine Initiativgruppe gegründet mit einer Pilotphase ab Januar 2004, Beginn des Routineverfahrens ab Oktober 2004 und der Zertifizierung einer ersten Arztpraxis im Januar 2005.

Mittlerweile bietet KTQ® auch ein spezifisches Bewertungssystem für Rehabilitationseinrichtungen an.

proCum Cert ist eine gemeinnützige Gesellschaft, getragen vom Katholischen Krankenhausverband Deutschlands, dem Deutschen Caritas-Verband, dem Deutschen Evangelischen Krankenhausverband, dem Diakonischen Werk sowie der Ecclesia Versicherungs-GmbH, die als einer der KTQ®-Lizenznehmer über die KTQ®-Kriterien hinaus christlich-ethische Kriterien im eigenen Bewertungskatalog für die Überprüfung von Krankenhäusern aufführt. Die Vorort-Begehungen werden von multiprofessionellen sowie interdisziplinären „Mentoren“ vorgenommen.

KPQM® (Praxen-Qualitätsmanagement der KV Westfalen-Lippe)

Im Zuständigkeitsbereich der Kassenärztlichen Vereinigung Westfalen-Lippe wurde aus DIN EN ISO-Elementen, EFQM®-Kriterien sowie KV-Anforderungen ein nutzerorientiertes „compositum mixtum" eines Verfahrens zur Etablierung und Überprüfung eines (Qualitäts-) Management-Systems in Arztpraxen während des Jahres 2002 erarbeitet. Ziel war und ist es, mit diesem Modell, welches inzwischen auch nachhaltig von der KV Nordrhein getragen wird, Arztpraxen bei der *Befähigung* zum Qualitätsmanagement zu helfen; dies ist kein Zertifizierungsverfahren.

QEP® – Qualität und Entwicklung in Praxen System der KBV/KVen

Seit Ende 2002 expressis verbis entwickelt für Praxen aller Fachgebiete – auch für Psychotherapeuten – mit Pre-Testphase im Herbst 2003 sowie wissenschaftlich begleiteter Pilotphase mit 60 Praxen von März 2004 bis September 2004 durch das Institut für Medizinische Informationsverarbeitung, Tübingen, ging das Verfahren nach Endauswertung im Juni 2005 in den Regelbetrieb über.

Als charakteristisch für QEP® gelten modularer Aufbau, umfassender, gleichwohl praxisspezifischer Ansatz, Ausrichtung auf Qualitätsziele mit messbaren Kriterien, Fokussierung auf die Patientenversorgung, Stufen-Konzept von aufeinander abgestimmten Modulen für die Befähigung zur Umsetzung der Qualitätsmanagement-Einführung, weitgehend komplementärer Struktur zu anderen Qualitätsmanagement-Verfahren.

Grundsätzlich ist nach Beschäftigung mit den fünf Kapiteln, siebzehn Bereichen und 60 Kriterien bei 66 Kernzielen auch eine Zertifizierung möglich, wenn jeder Nachweis/Indikator der Kernziele mit mindestens einem Punkt erfüllt und somit die gesamte Praxis abgebildet ist.

Ab dem Jahr 2006 sind optional gesundheits-versorgungsspezifische Zertifizierungen durch QEP® möglich

Wie bei vielen anderen QM-Darlegungs-Verfahren existiert auch zu QEP® eine „cross matrix" zur DIN EN ISO 9001:2000. Bei der Entwicklung auch dieses Verfahrens war eine enge Vernetzung zu Wissenschaftlich-Medizinischen Fachgesellschaften und ärztlichen Berufsverbänden realisiert. Das Konzept ist maßgeblich getragen von Kassenärztlicher Bundesvereinigung sowie den kassenärztlichen Vereinigungen der Länder.

Qualitätsmanagement-Darlegungsverfahren in der Rehabilitation

Zeitlich vor und inhaltlich neben den erwähnten QM-Darlegungsverfahren nach DIN EN ISO sowie beispielsweise KTQ®, auch Peer-Review-Verfahren, existieren in der ambulanten sowie der stationären Rehabilitation multiple Qualitätssicherungsverfahren einzelner gesetzlicher Rehabilitationsträger (VDR/BfA, GKV, UVV).

Weitere, speziell in der Rehabilitation angewandte QS-Verfahren sind DEGEMED (Zertifizierungsverfahren der Deutschen Gesellschaft für Medizinische Rehabilitation) sowie BDPK (Bundesverband Deutscher Privatkrankenanstalten).

Fazit

Verschiedene Qualitätsmanagement-Darlegungsmodelle sowie Zertifizierungsverfahren konkurrieren derzeit um die Gunst unterschiedlichster Interessenten im Bereich des Gesundheitswesens:

Welche Akzeptanz welches Darlegungs- und/oder Zertifizierungsverfahren zu welchem Zeitpunkt gewinnen wird, ist für das deutsche Gesundheitswesen derzeit noch nicht sicher absehbar. Dr. E. Pinter, QKB Hameln, visualisiert diesen Gedanken in der nachfolgenden Grafik im Sinne von „Produktlebenszyklen".

Da wohl eine flächendeckende, pure Qualitätskontrolle von Prozeduren, die aus Daten von Interventionen nach Fallpauschalen und Sonderentgelten oder DRGs resultieren, auf Dauer nicht finanzierbar ist, wird letztlich auch im öffentlichen Interesse ein anderes Regulativ die Hauptrolle für Qualitätssicherung und -management spielen (müssen).

Die freiwillige, externe Zertifizierung mit einem gewissen Sofort-Beratungsanteil durch klinik- und führungserfahrene „Peers" soll die praxis- und krankenhausinterne Qualitätsförderung ganzheitlich anregen – im Sinne eines umfassenden Qualitätsmanagements.

Ausblick

Die berufsrechtlich einwandfreie Form der Darlegung der Leistungsfähigkeit und Qualität eines Krankenhauses oder einer Praxis oder eines Medizinischen Versorungszentrums entspricht dem zunehmenden individuellen wie auch gesundheitspolitischen Interesse, eine vermehrte Transparenz zu schaffen für die einzelne Patientin und den einzelnen Patienten (mit deren jeweiligen Sorgen) wie auch für zuweisende Ärztinnen und Ärzte sowie sog. Leistungserbringer.

Aus Sicht der Autoren kommt der individuellen Interpretation jedweder Zertifizierungsergebnisse im vertrauensvollen Arzt-Patienten-Gespräch eine hohe Bedeutung zu.

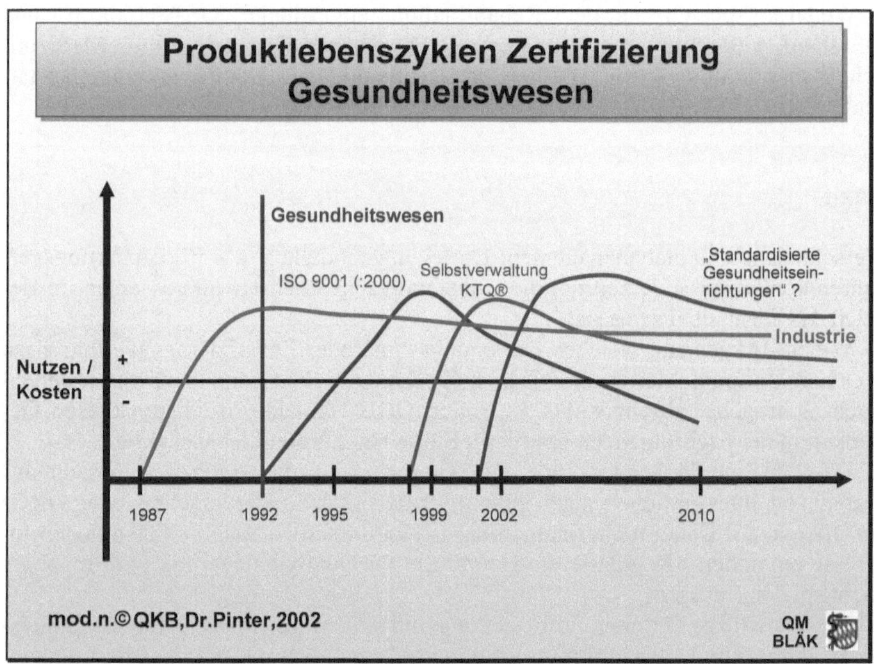

Abb. 4.8. Vision zu „Produktlebenszyklen" von QM-Darlegungsverfahren von Dr. E. Pinter, QKB Hameln, mit freundlicher Genehmigung des Autors, 11/2002, zunehmend orientiert an Kosten-/Nutzen-Überlegungen wie in der Industrie werden sich Krankenhäuser mit QM-Darlegungs- und Zertifizierungsverfahren beschäftigen; einzelne Verfahren werden sich inhaltlich im Laufe der Zeit verändern – hin zu auf den Gesundheitssektor bezogenen Zertifizierungsstrukturen

Bedarf vernetzend angewandter Qualitätsmanagement-Systeme

Externe Qualitätssicherung mit zeitnah umgesetzten Konsequenzen aus den erhobenen Ergebnissen sind ein wesentliches Element effektiven und effizienten Qualitätsmanagements.

Sektorübergreifend, die bisherigen Grenzen von ambulanter, stationärer, unterschiedlich rehabilitativer, auch öffentliche Gesundheitsversorgung **geplant** vernetzend angewandte Qualitätsmanagementsysteme gibt es in Deutschland bisher allenfalls in statu nascendi. Natürlich entspricht es dem Selbstverständnis beispielsweise des DIN EN ISO-Normenverfahrens, wie hier auch speziell der KTQ®-Systematik, beider entsprechenden Zertifikatvergabe für eine Institution die funktionale Beziehung zu einer anderen Institution mit dem identischen QM-Darle-gungsverfahren zu favorisieren.

Faktisch werden allerdings die derzeit im deutschen Gesundheitswesen etablierten Qualitätsmanagement-Darlegungsmodelle wie EFQM®-Excellence-Modell 2000, die DIN EN ISO 9001:2000, Joint Comission International Accreditation

(JCIA), auch Kooperation für Transparenz und Qualität (KTQ®), Qualität und Entwicklung in Praxen (QEP®) sektoral, üblicherweise sogar ausschließlich institutionsbezogen, angewandt; mit Ausnahme des KTQ®- sowie des JCIA-Verfahrens bleibt es letztlich überwiegend dem verantwortlichen Anwender des Qualitätsmanagementsystems überlassen, welche effektive Bedeutung die Bewertung der optimalen Patientenversorgung unter Berücksichtigung der Mitarbeiterinteressen im integrierten Zusammenwirken ambulant/stationär/Rehabilitation/ambulant erfährt.

Tab. 4.1. Orientierende Übersicht zu verschiedenen Darlegungsmodellen

QM-Darlegung	bei der Entwicklung maßgebliche Mitwirkung von Ärzten/Pflegepersonal	bei der Entwicklung maßgebliche Mitwirkung von Verwaltungspersonal	besonders ergebnisorientiert	stark patientenorientiert	stark prozessorientiert
BDPK	✓		✓		✓
DEGEMED	✓		✓	✓	✓
DIN EN ISO 9001:2000		✓	✓		✓
EFQM		✓	✓		✓
JCAHO/JCIA	✓	✓	✓	✓	✓
Marburger Modell	✓	✓	✓	✓	
Peer Review	✓	✓	✓	✓	
KPQM®	✓		✓		✓
KTQ®	✓	✓	✓	✓	✓
QEP®	✓		✓		✓

Neben den genuinen, aus dem und für den Medizinsektor entwickelten QM-Konzepten JCHAO/JCIA, KTQ® sowie QEP® wird zum Zeitpunkt der Drucklegung einerseits (weiterhin) an einer deutschsprachigen Übertragung des EFQM®-Excellence-Modells 2000 für das Deutsche Gesundheitswesen gearbeitet, andererseits (in einer europäischen Arbeitsgruppe) an Empfehlungen für die Anwendung der DIN EN ISO 9001:2000 im (europäischen) Gesundheitswesen.

Qualitätsmanagement und öffentliche Wahrnehmung von „Fehlern in der Medizin"

Im Jahr 1998 erregte der sog. „Bristol-Case" via BBC-News - vor allen Dingen über das Internet - weltweites Aufsehen: Eine retrospektive Analyse von 1827 am Herzen operierten Kindern hatte ergeben, dass etwa 170 davon zu Tode gekommen waren oder bleibende Schäden erlitten hatten (3). Als ursächlich für die zum Teil fatalen Verläufe waren aufgeführt worden:

- © Fehler in der anfänglichen Betreuung und Diagnostik
- © die Wartezeit zwischen Stellen der Diagnose und Möglichkeit zur Operation
- © Fehler während Operation und Narkose
- © Verbesserungswürdige Qualität der postoperativen Nachsorge auf Intensiv- und/oder Normalstation

Auch in jener retrospektiven Analyse war festgehalten worden, dass die Operation selbst auf den teils fatalen postoperativen Verlauf einen geringeren Einfluss hatte als die nicht ausreichende postoperative Nachsorge.

Die Vermeidung medizinischer Fehler und deren Risikofaktoren liegt sicher ganz im Interesse einer bestmöglichen Gesundheitsversorgung der Bevölkerung, ist auch und besonders originär von ärztlichem Interesse. Wenn Politik und Öffentlichkeit hierbei **ausschließlich** auf die Ärzteschaft fokussieren, könnte dies zu kurz gesprungen sein.

Durch den Bericht „To err is human“ des Institute of Medicine (IOM) der US-amerikanischen National Academy of Sciences im Jahre 1999 hat das Thema „Medizinische Risiken, Fehler und Patientensicherheit“ im internationalen Schrifttum hohes Interesse erlangt; Fazit der Analyse ist, dass etwa 4 von 100 stationär behandelten Patienten behandlungsbedingte Gesundheitsschäden, die in mehr als der Hälfte der Fälle auf vermeidbare Fehler zurückzuführen sind, erleiden. (2, 8, 13). Dabei handele es sich vorrangig um Systemfehler, um Organisations-Mängel in der Gesundheitsversorgung. Individuelle Versäumnisse von „Leistungserbringern“ seien - quantitativ - nur nachrangig für das Entstehen von Fehlern in der Gesundheitsversorgung von Bedeutung.

Auf der Grundlage verschiedener Studien-Daten schätzen die Autoren des IOM-Reports die fehlerbedingten Todesfälle in den USA auf etwa 50.000 bis 100.000 pro Jahr. Selbst bei niedriger Schätzung ist diese Todesrate in den USA höher als die bei z. B. KfZ-Unfällen, Brustkrebs oder Aids. Die finanziellen Folgen vermeidbarer Fehler im US-amerikanischen Gesundheitswesen sollen sich auf umgerechnet 20 bis 35 Milliarden Euro pro Jahr belaufen.

In der Folge rückten offensichtlich Maßnahmen zur sog. Qualitätssicherung medizinischer Prozesse nicht nur in Großbritannien oder den USA noch mehr in den Mittelpunkt des öffentlichen Interesses.

Relation von Qualitätsmanagement und Riskmanagement

Qualitätsmanagement – mittlerweile ist ja mit diesem Begriff meist die Assoziation „notwendiges Übel“ verknüpft – möglicherweise Undank als belastend empfundener gesetzlicher Regelungen im deutschen Gesundheitswesen; zudem scheint der Begriff schon ein wenig „in die Jahre zu kommen“ …

Ziel ist ein gemeinsamer Nutzen für PatientInnen, Angehörige der Gesundheitsberufe und verschiedene Kostenträger.

Riskmanagement hingegen hat in der ambulanten sowie der stationären Versorgung in Deutschland noch ein wenig den Flair des Neuen, möglicherweise Interessanten, vielleicht gar Reizvollen; auch hat es sich zumindest unter Insidern inzwischen herumgesprochen, dass sich die Beschäftigung mit Riskmanagement im doppelten Sinne des Wortes teils relativ kurzfristig „rentieren" kann.

Wechselseitiger Nutzen der Ziele: Inhaltlicher Focus

Qualitätsmanagement	**=**	**Management der Qualität insgesamt**
Riskmanagement	**=**	**Erkennen Analysieren Reduzieren von Risiken bezüglich Details der Patientenversorgung, Voraussetzung für Versicherbarkeit bei oft kurzfristig erkennbarem finanziellen Nutzen**

Medizinische Versorgung

Scheinbar unterschiedliche Ausgangspunkte von Qualitätsmanagement und Riskmanagement bei identischer Zielrichtung.

Qualitätsmanagement* ►** **Strukturqualität** **◄ *Riskmanagement

Die richtigen Voraussetzungen haben.
(Ausstattung, Fähigkeiten, Fachkunde)

Qualitätsmanagement* ►** **Prozeßqualität** **◄ *Riskmanagement

Das Richtige tun.
(Konformität mit anerkannten Leitlinien)

Qualitätsmanagement* ►** **Ergebnisqualität** **◄ *Riskmanagement

Den erreichbaren Zustand erreichen.
(physische u. mentale Gesundheit,
Funktionalität, Zufriedenheit)

nach H.K.Selbmann

Abb. 4.9. Riskmanagement als besonderer Bereich im Qualitätsmanagement, aus: „Patientensicherheit" von E. Holzer/Ch. Thomaczek/E. Hauke/D. Conen/M. Hochreutener (2005) [mit freundlicher Genehmigung des Facultas-Verlags, Wien]

Abb. 4.10. Denk-Modell der Relation von Qualitäts- und Riskmanagement, aus: „Patientensicherheit" von E. Holzer/Ch. Thomaczek/E. Hauke/D. Conen/M. Hochreutener (2005) [mit freundlicher Genehmigung des Facultas-Verlags, Wien]

Mehrfach-Nutzen von Zahlen, Daten, Fakten

Gleich, welche Kennzahlen erhoben werden und verfügbar sind –zu Grunde gelegt werden kann in jedem Fall:

Riskmanagement und Qualitätsmanagement leben gleichermaßen von möglichst bias-freien Zahlen – seien sie im Sinne einer Balanced Score Card, eines Six-Sigma-Verfahrens erhoben oder von „ganz einfachen" Kenn- und Leistungszahlen einer Praxis, eines medizinischen Versorgungszentrums oder eines Krankenhauses getragen.

Das Fehlermanagement ist ein zentrales Anliegen von Riskmanagement, welches eine entscheidende Rolle im ganzheitlichen Ansatz des Managements der Qualität spielt.

Über Riskmanagement zum gelebten Qualitätsmanagement – der vielleicht etwas andere Weg

Primär focus-orientierte Risikoreduzierung, daraus mit-resultierende Ablaufoptimierung sowie Fehler-Kosten-Reduzierung mit mindestens relativer, meist realer Ertragssteigerung lassen Riskmanagement als einfach guten Einstieg in ein (umfassendes) Qualitätsmanagement erscheinen.

Auch Riskmanagement ist gekennzeichnet von partnerschaftlicher Kommunikation; neben themenbezogener Vertiefung über „klassische" Print- wie auch moderne Medien führen Seminare, Tutorials oder Mentorenschaften sicher zu einem finanziellen sowie ideellen Nutzen – auch mit vielleicht ganz neuen Aspekten zur Freude bei der täglichen Arbeit.

Erstaunlich wenige Zahlen, Daten, Fakten finden sich bisher in der einschlägigen, auf Qualitätsmanagement/Riskmanagement im Gesundheitswesen bezogenen Literatur.

Immerhin beschreibt die retrograde, knapp 8 Jahre umfassende Auswertung aus dem Jahre 2000 „Can improving quality decrease hospital costs?", dass Fehlervermeidung durch gelebtes Qualitätsmanagement in verschiedenen Anwendungsbereichen zu finanziellen Einsparungen führt, Qualität zumindest erhalten, wenn nicht verbessert wurde. Auch wird ausgeführt, dass Kommunikation und Koordination versteckte Kosten reduzieren und ebenso die Qualität verbessern halfen. Gegenteilige Effekte allerdings waren Grund für verlängerte Krankenhausaufenthalte und natürlich auch höhere Kosten (Jarlier).

Auch in jener Übersichtsarbeit werden suffiziente Studien zum Kosten-/Nutzen-Effekt für Qualitätsmanagement im Rahmen eines wissenschaftlich fundierten Studien-Designs prospektiv postuliert.

Woolf bewertet in kritischen Grundsatzüberlegungen *Patientensicherheit als zentrales, wenn auch nicht als einziges Ziel* in der Gesundheitsversorgung.

Dabei wird auch ausgeführt, dass *individuelle Krankheitsbilder*, nicht die Gesundheitsversorgung insgesamt (bisher) im Grunde Politik und medizinische Interessenvertreter motivieren; vielmehr gibt es für die letztlich erforderlichen tief greifenden Änderungen aufgrund finanzieller, politischer und administrativer Konsequenzen nachhaltige Widerstände.

Gleichwohl, so Woolf weiter, der Weg zur Überwindung dieser Herausforderungen beginnt mit einer nachhaltigen Vision:

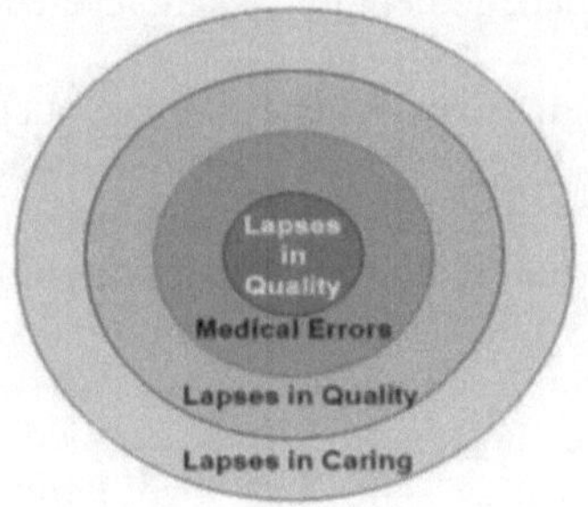

Woolf,St.H.:
Patient Safety is not enough - Improving Patients Care;
Ann.Intern.Med.2004;140:33-36.

Abb. 4.11. Woolfs Kausalitäts-Modell

Bei einer Web-Recherche auf der Seite zu Krankenhaus-Qualitätsberichten (www.g-qb.de) fand sich in den ersten Oktoberwochen 2005 zu dort gelisteten Qualitätsberichten von 2115 Krankenhäusern in 47 Fällen ein Treffer für den Suchbegriff „Risikomanagement“ innerhalb der Qualitätsberichte.

Selbst, wenn man alle möglichen erkenntnistheoretischen Irrtümer bei jener Schlagwort-Recherche konzidiert, bleibt diese Trefferquote doch in jedem Fall „beeindruckend“.

Fazit und Perspektiven

Bei – je nach Praxis-/Krankenhaus-Politik – möglicherweise unterschiedlicher strategischer Zielsetzung betreffend Qualitätsmanagement und/oder Riskmanagement sind doch die mit beiden Begriffen verknüpften Methoden wenn nicht identisch, so doch sehr ähnlich.

Daraus resultiert für die konkrete auch personelle Umsetzung ganz natürlich, dass sich „die Qualitätsmanagerin“ bzw. „der Qualitätsmanager“ einer Praxis oder eines Krankenhauses oder eines Medizinischen Versorgungszentrums *in Personalunion* um Belange des Riskmanagement kümmert; bezogen auf die Organisationsstruktur kann hier neben der Stabs-Stellenfunktion einer Qualitätsmanagement-Koordinatorin/eines Qualitätsmanagement-Koordinators je nach Unternehmensstruktur der Gesundheitseinrichtung eine direkte Anbindung an eine oder mehrere haftende Personen der Geschäftsleitung eine logische Folge sein.

Speziell in der stationären Versorgung stellt ein funktionierendes Riskmanagement zwischenzeitlich häufig die Grundvoraussetzung dar für die Versicherbarkeit der finanziellen Folgen von Haftpflichtversicherungs-Schäden. Oder – wie es Dieter Conen, Aarau/Schweiz formuliert: „Kein Krankenhaus wird es sich auf Dauer leisten können, zwei Personen zu beschäftigen, die nichts tun … – also werden die Belange von Qualitätsmanagement und Riskmanagement in Personalunion wahrgenommen.“

Die Anforderungen amerikanischer Holdings, auch deutscher (Rück-)Versicherer hinsichtlich des Nachweises eines funktionierenden Riskmanagement-Systems als Voraussetzung dafür, dass überhaupt ein Haftpflichtversicherungskontrakt gezeichnet wird, werden bereits in naher Zukunft zumindest im stationären Sektor dazu führen, dass aufgrund dieser „Motivation“ dem innerklinischen Riskmanagement nachhaltig mehr Bedeutung beigemessen wird. Die einschlägigen Verpflichtungen zum Riskmanagement – auch den medizinischen Sektor betreffend – für Gesundheitseinrichtungen, die nach den Partnerschafts-Gesellschafts-Recht betrieben werden, tun ein Übriges hierzu (KonTrAG).

Unabhängig davon lassen sich im ambulanten wie im stationären Sektor durch wohl verstandene und pragmatisch angewandte, einfach umsetzbare Riskmanagement-Konzepte sehr zügig sicherere Verfahrenswege mit multiplen Einspar-Potenzialen und möglicherweise sogar einem erhöhten „Spaß-Faktor“ für das Personal und so mittelbar für die Patienten umsetzen.

Literatur

AWMF und ÄZQ (2001), Das Leitlinien-Manual, ZaeFQ, Supplement I

Bates DW (2000), Using information technology to reduce rates of medication errors in hospitals, Br. med. J. 320: 788 – 791

Bristol (1999), Surgery may not be to blame, BBC News, http://news.bbc.co.uk/1/hi/health/background_briefings/the_bristol_heart_babies/297370.stm, Friday, 5 November 1999, 20.08 GMT

CBO (1995), Total Quality Management, Broschüre für ein EU-Biomed-Qualitätsprojekt

Deming WE (1997), Out of the crisis, Massachusetts Institute of Technology, 25th printing ISBN 0-911379-01-0

DIN-Taschenbuch (2001), Qualitätsmanagement und Statistik. Verfahren 3: Qualitätsmanagementsysteme, Normen, Beuth, Berlin, Wien, Zürich, 226

EFQM: www.efqm.org

Goeckenjan G, Köhler D, Rünz J (1998): Externe Qualitätskontrolle als Bestandteil des Qualitätsmanagements 170 – 176, in: Qualitätsmanagement im Gesundheitswesen, Hrsg. v. M. Ziegler, Wiss. Verl. Venusberg, Bonn

Jarlier A, Charvet-Protat S (2000), Can improving quality decrease hospital costs? J. Quality in Health Care of the International Society for Quality in Health Care 12, 2, 125 – 131

HAS Hospital Accrediation Standards 1998 (1998), JCAHO: www.jcaho.org

Händeler E (1997), Der Sechste Kondratieff: Gesundheit wird zu einer wirtschaftlichen Macht, Deutsches Ärzteblatt 1997, A-1116 – 1117 (Heft 17)

Kohn LT, Corrigan JM, Donaldson MS. (eds) (1999), To err is human. Building a safer health system, Washington, DC: National Academy Press

Kolkmann FW, Scheinert HD (1998), Qualitätssicherung: Zertifizierung von Krankenhäusern, Deutsches Ärzteblatt A-1899, Heft 31 – 32

KTQ®-Manual (2002), Loseblattsammlung, Deutsche Krankenhaus Verlagsgesellschaft mbH

Möller J (2001), Methoden zur Bewertung der Qualität im Gesundheitswesen – Ein Überblick, Gesundh. ökon. Qual. Manag. 6, 26 – 33

Möller J (2002), Europäisches Anerkennungsprogramm für Qualität – Konzept und Anwendungserfahrungen, Gesundh. ökon. Qual. Manag. 7, 101 – 105

Mundt F, Müssig K, Blohmann K, Bangha E, Amon U (1999), Mitarbeiterzufriedenheit als Instrument für Qualitätscontrolling im Gesundheitswesen, Qualitätsmanagement 1, 4 – 10

Nefiodow LA (2000), Der sechste Kondratieff – Wege zur Produktivität und Vollbeschäftigung im Zeitalter der Information, 4. Auflage, Rhein-Sieg Verlag, St. Augustin

Ollenschläger G (2001), Medizinische Risiken, Fehler und Patientensicherheit – Zur Situation in Deutschland, EMH Schweiz. Ärztezeitung Nr. 26, 82, 1404 – 1410

Ollenschläger G (Hrsg.) (2003), Leitfaden Qualitätsmanagement in der ambulanten Versorgung (QMA), ÄZQ, Deutscher Ärzteverlag, Köln

Pinter E (1999), Praktische Erfahrungen mit dem EFQM-Modell, Qualitätsmanagement (Heft 1) 2 – 4, Qualitäts-Management-Zertifizierungsliste XIV, Heft 1 Qualimed, pmi, Frankfurt

Radtke Ph, Wilmes D, Kamiske GF (Hrsg.) (1997), European Quality Award – die Kriterien des EQA umsetzen. Praktische Tipps zur Anwendung des EFQM-Modells, Hanser, München, Wien

Reducing error. Improving safety (2000), Schwerpunktheft Br. Med. J. 320) 7237

Selbmann HK (1998), Leitlinien in der Gesundheitsversorgung – Guidelines in Health Care, Report of a WHO-Conference, Band 104 der Schriftenreihe des BMG. Nomos-Verlag, Baden-Baden

Selbstbewertung 1997 – Richtlinien für den Öffentlichen Sektor (1997), EFQM: www.efqm.org. v. 21.04.1999

Weidringer JW, CJ Thaler (2003), Systeme der Qualitätsdarlegung und Zertifizierung im Gesundheitswesen, in: der KH-Manager, Springer-Verlag, 2, 11 (2003)

Woolf SH (2004), Patient Safety Is Not Enough: Targeting Quality Improvements to Optimize the Health of the Popoulation, Ann. Intern. Med. 140 (2004), 33 – 36

Zorn J (1996), Gedanken zur Weiterentwicklung der ISO 9000, QZ 41 (1996) 1212 – 1214

5. Von der Schuldfrage zur Fehlerkultur in der Medizin

Risiken, Fehler und Patientensicherheit

U. Haller und D. Fink

Entwicklung einer Fehlerkultur: Die „No Blame Organisation"

Das Tempo der Medizin ist horrend. Die diagnostischen und therapeutischen Maßnahmen werden immer komplexer. Auch Spital- und Arzthaftung haben während der letzten 20 Jahre eine rasante Entwicklung nach oben durchgemacht (Abb. 5.1). Verantwortlich dafür sind die medizintechnische Entwicklung, die stetige Zunahme der Anspruchshaltung des Patienten an das Gesundheitswesen, das sich laufend verändernde Gerichts-Prozessverhalten und die reisserische Ausschlachtung von Schadensfällen durch die Medien.

Der Patient kann durch unbeabsichtigte Zwischenfälle gefährdet werden. Wo immer Menschen tätig sind, entstehen Irrtümer, Nachlässigkeiten, Fehleinschätzungen, Unwissenheit und Selbstüberschätzung (Rasmussen u. Jensen 1974).

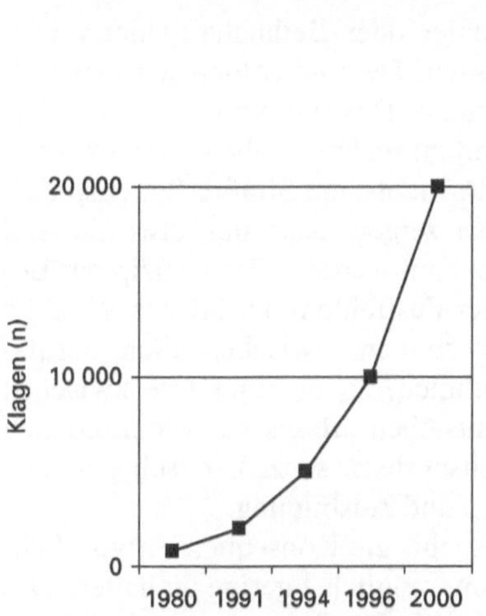

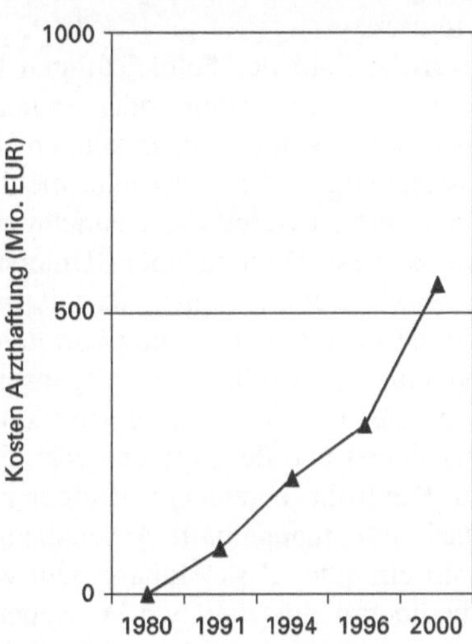

Abb. 5.1. Arzthaftung: Klagen und Kosten in Deutschland. Bundesgemeinschaft Deutscher Kommunalversicherer (BDAK). Gemäß Schweizer Versicherungsexperten gilt diese Entwicklung tendenziell auch für die Schweiz. Vergleichszahlen Schweiz sind laut Versicherungsverband (SVV) nicht erfasst

Mit dem Risk Management soll eine möglichst gute, für Patienten und Arzt risikolose Behandlung gesichert werden. Es geht dabei um Schadensbegrenzung bzw. Schadensverhütung, um das Auffinden von Fehlerquellen im Krankenhausbetrieb, um Vermeidung individueller und organisatorischer Mängel, um Beseitigung von Schwachstellen in der täglichen Routine der Krankenbehandlung. Risk Management heißt somit Schadensprävention.

Das Risk-Management als Instrument der Fehleranalyse in der Medizin kann mit unterschiedlichen Methoden angegangen werden. Bekannt sind Qualitätszirkel, Komplikations-, Morbiditäts- und Mortalitätskonferenzen, Auditkonzepte und schließlich das Critical Incident Reporting (CIR), mit dem potentiell gefährliche Fehlerquellen präventiv erfasst werden.

Im Bereich der Medizin war es bis heute schwierig, mit Fehlern umzugehen, weil man zur Perfektion erzogen wurde und Fehler nicht vorkommen dürfen. Kein Arzt ist daran interessiert, seine Fehler einzugestehen und daraus zu lernen, wenn er sich dabei dem Richter ausliefert, denn anders als in den USA, kann z.B. in der Schweiz jeder Fehler zu einer Strafverfolgung führen. Wegen dieser Null-Fehlermentalität wurde die Diskussion um die Analyse und Vermeidung von Fehlern in der Medizin, besonders in Europa, mit großer Zurückhaltung geführt. Erst durch die Publikationen mit Titeln wie „To err is human. Building a safer Health System" (Kohn et al. 1999), „Safe health care: are we up to it?" (Leape u. Berwick 2000), „Reporting and preventing medical mishaps: lessons from non-medical near miss reporting systems" (Barach u. Small 2000) und durch das Sonderheft „Reducing error. Improving Safety" im British Medical Journal im Jahre 2000 (Reducing error 2000), erlangte das Thema schließlich auch international zunehmend Interesse.

Die große Zahl der Fehlleistungen bzw. Fehler oder Beihnahe-Fehler („near misses") wird nicht erkannt oder schnell vergessen. Deshalb sollten wir Daten über das echte Ausmaß kennen, kennen sie aber nicht! Das Hauptproblem liegt darin, dass diejenigen, die ihre Fehler melden, damit zu rechnen haben, dass sie kritisiert oder bestraft werden. Die zunehmende Haftpflicht- und Strafverfahrenspraxis unterstützt diese Haltung noch. Untersuchungen zeigen, dass sich etwa 50 Mal mehr Zwischenfälle ereignen, als spitalintern bekannt werden. Das Prinzip der Bestrafung ist für die Aufdeckung von Fehlern oder Fastfehlern der falsche Weg. Es braucht eine Atmosphäre des gegenseitigen Vertrauens zwischen allen Berufsgruppen, die an der Patientenbetreuung teilnehmen, so insbesondere zwischen dem ärztlichen und dem Pflegedienst. Fehler entstehen oft aus Faktoren, die sich unserer Kontrolle entziehen: Mängel im Arbeitssystem, so z.B. falsch geplante Arbeitsabläufe, mangelhafte Arbeitsbedingungen und Ausbildung.

Durch ein gutes Risk Management wird versucht, die Konsequenzen von Fehlern, die überall entstehen, wo Menschen arbeiten, möglichst gering zu halten. Das Critical Incident Reporting bedeutet das systematische Erfassen von kritischen Ereignissen und ist ein wichtiges Element einer Sicherheitskultur. Dabei hat sich gezeigt, dass freiwillige und je nach dem anonyme Meldesysteme am ehesten Systemschwächen und Fehler aufdecken. Es braucht:

1. eine No Blame Kultur. Das Spital ist daran interessiert, welche Fehler auftreten und nicht wer sie gemacht hat. Die Kultur nicht nach dem Schuldigen zu suchen, sondern aufgrund der Fehlermeldung zu eruieren, woher der Fehler kam, damit er in Zukunft vermieden werden kann, ist das zentrale Element einer No Blame Organisation,
2. ein System, das anonyme Fehlermeldungen erlaubt,
3. eine gezielte Ausbildung in Team-Arbeit, da die meisten Fehler an den Schnittstellen zwischen den verschiedenen Berufsgruppen entstehen, die am gleichen Prozess beteiligt sind.

Risk-Management – Irrtumanalyse – Luftfahrt als Pionier

Arzt und Pilot sind Hochrisikoberufe, in denen es immer wieder zu menschlichem Versagen kommt. In der Fliegerei wird diese Tatsache seit langem akzeptiert und Zwischenfälle werden systematisch untersucht. Die Luftfahrt gilt deshalb als Pionierindustrie für Sicherheit, insbesondere für Meldesysteme. Mit Fehlern im Cockpit beschäftigt sich die Forschung schon seit langer Zeit. Als Folge von Analysen richteten führende Fluggesellschaften u.a. flache Hierarchien im Cockpit und anonyme Meldesysteme für Beinahe-Pannen ein.

Unfallverhütung heißt Vorfallverhütung. Die Flugdatenauswertung gestattet menschlichem Fehlverhalten auf den Grund zu gehen und systembedingte Ursachen für diese Fehler zu eruieren. Internationale Untersuchungen haben ergeben, dass rund ¾ aller Unfälle in der zivilen Luftfahrt mit menschlichem Fehlverhalten (Human Error) zusammenhängen. Untersuchungen aus der Aviatik und den Spitälern konnten aufzeigen, dass Piloten-, Ärzte- und Pflegefehler in der Regel nicht Ursache, sondern das Ergebnis einer Reihe von Zwischenfällen unterschiedlichster Art sind. Zwischenfälle in der Medizin werden immer noch häufig als Fehlhandlungen oder Versagen von einzelnen Personen dargestellt (Human Error). Erfahrungen aus der Fliegerei, der Nuklear- und der Ölindustrie haben gezeigt, dass solche Ereignisse fast immer multifaktoriell zustande kommen: Arbeitsbelastung, Kommunikations-, Ausbildungs- und Überwachungsprobleme, ungenügende Ressourcen, Teamfaktoren, inadäquate Umgebung und schließlich Patientenfaktoren. Häufig liegen die Wurzeln von Haftpflichtforderungen in komplexen, arbeitsteiligen und fachübergreifenden Abläufen, wo es leichter zu Informationslücken oder Missverständnissen kommt. Oft lassen sich die Ursachen auch auf Störungen im zwischenmenschlichen Bereich, also auf Verhaltensstörungen im Team zurückführen. Kritische Zwischenfälle können auch mit den modernsten Instrumentarien nicht verhindert werden. Die Zivil- und Militäraviatik hat deshalb Programme entwickelt zur Verhaltensschulung der Cockpit-Teams.

Der Vergleich mit der Fliegerei kommt nicht von ungefähr. Die Hierarchien und Teamfunktionen, wie sie in sog. Multi-Crew-Cockpits zu finden sind, findet man auch in Spitälern. Fehler können sich insbesondere im Operationssaal sehr schnell direkt auswirken und zu schweren Komplikationen bis zum Tode führen. In der Medizin schätzt man, dass 80% der Zwischenfälle auf den Faktor Mensch zurückzuführen sind. Nicht zuletzt sind es eben auch hierarchische Probleme und Strukturen, die zum Misslingen beitragen. Staender und Scheidegger erkannten schon früh, dass, ähnlich wie im Luftverkehr, Untersuchungen von Zwischenfällen und Unfällen deutlich machen, dass in über 70% der Mensch als Faktor in der Fehlerkette ursächlich mitbeteiligt ist. Sie entwickelten aus dieser Erkenntnis heraus in den 90iger Jahren zusammen mit der Swissair ein System der Sicherheits- und Fehlerkultur für die Medizin, das auf langjähriger Erfahrung der Aviatik unter dem Begriff „Crew Ressource Management Training (CRM)“ basiert. Dabei werden Trainingskurse zusammen mit den Piloten angeboten.

Geschichte der Entwicklung des Risk-Managements und des Critical Incident Reporting (CIR)

1818 starben bei einer Explosion des Sprengstoffherstellers Du Pont in den USA 40 Arbeiter. Aus diesem Ereignis entstanden ein revolutionäres Konzept zur Arbeitssicherheit und die bekannte Unfallpyramide von Du Pont, welche in der Folge weltweit von industriellen Betrieben übernommen wurde. Das Konzept basiert auf der Erkenntnis, dass ein signifikanter Zusammenhang zwischen der Anzahl unsicherer Handlungen und der Anzahl leichter und schwerer Unfälle inkl. Todesfälle besteht, dass durch die Reduktion der Anzahl unsicherer Handlungen die Basis der Pyramide sich reduziert und damit auch die Unfallzahlen sowie die tödlichen Unfälle entsprechend abnehmen (Trueb 1994) (Abb. 5.2). Das Konzept kann in die Medizin übernommen werden, wie sich viel später zeigen sollte.

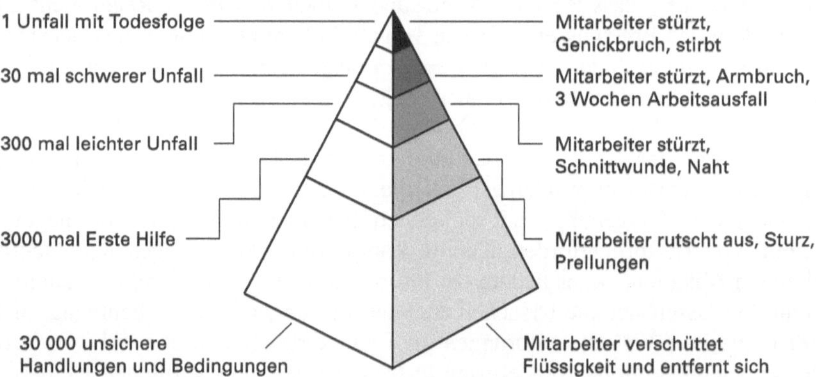

Abb. 5.2. Unfallpyramide von Dupont: Signifikanter Zusammenhang zwischen Anzahl unsicherer Handlungen und Anzahl leichter bis schwerer Unfälle, inkl. Todesfälle (Trueb 1994)

1954 wurde die Methodik der „Critical Incident" Analyse erstmals von Flanagan beschrieben (Flanagan 1954). Sie entstand als Ergebnis von psychologischen Studien der amerikanischen Luftwaffe aus dem 2. Weltkrieg.

1973 hat sich Blum als Erster mit dieser Methodik in der Anästhesie beschäftigt (Blum 1971).

1974 Verhaltensmodell von Rasmussen und Jensen, das sich insbesondere zur Irrtumanalyse eignet (Rasmussen u. Jensen 1974).

1978 untersuchte Cooper in der Anästhesie wiederkehrende Muster bei Zwischenfällen (Cooper et al. 1978).

1991 publizierte Leape unter dem Titel „The Nature of Adverse Events in Hospitalized Patients" dass viele in einer Studie der New Yorker Spitäler aufgezählten unerwünschten Ereignisse vermeidbar gewesen wären (Leape et al. 1991).

1987 haben sich international die Australier mit der Methodik der Zwischenfallanalyse auseinander gesetzt und

1993 erste Daten aus der Anästhesie publiziert (Webb et al. 1993).

1994 publizierte Leape (Leape 1994) einen grundlegenden Artikel über Error in Medicine. Um Fortschritte in der Fehlervermeidung zu erreichen, plädierte Leape auf kulturelle Veränderungen in den Kliniken als effektivstes Mittel.

1994 beschreibt James T. Reason in seinem Buch „Human Error in Medicine" im Vorwort die Situation, dass menschliches Versagen (Human Error) oft den unmittelbaren Grund für den Unfall darstellt, doch die eigentlichen zugrunde liegenden Ursachen meist Einflussmöglichkeiten des Einzelnen entzogen sind. Hier haben die kognitiven Psychologen viel zum Verständnis von menschlichen Handlungen beigetragen (Reason 1994).

1996 führt D. Scheidegger mit S. Staender in Basel das Critical Incident Reporting ein (Staender et al. 1997, Staender et al. 1999, Staender et al. 2000).

1997 erscheint ein neues Buch von James R. Reason „Managing the Risk of Organizational Accidents" (Reason 1997).

1998 führen B. Frey, J. Micallef und B. Kehrer in St. Gallen auf der Kinderchirurgie das CI-Monitoring auf der Intensiv-Pflegestation ein (Frey et al. 2000, Kehrer 2000).

1998 erscheint ein 300 Seiten starkes Werk von Robert L. Helmreich von der University of Texas at Austin über die Arbeitskultur in der Aviatik und Medizin. Helmreich publizierte bereits seit 1975 eine Vielzahl von Artikeln zum Thema des Managements von menschlichem Irrtum in der Aviatik (Helmreich 1998).

2000 Mit dem Titel „To err ist human. Building a safer health system" erscheint ein fast 300 Seiten starkes Buch von Linda T. Kohn und Mitarbeitern vom Amerikanischen Institut of Medicine, in dem der gegenwärtige Stand umfassend behandelt wird (Kohn et al. 1999).

2000 widmete das Britisch Medical Journal ein ganzes Heft den hausgemachten Komplikationen (Reducing error 2000). Auf der Titelseite prangte das Bild eines abgestürzten Flugzeugs. In diesem Heft erscheint ein Artikel von Paul Barach und Stephen D. Small vom Massachusetts General Hospital in Boston (Barach u. Small 2000), mit der Feststellung, dass geschätzt jährlich gegen 100.000 Patienten in den Spitälern der Vereinigten Staaten einen vermeidbaren Tod erlitten. Die Kosten wurden dabei auf 9 Billionen US$ beziffert. Die Nichtregistrierung von Fastfehlern wurden dabei auf 50-96% geschätzt. Weitere beachtliche Publikationen im gleichen Schwerpunktheft stammen unter anderem von Lucian L Leape (Leape u. Berwick 2000), Michael R. Cohen (Cohen 2000), J. Bryan Sexton (Sexton et al. 2000), James Reason (Reason 2000) und Robert L. Helmreich (Helmreich 2000).

Was sind Critical Incidents in der Medizin?

Unter einem kritischen Zwischenfall verstehen wir in der Medizin ein Ereignis, das ohne Prävention zu einem unerwünschten Ausgang, d.h. einer physischen oder psychischen Beeinträchtigung eines Patienten hätte führen können. Ursprünglich stammt der Begriff aus der Prozessindustrie, er kann aber auf jeden Prozess und jedes Unternehmen ohne weiteres übertragen werden. Reason beschreibt in diesem Zusammenhang in seinem Buch „Managing the Risk of Organizational Accidents“ das bekannte „Swiss Cheese Model“ (Reason 1997) (Abb. 5.3).

Schwachstellen müssen systematisch erfasst, analysiert und eliminiert werden, bevor es zum folgenschweren Zwischenfall kommt. „Incident Reporting“ ist eine Methodik der Fehleranalyse, die schon seit langer Zeit in hochtechnisierten Betrieben eingesetzt wird, um Schwachstellen im System und in den Prozessen zu entdecken, zu analysieren und schließlich dadurch schwere Folgen und Komplikationen zu vermeiden.

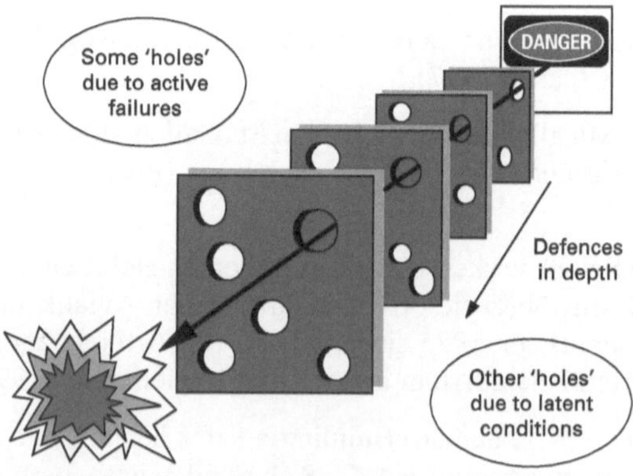

Abb. 5.3. Das „Swiss Cheese Model“ von James Reason (Reason 1997) im Zusammenhang mit der Entstehung von „Critical Incidents“ bzw. „Adverse Events“

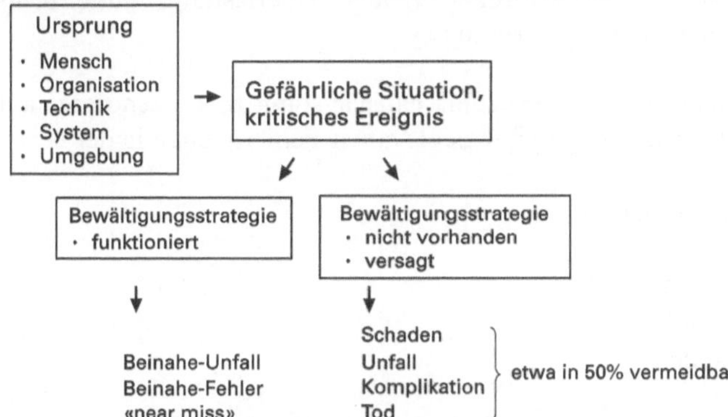

Abb. 5.4. Komplexer Ursprung gefährlicher Situationen und das Einsetzen oder Versagen ihrer Abwehrmechanismen

Eine gefährliche Situation kann ihren Ursprung im komplexen Zusammenspiel all dieser Faktoren haben (Abb. 5.4). Wenn bei solchen gefährlichen Situationen Abwehrmechanismen einsetzen, kann die Situation wieder auf den Normalzustand zurückgeführt werden. Das zeigt, dass Zwischenfälle nicht notgedrungen zu einem Schaden führen müssen, andererseits, dass mit der Analyse von Critical Incidents Rückschlüsse über erfolgreiche Strategien und Bewältigungen des kritischen Ereignisses zu erreichen sind. Beim bereits eingetretenen Unfall ist dies nicht mehr möglich.

Daten aus verschiedenen Ländern deuten darauf hin, dass die Mehrzahl der sog. Critical Incident Events ohne bleibende Schäden für die Patienten ausgehen. Bei ca. 1% der Patienten kommt es aber zu relevanten Schäden bis hin zum Tode. Man schätzt, dass ca. 50% davon Zwischenfälle auf der Basis von kritischen Ereignissen (Critical Incident) vermeidbar wären (Wilson et al. 1995).

Critical Incident Reporting (CIR) als Instrument zur Fehleranalyse in der Medizin

In der Medizin hat dieses System Einzug gehalten, allerdings erst zaghaft und erst in einigen wenigen Disziplinen. Die Pionierrolle der Anästhesiologie widerspiegelt sich darin, dass vor 20 Jahren noch ein Todesfall auf 10.000 bis 20.000 Narkosen kam, heute sind es weniger als einer auf 200.000.

Systemfehler können in zwei große Gruppen eingeteilt werden:

© Strukturfehler, z.B. Fehler in Prozess- oder Arbeitsabläufen, ungünstige Gestaltung von Bedienungs- und Ableseelementen von Geräten, Verpackungen von Medikamenten, die Verwechslungen begünstigen.

© Fehler als Folge der Arbeitsorganisation und des Arbeitsumfeldes, so z.B. Schichtwechsel zu kritischen Zeiten, Überlastung, Zusammensetzung des Teams, ungenügende Ausbildung.

Das Risk Management einer Klinik hat sich somit zu konzentrieren auf Risikoanalysen zur Identifizierung haftungsrelevanter Fehlerquellen in der

© Patientenaufklärung
© Dokumentation
© Organisation
© Gerätesicherheit
© Schnittstellen

Scheidegger und Staender in Basel haben in der Schweiz als erste im Bereich der Anästhesie schon vor Jahren ein Critical Incident Reporting System (CIRS) auf elektronischer Basis entwickelt. Dieses CIRS basiert auf PC, Intranet oder Internet und besteht aus einem minimalen Datensatz. Damit es aber auch für andere Fachdisziplinen zum Einsatz kommen kann, wurde das System zusammen mit der FMH, dem Dachverband der Schweizerischen Ärzteschaft, mit einer hohen fach- und berufsgruppenspezifischen Konfigurierbarkeit ausgerüstet. So ist es möglich, dieses CIRS Medical System lokal oder dezentral in Spitälern und auch übergreifend durch Fachgesellschaften zu einer landesweiten Registrierung einzusetzen (Kaufmann et al. 2002, von Below u. Kuhn 2003).

Umsetzung des Risk-Managements am Spital mittels CIRS

Ein funktionierendes Fehlermanagement im Sinne eines Critical Incident Reporting Systems ist Chefsache. Es muss interdisziplinär zum Einsatz kommen, d.h. unter gleichberechtigter Verantwortung von allen Mitbeteiligten: das sind Ärzte, Pflegende, übrige Berufsgattungen, die am Patienten tätig sind, somit auch Angehörige aus dem Bereiche der Apotheke, Spitalhygiene, technischer Dienste und Anästhesiologie. Das Risikobewusstsein im Spital muss beim ganzen Personal gefördert werden, von der Verwaltung über die Haustechnik bis in den medizinischen Bereich. Darüber hinaus ist es aber auch notwendig, dass die Mitarbeiter-/innen regelmäßig über die aus den Meldungen ergangenen Konsequenzen für die Patientensicherheit orientiert werden. Man wird nicht als Teamplayer geboren, sondern wird in unserem Ausbildungssystem jeweils eher zum Gegenteil erzogen. Die Chefetage muss sich zwingend mit den Zwischenfällen befassen, die einen Systemfehler als Ursache haben. Wenn aber jeder sein eigenes Fehlermeldesystem innerhalb des Spitals entwickelt, sind die Daten nicht vergleichbar und eine gemeinsame Auswertung ist nicht möglich. Wir leben nicht lange genug, um alle Fehler selber zu machen!

Pilotprojekte und CIRS-Ergebnisse der Schweizerischen Gesellschaft für Gynäkologie und Geburtshilfe SGGG 2000–2004

Während der Jahre 2000 bis 2004 wurde unter der Führung der Kommission für Qualitätssicherung ein SGGG Pilotprojekt durchgeführt mit dem Ziel ein brauchbares praktisches Konzept für ein Critical Incident Reporting System zu bearbeiten, das den Vorstellungen und spezifischen Fragen der Fachgesellschaft Rechnung trägt. 7 Frauenkliniken unterschiedlicher Größe erarbeiteten in einem Pilotprojekt die Grundlagen für die Erfassung von Critical Incidents.

Während einer Pilotphase von 6 Monaten kamen insgesamt 93 anonyme Meldungen an die Projektzentrale, 57 % von Pflegepersonen, 43 % von ärztlichen Mitarbeitern und Forschung. Weitere Personenkreise waren bis zu diesem Zeitpunkt noch nicht in das Projekt involviert.

Bei den genannten Fast-Fehlern wurden als verursachende Personen in 35 % der Pflegedienst, in 45 % der ärztliche Dienst und in 20 % übrige Dienste genannt. Diese Ergebnisse lassen erkennen, dass aus der Berufsgruppe der Technik, des Betriebes und der Administration selbst aus genannten Gründen keine Meldungen, über sie selbst aber immerhin 20 % Fehlermeldungen eingingen (Tab. 5.1).

Tab. 5.1. Pilotprojekt Risikomanagement/CIRS SGGG 2000/2004: Meldungen über Verursacher der Zwischenfälle (Meldungen während 6 Monaten)

	Anzahl	Prozent
Gemeldete Zwischenfälle	93	
Berichter		
Pflegeperson, medizintechnische Mitarbeiter, …	53/93	57
Arzt, Apotheker, Forscher, ...	40/93	43
Andere (Technik, Betrieb, Administration, ...)	0/93	0
Verursacher		
Pflegeperson, medizintechnischer Mitarbeiter, …	33/93	35
Arzt, Apotheker, Forscher, …	42/93	45
Andere (Technik, Betrieb, Administration, ...)	18/93	20

Die Analyse der Hauptursachen für das Eintreten von Critical Incidents zeigt an erster Stelle verminderte Aufmerksamkeit, gefolgt von ungenügendem fachlichen Wissen bzw. Fertigkeit, dann folgen Kommunikationsprobleme und Nichtbeachten von Guidelines, Vorschriften oder Checklisten (Tab. 5.2).

Tab. 5.2. Pilotprojekt Risikomanagement/CIRS SGGG 2000/2004: Meldungen über Ursache der Zwischenfälle (n = 93) (Meldungen während 6 Monaten)

Ursache	Anzahl	Prozent
Verminderte Aufmerksamkeit	37/93	40
Ungenügendes fachliches Wissen/Fertigkeit	27/93	29
Kommunikationsproblem	24/93	26
Nichtbeachten von Guidelines, Vorschriften, Checklisten	15/93	16
Mehrfachmeldungen	40/93	43

Die häufigsten Zwischenfälle ereigneten sich bei der Patientenbetreuung mit 28 %, gefolgt von Zwischenfällen im Operationssaal mit 25 %, Organisation 15 %, medikamentöse Therapie 14 % und administrativen Fehlern mit 11 % (Tab. 5.3).

Interessant war auch die Analyse der Bewältigungsstrategien, welche jeweils angewandt wurden. An erster Stelle steht hier die situative Aufmerksamkeit mit 37 %, gefolgt von guter Kommunikation mit 29 %, Erfahrung und Anwendung geeigneter Algorithmen mit je 17 %, guter Absprache bzw. Teambildung mit15 %, gefolgt von angemessenem Wissen mit 14 % (Tab. 5.4).

Die Einzelfallanalysen erlaubten aufgrund der eingegangenen Meldungen Schwachstellen aufzudecken und auch in wichtigen Bereichen sofort oder mittelfristig Konsequenzen zu ziehen und zu handeln.

Tab. 5.3. Pilotprojekt Risikomanagement/CIRS SGGG 2000/2004: Meldungen über Gebiet der Zwischenfälle (n = 93) (Meldungen während 6 Monaten)

Zwischenfall	Anzahl	Prozent
Auf Station	26/93	28
Im Operationssaal	23/93	25
Organisation	14/93	15
Medikamentöse Therapie	13/93	14
Administrative Fehler	10/93	11
Übrige	7/93	7

Tab. 5.4. Pilotprojekt Risikomanagement/CIRS SGGG 2000/2004: Meldungen über Bewältigungsstrategien der Zwischenfälle (n = 93) (Meldungen während 6 Monaten)

Bewältigungsstrategie	Anzahl	Prozent
Situative Aufmerksamkeit	34/93	37
Gute Kommunikation	27/93	29
Erfahrung	16/93	17
Anwendung geeigneter Algorithmen	16/93	17
Gute Absprache/Teambildung/Briefing	14/93	15
Angemessenes Wissen	13/93	14
Mehrfachmeldungen	40/93	43

Rechtliche Situation für Fehlermeldesysteme

1999 erläuterte der Rechtsanwalt R.-W. Bock aus München die Situation in Deutschland und stellte fest, dass Behandlungs-, Aufklärungs- und Organisationsfehler neben zivilrechtlicher Haftung auch zu strafrechtlicher Verantwortlichkeit führen können. Hier geht es vornehmlich um die Tatbestände der fahrlässigen Körperverletzung und fahrlässigen Tötung. Nach Schätzungen werden in Deutschland pro Jahr etwa 2.500-3.000 neue staatsanwaltschaftliche Ermittlungsverfahren gegen Ärztinnen und Ärzte eingeleitet. Daraus können strafgerichtliche Hauptverhandlungen mit Verurteilungen der Betroffenen resultieren (Bock 1999).

Der besorgniserregende quantitative und qualitative Anstieg der Haftpflichtansprüche und die nach wie vor erhebliche Zahl von Strafverfahren gegen Ärzte erfordern Gegenmaßnahmen und zwar nicht mit erhöhten Prämien für Versicherungsverträge, sondern mit einem echten System von Schadensprävention um juristische Schwachstellen in den stark normativ geprägten Bereichen Organisation, Dokumentation, Aufklärung, Gerätesicherheit im Rahmen des Risk Managements anzugehen. Dies kann das Risikobewusstsein steigern, die Verantwortung des Einzelnen schärfen und dadurch die Einstellung des Arztes und der Pflegekraft zu ihren beruflichen Aufgaben zum Patienten verbessern, wie Ulsenheimer schon vor langer Zeit ausführte (Ulsenheimer 1998, Ulsenheimer u. Oehlert 1999).

Im Bereiche der Medizin sind Behandlungsprobleme oft gleichzeitig zivilrechtlich und strafrechtlich relevant. Zivilrechtlich heißt die Frage „Hat die Unternehmung so gut funktioniert, wie es verlangt werden kann?“. Strafrechtlich heißt die Frage „Hat eine Person die Sorgfalt unterschritten, die von ihr zu verlangen war?“. Es bleibt abzuwarten, ob und wieweit Anonymisierung und Deidentifikation eines Critical Incident Reporting eine hinreichende Garantie bieten, damit entsprechende Akten nicht editiert werden müssen.

Mangels ausdrücklicher gesetzlicher Schutzgarantien sind unsere Programme verletzlich gegenüber richterlichen Zeugenvorladungen und Akteneditionsverfügungen unter Androhung von Strafe im Verweigerungsfalle. Auch die Berufung auf das Datenschutzgesetz dürfte nicht genügen.

Rahmenbedingungen für die Umsetzung eines CIRS: Elegante Datenerfassung, kluge Datenvernichtung

Wegen der in der Schweiz noch herrschenden Rechtsunsicherheit und dem Fehlen einer gesetzlichen Grundlage für medizinische Qualitätssicherung bleibt zur Zeit nur die Möglichkeit einer eleganten Datenerfassung und klugen Datenvernichtung, so wie sie von der Schweizerischen Gesellschaft für Gynäkologie und Geburtshilfe SGGG für ihre Kliniken vorbereitet wurde:

1. Ausschließlich Meldung von „Beinahefehlern" (Near Misses) an das zentrale Register der FMH
2. Keine Fälle erfassen, in denen Patienten ernsthaft zu Schaden kamen (wird über Haftpflicht gelöst)
3. Schlanke Datensammlung: Nur wichtige Informationen erfassen
4. Klinikinternes CIRS-Review Team:
   a) keine Weitergabe ohne Review
   b) keine Weitergabe ohne Anonymisierung
   c) keine Weitergabe ohne De-identifikation
   d) Vernichtung der Daten nach 24 Stunden
   e) Weitergabe der Daten nur an nationales CIRS
5. Nicht in der Nähe von Behörden implementieren
6. Rückmeldung über Konsequenzen an Personal.

Zusammenfassung

Die Anzahl der Haftpflichtfälle, aber auch die einzelnen Schadenvolumina angeblicher Behandlungsfehler steigen stetig an. Spektakuläre Gerichtsurteile, insbesondere aus den USA, fördern diesen Trend. Wo Menschen arbeiten, werden Fehler gemacht. Das Gesundheitswesen weist ein hohes Fehlerpotential auf. Deshalb muss dem Risk Management in den Spitälern höchste Priorität eingeräumt werden. Die Vorbereitung für die Einführung eines Critical Incident Reporting (CIR) als Fehlermeldesystem braucht Zeit und bedingt einen Kulturwandel, weil vielerorts die dafür notwendige Vertrauensbasis zuerst geschaffen werden muss. Es geht beim CIR nicht darum, Schuldige zu suchen und sie zu bestrafen, sondern Fehlerquellen aufzudecken, um diese zu eliminieren.

Literatur

Barach P, Small SD (2000), Reporting and preventing medical mishaps: lessons from non-medical near miss reporting systems, Br Med J 320:759-763

Blum LL (1971), Equipment design and „human" limitations, Anesthesiology 35:101-102

Bock RW (1999), Behandlungs-, Aufklärungs- und Organisationsfehler aus Sicht des Strafrechts, Gynäkologe 32:915-918

Cohen MR (2000), Why error reporting systems should be voluntary, BMJ 320(7237):728-729

Cooper JB, Newbower RS, Long CD and McPeek B (1978), Preventable Anesthesia Mishaps: A Study of Human Factors, Anesthesiology 49:399-406

Flanagan JC (1954), The critical incident technique, Psychol Bull 51:327-358

Frey B, Kehrer B et al. (2000), Comprehensive critical incident monitoring in a neonatal-pediatric intensive care unit:experience with the system approach, Intensive Care Med 26:69-74

Helmreich RL (2000), On error management: lessons from aviation, BMJ 320(7237):781-785

Helmreich RL, Merritt AC (1998), Culture at Work in Aviation and Medicine. National, Organizational and Professional Influences, Ashgate Publishing Company, Burlington USA

Kaufmann M, Staender S, von Below G, Brunner HH, Portenier L, Scheidegger D (2002), Computer-basiertes anonymes Critical Incident Reporting: ein Beitrag zur Patientensicherheit, Schweiz Ärztezeitung 83(47):2554-589

Kehrer B (2000), Change the System, not the Person, UNION Chirurgischer Fachgesellschaften Nr. 1:1-6

Kohn LT, Corrigan JM, Donaldson MS (eds.) (1999), „To err is human. Building a safer health system", National Academy Press, Washington, DC

Leape LL, Berwick DM (2000), „Safe health care: are we up to it?", Br Med J 320:725-726

Leape LL (1994), Error in medicine, JAMA 272:1851-1857

Leape LL, Brennan TA, Laird N et al. (1991), The Nature of Adverse Events in Hospitalized Patients, New Engl.J.Medicine 324 (7):377-384

Rasmussen J, Jensen A (1974), Mental procedures in real life tasks: a case study of electronic trouble-shooting, Ergonomics 17:293-307

Reason J (2000), Human error: models and management, Brit. Med. J 320(7237):768-770

Reason J (1997), Managing the Risks of Organizational Accidents, Ashgate Publishing Limited, Hampshire

Reason JT (1994), Foreword, In: Bogner MS (Ed.). Human Error in Medicine, Lawrence Erlbaum Associates, Hillsdale NJ, S vii-xv

Reducing error. Improving Safety (2000), Br. Med. J. 320(7237)

Sexton JB, Thomas EJ, Helmreich RL (2000), Error, stress, and teamwork in medicine and aviation: cross sectional surveys, Br. Med. J. 320(7237):745-749

Staender S, Kaufmann M, Scheidegger D (2000), Critical Incident Reporting Systems in Anaesthesia, In: Vicent Ch, de Mol B (Ed.). Safety in Medicine. Pergamon, Elsevier Science, Oxford, S 65-82

Staender S, Kaufmann M, Scheidegger D (1999), Human recoveries in the management of critical incidents in anesthesiology, Proc. Am. Nat. Pat. Assoc.

Staender S, Davies J, Helmreich B, Sexton B, Kaufmann M (1997), The anaesthesia critical incident reporting system: an experience based database, Int. J. Med. Inf. 47:87-90

Trueb L (1994), Alle Unfälle sind vermeidbar. Das Du Pont-Konzept zur Arbeitssicherheit. Sicherheit als „Nebenprodukt“ des Schwarzpulvers, Neue Zürcher Zeitung (NZZ) 238:65

Ulsenheimer K, Oehlert G (1999), Risk Management. Ein bedeutsames Instrument zur Senkung der Haftungsansprüche aus ärztlicher und juristischer Sicht, Gynäkologe 32:919-926

Ulsenheimer K (1998), Qualitätssicherung und Risk-Management in Gynäkologie und Geburtshilfe, Zbl. Gynäkol. 120:593-597

von Below G, Kuhn HP (2003), CIRSmedical – Update, Schweiz Ärztezeitung 84(26):1396-1398

Webb RK, Currie M, Morgan CA, Williamson JA, Mackay P, Russell WJ and Runciman WB (1993), The Australian incident monitoring study: an analysis of 2000 incident reports, Anaesth. Intensive Care 21:520-528

Wilson RM, Runciman WB, Gibberd RW et al. (1995), The Quality in Australian Health Care Study, Med J Aust 163:458-71

6. Organisationsverschulden in der Judikatur

B.-R. Kern

Einleitung

Die Verrechtlichung des Arztberufes ist im 20. Jahrhundert ständig fortgeschritten. Das zeigt sich nicht allein an der Arzthaftung, aber an ihr besonders augenfällig. Handelte es sich dabei zunächst weithin um die persönliche Haftung des Arztes, so trat in den letzten Jahren immer mehr die Haftung des Krankenhausträgers in den Vordergrund. Das kann in der juristischen Konstruktion grundsätzlich auf zwei Wegen geschehen. Zum einen kann der Träger für den behandelnden Arzt haften, zum anderen kann er aber auch für eigene Versäumnisse einstehen müssen. Die zweite Möglichkeit wird auch als Haftung für Organisationsverschulden bezeichnet.

Der zunehmenden Bedeutung der Organisationspflichtverletzung im Haftpflichtprozess entspricht es nicht, dass die monographische Literatur zum Arzthaftungsrecht das Thema kaum jemals über das Inhaltsverzeichnis erschließt, sondern bestenfalls das Auffinden über die Sachverzeichnisse ermöglicht. Dieser Befund bedeutet zugleich, dass das Thema regelmäßig nicht im Zusammenhang behandelt wird, sondern an je unterschiedlichen Stellen.

Schwierigkeiten ergeben sich auch bei der Definition des Begriffes und der Feststellung, welche Materien dazu gehören. Uneinigkeit besteht schon darüber, ob die Annäherung an diesen Begriff positiv – „Organisationspflichten"[1] - oder negativ – „Organisationsverschulden"[2] – erfolgt. Richtigerweise muss wohl von den Organisationspflichten ausgegangen werden, deren Nichtbeachtung als Organisationspflichtverletzung oder Organisationsverschulden anzusehen sind.

Die umfassende Versorgung des Patienten im Krankenhaus wird durch ein Zusammenwirken von ärztlichem, pflegerischem und medizinisch-technischem Personal gewährleistet. Der reibungslose Ablauf dieses Zusammenwirkens stellt hohe Anforderungen an die Organisation und Arbeitsteilung innerhalb des Krankenhauses. Eine gut geführte Klinik oder größere Arztpraxis verlangt eine die Arbeitsgänge begleitende angemessene Organisation[3]. Sie ist dadurch zu gewährleisten, dass entsprechendes Personal und Material zur Verfügung stehen. Das Personal ist durch Organisationsanweisungen, Dienstanweisungen und Kontrollen anzuleiten und zu überwachen. Insoweit ist allerdings auf das Problem hinzuweisen, dass Ärzte bei der Erfüllung medizinischer Aufgaben weisungsfrei sind, der Kranken-

---

1 Laufs, in: Laufs/Uhlenbruck, Handbuch des Arztrechts, 3. Aufl. 2002, S. 953.

2 Z. B. Deutsch/Spickhoff, Medizinrecht. Arztrecht, Arzneimittelrecht, Medizinprodukterecht und Transfusionsrecht, 5. Aufl. 2003, S. 117, 190; und Rehborn, Arzt. Patient. Krankenhaus, 3. Aufl. 2000, S. 192.

3 Deutsch/Spickhoff, S. 117; ähnlich auch Rehborn, S. 192.

hausträger in diesem Bereich fachlich auch weithin gar nicht in der Lage ist, sinnvolle Anweisungen zu geben. Daher bleibt neben dem Krankenhausträger jeder Leitungsfunktionen ausübende Arzt für eine sachgerechte Organisation verantwortlich.

Vor allem unter haftungsrechtlichen Gesichtspunkten gewinnen die organisatorischen Sorgfaltspflichten im Krankenhaus an Gewicht. Je größer die Zahl der an Diagnose und Therapie beteiligten Ärzte, Techniker und Hilfskräfte, je komplizierter das arbeitsteilige medizinische Geschehen in einem großen Betrieb ist, desto mehr Umsicht und Einsatz erfordern Planung, Koordination und Kontrolle der klinischen Abläufe. Da die Qualitätssicherung nur durch ein hohes Maß an organisatorischem Aufwand zu erreichen ist, stellen die Gerichte zu Recht hohe Anforderungen an die Sorgfalt im organisatorischen Bereich[4].

Im weiteren Sinne gehört hierher das Einstehenmüssen des Krankenhausträgers für die Erfüllung von Pflichten seiner Ärzte. Durch geeignete Dienstanweisungen hat er etwa die Aufklärung, aber auch die Dokumentation und weitere ärztliche Pflichten in der Klinik zu organisieren oder ihre Organisation zu veranlassen.

Da die organisatorischen Aufgaben sowohl in den Pflichtenkreis der leitenden Ärzte als auch in den des Krankenhausträgers fallen können, kann es im Einzelfall für die Gerichte schwierig sein festzustellen, wen konkret die Organisationspflicht trifft. Da jedenfalls der Krankenhausträger für derartige Versäumnisse haftet, spricht die Rechtsprechung in diesem Zusammenhang gelegentlich, ohne zu differenzieren, von der „Behandlungsseite"[5].

Die Anforderungen an den Grad der Organisation steigen mit dem Standard, den eine Klinik bieten muss. Hochschulklinika haben regelmäßig auch bei der Organisation höheren Anforderungen zu genügen als kleinere, weniger differenzierte Häuser. „Abzustellen ist hier jeweils auf die durch den Charakter der Klinik und durch die Unterrichtung der Patienten gesetzten Vertrauenserwartungen sowie auf die Möglichkeiten der Verlegung von Patienten in besser ausgerichtete Kliniken. Dabei ist Raum für Wirtschaftlichkeitsüberlegungen und für Gesichtspunkte einer das einzelne Krankenhaus übersteigenden, auf größere Gebiete bezogenen Planung der medizinischen Versorgung der Bevölkerung."[6]

Die Organisationspflicht gilt nicht nur für den vom Träger oder der Klinikleitung beherrschten Bereich, sondern weithin auch im Verhältnis zum Belegarzt und zu der Chefarztambulanz[7]. Andererseits ist die Frage, ob die Ausstattung eines Belegkrankenhauses ausreicht, um die nach der Eingangsdiagnose zu erwartende Behandlungsaufgabe bewältigen zu können, dem Aufgabenbereich des Belegarztes

4 Vgl. hierzu Laufs, in: Laufs/Uhlenbruck, Handbuch des Arztrechts, S. 953, Rdnr. 2.

5 OLG Köln, VersR 1990, 1240.

6 Mertens, in: MüKo, Bd. 5, 3. Aufl. 1997, § 823, Rdnr. 395. So auch Laufs, in: Laufs/Uhlenbruck, S. 957, Rdnr. 19.

7 Vgl. dazu Stindt, Haftungsrechtliche Relevanz von Organisationsstrukturen, in: T. Ratajczak/G. Schwarz-Schilling (Hrsg.), Krankenhaus im Brennpunkt. Risiken, Haftung, Management 1997, S. 27 - 35, 28 – 33; und BGH, NJW 2006, 767.

zuzurechnen und begründet daher regelmäßig keine Haftpflicht des Krankenhausträgers[8].

Organisationspflichten im engeren Sinne (des Krankenhausträgers)

Allgemeines

Zur Erfüllung der Organisationspflichten im engeren Sinne gehören Aufgaben, die der einzelne Arzt gar nicht oder nur schwer erfüllen könnte, wie z. B. das Vorhandensein einer ausreichenden Zahl von Ärzten und nichtärztlichen Mitarbeitern, die Gewährleistung des Einsatzes von Ärzten und nichtärztlichem Hilfspersonal nach ihrem Ausbildungsstand und ihren Kenntnissen sowie die Anschaffung von Geräten und der Abschluss von Wartungsverträgen dafür.

Wahl der zweckmäßigen Rechtsform

Die primäre Sorgfaltspflicht des Trägers eines Krankenhauses besteht darin, für eine zweckmäßige Organisation des Krankenhauses zu sorgen. Dies schließt die Auswahl einer geeigneten Rechtsform unter Berücksichtigung des Wirtschaftlichkeitsgebotes ein. Verstöße hiergegen stellen ein körperschaftliches Organisationsverschulden dar.

Erstellen eines Haushalts- bzw. Wirtschaftsplans

Daneben hat der Träger für die finanzielle, räumliche und personelle Ausstattung der Kliniken unter Berücksichtigung ihrer spezifischen Aufgaben zu sorgen. In diesem Bereich haben die Krankenhausträger bei der Erstellung des Haushalts- bzw. Wirtschaftsplanes die Pflicht, darauf hinzuwirken, dass die Ausstattung der Aufgabenstellung entsprechend ausfällt. Neben der Erstorganisation besteht auch die Verpflichtung zu kontrollieren, ob die Organisationsstruktur angemessen ist und eine effektive Arbeit gewährleistet.

[8] OLG Karlsruhe, ArztR 2002, 266 f., auch mit Ausführungen zur Beweislast.

Vorhalten eines hinreichenden Personalstandes

Eine Klinik muss hinreichend mit ärztlichem[9] und nichtärztlichem Personal ausgestattet sein. In einem Belegkrankenhaus ist der Träger dafür verantwortlich, dass alle organisatorischen Maßnahmen im pflegerischen Bereich getroffen werden, um die ärztliche Versorgung auch in den Belegabteilungen sicherzustellen[10]. So reichen z. B. zwei Schwestern für 88 Betten nicht aus[11]. Letzteres gilt selbstverständlich für alle anderen Kliniken auch.

Auch müssen alle Funktionsstellen - insbesondere die Chefarztstellen - besetzt sein. Schon die Nichtbestellung eines verfassungsmäßig berufenen Vertreters (Organs) für sich allein, wird als Haftungsgrund gewertet.

Die hinreichende Personalausstattung wird gelegentlich selbst dem Krankenhausträger nicht gelingen, weil der ihm zugewiesene Haushalt das nicht erlaubt. In dieser Situation muss zunächst versucht werden, die Unterversorgung durch klare Dienstanweisungen auszugleichen. Gelingt das nicht, muss der Träger Teile der Klinik, im Extremfall die ganze Klinik schließen. Vorübergehende oder dauernde Personalausfälle dürfen nicht durch den Einsatz von Studenten im praktischen Jahr oder übermüdetem Personal überbrückt werden[12].

Es reicht nicht aus, dass das Personal angestellt ist, es muss vielmehr auch schnell einsatzfähig sein. Das fällt gleichfalls in die Organisationspflicht des Trägers. Wenn es erforderlich ist, eine Einsatzzeit von 20 Minuten oder darunter sicherzustellen, und ein Rufbereitschaftsdienst dazu grundsätzlich nicht ausreicht, ist Schicht- oder Bereitschaftsdienst im Haus erforderlich[13].

Vorhalten hinreichender Sachausstattung

Es ist dafür Sorge zu tragen, dass die zur Diagnose, Therapie und Operation benötigten Geräte bereitgestellt werden. Welche Geräte vorgehalten werden müssen, richtet sich nach Ausrichtung und Größe der Klinik. Der Krankenhausträger hat auch dafür zu sorgen, dass eine fachgerechte Bedienung der Geräte gewährleistet ist. Schulungen des Personals sind zu organisieren, die Geräte regelmäßig zu warten und deren Funktionstüchtigkeit zu überprüfen. Vor jeder Inbetriebnahme eines neuen Gerätes hat sich das Personal mit der Bedienung ausreichend vertraut zu machen. Gegebenenfalls ist bei Schwierigkeiten die Herstellerfirma um Hilfe zu bitten.

Weiterhin besteht die Pflicht des Krankenhauses, Medikamente in ausreichendem Umfang vorzuhalten. In diesem Zusammenhang auftretende Mängel können nicht mit dem Argument der Unwirtschaftlichkeit entschuldigt werden. Auch bei

---

9 Vgl. BGHZ (Sammlung der Entscheidungen des Bundesgerichtshofs (BGH) in Zivilsachen) Bd. 95, S. 63.

10 OLG Stuttgart, NJW 1993, 2384.

11 OLG Stuttgart, NJW 1993, 2384; vgl. dazu auch OLG Hamm, NJW 1993, 2387.

12 BGH, VersR 1986, 295; so auch Rehborn, S. 192.

13 BAG, 31. 1. 2002, Ratzel, IUSPLUS, Frauenarzt 2002, 883.

einem sehr teuren Medikament kann sich das Krankenhaus nicht auf Unwirtschaftlichkeit der Vorratshaltung berufen, wenn das Medikament vor der Operation noch rechtzeitig hätte beschafft werden können[14].

Anderes gilt allerdings bei der Beschaffung neuer oder einer hinreichenden Menge neuer Großgeräte. Treten insoweit Engpässe auf, so sind sie weder dem Arzt, noch dem Träger anzulasten, weil das Kapazitätsangebot letztlich auch von den finanziellen Möglichkeiten abhängt. Selbst in einer Universitätsklinik hat der Patient keinen Anspruch darauf, immer mit der denkbar besten Ausstattung behandelt zu werden. Freilich darf das nicht zu einer Standardunterschreitung aus Kostengründen führen[15].

Aufbewahrung der Krankenunterlagen, Dokumentationspflicht

Zur Organisationspflicht des Trägers gehört es auch, die Aufbewahrung der Krankenakten zu organisieren. Mikroverfilmung ist dabei grundsätzlich zulässig, wobei aber zu beachten ist, dass es bisweilen schwierig ist, verfilmte Unterlagen rückzukopieren. Das muss indessen gewährleistet sein.

Für Fehlverhalten der Ärzte bei der Dokumentation, die eine vertragliche Nebenpflicht darstellt, hat der Krankenhausträger einzustehen. Art und Umfang der Dokumentation liegen zwar im Kompetenzbereich der leitenden Abteilungsärzte, aber der Krankenhausträger ist verpflichtet, gegebenenfalls durch Dienstanweisung, auf die Rechtsprechung zur Dokumentationspflicht hinzuweisen und die Ärzte zur Erfüllung ihrer Pflicht anzuhalten.

Verkehrssicherungspflichten

Selbstverständlich treffen den Krankenhausträger auch die allgemeinen Verkehrssicherungspflichten gegenüber dem Patienten[16], und das in zunehmendem Maße. Gemeint ist damit die allgemeine Verkehrssicherungspflicht, dafür zu sorgen, dass niemand vermeidbar aufgrund von unsicheren oder unhygienischen Zuständen im Bereich der Klinik Schaden erleidet. Hygienische Zustände, unfallfreie Wege, Zugänge und Geräte für den Krankenhaustransport müssen gewährleistet, die Selbstschädigung von Patienten verhindert werden. Dies ist durch konkrete Regelungen in Dienstanweisungen sicherzustellen. Fehlverhalten der Arbeitnehmer wie z.B. der Putzfrauen oder der technischen Angestellten muss sich der Krankenhausträger zurechnen lassen.

Beispielhaft seien hier nur die dem Krankenhausträger obliegenden verstärkten Schutz- und Obhutspflichten gegenüber seinen ophthalmologischen Patienten an-

---

14 BGH, MedR 1991, 137.

15 OLG Köln, Frauenarzt 1999, 1146, mit zustimmender Anmerkung von Ratzel. Es handelt sich um den Nichteinsatz eines computergestützten Bestrahlungssystems.

16 OLG Schleswig, VersR 1997, 69.

geführt, die auf der besonderen Gefährdung dieser Patienten (Pupillenweitstellung, Rückenlage auf einer übertischhohen Liege) beruhen[17].

Schutz der Patienten vor Selbstschädigung

Der Aufenthalt zur Behandlung in der Klinik muss organisatorisch so ausgestaltet sein, dass eine Selbstschädigung des Patienten möglichst verhindert wird. Das gilt insbesondere für suizidgefährdete Patienten in den entsprechenden Einrichtungen[18]. Insoweit sind Dienstanweisungen zu erlassen, und die nötigen Sicherungsmittel zur Verfügung zu stellen. Dabei ist der Grad der eingesetzten Sicherungsmittel in Relation zur Therapie und zur erkennbaren Gefahr zu setzen. Nicht in jedem Fall sind alle denkbaren Mittel (pausenlose Überwachung, vergitterte Fenster, usw.) einzusetzen[19]. In einer offenen Station einer psychiatrischen Klinik ist keine „Grundsicherung" erforderlich, d.h., ohne konkrete Anhaltspunkte einer Selbstgefährdung wird keine Sicherung gegen einen überraschenden Selbstmordversuch verlangt[20].

Sicherung des Patienteneigentums

Zu den Organisationsaufgaben des Krankenhausträgers gehört es auch, Vorkehrungen zu treffen, um die Sicherheit des Patienteneigentums zu garantieren. Verwahrungsmöglichkeiten müssen geschaffen werden. Den Patienten ist, insbesondere bei der Notaufnahme, unaufgefordert die Möglichkeit zu geben, diese Verwahrungsmöglichkeiten zu nutzen[21].

Betriebliche Organisation für Haftungsfälle

Die Organisationspflicht des Krankenhausträgers ist auch im Verhältnis zum Versicherer von Bedeutung. Zwischen ärztlichem Direktor, Verwaltungsleiter und Versicherer hat eine Zusammenarbeit zu erfolgen. Tritt ein Schadensfall ein, hat der Krankenhausträger nach § 5 Nr.2 AHB dies unverzüglich, spätestens innerhalb von zwei Wochen dem Versicherer zu melden. Die Krankenunterlagen sind - im Original - zu übergeben. Führt der Krankenhausträger den Prozess ohne den Versicherer, verstößt er gegen die Vertragspflichten des Versicherungsnehmers. Auf-

---

17 OLG Köln, VersR 1990, 1240. Das Gericht verurteilte einen Krankenhausträger zur Zahlung von Schmerzensgeld, weil eine 72jährige Patientin nach Abschluss der Untersuchung in einer Augenklinik von der Untersuchungsliege gefallen ist. Ähnlich auch LG Koblenz, NJW 1988, 1521.

18 Vgl. dazu Laufs, in: Laufs/Uhlenbruck, S. 955 f. mit zahlreichen Nachweisen.

19 OLG Hamm, MedR 1986, 154; BGH, MedR 2001, 201.

20 BGH, MedR 2001, 201, 202.

21 Vgl. dazu Kern, in: Gramberg-Danielsen, Rechtliche Grundlagen der augenärztlichen Tätigkeit, Bd. 1, Stand: 1999, 2/566-569.

grund des Versicherungsvertrages ist der Krankenhausträger berechtigt, dem Versicherer vollständig Auskunft zu erteilen, auch wenn der Patient die Bediensteten des Krankenhauses nicht von der Schweigepflicht entbunden hat. Allerdings trifft dann die Bediensteten selbstverständlich die Schweigepflicht im Verkehr mit anderen Stellen.

Qualitätssicherung

Zu den gesetzlichen Aufgaben der Krankenhausträger gehört die Qualitätssicherung. Ihre Durchführung kann auf unterschiedliche Weise geschehen, in der Klinik, für mehrere Kliniken auch unterschiedlicher Träger, unter Einschluss der Krankenkassen und Ärztekammern[22]. Bereits diese Aufzählung zeigt die Schwierigkeit auf, insoweit eine Organisationspflicht anzunehmen. Dennoch geschieht das teilweise, wenn auch ohne Begründung[23].

Nach richtiger Ansicht[24] kann selbst das Fehlen eines Gremiums für schwere Zwischenfälle (serious events committee) nur dann als Organisationsfehler angesehen werden, wenn nachgewiesen werden kann, dass eine solche Einrichtung den konkreten Zwischenfall verhindert hätte.

Kontrolle des Chefarztes

Der Chefarzt, der die Organisation seiner Klinik oder Abteilung zu verantworten hat, muss seinerseits auch kontrolliert und angeleitet werden. Dass kann nicht klinikintern erfolgen, sondern muss vom Träger durchgeführt werden. Schon aus Gründen der fachlichen Kompetenz muss sich diese Kontrolle und Anleitung auf wenige Bereiche beschränken. Den Krankenhausträger trifft daher die Pflicht, den Chefarzt hinsichtlich der diesem übertragenen Organisationsaufgaben zumindest in den Grundzügen zu überwachen, dessen Dienstaufgaben eindeutig festzulegen und die Kompetenzen abzugrenzen[25]. So hat z. B. der BGH entschieden, dass der Träger „keine Organisation des ärztlichen Dienstes dulden (darf), die die Gefahr mit sich bringt, dass durch vorhergehenden anstrengenden Nachtdienst übermüdete und deswegen nicht mehr voll einsatzfähige Ärzte zu einer Operation herangezogen werden“[26].

---

[22] Vgl. dazu Deutsch/Spickhoff, Rdnrn. 347 - 352.

[23] Stindt, S. 35 Ziff. 10.

[24] Deutsch/Spickhoff, Rdnr. 245.

[25] Vgl. dazu Bergmann, VersR 1996, 810.

[26] BGH, NJW 1986, 776.

Organisationspflichten im weiteren Sinne (des Krankenhauses)

Grundsätzliches

Nicht nur den Träger eines Krankenhauses trifft die Organisationspflicht, sondern auch das Krankenhaus beziehungsweise im Hochschulbereich die Universität und das Klinikum selbst. Die Durchführung der Organisation ist Aufgabe der leitenden Ärzte. Sie haben das nachgeordnete Personal auszuwählen, einzusetzen und zu überwachen. Krankenhäuser sind bei der Erfüllung der ihnen kraft Gesetzes übertragenen Aufgaben nicht nur an die speziell dafür erlassenen Rechtsvorschriften gebunden, sondern darüber hinaus auch an die allgemeinen Gesetze, die sie bei der Organisation des Betriebes und des Betriebsablaufes zu beachten haben. Diesen gesetzlichen Vorgaben müssen die Krankenhäuser in finanzieller, räumlicher und personeller Hinsicht genügen. Neben der Organisation des allgemeinen Betriebsablaufes gilt es vor allem die erforderliche Hygiene, den Schutz von Mitarbeitern und Patienten sowie die Gerätesicherheit zu gewährleisten.

Remonstrationspflicht des Chefarztes

Zu den Aufgaben und damit auch zu den Organisationspflichten des Chefarztes gehört es, den Krankenhausträger über Unzulänglichkeiten in seiner Klinik oder Abteilung zu informieren. So hat der Chefarzt etwa Apparate- und Personalmängel begründet vorzutragen und auf Abhilfe zu dringen.

Dienstanweisungen; Überwachung des nachgeordneten Personals

Dem leitenden Arzt (Chefarzt) obliegt die Fachaufsicht über den nachgeordneten ärztlichen Dienst. Er hat bei der Auswahl und dem Einsatz von nachgeordnetem Personal auf dessen Qualifikation zu achten und es laufend, durch regelmäßige Visiten, zu überwachen. Das gilt – bezüglich der Auswahl – für den Einsatz von Oberärzten ebenso wie für den von noch nicht hinreichend qualifizierten Assistenzärzten. Die Kontrolle der Oberärzte wird nur bei begründeten Anlässen erforderlich sein. Andererseits können sie wiederum an der Kontrolle und Anleitung der Assistenzärzte beteiligt werden.

Eine Kontrollpflicht des Krankenhausträgers oder leitender Ärzte hinsichtlich niedergelassener Spezialisten, mit denen die Krankenhausärzte zusammenarbeiten, besteht jedoch nicht[27].

Der Einsatz von nicht hinreichend qualifizierten Assistenzärzten muss so organisiert werden, dass immer der Standard eines erfahrenen Facharztes gewährleistet ist. Anfänger dürfen ohne Aufsicht nicht behandeln und insbesondere nicht operie-

---

[27] OLG Hamm, MedR 1999, 35.

ren[28]. Schon die Übertragung einer Behandlungsmaßnahme auf einen nicht hinreichend qualifizierten Krankenpfleger stellt ein Organisationsverschulden dar[29].

Da die umfassende Versorgung der Patienten nur durch ein Zusammenwirken von ärztlichem, pflegerischem und medizinisch-technischem Personal gewährleistet werden kann, bildet die Arbeitsteilung einen wesentlichen Gegenstand der Organisation, wobei der Begriff der Arbeitsteilung sowohl diejenige der unterschiedlichen Fachdisziplinen untereinander (horizontale Arbeitsteilung) als auch diejenige innerhalb der Struktureinheit des Krankenhauses zwischen Personal unterschiedlicher Qualifikation und Ausbildung (vertikale Arbeitsteilung) umfasst.

In diesem Zusammenhang sind klare Zuständigkeits- und Vertretungsregeln erforderlich. Einsatzpläne, Vertretungsregelungen, Ruf- und Bereitschaftsdienst, Zusammenarbeit mit anderen Abteilungen, mit einweisenden Ärzten sowie mit dem Pflegepersonal, müssen lückenlos gegliedert sein[30]. Durch Dienstanweisungen ist der Ablauf in der Klinik so zu ordnen, dass der Facharztstandard immer gewahrt bleibt. Eventuell vorhandene Unterversorgungen sind auszugleichen; Einsatz übermüdeten Personals ist zu verhindern.

Verantwortung für den Sacheinsatz

Die Organisation des Einsatzes von Geräten oder anderen Gegenständen obliegt der Klinik- oder der Abteilungsleitung, soweit sie nicht vom Träger wahrgenommen werden muss. Hier sei nur ein Beispiel herausgegriffen, das zeigt, wie weitgehend die Anforderungen sein können. So ist der Chefarzt einer Kinderklinik verpflichtet, durch organisatorische Maßnahmen sicherzustellen, dass bei Wärmflaschen aus Gummi, die zur Verwendung in einem Inkubator bestimmt sind, zumindest das Anschaffungsdatum erfasst wird, dass sie vor jedem Einsatz äußerlich geprüft und nach vergleichsweise kurzer Gebrauchsdauer ausgesondert werden[31].

Zugänglichkeit von Operationsräumen

Operationsräume müssen auch für Notoperationen zugänglich sein. Fraglich ist daher schon, ob sie überhaupt – auch außerhalb der Dienstzeiten – verschlossen sein dürfen. Sind sie verschlossen, so hat die Klinikleitung dafür Sorge zutragen, dass der Aufbewahrungsort der Schlüssel den Ärzten sowie dem nichtärztlichen Personal bekannt ist[32].

---

28 OLG Düsseldorf, VersR 1985, 169; OLG Stuttgart, MedR 1989, 251.

29 Vgl. OLG Köln, VersR 1988, 44. Weitere Beispiele finden sich bei Büsken/Külglich, Die Krankenhausbehandlung: Haftungssystem und innerbetrieblicher Schadensausgleich, in: VersR 1994, 1141-1151, 1146.

30 Stindt, S. 34.

31 Hoffmann, Patienten, Ärzte, Krankenkassen und Recht, 1997, S. 104, Rdnr. 435.

32 OLG Stuttgart, VersR 2000, 1108.

Krankenhaushygiene

Auch die Krankenhaushygiene erfordert organisatorische Anstrengungen. Der Klinikbetrieb darf Infektionsketten nicht verlängern, hat sie vielmehr tunlichst zu unterbrechen[33]. Der Bezug und die Kontrolle von Spenderblut sind so zu organisieren, dass Infektionen vermieden werden. Weiterhin hat die Klinikleitung die Gebrauchsfähigkeit von Desinfektionsmitteln zu gewährleisten[34].

Dienstanweisungen bezüglich der Aufklärungspflicht

Erhebliche Organisationspflichten bestehen auch hinsichtlich der Aufklärung. Freilich ist die Zuordnung dieser Pflicht nicht unproblematisch. Dass Organisationspflichten teilweise nur schwierig dem Träger oder der Klinik zugeordnet werden können, wurde schon aufgezeigt. Überschneidungen sind insoweit durchaus denkbar. Ein anderes Problem stellt sich indessen bei den Dienstanweisungen bezüglich der Aufklärungspflicht. Sie sind nicht von der Sache her nur vom Träger oder der Klinik zu erstellen. Da es sich bei der Aufklärung aber um eine ärztliche Aufgabe handelt, spricht m. M. nach alles dafür, auch die Dienstanweisungen von Ärzten erstellen zu lassen und die Aufgabe demzufolge der Klinik zuzuteilen. Gehandhabt wird das allerdings nicht immer so.

Die leitenden Ärzte einer Klinik haben durch Richtlinien, Anleitung und Kontrollen für die Einhaltung der Aufklärungspflicht zu sorgen. Der Chefarzt hat sicherzustellen, dass alle im Krankenhaus tätigen Ärzte über ihre Aufklärungspflichten unterrichtet sind. Anhaltspunkte für den notwendigen Inhalt der Aufklärungsgespräche und deren Modalitäten bieten die „Richtlinien zur Aufklärung der Krankenhauspatienten über vorgesehene ärztliche Maßnahmen" der Deutschen Krankenhausgesellschaft. Die strenge Bindung des leitenden Chefarztes an diese Richtlinien, wie sie deren Punkt III, Ziff. 1[35] vornimmt, ist indessen rechtlich nicht zulässig.

Auf der Klinikebene muss jedenfalls organisiert werden, in welcher Abteilung die Aufklärung erfolgen muss, wenn nicht sowieso jeder Arzt diese Aufgabe in seiner Abteilung zu erfüllen hat. Jeder leitende Abteilungsarzt hat die Aufklärung in seiner Abteilung zu organisieren, insbesondere festzulegen, welcher Arzt aufklären muss. Zur Organisation der Aufklärung durch die Klinikleitung gehört es auch, die Ärzte frühzeitig über anstehende Operationstermine zu informieren, damit eine rechtzeitige Aufklärung überhaupt möglich ist[36]. Fernerhin hat er sicherzustellen, dass der wesentliche Inhalt des Aufklärungsgespräches ordnungsgemäß dokumentiert wird. Alle genannten Pflichten entstammen den oben zitierten Richtlinien und überspannen in der Tendenz die ärztlichen Pflichten hinsichtlich der Aufklärung.

---

33 BGH, VersR 1983, 735.

34 BGH, NJW 1978, 1683.

35 Text bei Laufs, in: Laufs/Uhlenbruck, S. 957.

36 OLG Bamberg, VersR 1998, 1025, 1026.

Organisationspflichtverletzungen

Wo Organisationsmaßnahmen notwendig sind, aber fehlen, liegt eine Organisationspflichtverletzung vor. Durch Nicht-Organisation wird der Patient im Krankenhausbetrieb besonders gefährdet[37]. Aber nicht nur das Fehlen, sondern auch die unbrauchbare oder ungenügende Organisation sind als Organisationsverschulden anzusehen[38]. Der Krankenhausträger muss durch organisatorisch klare Anweisungen dafür Sorge tragen, dass dem Patienten immer der erforderliche Standard zuteil wird[39].

Werden die organisatorisch erforderlichen Maßnahmen durch den Krankenhausträger nicht oder nur ungenügend durchgeführt, so haftet er aus eigenem Organisationsverschulden gemäß § 823 BGB. Daneben kommt noch eine Haftung nach § 831 I BGB in Betracht. Sie ist für den Anspruchsberechtigten insoweit nachteilig, als der Geschäftsherr sich exkulpieren kann. Das setzt voraus, dass er seine Verrichtungsgehilfen gut ausgewählt und überwacht hat. Da an den nach § 831 I S. 2 BGB möglichen Entlastungsbeweis strenge Anforderungen gestellt werden, gelingt dieser Entlastungsbeweis nur selten. Das wird durch das Organisationsverschulden noch verstärkt. Das Netz der Organisationspflichten wurde derart verdichtet, dass durch dessen Maschen „kein Geschäftsherr mehr schlüpfen kann“[40]. Daher sind kaum noch Einzelfälle denkbar, in denen eine solche Entlastung gelingt.

Hinzu kommt, dass die leitenden Chefärzte – auch die von Abteilungen – nicht als Verrichtungsgehilfen des Trägers angesehen werden, sondern als dessen Organe, für die der Träger verschuldensunabhängig gemäß §§ 31, 89 BGB haftet. Damit ist das Haftungsnetz endgültig eng geknüpft. Unabhängig davon, auf welcher Ebene die Erfüllung der Organisationspflicht praktisch angesiedelt wird, liegt die Verantwortung dafür beim Träger[41]. Er haftet letztlich nach außen.

Im Ergebnis besteht keine Entlastungsmöglichkeit des Krankenhausträgers für seine Haftung wegen Organisationsverschuldens. Die Haftung kann ausnahmsweise nur dann entfallen, wenn der Krankenhausträger nachweist, dass auch bei ordnungsgemäßer Organisation der nämliche Fehler passiert wäre[42].

Die Beweislast dafür, dass die Verletzung der Organisationspflicht für die Schädigung ursächlich geworden ist, trägt der Patient[43]. Allerdings kann die Minderung des organisatorischen Qualitätsstandards, soweit sie geeignet ist, den Behandlungserfolg zu gefährden, die Beweislast zum Nachteil des Krankenhauses

---

37 Deutsch/Spickhoff, Rdnr. 240.

38 Deutsch/Spickhoff, Rdnr. 241.

39 Vgl. OLG Düsseldorf, VersR 1993, 51; und OLG Stuttgart, VersR 1994, 1114.

40 Pelz, Verschulden - Realität und Fiktion - Die Ärztliche Haftung in der Rechtsprechung, in: Laufs/Dierks/Wienke/Graf-Baumann/Hirsch, Die Entwicklung der Arzthaftung, 1997, S. 41-57, S. 51.

41 Deutsch/Spickhoff, Rdnr. 242.

42 Rehborn, S. 193.

43 OLG Karlsruhe, ArztR 2005, S. 266 f.

verlagern[44], wenn ein grober Organisationsfehler vorliegt[45]. Als Beispiel sei etwa der Einsatz von Berufsanfängern genannt.

So erfreulich es einerseits für den Patienten ist, dass Mängel und Unterlassen im Organisationsbereich eine Haftung begründen können, wird dieser Vorteil andererseits durch das Missbehagen der Ärzteschaft an der Bedrängung durch Verwaltung und Justiz und einer Verrechtlichung der Medizin bezahlt[46].

Schluss

Die angesprochenen Bereiche haben gezeigt, wie weit der Klinikbereich schon von Organisationspflichten erfasst wird. Und es ist davon auszugehen, dass weder alle Möglichkeiten aufgezählt wurden, noch, dass die Entwicklung schon zu einem Abschluss gekommen wäre. Zu denken ist hier insbesondere noch an die Organisation von Unterbringung und Versorgung.

Nimmt man den Leitsatz einer Gerichtsentscheidung ernst, wonach der Klinikbetrieb „so organisiert sein (muß), daß unmittelbar vor, nach und während der Behandlung eine Gefährdung des Patienten ausgeschlossen ist“[47], so kann das gesamte ärztliche Handeln unter dem Gesichtspunkt des Organisationsverschuldens erfasst werden. Die Gefahr einer solchen Betrachtungsweise liegt darin, dass für Versäumnisse gehaftet werden kann, obwohl im klassischen Sinne kein Behandlungsfehler vorliegt. Das mag das folgende Beispiel illustrieren.

Nach einer Operation musste ein Patient ein Medikament zur Normalisierung der Blutgerinnung einnehmen. In der Klinik erhielt er ein PPSB-Präparat. In der Folge verwirklichte sich das hohe Risiko einer Hepatitisinfektion. Die Verordnung eines PPSB-Präparates sah der BGH nicht als Behandlungsfehler an, wohl aber möglicherweise den Umstand, dass ein risikoärmeres Medikament nicht rechtzeitig vor der Operation zur Verfügung stand. Diesen Umstand wertete das Gericht als Organisationsverschulden[48]. Das bedeutet, dass für Verhaltensweisen, die nicht als Behandlungsfehler angesehen werden können, unter dem Gesichtspunkt des Organisationsverschuldens gehaftet werden kann.

Das bedeutet insgesamt eine Ausdehnung der Anforderung an die Behandlungsseite und damit eine Verstärkung der Haftung des Krankenhausträgers. Für die zivilrechtliche Haftung wegen „Organisationsverschuldens“ kommt es nicht auf das persönliche Verschulden der Ärzte, sondern auf das Vorliegen von Qualitätsmängeln an. Ein wesentlicher Schritt hin zur verschuldensunabhängigen Haftung ist getan. Auf die handlungssteuernde präventive Funktion des Verschuldens wird verzichtet.

---

44 Stindt, S. 35; OLG Köln, VersR 1992, 452.

45 Deutsch/Spickhoff, Rdnr. 244.

46 Bergmann, VersR 1996, 810, 811.

47 LG Koblenz, NJW 1988, 1521; differenzierender: OLG Köln, VersR 1990, 1240: „Die Behandlungsseite hat die Durchführung von Diagnostik und Therapie so zu organisieren, daß jede vermeidbare Gefährdung der Patienten ausgeschlossen ist.“

48 BGH, MedR 1991, 137.

Abschließend soll noch ein weiterer Gedanke eingeführt werden, der neben dem der nicht unbedenklichen Haftungserweiterung eine Rolle spielt, der der Haftungskonzentration. Die weitgehende Konzentrierung der Schadensregulierung beim Krankenhausträger kommt dem Arzt-Patienten-Verhältnis zugute[49], weil die Streitigkeiten nicht mehr zwischen dem Arzt und seinem Patienten ausgetragen werden, sondern zwischen Patienten und Träger. Der Patient ist zudem von der Notwendigkeit entbunden, den oder die richtigen Anspruchsgegner zu finden.

Alles in allem ist die Organisationspflichtverletzung als ein gelungener Versuch der Rechtsprechung – ohne Tätigwerden des Gesetzgebers – anzusehen, die Haftung der Behandlungsseite beim Träger zu bündeln. Dieser Vorteil – auch für den Arzt – musste allerdings durch ein engmaschiges Netz von Dienstanweisungen und Kontrollen und dem partiellen Abschied von dem Verschuldenserfordernis erkauft werden, die die Freiheit des ärztlichen Berufes und seine persönliche Verantwortlichkeit erheblich beschneiden.

---

49 Giesen, Arzthaftungsrecht, 1995, S. 19 f., m.w.N.

7. Ärztlicher Personaleinsatz im Krankenhaus und in der Praxis

F. J. Pelz

Die Qualität der ärztlichen Behandlung und Versorgung steht und fällt mit den Kenntnissen und Fähigkeiten der behandelnden Ärzte. „Ärztliches Tun ist eine gefahrengeneigte Tätigkeit und bisweilen trotz größter Anstrengung und außerordentlicher Sorgfalt der Akteure mit großen Nachteilen für einen Patienten verbunden"[1]. Diese Nachteile zu minimieren, muss das Ziel eines fachgerechten, in erster Linie der Sicherheit und dem Wohl des Patienten verpflichteten Personaleinsatzes sein, der aber auch wirtschaftliche Erwägungen nicht völlig außer Acht läßt.

Anspruch des Patienten auf Einhaltung des Facharztstandards

Jeder Patient hat einen Anspruch auf eine Behandlung nach dem Facharztstandard. Darüber herrscht Einigkeit unter Ärzten und Juristen, in Rechtssprechung und Schrifttum.

Damit gewinnt der Facharztstandard eine zentrale Bedeutung auch für die Frage der Organisation eines Krankenhauses oder einer Praxis. Denn der Facharztstandard kann nur durch den Einsatz von geeignetem und entsprechend befähigtem ärztlichen Personal gewahrt werden.

Bestimmung des Facharztstandards

Der Facharztstandard bestimmt sich nach dem medizinischen Standard des jeweiligen Fachgebiets. Er ist gewahrt, wenn der Arzt diejenigen Maßnahmen ergreift, die von einem gewissenhaften und aufmerksamen Arzt aus berufsfachlicher Sicht seines Fachgebiets vorausgesetzt und erwartet werden[2].

Objektive Kriterien

Die geforderte Sorgfalt bei der Behandlung des Patienten bemisst sich nur nach objektiven Kriterien. Auf die individuellen Kenntnisse und Befähigungen des Arz-

---

1 Bergmann/Kienzle, Krankenhaushaftung, Organisation, Schadensverhütung und Versicherung, 1996, 5.

2 BGH NJW 1999, 1779; Laufs/Uhlenbruck, Handbuch des Arztrechts, 3. Aufl. 2002 § 99 Rdn 7.

tes kommt es nicht an[3]. Der Facharztstandard wird im Einzelfall nicht dadurch gemindert, dass der behandelnde Arzt subjektiv überfordert, übermüdet oder aus einem sonstigen, in seiner Person liegenden Umstand nicht in der Lage ist, die Behandlung so fachgerecht durchzuführen, wie dies von einem Facharzt erwartet werden muss[4].

Formeller Facharztstandard

Der Facharztstandard ist weder positiv noch negativ an den formellen Facharztstatus gebunden. Dieser gewährleistet allein nicht den geforderten Standard. Im Einzelfall können auch einem Arzt, der den formellen Facharztstatus besitzt, die erforderlichen Kenntnisse und Fähigkeiten zur Behandlung eines bestimmten Krankheitsbildes fehlen. Andererseits genügt für die Facharztqualität im konkreten Fall, dass der behandelnde Arzt, der sich noch in der Weiterbildung befindet, „die Behandlung theoretisch und praktisch so beherrscht, wie das von einem Facharzt dieses Fachs erwartet werden muss“[5]

Richtlinien und Leitlinien

Die Bestimmung des nach der Rechtssprechung erforderlichen Standards der Behandlung folgt im wesentlichen medizinischen Kriterien, die von den Ärzten selbst zu definieren sind. Entscheidend ist die „gute ärztliche Übung“[6], die allerdings objektiven Kriterien folgen muss und nicht mit dem üblichen Schlendrian oder vielfach eingerissenen Missständen verwechselt werden darf. Hilfreich zur Bestimmung des guten fachärztlichen Standards sind auch Leitlinien und Richtlinien, die in großer Zahl für die verschiedenen Fachgebiete aufgestellt worden sind. Zu warnen ist allerdings vor ihrer kritiklosen Befolgung im konkreten Behandlungsfall[7]. Denn entgegen einer gelegentlich im Schrifttum geäußerten Meinung[8] haben Leitlinien und Richtlinien keinesfalls den Charakter von DIN-Normen, bei deren Missachtung eine Beweislastumkehr eintritt. Vielmehr stellen sie als „Handlungsempfehlungen“ für den Regelfall nur einen relativen Maßstab dar, entbinden aber keinesfalls von der Verpflichtung, in jedem Einzelfall zu prüfen, ob ein Verstoß gegen die gebotene sorgfältige Behandlung vorliegt[9]. Eine solche Verpflichtung besteht schon deshalb, weil Richtlinien und Leitlinien naturgemäß oft dem tatsächlichen Erkenntnisstand hinterherhinken[10]. Die Nichtbeachtung

---

3 Ständige Rechtssprechung, z.B. BGH NJW 2001, 1787; BGH NJW 1994, 3008.

4 BGH NJW 1996, 779.

5 Steffen, Der sogenannte Facharztstatus aus der Sicht der Rechtssprechung des BGH, MedR 1995, 360.

6 Steffen, Arzthaftungsrecht, 9. Aufl. 2002, 61 f.

7 Ulsenheimer, Arztstrafrecht in der Praxis, 2003, Rdn 18; Spickhoff, Die Entwicklung des Arztrechts 2003/2004, NJW 2004, 1714; eingehend Hart, Ärztliche Leitlinien in Definition, Funktion, rechtliche Bewertung, MedR 1998, 8 ff.

8 Ziegler, Leitlinien im Arzthaftungsrecht, VersR 2003, 549.

9 BGHSt 31, 387.

10 BGH NJW 2005, 2617.

einer Leitlinie oder Richtlinie kann allenfalls ein Indiz für eine Standardabweichung sein[11]

Budgetzwänge – Wirtschaftlichkeitsgebot

Ob Budgetzwänge, insbesondere die Regelungen über die Budgetierung in der vertragsärztlichen Versorgung eine Abweichung vom Facharztstandard rechtfertigen können, wird zwar diskutiert[12], bislang jedoch von der Rechtssprechung verneint, die daran festhält, dass das Wirtschaftlichkeitsgebot die medizinischen Qualitätsstandards nicht außer Kraft setzt.

Es mehren sich jedoch die Stimmen, die im Rahmen der Frage nach der Zumutbarkeit der an den Arzt gestellten Anforderungen, also bei der Festsetzung des rechtlich relevanten Standards, eine Berücksichtigung des Wirtschaftlichkeitsgebotes fordern[13]. Doch zielt diese Forderung eher auf das Ausschöpfen von Rationalisierungsreserven als auf geringere Anforderungen an die aus medizinischer Sicht gebotene Behandlung ab[14]. Auch ist, von der Rechtssprechung gebilligt, der zivilrechtliche Sorgfaltsmaßstab nicht stets an dem medizinisch Machbaren, sondern an den Möglichkeiten des Behandlungsalltags gebunden[15]. Der Standard ist auch keine für jedes Krankenhaus feststehende identische Größe. Sach- und Personalausstattung sind in Krankenhäusern der Grund- und Regelversorgung naturgemäß geringer als in einer großen Universitätsklinik. Die zu fordernde Sorgfalt ist auch unterschiedlich je nachdem, ob ein praktischer Arzt, ein Facharzt oder ein erfahrener Spezialist an einem Universitätskrankenhaus handelt. Es kommt auf den jeweiligen Fachkreis an, dem der handelnde Arzt angehört, und auf die Versorgungsstufe des Krankenhauses[16]. Daraus im Einzelfall resultierende unterschiedliche Versorgungsqualität muss der Patient hinnehmen.

Allerdings gibt es eine Untergrenze, bis zu der der medizinische Standard allenfalls abgesenkt werden darf. Sie ist erreicht, wenn „die von der Behandlung ausgehende Gefährdung des Patienten infolge … ungenügender personeller … Ausstattung des Krankenhauses die Chancen des Heileingriffs überwiegt, die Erfüllung des Heilauftrages also grundsätzlich in Frage steht“[17]. In einem solchen Fall ist der Patient an ein anderes Krankenhaus oder einen anderen Arzt zu verweisen.

---

11 KG Berlin NJW 2004, 691; OLG Stuttgart MedR 2002, 650; Spickhoff aaO, 1714.

12 KG Berlin aaO; Deutsch, Ressourcenbeschränkung und Haftungsmaßstab im Medizinrecht, VersR 1998, 265; Rieger, Honorarbegrenzungsmaßnahmen und Sorgfaltsmaßstab, MedR 1996, 147.

13 Will, Quo vadis Gesundheitswesen?, NJW 1998, 1764; Uhlenbruck, Rechtliche Grenzen einer Rationierung in der Medizin, MedR 1995, 427 ff.

14 Laufs, Entwicklungslinien des Medizinrechts, NJW 1997, 1610.

15 Steffen, Einfluß verminderter Ressourcen und von Finanzierungsgrenzen aus dem Gesundheitsstrukturgesetz auf die Arzthaftung, MedR 1995, 190 f.

16 BGH NJW 1991, 1537; Hart, Rechtliche Grenzen der „Ökonomisierung“, MedR 1996, 69.

17 Ulsenheimer aaO Rdn 20 unter Bezugnahme auf Steffen, Festschrift Geiss, 498.

Bedeutung des Facharztstandards für den Personaleinsatz

Der so kurz skizzierte Facharztstandard ist bei jeder Personalentscheidung und bei jedem Personaleinsatz strikt zu berücksichtigen. Die Organisation eines Krankenhauses oder einer Arztpraxis muss so beschaffen sei, dass die lückenlose fachqualifizierte Betreuung gewährleistet ist. Dies bedeutet nicht, dass nur ein den fachlichen Standard sichernder Arzt behandeln darf oder dass ein solcher im Krankenhaus oder in der Praxis ständig anwesend sein muss. Es muss aber sichergestellt sein, dass die Entscheidungen und Maßnahmen, die für die fachgerechte Behandlung des Patienten notwendig sind, von Ärzten getroffen werden, die fachärztlichen Standard gewährleisten.

Verantwortlichkeit für den Personaleinsatz

Auswahl, Überwachung, Haftung für Mängel

Verantwortlich für den gebotenen Personaleinsatz sind der Krankenhausträger und die Leitenden Ärzte, in einer Arztpraxis deren Inhaber.

Dem Krankenhausträger obliegt aus seiner Organisationspflicht die Bereitstellung der erforderlichen personellen Ausstattung, die entsprechend der Kategorie des Hauses (Grund/Regelversorgung, Maximalversorgung) unterschiedlich sein kann, jedoch nicht durch zu schwache Besetzung unter eine verzichtbare Basisschwelle absinken darf[18]. Zu den Organisationspflichten des Trägers gehören auch die Aufstellung von Plänen und Dienstanweisungen, die sicherstellen, dass nur hinreichend befähigte und solche Ärzte tätig werden, die nicht durch Überlastung oder Übermüdung eine Gefahr für die Sicherheit der Patienten darstellen.

Diese Organisationspflicht trifft auch die Leitenden Ärzte der Abteilung. Daneben kommt auch eine Verantwortlichkeit von Oberärzten, denen der Einsatz von Assistenzärzten obliegt, für deren fachgerechte Verwendung in Betracht. Diese für den ärztlichen Personaleinsatz Verantwortlichen haben darauf zu achten, dass nur für die jeweilige Tätigkeit geeigneten Ärzte eingesetzt werden. Sie haben insbesondere Sorge dafür zu tragen, dass deren Ausbildungs- und Erfahrungsstand den Anforderungen genügt und auch keine sonstigen Hinderungsgründe (etwa Übermüdung infolge zu langer Dienstzeiten) vorliegen, die ihren sachgemäßen Einsatz verbieten. Personelle Engpässe reichen als Entschuldigungsgrund nicht aus. Wenn auch mehrfache Hinweise Leitender Ärzte an den Krankenhausträger nicht zur Behebung der Mängel führen, müssen notfalls verschiebbare Operationen entfallen, die Patienten an andere Krankenhäuser verwiesen oder gar Abteilungen geschlossen werden[19].

---

[18] S. oben Fn 17; Laufs aaO. 1612.

[19] BGH NJW 1986, 116; OLG Hamm VersR 1994, 729; Rumler-Detzel, Arbeitsteilung und Zusammenarbeit in der Chirurgie, VersR 1994, 257.

Der Praxisinhaber hat rechtlich für die ordnungsgemäße Auswahl der bei ihm angestellten Ärzte sowie der (Urlaubs-)Vertreter einzustehen.

Auch die Überwachung des ärztlichen Dienstes ist, wenn auch in ganz unterschiedlicher Intensität, rechtliche Verpflichtungen von Krankenhausträger, Leitendem Arzt und Praxisinhaber. Selbst für die Überwachung eines Belegarztes ist der Krankenhausträger, allerdings in sehr eingeschränktem Maße, verantwortlich[20].

Gibt es Streit darüber, ob der Personaleinsatz fachgerecht war, haben die für den Einsatz Verantwortlichen (Verwaltung des Krankenhauses, Leitende Ärzte, Oberärzte, Praxisinhaber) darzulegen und zu beweisen, dass Einsatz, Kontrolle und Überwachung der behandelnden Ärzte dem Standard der Kategorie entsprechen, zu der das Krankenhaus bzw. die Praxis gehört[21]. Steht eine Verletzung von Organisationspflichten fest, haben die Verwaltung des Krankenhauses bzw. der Praxisinhaber auch darzulegen und zu beweisen, dass der beim Patienten eingetretene Schaden nicht auf den Einsatz unzureichend qualifizierter Ärzte zurückzuführen ist[22].

Die Vereinbarung einer Freistellung von der Haftung für Organisationsmängel ist im Regelfall sittenwidrig, stellt jedenfalls eine unangemessene Benachteiligung im Sinne von § 307 BGB dar und ist daher unwirksam[23]

Einzelfälle des ärztlichen Personaleinsatzes

Arzteinsatz beim Bestehen von vertraglichen Regelungen

Grundsätzlich hat der Patient im Krankenhaus keinen Anspruch auf die Behandlung durch einen bestimmten Arzt. Von dieser Regel gibt es aber zwei Ausnahmen:

© Ist dem Patienten vom Krankenhausträger oder einem Leitenden Arzt die Durchführung einer ärztlichen Maßnahme durch einen bestimmten Arzt zugesagt worden, darf ein anderer Arzt – außer in Notfällen – nicht tätig werden, es sei denn, der Patient stimmt dem Wechsel des Arztes zu.

© Bei Wahlleistungsvereinbarungen, die sowohl von Privatpatienten als auch von Kassenpatienten mit dem Krankenhausträger abgeschlossen werden können, besteht ein schuldrechtlicher Anspruch des Patienten auf eine persönliche Behandlung durch den Chefarzt oder seinen ständigen Vertreter (§ 4 Abs. 2 S. 1 u. 3 GOÄ)

---

20 Deutsch, Das Organisationsverschulden des Krankenhausträgers, NJW 2000, 1746 f.

21 Laufs aaO.

22 Ständige Rechtssprechung, so schon BGH NJW 1984, 655 ff; BGH NJW 1993, 2991.

23 BGH NJW 1996, 2429; OLG Stuttgart NJW 1993, 2384; Laufs/Uhlenbruck, § 94 Rdn 11.

Insbesondere im Bereich der Wahlleistungsvereinbarungen bestehen erhebliche Meinungsverschiedenheiten über die Fragen, in welchen Fällen eine Vertretung des liquidationsberechtigten Chefarztes überhaupt zulässig ist und ob sie nur durch den „ständigen Vertreter" oder mehrere namentlich dem Patienten mitgeteilte „ständige Vertreter" erfolgen kann.

Unstrittig ist die Wirksamkeit der Vereinbarung einer Vertretung für den Fall einer plötzlichen, unvorhersehbaren Verhinderung. Selbstverständlich kann sich der Patient im Einzelfall auch damit einverstanden erklären, dass – entgegen der ursprünglichen Vereinbarung – ein anderer Arzt den Eingriff vornimmt[24]. Die widerspruchslose Hinnahme einer Operation durch einen anderen als den Wahlarzt und selbst die Begleichung der Rechnung sollen keine wirksame Einwilligung in die Behandlung darstellen[25]. Steht schon beim Abschluss des Wahlleistungsvertrages fest, dass der Arzt die höchstpersönliche Leistung gar nicht erbringen kann, dürfte der Vertrag als nichtig anzusehen sein[26].

Sehr problematisch ist die Benennung mehrerer „ständiger Vertreter" im Rahmen der Wahlleistungsvereinbarungen, die noch allgemein praktiziert wird. Sie widerspricht dem eindeutigen Wortlauf des § 4 Abs. 2, S.3 GOÄ, aber auch dem Grundgedanken der Regelung, nach dem der Patient sich damit die kontinuierliche persönliche Zuwendung und besondere fachliche Qualifikation des liquidationsberechtigten Leitenden Arztes „hinzukauft"[27].

Es ist weder rechtlich geboten noch auch nur sinnvoll, dass der Wahlarzt jede ärztliche Maßnahme selbst vornimmt. Er muss sich allerdings mit dem Patienten persönlich befassen und die Behandlung planen sowie etwaige Eingriffe und wesentliche Behandlungsschritte selbst durchführen. Für den Fall einer Wahlleistungsvereinbarung mit einer Klinik für Kinder- und Jugendpsychiatrie hat die Rechtssprechung den Chefarzt nicht für verpflichtet angesehen, jeden einzelnen Behandlungsschritt persönlich durchzuführen. Ausreichend soll es sein, dass er das Therapieprogramm entwickelt oder doch vor Behandlungsbeginn persönlich überprüft, den Verlauf der Behandlung engmaschig überwacht und die Behandlung nötigenfalls jederzeit beeinflussen kann[28]

Ein Verstoß gegen die Verpflichtung zur persönlichen Behandlung führt zum Verlust des Honoraranspruchs und ggfls. auch zu Schadensersatzansprüchen gegen den Krankenhausträger wegen Verletzung seiner Organisationspflicht.

[24] Vgl. LG Hamburg GesR 2005, 86.
[25] LG Marburg VersR 2001, 1565; OLG Karlsruhe NJW 1987, 1489.
[26] LG Aachen VersR 2002, 195; OLG Düsseldorf NJW 1995, 2421.
[27] Eingehend zu dem Problemkreis Kalis, Der ständige Streit um den ständigen ärztlichen Vertreter, VersR 2002, 23 ff.
[28] OLG Hamm NJW 1995, 2420 f.

Überwachung von Fachärzten und Ärzten in der Weiterbildung

Mit der ordnungsgemäßen Auswahl des ärztlichen Personals für die je unterschiedlichen Einsatzgebiete sind die Organisationspflichten noch nicht erfüllt. Ärzte in der Weiterbildung, aber auch Fachärzte, bedürfen der Überwachung, die im Krankenhaus den Leitenden Ärzten und in sehr eingeschränktem Umfang auch dem Träger des Hauses obliegt. Die Kontrolle der ärztlichen Fähigkeiten und Leistungen wird zu Anfang der Tätigkeit eines neu eingestellten Assistenzarztes intensiv sein müssen. Mit dem Fortschreiten der Weiterbildung wird je nach den individuellen Kenntnissen und Fähigkeiten des Arztes die Aufsicht weitmaschiger sein und kurz vor der Facharztreife sich auf Stichproben beschränken dürfen. Das Aufstellen fester Regeln für die Aufsicht ist schon deshalb wenig sinnvoll, weil die Qualität der in der Weiterbildung befindlichen Ärzte – wie in anderen Berufen auch – Unterschiede aufweisen dürfte. Zu einer ordnungsgemäßen Organisation des Krankenhausbetriebes gehört es daher, Sorge dafür zu tragen, dass der Ausbildungsstand jedes einzelnen Assistenzarztes so dokumentiert wird, dass die für seinen Einsatz verantwortlichen vorgesetzten Ärzte einen dem Ausbildungsstand entsprechenden Einsatz gewährleisten können. Unter dieser Voraussetzung ist es rechtlich unbedenklich, auch einen noch am Anfang seiner Tätigkeit stehenden Assistenzarzt für schwierige Aufgaben einzusetzen, wenn er dazu fachlich und von seiner ärztlichen Erfahrung her geeignet ist, während es sehr bedenklich wäre, Aufgaben an einen am Ende seiner Weiterbildungszeit befindlichen Assistenzarzt zu delegieren, denen er ungeachtet der weit fortgeschrittenen Ausbildungszeit (noch) nicht gewachsen ist. Auch ein neu eingestellter Facharzt ist zu Anfang seiner Tätigkeit daraufhin zu kontrollieren, ob er den ihm übertragenen Aufgaben gewachsen ist. Es ist nicht zulässig, sich darauf zu verlassen, dass ein Facharzt mit allen Aufgaben, die Gegenstand seiner Weiterbildung waren, hinreichend vertraut ist. Ein sorgsam ausgesuchter, in seiner Tätigkeit bewährter Facharzt bedarf allerdings grundsätzlich keiner weiteren besonderen Kontrolle, solange er in seinem Fachgebiet tätig ist[29].

Verantwortlichkeit für ärztliche Versorgung durch Belegärzte

Die Organisation der ärztlichen Versorgung der Belegabteilung eines Krankenhauses obliegt grundsätzlich dem Belegarzt. Doch trifft in Ausnahmefällen auch den Krankenhausträger die Verantwortung für eine dem Facharztstandard entsprechende Behandlung der Patienten. In einem vom BGH entschiedenen Fall[30] war dem Krankenhausträger bekannt, dass es in der gynäkologischen Belegabteilung seines Hauses üblich war, mit der Auswertung eines CTG auch Nachtschwestern zu betrauen, die nur für den allgemeinen Pflegebereich ausgebildet waren. Die fehlerhafte Auswertung eines CTG durch eine solche Pflegekraft hatte zur verspäteten Benachrichtigung und Zuziehung des Belegarztes mit der Folge einer schwe-

---

[29] OLG Köln VersR 1989, 708.

[30] BGH NJW 1996, 2428 f.

ren Schädigung des Kindes geführt. Das Gericht hat einen – sogar groben – Organisationsfehler des Krankenhausträgers darin gesehen, dass dieser nicht durch organisatorische Maßnahmen gegen diesen Missstand eingeschritten war. Der Krankenhausträger ist neben dem Belegarzt zur Zahlung von Schadensersatz verurteilt worden.

Die in diesem Urteil deutlich gemachte Verpflichtung des Krankenhausträgers zu einer – wenn auch sehr eingeschränkten – Überwachung der gynäkologischen Belegabteilung seines Hauses gilt auch für andere Belegabteilungen. Erfährt der Krankenhausträger von Missständen in der ärztlichen Versorgung oder hätte er von ihnen Kenntnis erhalten müssen, weil es sich nicht nur um Einzelfälle, sondern um übliche Verhaltensweisen handelt, muss er im Rahmen seiner Organisationspflichten dafür sorgen, dass auch in den Belegabteilungen der Facharztstandard gewahrt wird und notfalls den Belegvertrag beenden.

Einsatz von Berufsanfängern

Der Einsatz von Berufsanfängern wirft eine Reihe von rechtlichen Problemen auf, die in den vergangenen Jahren immer wieder Gegenstand von Gerichtsentscheidungen gewesen sind. Es gilt, die schwierige Balance zu halten zwischen dem Facharztstandard, dessen Einhaltung jeder Patient beanspruchen kann, den immer drängenderen Budgetzwängen und der unabweisbaren Notwendigkeit, auch Berufsanfänger, die vom Facharztstandard (noch) weit entfernt sind, in das Behandlungsgeschehen einzubeziehen.

Der Einsatz und die Weiterbildung von Berufsanfängern dient nicht nur ihrem eigenen Interesse am beruflichen Fortkommen, sondern vor allem auch dem Heranwachsen von fachlich gut ausgebildeten Ärzten, die allein die Gewähr für die dem fachärztlichem Standard entsprechende Versorgung der Patienten bieten. Damit ist der kontinuierliche Einsatz von Berufsanfängern eine Aufgabe, ohne die auf die Dauer eine gute ärztliche Versorgung der Gesellschaft nicht möglich ist; sie dient so dem Allgemeinwohl. Deshalb ist zu große Zurückhaltung bei der Übertragung von selbständigen Aufgaben auf den Anfänger auch im Hinblick auf die dauerhafte Sicherung guter fachärztlicher Versorgung nicht sinnvoll und nicht geboten. Die erste Behandlung, die ein Anfänger durchführt, auch der erste invasive Eingriff sind zulässig, wenn die notwendigen organisatorischen Voraussetzungen vorliegen, insbesondere der Anfänger die erforderliche Anleitung erhält und durch einen Facharzt überwacht wird[31].

Anfängeroperation

Die Diskussion um den Einsatz von Berufsanfängern hat sich besonders stark am Problem der Anfängeroperation entzündet. Die Rechtssprechung hat in diesem Bereich – beginnend mit einem wegweisenden Urteil des Bundesgerichtshofs aus

---

31 Deutsch, Die Anfängeroperation, NJW 1984, 650.

dem Jahre 1983[32] – hohe Anforderung in personeller Hinsicht aufgestellt. Bei Anfängeroperationen muss die Assistenz durch einen Facharzt erfolgen. Dieser Umstand bindet sicherlich erhebliche Personalkapazität, ist aber zur Sicherheit des Patienten erforderlich, weil drohende Fehler bei operativen Eingriffen sofort erkannt und vermieden, eingetretene Fehler unverzüglich bemerkt und korrigiert werden müssen. Dies kann im Regelfall nur ein assistierender Facharzt leisten.

Der BGH hat dazu in einer weiteren grundlegenden Entscheidung zum Einsatz eines Berufsanfängers im Bereich der Chirurgie aus dem Jahre 1992 ausgeführt:

> „Ein solcher junger Arzt darf nur unter unmittelbarer Aufsicht eines erfahrenen Chirurgen eingesetzt werden, der jeden Operationsschritt beobachtend verfolgt und jederzeit korrigierend einzugreifen vermag. Immer muss nämlich der Standard eines erfahrenen Chirurgen gewährleistet sein. Aus diesem Grunde muss immer ein Facharzt dem Berufsanfänger bei chirurgischen Eingriffen assistieren. Nur ein Facharzt kann die Gewähr übernehmen, dass der in der Ausbildung befindliche Arzt richtig angeleitet und überwacht wird, und nur er hat die erforderliche Autorität gegenüber einem Berufsanfänger, um erforderlichenfalls eingreifen zu können.“[33]

Deshalb genügt die bloße Anwesenheit eines Facharztes bei einer Anfängeroperation nicht. Der aufsichtsführende Arzt muss vielmehr ständig eingriffsbereit und auch eingriffsfähig sein[34]. Wenn dies aus operationstechnischen Gründen nicht sichergestellt und dieser Mangel auch nicht auf andere Weise ausgeglichen werden kann, so darf die Operation einem Anfänger nicht übertragen werden[35]. Die Pflicht zur ständigen Anwesenheit des Facharztes schließt auch seinen nur vorübergehenden Einsatz, etwa bei besonders schwierigen Teilen der Operation, ebenso aus wie eine gleichzeitige „Betreuung“ mehrerer Operationen von Anfängern.

Zudem muss der aufsichtsführende Arzt sich vor dem Eingriff davon überzeugt haben, dass der Operierende die notwendigen operationstechnischen Kenntnisse hat, die Risiken des Eingriffs kennt und weiß, welche Maßnahmen zur Vermeidung von Komplikationen zu treffen sind[36].

Das zitierte Urteil ist aber vielfach dahin missverstanden worden, dass bei jeder Operation durch einen Arzt ohne formellen Facharztstatus ein entsprechender qualifizierter Chirurg assistieren müsse. Dem ist nicht so[37]. Der Bundesgerichtshof hat in diesem Urteil und in späteren Entscheidungen mehrfach den Terminus „Berufsanfänger“ verwendet und damit unmissverständlich zu verstehen gegeben, dass ein im Anfang seiner Weiterbildung zum Chirurgen stehender Arzt gemeint ist, oder jedenfalls ein solcher, der noch keine unter Aufsicht erworbene und unter Beweis

---

32 BGH NJW 1984, 655 ff.

33 BGH NJW 1992, 1561.

34 OLG Oldenburg VersR 1998, 1380.

35 OLG Oldenburg aaO.

36 OLG Düsseldorf VersR 1994, 352 für die erste Lymphknotenexstirpation eines in Weiterbildung zum Chirurgen befindlichen Assistenzarztes.

37 Dies hat der Vorsitzende des urteilenden Senats des BGH, Erich Steffen, in seiner Stellungnahme „Der sogenannte Facharztstatus aus der Sicht der Rechtssprechung des BGH“, MedR 1995, 360 ausdrücklich klargestellt.

gestellte Erfahrung in dem betreffenden Verfahren hat. Dementsprechend bestehen keine Bedenken dagegen, Routineeingriffe von einem erfahrenen Assistenzarzt selbständig durchführen zu lassen.

So ist es für unbedenklich gehalten worden, dass ein bereits über 4 ½ Jahre in der Weiterbildung befindlicher Assistenzarzt einen Routineeingriff einfacher Art (Exstirpation der Unterkieferdrüse), den er zuvor schon mehrfach durchgeführt hatte, selbständig und ohne Aufsicht und Anwesenheit eines Facharztes vornimmt[38]. Auch die Durchführung einer abdominalen Gebärmutterentfernung durch einen im fünften Jahre seiner Weiterbildung zum Gynäkologen befindlichen Arzt ist von der Rechtssprechung nicht beanstandet worden[39]. Je nach den Fortschritten des in der Weiterbildung befindlichen Arztes können ihm auch Teile eines Eingriffs zur selbständigen Tätigkeit überlassen werden.

Anfängeranästhesie

Die vom BGH in dem zitierten Urteil aufgestellten Anforderungen gelten – allerdings nur in Grenzen – auch für Intubationsnarkosen[40]. In dem entschiedenen Fall ging es um eine von einem Berufsanfänger geführte Narkose, bei der eine Umlagerung erforderlich war. Der Arzt hatte keinerlei Erfahrung darüber, ob und ggfls. welche Risiken (Veränderung der Lage des Tubus) infolge der Umlagerung des Patienten für die Narkose bestanden. Er durfte deshalb für diese Narkose nicht ohne Aufsicht eingesetzt werden.

Im übrigen genügt es im Regelfall, dass – anders als bei chirurgischen Eingriffen – zwischen dem Berufsanfänger und einem Fachanästhesisten Blick- oder zumindest Rufkontakt besteht. Eine unmittelbare Aufsicht durch einen Facharzt, der jeden Schritt des Berufsanfängers beobachtet, ist nicht erforderlich. Der Grund für diese geringeren Anforderungen liegt darin, dass auf dem Gebiet der Anästhesie am jeweiligen Operationstisch in aller Regel nur der Einsatz eines einzelnen Arztes erforderlich ist und deshalb die Verhältnisse grundlegend anders liegen als bei einer Operation, bei der in der Regel ohnehin die Assistenz eines weiteren Arztes erforderlich ist[41].

Arzteinsatz bei der Aufklärung von Patienten

Die Aufklärung ist eine originäre ärztliche Aufgabe, die in keinem Fall auf nichtärztliches Personal übertragen werden darf[42]. Aufklärungspflichtig ist derjenige Arzt, der den Eingriff oder die geplante Maßnahme durchführt. Dies gilt auch dann, wenn der Patient von einem anderen Arzt zum Zwecke des Eingriffs überwiesen worden ist.

---

38 OLG Düsseldorf NJW 1994, 1598 f.
39 OLG Oldenburg VersR 1994, 180.
40 BGH NJW 1993, 2990/2991.
41 BGH NJW 1993, 2991.
42 So schon BGH NJW 1974, 486.

Soweit aus organisatorischen Gründen die gebotene Aufklärung einem anderen als dem operierenden Arzt, etwa dem Stationsarzt, übertragen wird, ist dies rechtlich unbedenklich. Der danach für die Aufklärung organisatorisch zuständige Arzt muss aber den geplanten Eingriff oder die vorgesehene ärztliche Maßnahme, deren Chancen und Risiken sowie etwaige Alternativen im Einzelnen kennen und dem Patienten ein zutreffendes Gesamtbild vermitteln können.

Bei einem der deutschen Sprache gar nicht oder nicht hinreichend mächtigen Patienten muss Vorsorge getroffen werden, dass der aufklärende Arzt sich dem fremdsprachigen Patienten hinreichend verständlich machen kann oder durch die Zuziehung einer sprachkundigen Person die Verständigung gewährleistet ist[43]. Auch ein Arzt, der nur gebrochen Deutsch spricht, darf zur Aufklärung eines Patienten nicht eingesetzt werden[44]. Der Zuziehung eines geprüften oder amtlich bestellten Dolmetschers bedarf es nicht. Die notwendigen Dolmetscherdienste kann auch ein nichtärztlicher Krankenhausbediensteter, ein Verwandter oder Bekannter des Patienten leisten[45].

Wenn der Krankenhausträger nicht durch klare und eindeutige Anweisungen und deren stichprobenweise Kontrolle für die Einhaltung dieser ihm obliegenden Organisationspflichten im Bereich der Patientenaufklärung sorgt, haftet er dem Patienten im Schadensfall[46].

Die hier für die Aufklärung des Patienten dargelegten strengen Voraussetzungen gelten nicht in gleicher Weise für die Verständigung zwischen Arzt und Patient im übrigen. Missverständnisse müssen allerdings ausgeschlossen werden. Generell bedarf es aber nicht der Zuziehung eines Dolmetschers[47].

Bereitschaftsdienst

Die Pflicht zur fachgerechten Versorgung der Patienten besteht uneingeschränkt auch für die Zeit außerhalb des regulären Dienstbetriebes. In dieser Zeit hat der Patient zwar keinen Anspruch auf eine Versorgung und Behandlung im selben Umfang wie während der allgemeinen Dienstzeit mit voller personeller Besetzung. Eine vollständige medizinische Versorgung „rund um die Uhr" ist rechtlich nicht geboten und wäre wirtschaftlich auch nicht sinnvoll. Nach ständiger Rechtssprechung ist aber auch der Nacht- und Sonntagsdienst im Krankenhaus grundsätzlich so zu organisieren, dass für den Patienten in Not- und Eilfällen der Standard eines Facharztes gewährleistet ist[48]. Not- und Eilfälle können in jeder Abteilung eines Krankenhauses auftreten; sie werden in vielen Abteilungen eher selten, in anderen, etwa in geburtshilflichen oder chirurgischen Stationen eher häufiger vorkommen.

---

43 OLG Düsseldorf NJW 1990, 771.

44 AG Leipzig MedR 2003, 582.

45 OLG Düsseldorf VersR 1997, 241: Putzhilfe als Dolmetscherin; OLG München VersR 1993, 1488: Krankenschwester als Dolmetscherin.

46 OLG Stuttgart NJW 1993, 2384; OLG Düsseldorf VersR 1986, 659; Geiss/Greiner, Arzthaftpflichtrecht, 4. Aufl. 2001, RdnC. 109.

47 KG Berlin MedR 199, 227: strenger OLG Düsseldorf NJW 1990, 771.

48 BGH NJW 1994, 3009.

Dem hat der für die Organisation des Bereitschaftsdienstes zuständige Krankenhausträger und Leitende Arzt dadurch Rechnung zu tragen, dass in den Abteilungen mit einer hohen Rate an Not- und Eilfällen ein personell stärkerer Einsatz erfolgt.

Als erheblich risikoanfällig haben sich in der Vergangenheit die geburtshilflichen Abteilungen von Krankenhäusern erwiesen und in diesem Bereich insbesondere die Belegabteilung.

Ein Bereitschaftsdienst im Krankenhaus oder eine häusliche Rufbereitschaft machen nur Sinn, wenn das in den Abteilungen anwesende Personal weiß, in welchen Fällen es selbst überfordert und das Erscheinen des Facharztes erforderlich ist. Insbesondere in der Geburtshilfe kommt es, auch bei normal verlaufener Schwangerschaft ohne erkennbare Risiken, immer wieder zu unvorhergesehenen Komplikationen, die ein schnelles ärztliches Handeln erfordern. Dies zu erkennen, ist Aufgabe des diensthabenden Personals in der Abteilung. Wenn, was gar nicht so selten war, in einer geburtshilflichen Abteilung für die Beurteilung eines CTG oder eines Gefahrenhinweises im Verlauf der Geburt eine Krankenschwester der Allgemeinabteilung oder ein gänzlich unerfahrener ärztlicher Berufsanfänger zuständig war, begründet dies einen Organisationsfehler des Krankenhausträgers. Dies gilt auch für den Krankenhausträger, der eine geburtshilfliche Abteilung als Belegabteilung führt. Zwar ist in diesem Bereich grundsätzlich der Belegarzt für die ärztlich/medizinische Betreuung verantwortlich. Daneben trifft die Verantwortlichkeit aber auch den Träger, wenn er den sachwidrigen Zustand kennt oder kennen müsste[49].

Für die übrigen Abteilungen eines Krankenhauses hat die Rechtssprechung keine konkreten Forderungen hinsichtlich der Anwesenheit im Krankenhaus oder der Erreichbarkeit außer Hauses aufgestellt. Entscheidend ist, dass im Notfall ein den Facharztstandard gewährleistender Arzt im Krankenhaus, außerhalb in der Praxis (Belegarzt) oder zu Hause in Rufbereitschaft erreichbar und schnell genug einsatzbereit ist.

Eintreffzeiten

Damit ist das Problem der Eintreffzeiten angesprochen. Sie spielen sowohl für die Bereitschaft innerhalb eines Krankenhauses als auch für die häusliche Rufbereitschaft eine entscheidende Rolle.

Für die Praxis bedeutsam sind die sehr kurzen Einsatzzeiten in den Bereichen Geburtshilfe und Anästhesie. Wenn bei der Aufnahme der Schwangeren im Krankenhaus bereits Anzeichen vorhanden sind, die Komplikationen unter der Geburt befürchten lassen, muss die durchgängige Betreuung der Schwangeren durch einen im Fachgebiet Frauenheilkunde und Geburtshilfe tätigen Arzt gewährleistet sein, der zwar nicht ständig im Kreißsaal wohl aber im Krankenhaus anwesend sein muss, damit er sich jederzeit und in kürzester Frist von der Entwicklung des

---

49 BGH NJW 1996, 2430 f.

Geburtsgeschehens überzeugen und notfalls eingreifen kann[50]. Aber auch bei einer bislang normal verlaufenen Geburt kann es unvermutet zu Komplikationen kommen, die ein rasches Eingreifen erfordern. Der Facharztstandard ist in einem solchen Fall nur gewahrt, wenn ein hinreichend ausgebildeter und erfahrener Arzt anwesend ist oder sein Erscheinen in wenigen Minuten gewährleistet ist. Dies dürfte nur unproblematisch sein, wenn ein solcher Arzt im Krankenhaus anwesend und in der Lage ist, unverzüglich die Behandlung zu übernehmen.

Mit diesen Anforderungen dürfte es unvereinbar sein, die Organisation so zu gestalten, dass ein Facharzt sich in Rufbereitschaft zu Hause befindet. Der Bundesgerichtshof hat zwar in einem Urteil aus dem Jahre 1994 – es ging um einen Fall aus dem Jahre 1983 – es für noch ausreichend erachtet, dass ein Oberarzt der Geburtshilflich-Gynäkologischen Abteilung nachts zu Hause in Rufbereitschaft steht. Offen geblieben ist in dieser Entscheidung aber, in welcher Zeit der Oberarzt den Kreißsaal erreicht haben musste[51]. Die „Empfehlungen der Deutschen Gesellschaft für Gynäkologie und Geburtshilfe"[52] aus dem Jahre 1996 geben eine Zeit von 10 Minuten vor. Es ist aber zweifelhaft, ob es den Anforderungen an die Gewährleistung des Facharztstandards in der Geburtshilfe genügt, wenn ein rufbereiter Facharzt innerhalb von 10 Minuten im Krankenhaus zur Verfügung steht. In dieser Zeit können irreparable Schäden bei der Schwangeren und dem Kind entstanden sein, die bei unverzüglichem Eingreifen vermieden worden wären. In dem vom BGH im Jahre 1994 entschiedenen Fall[53] musste das bei völliger Atonie und nur gelegentlicher Schnappatmung (Apgar-Wert 2) geborene Kind intubiert werden. Ob mit dieser Maßnahme ohne Schaden für das Kind 10 Minuten gewartet werden konnte, erscheint sehr fraglich. Aber auch wenn ein Zeitraum von 10 Minuten noch tolerabel erscheint, dürfte er in der Praxis kaum erreichbar sein. Wie soll ein sich zu Hause aufhaltender, während der Nachtzeit schlafender Bereitschaftsarzt innerhalb von 10 Minuten, möglicherweise auch noch nach einer Autofahrt, eingriffsbereit im Kreißsaal (nicht im Krankenhaus!) erscheinen?

Die neuere Rechtssprechung neigt daher zu der Forderung, für die geburtshilflichen Abteilungen die Rufbereitschaft eines Oberarztes nicht für ausreichend zu halten[54].

Dieselben Anforderungen sind an die Eintreffzeiten eines Anästhesisten zu stellen, die ebenfalls nicht über 10 Minuten liegen dürften. In den Bereichen Geburtshilfe und Anästhesie genügt es den organisatorischen Anforderungen jedenfalls nicht, wenn der in Rufbereitschaft befindliche Arzt erst nach 20 bis 25 Minuten im Kreiß- oder Operationssaal eintrifft[55]

---

[50] OLG Braunschweig MDR 1998, 908 f; OLG Düsseldorf VersR 2001, 461.

[51] BGH NJW 1994, 3009.

[52] Frauenarzt 1995, 104.

[53] Fn 51.

[54] Urteil des OLG Hamm vom 16.1.2002 – 3 U 156/00; OLG Düsseldorf VersR 2001, 461; OLG Braunschweig MDR 1998, 908 f. In einem Urteil aus dem Jahre 1998 hat auch der BGH NJW 1998, 2737 – Zweifel daran geäußert, ob bei einem Weg von 10 Minuten zum Krankenhaus noch das erforderliche „unverzügliche Erscheinen" gewährleistet sei.

[55] OLG Stuttgart NJW 1993, 2384 ff.

Für andere Bereiche des Krankenhauses sind längere Eintreffzeiten zulässig. Zwar ist auch dort jederzeit der Facharztstandard zu gewährleisten. Jedoch erfordert dessen Einhaltung im Regelfall nicht das sofortige Eingreifen des Facharztes. Der in Rufbereitschaft befindliche Arzt muss aber jederzeit zumindest telefonisch erreichbar sein. Er kann nach Unterrichtung durch den diensthabenden Assistenzarzt oder das Pflegepersonal sofort telefonisch Anweisungen erteilen und auch während der Fahrt zum Krankenhaus in ständiger Verbindung mit der Abteilung bleiben, falls er über ein Handy und sein Fahrzeug über eine Freisprechanlage verfügt, was selbstverständlich sein sollte. Unter diesen Umständen dürften für den Regelfall keine Bedenken gegen Eintreffzeiten von bis zu 30 Minuten bestehen, wenn in dieser Zeit bei Notfällen (z.B. Herz- und Kreislaufversagen, Schlaganfall) zumindest eine lebenserhaltende Erstversorgung, ggf. durch Ärzte anderer Abteilungen gewährleistet ist.

8. Personaleinsatz – Einarbeitung, Fortbildung

R. Erlinger

Neben der Qualifikation der Mitarbeiter im Sinne des Facharztstandards im ärztlichen Bereich und des entsprechenden Standards im pflegerischen Bereich (Fachpflegekräfte, examinierte Pflegekräfte) steht eine zweite Säule der Qualifikation, welche dem dynamischen Charakter des medizinischen Standards Rechnung trägt: Die Frage der Einarbeitung der Mitarbeiter in die jeweiligen örtlichen Verhältnisse und der laufenden Fortbildung trotz und auf der Basis der einmal erworbenen formalen Qualifikationen. Wenn auch die entsprechenden Pflichten im ärztlichen Bereich stärker kodifiziert und auch häufiger Gegenstand der Rechtssprechung sind, gilt speziell im Hinblick auf die haftungs- und strafrechtlichen Auswirkungen vieles davon gleichermaßen für den pflegerischen Bereich.

Einarbeitung

Exemplarisch für die Verpflichtung zur Einarbeitung von Mitarbeitern und die möglichen rechtlichen Folgen aus ihrer Vernachlässigung kann ein Fall herangezogen werden, den das OLG Düsseldorf[1] entschieden hat:

Eine Ärztin im Praktikum war in einer geburtshilflichen Abteilung alleine zum Nachtdienst mit der Aufgabe der eigenverantwortlichen Leitung von normalen Geburten eingesetzt worden. Bei einer Schulterdystokie konnte sie diese nicht lösen und wandte stattdessen den Kristeller-Handgriff an, bei dem von außen Druck auf den Oberbauch ausgeübt wird, wodurch sich die Verkeilung der Schulter statt gelöst zu werden weiter verstärkte. Das Kind erlitt eine linksseitige Plexuslähmung mit Zwechfellparese und klagte (vertreten durch die Eltern) gegen das Krankenhaus.

Der Gutachter stellte einen groben Behandlungsfehler fest, den das Gericht aber nicht der noch unerfahrenen Ärztin im Praktikum zurechnete, sondern dem Krankenhausträger. Das Gericht ließ im Hinblick auf dessen Verschulden offen, ob der alleinige Einsatz eines AiP im Jahre 1992 zulässig war, da es auf jeden Fall an der notwendigen Einweisung fehlte. Die Ärztin im Praktikum durfte „angesichts ihres konkreten Kenntnisstandes nicht mit der verantwortungsvollen Aufgabe betraut werden. Die Schulterdystokie ist eine zwar seltene, aber durchaus typische Komplikation, die im Rahmen einer Entbindung plötzlich auftreten kann und ein unverzügliches Handeln erfordert. Einer in der Ausbildung befindlichen Ärztin darf deshalb die eigenverantwortliche Leitung einer geburtshilflichen Abteilung nur übertragen werden, wenn sie darüber informiert ist, auf welche Weise im Fall einer solchen Komplikation vorzugehen ist. An einer solchen Unterweisung fehlte es im Fall…"

Das Gericht rekurrierte ausdrücklich nicht auf die formale Stellung der Ärztin im Praktikum, sondern auf ihren konkreten Kenntnisstand und vor allem auf die fehlende Unterweisung in den Fragen, die typischerweise (nicht unbedingt häufig,

---

1 VersR 2001, 460.

denn diese Probleme lernt der Betreffende in der Regel im Studium) im Laufe des Dienstes auftreten können. Welche dies sind, hängt vom jeweiligen Fachgebiet aber auch vom jeweiligen im Krankenhaus oder in der Praxis vorherrschenden Patientengut ab. Wie der Fall des OLG Düsseldorf zeigt, dürfen diesen Überlegungen aber nicht nur Regelfälle, sondern es müssen auch Notfälle und Komplikationen zugrunde gelegt werden.

Der Inhalt der notwendigen Unterweisung umfasst zum einen das allgemein Fachliche, zum anderen das für das jeweilige Haus oder die jeweilige Praxis Spezifische, also das konkrete Vorgehen, wie es im jeweiligen Haus üblich, notwendig und eingespielt ist.

Fortbildung

Die Fortbildung der Mitarbeiter ist in zweifacher Hinsicht von Bedeutung. Zum einen kann ein Arbeitgeber für Fehler, die seine nicht ausreichend fortgebildeten Mitarbeiter wegen dieses Wissensmangels begehen, einzustehen haben, weil er sich ihrer zur Erfüllung seiner vertraglichen Verpflichtungen gegenüber dem Patienten bedient, mit anderen Worten, sie zur Versorgung seiner Patienten einsetzt. Diese Fehler können ihm zugerechnet werden, er haftet dabei dafür, dass seine Mitarbeiter ihre eigene Fortbildungspflicht nicht eingehalten haben. Zum anderen kann der Arbeitgeber oder sonst organisatorisch Zuständige dafür haften, dass er seine eigene Pflicht, für eine ausreichende Fortbildung seiner Mitarbeiter zu sorgen, verletzt hat.

In einem Fall des OLG Köln war ein Patient nach einer Nebenhöhlenoperation von einer Schwester blass mit blauen Lippen und blauen Fingernägeln bewusstlos vorgefunden worden; es war ein Atemstillstand aufgetreten. Sie rief Hilfe herbei und schob den Patienten mit seinem Bett zum Fahrstuhl, um in den Operationstrakt zu gelangen, wo sich der inzwischen alarmierte Anästhesist aufhielt, der den Patienten intubierte und reanimierte. Infolge der zeitweiligen Sauerstoffunterversorgung des Gehirns verfiel der Patient jedoch in einen apallischen Zustand und ist seither ein Schwerstpflegefall. Das Gericht stellte fest, dass das Krankenhaus für die bei dem Patienten eingetretenen Schäden haftet, weil die Pflegekräfte nicht ausreichend geschult waren. Nach Ausführungen der Sachverständigen müssen die Pflegekräfte „fachlich dazu in der Lage sein, im Fall eines Atem- und/oder Kreislaufstillstands die notwendigen Sofortmaßnahmen zu ergreifen und nach einem vorgegebenen und eingeübten Schema ärztliche Hilfe herbeizurufen“. Das OLG kritisierte, dass mit der auf Station tätigen Schwester das Krankenhaus Pflegepersonal zur Verfügung gestellt hat, das diesen Anforderungen nicht gewachsen war. Zudem haftet die Klinik selbst dafür, nicht „das Pflegepersonal durch wiederholte Schulungen auf Sofortmaßnahmen vorbereitet und diese eingeübt zu haben und vor allem auch in der HNO-Pflegeabteilung klare und verbindliche Anweisungen für den Notfall, insbesondere in Bezug auf das Herbeiholen ärztlicher Hilfe, angeordnet und durchgesetzt zu haben“. [2]

Die Fortbildungspflicht hat rechtlich verschiedene Gesichtspunkte:

---

2 OLG Köln VersR 1997, 1404.

Berufsrechtliche Fortbildungspflicht auf fachlichem Gebiet

Die berufsrechtliche Pflicht des Arztes, sich laufend fortzubilden, ist gesetzlich[3] und standesrechtlich[4] festgelegt. Danach ist der Arzt „verpflichtet, sich in dem Umfange beruflich fortzubilden, wie es zur Erhaltung und Entwicklung der zu seiner Berufsausübung erforderlichen Fachkenntnisse notwendig ist."

Diese Pflicht im Auge haben die verschiedenen Punktesysteme der Landesärztekammern, mit denen die Erfüllung der Verpflichtung nachgewiesen werden kann. Die Bundesärztekammer hat auf dem 106. Deutschen Ärztetag in Bremen eine Mustersatzungsregelung Fortbildung und Fortbildungszertifikat beschlossen[5].

Nach dem Musterentwurf müssen in drei Jahren 150 oder in fünf Jahren 250 Punkte nachgewiesen werden, also pro Jahr 50 Punkte. Davon können 10 Punkte durch das Selbststudium von Fachliteratur und -büchern[6], die restlichen 40 Punkte auf verschiedene Arten erworben werden, die in Tabelle 8.1 dargestellt sind.

Berufsrechtliche Pflicht auch zur rechtlichen Fortbildung

Weniger beachtet, aber natürlich zur Vermeidung gerade von rechtlichen Risiken wichtig ist auch eine weitere, nämlich eine rechtliche Fortbildungspflicht, die ebenfalls in der Berufsordnung festgeschrieben ist. Nach § 2 Abs. 5 MBO ist der Arzt verpflichtet, „sich über die für die Berufsausübung geltenden Vorschriften unterrichtet zu halten."

Die juristische Sprengkraft – kann sich an ihr doch eine strafrechtliche Verurteilung, sogar wegen vorsätzlicher Tötung entscheiden – zeigte der berühmte „Kemptener Fall"[7]. Das LG Kempten hatte den behandelnden Arzt und den damals noch als Pfleger[8] eingesetzten Sohn einer Patientin wegen versuchten Totschlags verurteilt, weil sie angeordnet hatten, die Sondenernährung der schwerst hirngeschädigten Patientin einzustellen. Arzt wie Sohn waren der Meinung, dass dieses Verhalten rechtmäßig sei. Der Bundesgerichtshof, der das Urteil aus anderen Gründen aufhob, stellte sich die Frage, ob vielleicht eine Strafbarkeit entfallen könnte, weil ein den Vorsatz ausschließender Irrtum über die rechtliche Zulässigkeit der Maßnahme vorlag, was er aber verneinte:

---

3 In den Kammergesetzten der Länder, in Bayern z. B. Art. 18 Abs. 1 Ziff. 1 HKaG.

4 § 4 MBO.

5 Im Internet unter http://www.bundesaerztekammer.de/30/Fortbildung/50FbNachweis/index.html.

6 § 6 Abs. 2 Kategorie E der Mustersatzung.

7 BGHSt 40, 257.

8 Nach heutiger Rechtslage wäre es ein Betreuer.

„Die erhebliche Frage betraf einen Bereich, für welchen ein Allgemeinarzt durchaus als erfahren angesehen werden kann. Sein Beruf bringt es mit sich, dass er sich – u. a. im Rahmen ärztlicher Fortbildung – auch mit einschlägigen juristischen Fragestellungen zu beschäftigen hat…".

Vertragsarztrechtliche Aspekte

Die Pflicht zur Fortbildung für an der vertragsärztlichen Versorgung Beteiligte, wurde zum 1.1.2004 in das SGB V als § 95d eingefügt. Nach dieser Vorschrift ist jeder an der vertragsärztlichen Versorgung Beteiligte verpflichtet, „sich in dem Umfang fachlich fortzubilden, wie es zur Erhaltung und Fortentwicklung der zu seiner Berufsausübung in der vertragsärztlichen Versorgung erforderlichen Fachkenntnisse notwendig ist." (Abs. 1) Da dies parallel zu der gegenüber den Kammern nachzuweisenden standesrechtlichen Fortbildungspflicht läuft, ist eine Anerkennung der Fortbildungszertifikate vorgesehen (Abs. 2 Satz 1). Diese müssen allerdings in Zukunft den Anforderungen an die vertragsärztliche Weiterbildung entsprechen (Abs. 2 iVm Abs. 6 Satz 2), insbesondere frei von wirtschaftlichen Einflüssen sein (Abs. 1 Satz 3). Das genauere Verfahren wird von der Kassenärztlichen Bundesvereinigung geregelt (Abs. 6). Der Nachweis hat jeweils für einen Zeitraum von fünf Jahren zu erfolgen, erstmals zum 30.6.2009 (Abs. 3 Satz 3). Kann der Arzt den Nachweis nicht erbringen, so wird für die ersten vier Quartale das Honorar um 10 %, danach um 25 % gekürzt. Wenn der Arzt die Fortbildung bis zu diesem Zeitpunkt nicht nachgeholt hat, muss die Kassenärztliche Vereinigung einen Antrag auf Entzug der Zulassung stellen, der nach der Gesetzesbegründung im Regelfall auch begründet ist, da in der Nichterfüllung der Fortbildungspflicht eine gröbliche Verletzung der vertragsärztlichen Pflichten zu sehen ist[9]. Wichtig ist in diesem Zusammenhang, dass diese Pflicht gleichermaßen den ermächtigten Arzt trifft (§ 95d SGB V Abs. 4) und der jeweilige Arzt die Nachweise auch für bei ihm angestellte Ärzte erbringen muss (Abs. 5).

[9] Gesetzentwurf der Fraktionen SPD, CDU/CSU und Bündnis 90/Die Grünen vom 8.9.2003 S. 301.

Tabelle 8.1. Bewertung von Fortbildungen nach der Musterfortbildungsordnung der BÄK

Kategorie A	Vortrag und Diskussion	1 Punkt pro Fortbildungseinheit, maximal 8 Punkte pro Tag
Kategorie B	Mehrtägige Kongresse im In- und Ausland,	wenn kein Einzelnachweis entsprechend Kategorie A bzw. C erfolgt, 3 Punkte pro ½ Tag bzw. 6 Punkte pro Tag
Kategorie C	Fortbildung mit konzeptionell vorgesehener Beteiligung jedes einzelnen Teilnehmers (z. B. Workshop, Arbeitsgruppen, Qualitätszirkel, Balintgruppen, Kleingruppenarbeit, Supervision, Fallkonferenzen, Literaturkonferenzen, praktische Übungen)	1. 1 Punkt pro Fortbildungseinheit, 1 Zusatzpunkt pro Veranstaltung bis zu 4 Stunden 2. höchstens 2 Zusatzpunkte pro Tag
Kategorie D	Strukturierte interaktive Fortbildung über Printmedien, Online-Medien und audiovisuelle Medien mit nachgewiesener Qualifizierung und Auswertung des Lernerfolgs in Schriftform.	1 Punkt pro Übungseinheit
Kategorie E	Selbststudium durch Fachliteratur und -bücher sowie Lehrmittel	Innerhalb der Kategorie E werden höchstens [30] [50] Punkte für [drei] [fünf] Jahre anerkannt
Kategorie F	Wissenschaftliche Veröffentlichungen und Vorträge	1. Autoren erhalten 1 Punkt pro Beitrag 2. Referenten/Qualitätszirkelmoderatoren erhalten 1 Punkt pro Beitrag/Poster/Vortrag zusätzlich zu den Punkten der Teilnehmer
Kategorie G	Hospitationen	1 Punkt pro Stunde, höchstens 8 Punkte pro Tag
Kategorie H	Curriculär vermittelte Inhalte, z. B. in Form von curriculärer Fortbildungsmaßnahmen, Weiterbildungskurse, die nach der Weiterbildungsordnung für eine Weiterbildungsbezeichnung vorgeschrieben sind, Zusatzstudiengänge	1 Punkt pro Fortbildungseinheit
	Lernerfolgskontrolle	1 Zusatzpunkt bei den Kategorien A und C

Krankenhausrechtliche Aspekte

Für Krankenhausärzte ist der Nachweis in einem anderen Verfahren zu erbringen, nämlich im Rahmen der Qualitätssicherung. In § 137 SGB V wird der gemeinsame Bundesausschuss ermächtigt, Maßnahmen zur Qualitätssicherung zu beschließen, die neben anderem auch die Fortbildungspflicht regeln sollen:

„... dabei sind auch Mindestanforderungen an die Strukturqualität einschließlich im Abstand von fünf Jahren zu erfüllender Fortbildungspflichten der Fachärzte und an die Ergebnisqualität festzulegen“ (S. 3 Nr. 2)

Die Umsetzung dieser Maßnahmen muss alle zwei Jahre in einem strukturierten Qualitätsbericht dargestellt werden (Satz 3 Nr. 6). Falls das nach § 108 SGB V zugelassene Krankenhaus das nicht nachweisen kann, bietet es keine Gewähr für eine leistungsfähige qualitätsgesicherte Krankenhausbehandlung im Sinne dieses Gesetzes, was bis zur Kündigung des Versorgungsvertrages führen kann. Mittlerweile hat der Gemeinsame Bundesausschuss die entsprechende Vereinbarung beschlossen, welche die Fortbildungspflicht der Krankenhausärzte an die berufsrechtliche und vertragsrechtliche Fortbildungspflicht anlehnt, als Besonderheit jedoch einen Mindestanteil an fachspezifischer Fortbildung vorsieht. Der Nachweis erfolgt gegenüber dem Ärztlichen Direktor, welcher darüber einen Bericht zu erstellen hat[10].

Daneben gilt für ermächtigte Ambulanzen oder Versorgungszentren aber auch die Nachweispflicht im Rahmen der vertragsärztlichen Versorgung.

Haftungsrechtliche und strafrechtliche Folgen

Diese bislang genannten Aspekte - aber nicht nur diese - führen dazu, dass die Fortbildungspflicht eine nicht unerhebliche Rolle auf dem Gebiet der Arzthaftung spielt, zivilrechtlich wie strafrechtlich. Vor allem rührt dies daher, dass der Standard, nach dem sich die ärztliche Behandlung zu richten hat, u. a. vom Stand der Wissenschaft zum Zeitpunkt der Behandlung abhängt. Da sich die Medizin als Wissenschaft ständig weiterentwickelt, führt dies zu einer laufenden Veränderung des Standards, so dass der pointierte Satz gilt: „Der Standard von heute ist der Behandlungsfehler von morgen.“

Um daher den jeweils aktuellen Behandlungsstandard gewährleisten zu können, muss sich der Arzt unabhängig von allen berufs- oder vertragsarztrechtlichen Gründen laufend fortbilden, wie auch eine Reihe von Gerichtsentscheidungen gezeigt hat. So hat das Oberlandesgericht Düsseldorf ausgeführt[11]:

---

10 Beschluß des Gemeinsamen Bundesausschusses vom 20.12.2005 „Vereinbarung zur Fortbildung der Fachärzte im Krankenhaus“ BAnz Nr. 8 (S. 107) vom 12.01.2006; im Internet abrufbar unter www.g-ba.de/cms/upload/pdf/abs7/bewchluesse/2005-12-20-Vereinbarung-Fortbildung _BAnz.pdf.

11 VersR 1987, 414 mit NA BGH.

Es ist anerkannt, dass an die Fortbildungspflicht des Arztes strenge Anforderungen zu stellen sind und dem praktizierenden Arzt grundsätzlich keine längere Karenzzeit bis zur Aufnahme der wissenschaftlichen Diskussion zugebilligt werden kann." Falls daher der beklagte Arzt „nicht die wissenschaftliche Entwicklung ... verfolgt und nicht die Problematik" des im Fall entscheidenden grenzwertigen Laborwertes „gekannt haben sollte, müsste er sich diese mangelnde Kenntnis als Verschulden zurechnen lassen"[12]

Dieses Urteil fügt sich nahezu nahtlos in eine ganze Reihe von Entscheidungen verschiedener Oberlandesgerichte und des Bundesgerichtshofs zum Thema „Fortbildungspflicht des Arztes" ein. Hierbei zieht sich durch alle Entscheidungen der Grundsatz, dass an die Fortbildungspflicht des Arztes hohe Anforderungen zu stellen sind, „dass im Bereich der Humanmedizin der Arzt gehalten ist, sich bis an die Grenze des Zumutbaren über die Erkenntnisse und Erfahrungen der Wissenschaft unterrichtet zu halten". Dies liege an den vom Arzt „betreuten Rechtsgütern, dem Leben und der Gesundheit von Menschen"[13].

Umfang der Fortbildungspflicht

Selbstverständlich kann diese Fortbildungspflicht angesichts der unübersehbaren Fülle von medizinischer Literatur nicht unbeschränkt sein. Zwar gilt der Grundsatz, dass der Arzt verpflichtet ist, „sich über die Erkenntnisse und Erfahrungen der ärztlichen Wissenschaft" auf seinem Fachgebiet „pflichtgemäß unterrichtet zu halten"[14], er muss aber nicht alle Zeitschriften seines Faches kennen[15], vom Inhalt derer, die er hält, aber Kenntnis nehmen[16]. Nach Auffassung des BGH[17], verlangt die Rechtssprechung von einem Arzt nicht in jedem Fall,

> „dass er alle medizinischen Veröffentlichungen alsbald kennt und beachtet, ... gefordert wird nur das regelmäßige Lesen einschlägiger Fachzeitschriften aus dem entsprechenden Gebiet (z. B. von Fachärzten nicht die Lektüre medizinischer Spezialliteratur eines anderen Fachgebiets; von Ärzten, die sich mit der Behandlung einer bestimmten Krankheit ... befassen, aber auch die Lektüre von Zeitschriften, welche über die medikamentöse Behandlung dieser Krankheit und deren Risiken berichten ..., von Allgemeinmedizinern aber z. B. nicht die Lektüre von ausländischen Fachzeitschriften ...".

Allerdings ist, so der BGH derjenige, der eine bestimmte Therapie anwendet, gehalten, sich über die Ergebnisse der ihn ansprechenden Kongresse zu diesem Thema in Deutschland zu erkundigen und ohne zeitliche Verzögerung die ihm verständliche und zugängliche Literatur zu sichten[18].

---

12 OLG Düsseldorf, VersR 1987, 414, 415.

13 BGH NJW 1977, 1102, 1103.

14 BGH VersR 1968, 276, 277.

15 OLG Hamburg, VersR 1965, 861, 862.

16 OLG Hamm VersR 1965, 1108.

17 BGH, NJW 1991, 1535, 1537.

18 BGH aaO.

Auch ein niedergelassener Facharzt muss laut OLG München[19] nicht über wissenschaftliche Erkenntnisse, die in den USA publiziert worden sind, Bescheid wissen, wenn weder die einschlägigen Lehrbücher, die „nach den Darlegungen des Sachverständigen in erster Linie den Standard ärztlichen Wissens dokumentieren“, noch die in der gynäkologischen Praxis üblicherweise gehaltenen Fachzeitschriften sowie die üblichen Periodika der Ärztekammer und der Standesvertretung Hinweise darüber enthalten. Auch ausländische Fachliteratur muss ein niedergelassener Facharzt nicht laufend studieren. Diese Forderung kann nach Auffassung des OLG allenfalls für klinisch tätige Kapazitäten gerechtfertigt sein.

Allerdings wird mittlerweile in Veröffentlichungen in Frage gestellt, ob diese Grundsätze „in Zeiten umfänglicher internationaler medizinischer Datenbanken und des erleichterten Zugangs über das Internet“ noch gelten[20]. Vielmehr könnte es sein, dass die selektiven Zugriffsmöglichkeiten auf das globale digitalisierte Medizinwissen dazu führen, dass wenig spezialisierte Einrichtungen sich über entsprechende Datenbankabfragen kundig machen müssen und dass durch die Praxis digitaler Publikationen sich die Wissensverbreitung enorm beschleunigen wird und sich damit die Karenzzeiten noch mehr verkürzen werden[21].

Zusammenfassung

Der Einsatz von Personal erfordert neben anderen Aspekten auch eine Einarbeitung und laufende Fortbildung. Für den ärztlichen Bereich ist dies aus berufsrechtlichen (fachliche und rechtliche Fortbildung), vertragsärztlichen, krankenhausrechtlichen Gründen dringend geboten. Eine Verletzung der Pflicht zur Einarbeitung neuer Mitarbeiter oder der Pflicht sich selbst und Mitarbeiter fortzubilden, kann haftungsrechtliche, vertragsarztrechtliche und krankenhausrechtliche Folgen nach sich ziehen.

19 MedR 1999, 466.
20 Stegers, Problemstellung zu OLG München, MedR 1999, 466.
21 Pflüger, Haftungsfragen der Telemedizin, VersR 1999, 1070, 1073.

9. Rechtliche Aspekte der interdisziplinären ärztlichen Zusammenarbeit

R. Lichtmannegger und K.-A. Burdelski

Erscheinungsbild in der Praxis

Die interdisziplinäre Zusammenarbeit der Mediziner gewinnt immer mehr an Bedeutung:

Bedingt durch die zunehmende Spezialisierung liegt gerade in Krankenhäusern aber auch in niedergelassener Praxis die Diagnose und Behandlung des Patienten in der Regel in der Hand eines Teams von Ärzten verschiedener Fachrichtungen und Disziplinen sowie Belegärzten und niedergelassenen Fachärzten, die ggf. mit einem Krankenhaus einen Kooperationsvertrag haben.

Durch die Einbeziehung mehrerer Ärzte in die Behandlung eines Patienten entstehen für den Arzt und das Krankenhaus erhöhte Organisationsverpflichtungen. Hier werden von der Judikatur hohe Anforderungen gestellt. „Schutz und Sicherheit des Patienten haben Vorrang vor allen anderen Belangen", das bedeutet vor wirtschaftlichen, personellen oder organisatorischen Nöten eines Krankenhauses oder einer Arztpraxis[1]. So sind Ärzte zunehmend gezwungen, Managementaufgaben im klassischen Sinne zu leisten. Zu den Organisationspflichten eines Krankenhauses und das Organisationsverschulden aus Sicht der Judikatur sei auf den Beitrag von B.-R. Kern in diesem Buch verwiesen. Mit wachsendem Organisationsaufwand steigt das Haftungsrisiko für Ärzte und Krankenhausträger, aber auch für die Patienten entstehen vermehrt Gefahren durch Organisations- und Kommunikationsdefizite. Unklarheiten bei der Delegation ärztlicher Aufgaben, mangelnde Abstimmung der diversen fachärztlichen Leistungen am Patienten sowie positive wie negative Kompetenzkonflikte der Fachärzte untereinander führen immer häufiger zur Schädigung des Patienten und zu juristischen Konsequenzen.

Der BGH hat in seiner grundlegenden Entscheidung aus dem Jahr 1999[2] klargestellt, dass zwei an einer Operation beteiligte Ärzte ihre Maßnahmen aufeinander abstimmen und so den spezifischen Gefahren der Arbeitsteilung entgegen wirken müssen.

Ein deutliches Kommunikationsdefizit führte zu einer schweren Verletzung eines Patienten. Das zu operierende Kind zog sich bei einer Augenoperation schwere Verbrennungen im Gesicht zu, weil eine konkrete Absprache zwischen Anästhesistin und Operateur fehlte. Die Anästhesistin wählte zur Narkose eine Methode, bei der Sauerstoff in hochkonzentrierter Form verwendet wird (sog. Ketanest-Narkose). Als der operierende Augenarzt den Thermokauter zur Stillung einer operationsbedingten Blutung einsetzte, kam es zu einer Ent-

---

[1] BGHZ, 8, 138, 141; BGH, AHRS 3060/2.

[2] BGHZ 140, 309, 313.

zündung des Sauerstoffs, die zu erheblichen Verbrennungen des Kindes im Gesicht führte. Für sich betrachtet entsprachen beide ärztliche Teil-Leistungen den Regeln der ärztlichen Kunst.

Der BGH fordert eine verlässliche Abstimmung der behandelnden Ärzte über die beabsichtigte Behandlung, wenn sich gerade aus dem Zusammenwirken mehrerer Ärzte eine Gefährdung des Patienten ergeben könnte, wie eben z.B. die Unvereinbarkeit der Anästhesiemethode mit dem Einsatz des Thermokauters bei der durchzuführenden Operation.

Diese Entscheidung des BGH macht deutlich, dass eine Patientenbehandlung stets als Ganzes gesehen werden muss. Selbst wenn jeder Behandlungsschritt isoliert für sich betrachtet lege artis erfolgt ist, kann sich eine Haftung daraus ergeben, dass sich ein Risiko für den Patienten gerade aus der Zusammenarbeit mehrerer Ärzte ergibt, weil beispielsweise eine Koordination und Absprache der beabsichtigten Behandlungsmaßnahmen fehlt.

Unabhängig davon stellt der BGH in dieser Entscheidung klar, dass prinzipiell jeder Arzt für die Gefahren einzustehen hat, die in seinem Verantwortungsbereich liegen. Solange keine offensichtlichen Qualifikationsmängel oder Fehlleistungen erkennbar sind, darf sich jeder Arzt darauf verlassen, dass der beteiligte Kollege seine Aufgabe auch mit der erforderlichen Sorgfalt erfüllt (sogenannter Vertrauensgrundsatz). Verhindert werden soll die Notwendigkeit einer ständigen Qualitätskontrolle der Ärzte untereinander, wodurch die eigentliche Aufgabe der Ärzte in den Hintergrund gedrängt werden würde. Eine gegenseitige „ärztliche Überwachungspflicht“ besteht deshalb nicht[3].

Der sogenannte Vertrauensgrundsatz ist somit quasi die Kehrseite der Eigenverantwortlichkeit und begrenzt die jeweiligen ärztlichen Sorgfaltspflichten am Patienten. Er folgt dabei strikt dem medizinischen Prinzip der horizontalen und vertikalen Arbeitsteilung[4]. Die vertikale Arbeitsteilung betrifft typische aus dem Über-/Unterordnungsverhältnis der handelnden Personen resultierende Gefahren für den Patienten. Für den Arzt stehen im Rahmen der vertikalen Arbeitsteilung Haftungsrisiken im Raum, die aus

- der fehlerhaften Auswahl des Mitarbeiters (Auswahlverschulden, z. B. bei mangelnder Qualifikation),
- fehlerhafter, weil unzureichender Kontrolle (Überwachungsverschulden),
- Informationsfehlern oder -lücken, bzw.
- Übertragung von Aufgaben, die die Ausbildung und Kompetenz des Mitarbeiters übersteigen (Delegationsverschulden)

resultieren.

---

3 BGH VersR 1991, 695.

4 K. Ulsenheimer, Arztstrafrecht in der Praxis, 2003, RZ 144 ff.

Die vertikale Arbeitsteilung behandeln in diesem Buch die Beiträge von T. Gaibler und C. Trengler betreffend das Verhältnis Arzt-Pflegekraft, sowie H. Franzki im Rahmen der Zusammenarbeit von Arzt und Hebamme bei der Geburtshilfe.

Nachfolgend soll eingegangen werden auf die rechtlichen Vorgaben bei der Zusammenarbeit ärztlicher Kollegen und davon abgeleitete (mögliche) Maßnahmen zur Vermeidung von Haftungsrisiken.

Abgrenzung der Zuständigkeiten bei fachübergreifender Zusammenarbeit

Klärungsbedürftig ist im Rahmen der interdisziplinären Zusammenarbeit auch immer die Frage, wer in welchem Abschnitt gemeinsamer Behandlung für den Patienten zuständig ist.

Sinn einer klaren Regelung ist nicht (nur) die eindeutige Zuordnung von Haftungsansprüchen, sondern die Vermeidung des negativen Kompetenzkonflikts, will heißen: keiner der berechtigten Ärzte sorgt für den Patienten. Die Gerichte müssen sich oftmals mit der Frage auseinandersetzen, welcher Arzt für eine unterlassene Handlung, Kontrolle etc. zuständig gewesen wäre, so dass für die behandelnden Ärzte stets erkennbar sein muss, wann und bis wohin sie für den Patienten verantwortlich sind.

Die einzelnen Fachverbände haben eine Vielzahl von Vereinbarungen[5] über die verschiedenen Verantwortungsbereiche ärztlicher Partner und anderer Mitbehandler getroffen. Grundsätzlich liegen damit klare Regelungen vor, welcher Arzt wann für den Patienten verantwortlich ist.

Die Regelungen der beteiligten Berufsverbände gelten jedoch nur subsidiär[6]; individuelle Absprachen ärztlicher Partner untereinander oder Krankenhausärzten im Rahmen ihrer Disziplin darüber hinaus vom Krankenhausträger zugewiesene Verantwortungsbereiche haben Vorrang. Nachdem arbeitsteilige Arbeits- und Organisationsabläufe in Kliniken oder OP-Zentren oft erheblich differieren und der individuelle Patientenklientel angepasst sind, ist dringend anzuraten, schriftliche Absprachen der beteiligten Ärzte zu treffen. Dabei können die Empfehlungen der Berufsverbände gleichsam als Orientierungshilfe für eine „hausindividuelle" Regelung Verwendung finden.

---

[5] Z. B. Opderbecke/Weißauer Entschließungen, Empfehlungen, Vereinbarungen der Deutschen Gesellschaft für Anästhesiologie und Intensivmedizin und des Berufsverbandes Dt. Anästhesisten, Aktiv Druck & Verlag, Ebersbach.

[6] K. Ulsenheimer, Arztstrafrecht in der Praxis, 2003, RZ 153.

Beispiel: Operateur – Anästhesist

Bereits am 26. Februar 1991[7] hat der BGH zur Frage der Abgrenzung der Verantwortung von Operateur und Anästhesist in der prä-, intra- und postoperativen Phase Stellung genommen:

Ein Patient war im Jahr 1983 nach einer Bellocq - Tamponade an einem Herz–Kreislauf–Versagen durch Cortisolmangel verstorben. Bei Aufnahme in die HNO-Klinik wg. Nasenblutens legte er seinen Notfallausweis vor, in dem darauf hingewiesen war, dass (aufgrund eines Grundleidens) eine Hormonsubstitution durch regelmäßige Cortisolgabe sicherzustellen sei.

Der BGH entschied, dass es in der *präoperativen* Phase Aufgabe des Anästhesisten ist, das geeignete Narkoseverfahren festzulegen und den Patienten durch die Prämedikation hierauf einzustellen. Er ist somit zur Aufrechterhaltung der vitalen Funktion verpflichtet, daraus folgte auch die Verpflichtung des Anästhesisten im vorliegenden Fall, das Hormonpräparat in ausreichender Dosis zu verabreichen.

In der *intraoperativen* Phase hingegen gilt der Grundsatz der horizontalen Arbeitsteilung: Der Operateur hat die Verantwortung für den operativen Eingriff und die damit einhergehenden Risiken, der Anästhesist für die Narkose sowie für die Überwachung und Aufrechterhaltung der vitalen Funktionen. Der Operateur durfte hier daher von einer ausreichenden Versorgung mit dem notwendigen Hormonpräparat während des operativen Eingriffs ausgehen.

Eine solche Aufteilung der Verantwortung für den Patienten ist beispielsweise auch in der Vereinbarung zwischen dem Berufsverband Deutscher Anästhesisten und dem Berufsverband der Deutschen Chirurgen über die Zusammenarbeit bei der operativen Patientenversorgung vorgesehen.

In der *postoperativen* Phase wird der Patient nach Verlegung auf die Normalstation der Obhut der Stationsärzte anvertraut. D.h. ab diesem Zeitpunkt sind die Stationsärzte dafür verantwortlich, dass der Patient die notwendige medikamentöse Behandlung erhält. Allerdings können sie sich hier noch an die Anordnungen der Anästhesie halten, die festlegt, welche Medikamente der Patient postoperativ erhalten soll. Auch diese Ausgestaltung der Zusammenarbeit entspricht den Regelungen der Fachverbände[8].

Im Ergebnis kam der BGH in seiner Entscheidung zu einer Haftung des beklagten Krankenhausträgers aus Organisationsverschulden, da dieser es unterlassen hatte, eine eindeutige Regelung zu treffen, wer wann für den Patienten und seine Versorgung zuständig ist. Zudem wurde der Anästhesist aufgrund der unterlassenen Verabreichung des Hormonpräparats verurteilt.

Das Erfordernis der Klärung der sogenannten „Schnittstellen“ zwischen ärztlichen Kollegen unterschiedlicher Disziplinen ist im Klinikalltag eines Krankenhausbetriebes stets gegeben (z. B. bei der Frage der Reaktion auf internistische und radiologische Befunde im Rahmen einer Behandlung, der Frage einer notwendigen Einleitung weiterer Differenzialdiagnostik, an der Schnittstelle zur

[7] BGH, VersR 1991, 694.

[8] MedR 1983, 21.

Anästhesie als Dienstleistungsfach für sämtliche operativen Abteilungen sowie an der Schnittstelle der Krankenhausärzte zu den niedergelassenen Fachärzten, wenn es um die Frage der lückenlosen postoperativen Weiterbehandlung des Patienten geht). Im Klinikalltag wirft die Schnittstelle zwischen Operateuren und Anästhesisten zahlreiche regelungsbedürftige Bereiche auf, beginnend bei der Feststellung der generellen Anästhesiefähigkeit (Stichwort: „Stichentscheid des Operateurs") bis hin zur Wahl des Anästhesieverfahrens bei bestimmten chirurgischen Eingriffen. Großes Gefährdungspotenzial für die Patienten gilt es durch eine lückenlos organisierte postoperative Überwachung des frisch operierten Patienten zu vermeiden. Konfrontiert mit den wirtschaftlich engen Rahmenbedingungen und den aus Gründen der Ertragsoptimierung steigenden OP-Frequenzen ist in der Praxis der Versuchung zu widerstehen, frisch Operierte „zu früh" aus dem Aufwachraum auf die Station zu verlegen. Hinzu kommt die in vielen Häusern – gerade kleineren Krankenhäusern – zu beobachtende ärztliche Besetzungssituation während des OP-Programms auf den Stationen. Oft ist dann kein Arzt auf Station anzutreffen. Generell zu fordern sind bei Verlegung von operierten Patienten auf Station entsprechende Überwachungshinweise seitens des Operateurs für die Stationsärzte und Pflegekräfte (z. B. bei Gefahr einer Einblutung nach Struma-Operation), bzw. des Anästhesisten zur Überwachung des Abklingens von Anästhesie-Verfahren (z. B. volle Wiedererlangung der Sensibilität in den Beinen nach Rückenmarksnarkosen).

Besonders bedeutsam – weil in der niedergelassenen Praxis häufig nicht als Haftungsrisiko wahrgenommen und folglich ungeregelt – ist die ärztliche Abstimmung bei der Zusammenarbeit des operierenden niedergelassenen Arztes und des niedergelassenen Anästhesisten.

Oft fehlt es bereits an einer kollegialen Vereinbarung schon deshalb, weil der Anästhesist gleichsam als „Reisender" bei einer Vielzahl von ambulant operierenden Ärzten unterschiedlicher Fachrichtungen Anästhesien durchführt. Erfahrungsgemäß fehlen Abstimmungen hinsichtlich der Durchführung der Anästhesietauglichkeitsanamnese, betreffend der Zuständigkeit für und das Timing des anästhesiologischen Aufklärungsgespräches, bezüglich des vom Operateur vorgehaltenen Equipments zur Überwachung der Anästhesie, der Lokalität der postnarkotischen Überwachung und der Zuständigkeiten hierfür.

Hierzu folgender Beispielsfall:

Eine 45-jährige Patientin stirbt im Jahr 2001 nach einer Fettabsaugung an Bauch, Armen und am Hals, die in einer niedergelassenen Praxis durchgeführt wurde. Die niedergelassene Anästhesistin führt in mehreren Arztpraxen Anästhesien durch und sollte dies erstmals auch in dieser Praxis bei dieser Patientin tun. Es soll eine Dämmerschlaf-Anästhesie durchgeführt werden. Die Patientin, die nur russisch spricht, unterhält sich nur mit dem Operateur, der auch den Anästhesieaufklärungsbogen ausfüllt und von der Patientin unterzeichnen lässt. Die Anästhesistin unterschreibt den Bogen nach Ihrer Ankunft in der Praxis lediglich als „aufklärende Ärztin". Im Verlauf der Narkose kommt es schließlich zur Instabilität der Patientin und zur notwendigen Reanimation. Die Anästhesistin stellt bereits zu Beginn des Monitorings fest, dass das beim Operateur vorhandene Pulsoxymeter defekt ist, ein Austausch gegen ein vorhandenes Ersatzgerät findet dennoch nicht statt. Eine „Überwachung" der Patientin erfolgt durch mehrmaliges Nachschauen unter die Tücher, mit der die Patientin abgedeckt ist. Am Ende des Eingriffs bemerkte die Anästhesistin, dass die Patientin bradykard ist. Nach notfallmäßiger Intubation und Verlegung stirbt die Patientin nach hypoxischem Hirnschaden in der nachbehandelnden Klinik als Folge des Sauerstoffmangels. Im durchgeführten Strafverfahren werden Sorgfaltsverstöße der Anästhesistin festgestellt und die fehlende pulsoxymetrische Überwachung gerügt. Weiter wird bemängelt, dass auf eine Sauerstoffinsufflation z. B. über eine Nasensonde verzichtet wurde. Die Dokumentation im Narkoseprotokoll sei widersprüchlich und nicht nachvollziehbar und weise zudem eine Dokumentationslücke von einer halben Stunde aus. Gerügt wird auch die mangelnde Absprache mit dem Operateur. Die Frage der ordnungsgemäßen Aufklärung der Patientin, die durchaus anzuzweifeln ist, kommt nicht mehr zum Tragen (AG München 851 Cs 125 Js 11573/01). Die Anästhesistin erhält eine hohe Freiheitsstrafe.

Schnittstellen in der Geburtshilfe

Das Erfordernis der Niederlegung fachübergreifender Kompetenz- und Zuständigkeitsabgrenzungen ist mehrfach angesprochen worden. Bereits 1995 hat die Fachgesellschaft der Gynäkologen und Geburtshelfer, die Deutsche Gesellschaft für Gynäkologie und Geburtshilfe (DGGG) diese Thematik aufgegriffen und in ihren „Mindestanforderungen an prozessuale, strukturelle und organisatorische Voraussetzungen für geburtshilfliche Abteilungen“ niedergelegt[10]. Schon zu dieser Zeit hat die Fachgesellschaft auf die Notwendigkeit eines Organisationsstatutes für geburtshilfliche Abteilungen unter verbindlicher Regelung der Verantwortlichkeiten aller an einer (Not-) Versorgung der Schwangeren beteiligten Personengruppen dringend hingewiesen. Die damals aufgestellten, zur Ausräumung eines haftungsbegründenden Organisationsverschuldens notwendigen Anforderungen, z. B. an räumliche Voraussetzungen, technische Ausstattung, personelle Besetzung, erforderliche Präsenzzeiten, vorzuhaltendes Funktionspersonal, Präsenz des gynäkologischen Facharztdienstes sowie des Anästhesisten behalten nach wie vor ihre Gültigkeit und werden in der zunehmend schärfer werdenden Rechtssprechung (vgl. die Beiträge in diesem Buch von Müller et al, Franzki, Kern und Schwenzer) von tagesaktueller Bedeutung bleiben.

Die Auswertung von Risiko-Management-Analysen von 90 geburtshilflichen Abteilungen durch die MediRisk Bayern Risk Management GmbH München[11] zeigt, dass auch heute noch Organisationsstatute lückenhaft bis gar nicht vorhanden sind. Dabei geht es gerade in der hochinterdisziplinären Geburtshilfe darum, die sogenannten Schnittstellen ärztlicher und nichtärztlicher Mitbehandler sowie die Rahmenbedingungen der Abteilung wie des Hauses gründlichst zu strukturieren. Auf folgende soll kurz eingegangen sein:

---

[10] DGGG (1995) Stellungnahme der DGGG zur Mindestanforderungen an prozessuale, strukturelle und organisatorische Voraussetzungen für geburtshilfliche Abteilungen, Frauenarzt 36/11: 1237.

[11] www.medirisk-bayern.de.

Schnittstelle Arzt-Hebamme

Hier ist auf den ausführlichen Beitrag von Franzki in diesem Buch zu verweisen. In ärztlich geleiteten Geburtsabteilungen besteht grundsätzlich die organisatorische Endverantwortung des Chef- oder Belegarztes. Nach § 4 des Hebammengesetzes in Verbindung mit den jeweiligen Landesberufsordnungen leisten Hebammen bei allen „regelrechten" Vorgängen der Schwangerschaft, der Geburt und des Wochenbettes Hilfe, während bei „regelwidrigen" Vorgängen der Arzt zuzuziehen ist. Im Lichte der Rechtssprechung zeigen sich in Ergänzung zu Franzki's Ausführungen folgende Zuständigkeitsbereiche:

Die Leitung der Geburt ist zunächst Aufgabe der Hebamme, erst ein Komplikationseintritt z. B. durch eine entstehende Schulterdystokie[12] erfordert ein Eingreifen des Facharztes, der in allen Fällen rufbereit sein muss. Aufzeichnung und Erstauswertung eines CTG gehören zu den Aufgaben der Hebammen, die Entscheidung darüber, welche Konsequenzen für das weitere Geburtsmanagement bzw. die Geburtsüberwachung zu treffen sind, obliegt dem Arzt[13].

Grundsätzlich befriedigend ist die Aufteilung der Zuständigkeit auf Arzt/ Hebamme in anormale/normale Geburtsverläufe nicht und ebenso wenig im Klinikalltag differenzierungssicher. Anzumerken bleibt, dass nach einer Analyse der Berliner Perinataldaten[15] sich nicht verlässlich vorhersagen lässt, wie eine Geburt ablaufen wird. Damit bleibt a priori jede Geburt zumindest eine potenzielle Risikogeburt, weshalb sich dringend die Abfassung eines entsprechenden Organisationsstatutes für die geburtshilflichen Abteilungen in folgende Aufgabenkreise empfiehlt:

Aufgaben der Hebamme bis zur Übernahme der Geburtsleitung durch den Arzt

© Anamneseerhebung

© Anfertigung der geburtshilflichen Aufnahmedokumentation

© Vornahme der Geburtsvorbereitungen, Erhebung des Blutdrucks, des Gewichts, des Urinstatus, Durchführung des Einlaufs, der vaginalen Untersuchung, etc.

© Anlage und Erstauswertung des Aufnahme-CTG (mind. 30 Min.)

© Verbindliche Unterrichtung des (Beleg-)Arztes bei Aufnahme einer Schwangeren in den Kreißsaal

© Information des diensthabenden Arztes über die Aufnahme einer Schwangeren
  - über den CTG-Befund
  - den Vaginalbefund
  - den allgemeinen Zustand

---

12 OLG Frankfurt, MedR 1984, 194; OLG Hamm VersR 1991, 228; OLG Hamm VersR 1997, 1402.

13 OLG Oldenburg VersR 1997, 1236.

15 David M., P, Pachaly, J. Vetter, K. (2002) Die Wahrscheinlichkeit einer Spontangeburt – Möglichkeit und Grenzen von Risikoscores, Zeitschrift für Geburtshilfe- und Neonatologie, 206: 219-227.

- die Vitalzeichen der Mutter (Blutdruck, Fieber)
- und die Laborbefunde (kleines Blutbild, Gerinnung, bei Blasensprung zusätzlich CRP)

Nach dem Urteil des OLG Oldenburg[16] ergäbe sich in der Konsequenz, dass der geburtsleitende Arzt die Patientin nun selbst sehen müsse, um mit der Hebamme ggf. gemeinsam die weitere Geburtsstrategie festzulegen. Unabhängig davon, dass die ärztliche Übernahme der Geburt auf Grund der von der Hebamme gegebenen Information auch telefonisch geschehen könnte, ist dem diensthabenden Arzt dringend zu empfehlen, die ihm von der Hebamme mitgeteilten Befunde auf Stimmigkeiten mit dem klinischen Bild zu kontrollieren. Vor allem gilt dies für CTG-Aufzeichnungen, insbesondere weil Fehlinterpretationen durch Hebammen mit zu den häufigsten Haftungsursachen in der Geburtshilfe zählen (so auch Franzki in diesem Buch)[17]. Eine standardgemäße Ultraschalluntersuchung zur verbesserten Kontrolle der Kindslage und -größe ist weder fachlich bindend noch von der Rechtssprechung gefordert, aber dringend zu empfehlen.

Ärztliche Vorgabe/Abstimmung der perinatalen Überwachung mit der Hebamme betreffend

© Ärztliche Folgeinformationen/Kontrollen, Befugnis/Voraussetzung der Gabe von betäubungsmittelfreien, krampflösenden, schmerzstillenden Medikamenten durch die Hebamme
© Regelung der sonstigen ärztlichen Medikation (Wehenmittel)
© Sonstige zu beachtende Risikofaktoren und
© Zuständigkeiten für die Gabe von Lokalanästhetika, Versorgung der Episiotomie, Nähen eines Dammrisses, Plazentalösung, sowie Nachuntersuchung der Gebärmutter.

Sowohl für die Hebamme also auch für den Noch-nicht-Facharzt bestehen folgende zwingende Facharztindikationen

© Suspektes CTG
© Blutungen unter der Geburt
© Tachykardie des Feten
© Pathologische MBU (pH-Wert < 7,20)
© Nabelschnurvorfall
© Lageanomalien, z.B. Beckenendlage, Querlage, Schräglage oder Schulterdystokie
© Mehrlingsgeburten
© Drohende Frühgeburten vor abgeschlossener 36. SSW

---

16 OLG Oldenburg, VersR 1997, 1236.

17 Ratzel R. (1992) Schwerpunkthema: Geburtsschäden, Frauenarzt 33: 163 8.

© Vorzeitiger Blasensprung (zeitnahe Blutentnahme zur Infektionsbestimmung, Temperaturkontrolle, CRP)
© Grünes oder blutiges Fruchtwasser
© Mütterliche Erkrankungen, z. B. insulinpflichtiger Diabetes, Eklampsie, Herzerkrankungen, Hypertonie, Herpesinfektion, HIV-Infektion
© Verdacht auf ein HELLP-Syndrom und schwere Gestosen
© Amnioninfektionssyndrom
© Fieber der Mutter oder fetale Tachykardie als Zeichen einer intrauterinen Infektion
© Verdacht auf fetale Makrosomie, mütterliche Adipositas und erhebliche Gewichtszunahme als Hinweiszeichen auf eine spätere Schulterdystokie
© Protrahierter Geburtsverlauf
© Gewünschte oder erforderliche PDA
© Gezielte Geburtseinleitung, z. B. durch Prostaglandingabe
© Durchführung operativer Eingriffe, z. B. Vakuum, Zange oder Sectio
© Unvollständige Plazentalösung bzw. Lösungsstörungen oder starke Blutungen, > 500 ml in der Nachgeburtsperiode

Relative Rufindikation je nach Brisanz der Situation:

© Erstgebärende im Alter von mehr als 40 Jahren
© Vorangegangene Geburt eines toten oder geschädigten Kindes
© Zustand nach Uterusoperation, Zustand nach Sectio
© Kindliche Retardierungen
© Erkennbares Missverhältnis des Kindes
© Versorgung von Dammrissen DR III

Schnittstelle Geburtshelfer – Anästhesist

Moderne Geburtshilfe ist ohne anästhesiologische Schmerzbekämpfung bei der Geburt undenkbar. Die reibungslose Organisation der beiden Fachdisziplinen führt sowohl zu einem Optimum an Sicherheit für die Patientinnen als auch zu hoher haftungsrechtlicher Sicherheit. Gerade betreffend die häufig angewendete geburtshilfliche Periduralanalgesie sind klare interdisziplinäre schriftliche Vereinbarungen zu treffen. Diese werden von der Rechtssprechung wie allgemein anerkannte Sorgfaltsstandards gewertet[18]. Die Indikationsstellung zur PDA stellt der Geburtshelfer abhängig von der geburtshilflichen Situation, dem anästhesiologischen Gesichtspunkt und den Wünschen der Gebärenden. Anästhesiologischen Bedenken hat der Geburtshelfer durch Abwägung Rechnung zu tragen, kann jedoch bei Übernahme der ärztlichen und rechtlichen Verantwortung die PDA gegen die angemeldeten (und dokumentierten) Bedenken des Anästhesisten anordnen.

---

18 BGH, NJW 1980, 651.

Der Durchführung der PDA hat eine Anamnese, eine kurze klinische Untersuchung und die Aufklärung der Kreißenden voranzugehen[19]. Die für die Aufklärung anästhesiebedingter Risiken erforderliche rechtswirksame Einwilligung der Patientin (vgl. den Beitrag von E. Biermann in diesem Buch) bereitet in der Praxis erhebliche Schwierigkeiten, wie auch die Umfrage in deutschen Anästhesieabteilungen ergab. Danach klären 70 % der Kliniken die Patientin erst auf, wenn diese schon unter stärksten Wehen leidet; nur in 10 % der Kliniken wird das Einverständnis der Patientin schon vor dem erwarteten Entbindungstermin eingeholt[20]. Mit der in der Praxis oft vorkommenden, späten Hinzuziehung des Anästhesisten zur Gebärenden droht weitere Haftungsgefahr. In weniger als 1/3 der befragten Anästhesieabteilungen erfolgt eine Aufklärung über sehr seltene, aber schwere Risiken der Epiduralanästhesie – z. B. bleibende Lähmungen oder Paraplegie, deren Aufklärungspflichtigkeit in ständiger Rechtssprechung völlig unstreitig mehrfach betont wurde[22]. Wie einer „verspäteten Aufklärung der Kreißenden" durch den Anästhesisten begegnet werden kann, bzw. welche Möglichkeiten der Übertragung der anästhesiologischen Aufklärung auf den Geburtshelfer bestehen, führt E. Biermann in diesem Buch aus. Auf seinem Beitrag ist deshalb hier verwiesen.

Die Erstversorgung des Neugeborenen ist Sache des Geburtshelfers. Eine erforderliche primäre Reanimation obliegt entweder dem Geburtshelfer selbst, dem Anästhesisten oder dem ebenfalls beigezogenen Neonatologen, eine von vornherein gegebene „Primärzuständigkeit" besteht nicht. In der Praxis werden oft Fragen gestellt, wer denn nun bei notwendiger Versorgung von Kreißender und Kind für wen zuständig sei. Unter der haftungsrechtlichen Prämisse des vorrangigen Schutzes und der Sicherheit der Patienten (Mutter und Kind)[23] sollte nach den örtlichen Vorortgegebenheiten im Zeitpunkt der Geburt am jeweiligen Haus derjenige Arzt kritische Patienten reanimieren, der die größere Erfahrung und Übung aufweist. Oft wird dies der Anästhesist als „Reanimationsexperte" sein, dies ist jedoch nicht zwingend. Eine klare individuelle Absprache des Geburtshelfers, zu dessen Ausbildungsinhalten eine Reanimation ebenfalls gehört, des Anästhesisten sowie des ggf. hinzugezogenen Pädiaters ist dringend zu empfehlen.

Schnittstelle Geburtshelfer – Pädiater

Bislang besteht keine Untersuchungspflicht des Neugeborenen durch einen Pädiater, z. B. nach vaginaloperativer Entbindung. Neben den in den Empfehlungen der Fachgesellschaften gegebenen Indikationen für eine Vorstellung des Neugeborenen beim Neonatologen[24], zur Frage der Notwendigkeit der pädiatrischen Untersuchung, zur Behandlung von Hochrisikoschwangerschaften in Perinatalzentren ist

19 Leitlinie zur Durchführung von Lokalanästhesieverfahren in der Geburtshilfe (1998), Anästhesie und Intensivmedizin, 39: 203-204.

20 Stamer U, Wulf H, Hoeft A., Biermann E (2000) Geburtshilfliche Epiduralanalgesie: Aufklärung und Dokumentation, in Anästhesie und Intensivmedizin 41: 104-112.

22 z. B. BGH, NJW 74, 1422 – BGH MedR 1996, 213.

23 BGHZ 8, 138, 141.

24 Empfehlung der DGGG (1992) Empfehlung zur Frage der Notwendigkeit pädiatrischer Untersuchungen.

vor allem auf eine engmaschige ärztliche Kontrolle und Überwachung des Neugeborenen zu achten. Bei nur extern möglicher pädiatrischer Versorgung – und das dürfte einen Großteil der Geburtshilfe anbietenden, vor allem kleinere Klinkeinheiten betreffen – sind bereits im Rahmen der Abteilungsorganisation vertragliche Bindungen mit niedergelassenen Kinderärzten, aufnehmenden Kinderkliniken und Notarztunternehmen zu knüpfen und verlässliche Organisationsstrukturen zu begründen. Bei allen von vornherein erkennbaren Gefährdungslagen für Mutter und Kind, die nicht durch die eigene Klinik beherrschbar sind, sind intrauterine Verlegungen dringend anzustreben[25].

Ein neueres obergerichtliches Urteil des OLG Hamm aus dem Jahre 2003 scheint diese Vorgaben zu verschärfen. In seinem Urteil vom 21.Mai 2003[26] befasst sich das OLG Hamm mit der Frage der Rechtzeitigkeit der Hinzuziehung eines Pädiaters nach einer Notsectio:

Der Entscheidung lag der Sachverhalt zugrunde, dass es bei der Geburt des Geschädigten in einem Krankenhaus zu Komplikationen kam. Das Kind wurde mittels einer Notsectio auf die Welt geholt und von den anwesenden Anästhesisten nach der Geburt erstversorgt und auch intubiert. Das von auswärts angeforderte Kinderarztnotteam traf 23 Minuten nach der Geburt in dem Krankenhaus ein.

Die Mutter erlitt eine Uterusruptur und musste hysterektomiert werden, das Kind erlitt eine schwerste hypoxisch–ischämische Enzephalopathie mit Muskeltonusstörungen, Ernährungsstörungen und cerebralen Krampfanfällen.

Das OLG Hamm legte in seinem Berufungsurteil fest, dass es in der nicht rechtzeitigen Hinzuziehung eines Kinderarztes bei einer geburtshilflichen Notfallsituation einen groben Behandlungsfehler sieht. Insbesondere stellte das Gericht klar, dass bereits bei der Indikationsstellung zur Sectio der Kinderarzt angefordert werden muss. Weiter muss auf jeden Fall sichergestellt sein, dass, wenn die Erstversorgung durch den Geburtshelfer oder den Anästhesisten erfolgt, auf jeden Fall der Facharztstandard eines Facharztes für Neonatologie bzw. Pädiatrie gewahrt werden muss. Ist dies nicht der Fall, kann es auf der einen Seite zu einer Haftung des Krankenhausträgers aufgrund eines Organisationsverschuldens und auf der anderen Seite zu einer Haftung der in die Behandlung des Kindes involvierten Ärzte wegen nicht standardgerechter Erstversorgung des Kindes kommen. Dadurch, dass das Gericht wie vorliegend in der Nichthinzuziehung des Kinderarztes einen groben Behandlungsfehler gesehen hat, kommt es zu der sogenannten Beweislastumkehr.

25 DGGG, Empfehlung zur Behandlung von Hochrisikoschwangerschaften in Perinatalzentren, www.dggg.de.

26 OLG Hamm, AZ 3 Ü 122/02.

Interdisziplinäre Vereinbarungen

Zusammenfassend ist daher festzuhalten, dass Krankenhäuser und Ärzte im Rahmen ihrer Organisationspflichten dafür zu sorgen haben, dass es klare Regelungen bzgl. der Zusammenarbeit der unterschiedlichen Fachbereiche gibt.

Als Beispiel sei hier die „Vereinbarung über die Zusammenarbeit in der operativen Gynäkologie und in der Geburtshilfe" der Deutschen Gesellschaft für Anästhesiologie und Intensivmedizin, der Deutschen Gesellschaft für Gynäkologie und Geburtshilfe und dem Berufsverband der Frauenärzte, der gemeinsamen Stellungnahme der Deutschen Gesellschaft für Gynäkologie und Geburtshilfe, der Deutschen Gesellschaft für Anästhesiologie und Intensivmedizin, der Deutschen Gesellschaft für Perinatale Medizin und der Gesellschaft für Neonatologie und Pädiatrische Intensivmedizin zur „Erstversorgung von Neugeborenen" genannt. Hierbei handelt es sich – wie auch bei anderen Vereinbarungen und Regelungen der Fachverbände – ausweislich der Präambeln um Entschließungen bzw. Empfehlungen durch die Fachgesellschaften.

Allerdings gehen die Gerichte und Sachverständigen im Falle eines Prozesses immer mehr dazu über, die in diesen Vereinbarungen festgelegten Voraussetzungen und Regelungen als Maßstab für die Beurteilung der Frage heranzuziehen, ob ein Behandlungsfehler vorliegt. Werden „Verstöße" gegen diese Leitlinien ermittelt, führt dies in der Regel zur Bejahung eines Verstoßes gegen ärztliche Standards und zu einer Haftung, wenn nicht hinreichende Gründe für eine Abweichung von diesen Regelungen sprachen.

Eine schriftliche interdisziplinäre Vereinbarung – angelehnt an die Empfehlungen der Fachverbände – hat den Vorteil, dass durch den Krankenhausträger ein Entlastungsbeweis hinsichtlich des Vorwurfs des Organisationsverschuldens angetreten werden und andererseits das ärztliche und pflegerische Personal sich über die Zusammenarbeit mit anderen Abteilungen und Stationen aktuell informieren kann. Die Zuständigkeiten sind genau vorgeschrieben.

Es ist daher dringend zu empfehlen, insbesondere aufgrund der Akzeptanz der Rechtssprechung bzgl. der Empfehlungen, Richtlinien und Anforderungen der Fachverbände, diese weitestgehend zu übernehmen und lediglich auf die besonderen Gegebenheiten des einzelnen Krankenhauses hin zu überprüfen und anzupassen.

Es sollte aber bei der Individualisierung darauf geachtet werden, die Kernpunkte der Vereinbarungen der Fachverbände nicht auszuhöhlen. Eine solche individuelle Vereinbarung könnte z.B. für die Zusammenarbeit der Fachbereiche Anästhesie, Gynäkologie und Geburtshilfe und Pädiatrie, wie unten als „Muster" ausgeführt, ausgestaltet sein.

Alleine die Vorlage einer solchen Regelung reicht noch nicht aus, um ein mögliches Organisationsverschulden auszuräumen. Die Regelungen müssen auch durchführbar sein und gelebt werden.

Darüber hinaus muss die Vereinbarung von den jeweiligen Chefärzten sowie ggf. auch von der Pflegedienstleitung und der Krankenhausverwaltung unterzeichnet und bekannt gemacht werden.

Fachübergreifender Bereitschaftsdienst

Eng zusammen mit der interdisziplinären Zusammenarbeit zu sehen ist auch die Problematik der fachübergreifenden Bereitschaftsdienste in Kliniken, die oft aus Gründen der Kostenersparnis und knapper Personalressourcen praktiziert werden.

Die haftungsrechtlichen Risiken dieser Konstellation werden anhand folgenden Beispieles deutlich (LG Augsburg, 3 KLs 400Js 9903/01):

Bei einer Patientin kam es nach einer komplikationslos verlaufenen subtotalen Strumaresektion beidseitig nach der Verlegung auf die chirurgische Normalstation nachts zu erheblichen Komplikationen, es kam zu erheblichem Blutverlust und zu einem erhöhten Blutdruck.

Der diensthabende Assistenzarzt aus der Inneren Abteilung musste die Patientin aufgrund ihres lebensbedrohenden Zustandes intubieren, er schob jedoch den Tubus statt in die Luftröhre in die Speiseröhre.

Die hinzugezogene Anästhesistin korrigierte die fehlerhafte Intubation und leitete Reanimationsmaßnahmen ein, der zuständige Oberarzt der Chirurgischen Abteilung erschien innerhalb einer Viertelstunde nach dem Anruf in der Klinik und begann mit der Notoperation, bei der er nach der Entfernung der Drainage und der Ausräumung des Hämatoms eine spritzende Blutung aus der oberen Arterie vorfand und operativ versorgte. Infolge der ca. 20- minütigen mangelnden Sauerstoffzufuhr ist die Anspruchstellerin nun ein Vollpflegefall.

Der Chefarzt der Chirurgischen Abteilung wurde wegen fahrlässiger Körperverletzung zu einer Geldstrafe verurteilt, das Verfahren gegen den Assistenzarzt wurde gegen Zahlung einer Geldauflage eingestellt.

Der Hauptvorwurf gegen den Chefarzt der Chirurgie richtete sich darauf, dass er angesichts der allgemein bekannten Risiken nach einem Eingriff an der Schilddrüse hätte wissen müssen und können, dass die Einteilung eines Assistenzarztes aus der Inneren Abteilung im fachübergreifenden Bereitschaftsdienst ein für den Patienten nicht vertretbares Risiko darstellt. Seine Aufgabe wäre es gewesen, gegenüber der Geschäftsführung des Krankenhauses darauf hinzuweisen, dass „wirtschaftliche Überlegungen" die Bereitstellung zweier paralleler Bereitschaftsdienste nicht verhindern dürfen. Das Leben und die Gesundheit der Patienten dürfe nicht gefährdet werden.

Die Frage, ob und wenn ja wie der fachübergreifende Bereitschaftsdienst rechtlich zulässig ist, wird kontrovers diskutiert [27].

Um den Risiken für die Patienten auf der einen Seite und den manchmal gegebenen personellen Engpässen auf der anderen Seite Rechnung zu zollen, dürfte die Einrichtung eines fachübergreifenden Bereitschaftsdienstes allerdings gerade in kleineren Kliniken nur unter engen Voraussetzungen möglich sein (vergleiche hierzu den Beitrag von Prof. Ulsenheimer und Prof. Berg in diesem Buch).

[27] K. Ulsenheimer „Haftungsrechtliche Probleme beim fachübergreifenden Bereitschaftsdienst" in den Mitteilungen 2/05 der Deutschen Gesellschaft für Chirurgie.

MUSTER

Vereinbarung über die Zusammenarbeit bei der Patientenversorgung zwischen der Abteilung für Anästhesie und den Abteilungen für Gynäkologie und Geburtshilfe und für Pädiatrie am Krankenhaus:

Die betroffenen Abteilungen sind sich einig, als Grundlage ihrer Zusammenarbeit folgende Vereinbarungen, Leitlinien und Stellungnahmen zu übernehmen:

1. Vereinbarung über die Zusammenarbeit bei der operativen Gynäkologie und Geburtshilfe der Deutschen Gesellschaft für Anästhesiologie und Intensivmedizin und des Berufsverbandes Deutscher Anästhesisten mit der Deutschen Gesellschaft für Gynäkologie und Geburtshilfe und dem Berufsverband der Frauenärzte
2. Stellungnahme zur Erstversorgung von Neugeborenen der Deutschen Gesellschaft für Gynäkologie und Geburtshilfe, der Deutschen Gesellschaft für Anästhesiologie und Intensivmedizin, der Deutschen Gesellschaft für Neonatologie und Pädiatrische Intensivmedizin
3. Stellungnahme zu den Mindestanforderungen an prozessuale, strukturelle und organisatorische Voraussetzungen für geburtshilfliche Abteilungen der Deutschen Gesellschaft für Gynäkologie und Geburtshilfe
4. Leitlinie zu Durchführung von Regionalanästhesien in der Geburtshilfe der Deutschen Gesellschaft für Anästhesiologie und Intensivmedizin
5. Anwesenheit der Väter bei der Sectio caesarea, gemeinsame Empfehlungen der Deutschen Gesellschaft für Anästhesiologie und Intensivmedizin und des Berufsverbandes Deutscher Anästhesisten sowie der Deutschen Gesellschaft für Gynäkologie und Geburtshilfe und des Berufsverbandes der Frauenärzte

Die dort aufgestellten Vereinbarungen, Empfehlungen und Leitsätze sollen daher auch zwischen den oben genannten Abteilungen des Krankenhauses xy gelten.

Folgende Punkte werden jedoch abweichend wie folgt geregelt: *(es werden hier von der jeweiligen Empfehlung abweichende Verfahrensabläufe oder Zuständigkeiten, wie sie sich im betroffenen Krankenhaus praxisnah umsetzen lassen, explizit ausgeführt)*

Zu Ziffer 1:
Zu Ziffer 2:
Zu Ziffer 3:
Zu Ziffer 4:
Zu Ziffer 5:

Fazit

Das Berufsbild des Arztes hat sich gewandelt. Der Arzt in der modernen Medizin ist nicht mehr „Einzelkämpfer“, sondern Manager und „Teamspieler“ zugleich. Die zunehmende Spezialisierung führt zur Aufteilung der medizinischen Versorgung des Patienten auf zahlreiche Leistungserbringer. Diese ärztlichen (wie pflegerischen) Leistungen zum Wohle des Patienten lückenlos zu organisieren entspricht der juristisch von Ärzten geforderten Organisationspflicht und führt zu gelungener interdisziplinärer Zusammenarbeit.

10. Rechtliche Grundprinzipien bei arbeitsteiligem Zusammenwirken im Verhältnis Arzt-Pflegekraft

T. Gaibler und C. Trengler

Einleitung

Erhebt heute ein Patient den Vorwurf einer fehlerhaften Behandlung, so richtet sich dieser Vorwurf zwar meist und in erster Linie gegen die behandelnden Ärzte, dies darf jedoch nicht darüber hinwegtäuschen, dass mit der wachsenden Zahl der Verfahren in zunehmendem Maße auch Pflegende betroffen sind und für die aus ihrem Bereich erwachsenden Gefahren unmittelbar haftbar gemacht werden. Einige der „klassischen" rechtlich geprägten Fehlerquellen im Bereich des arbeitsteiligen Zusammenwirkens von Ärzten und Pflegekräften sollen im folgenden dargestellt werden.

Delegation ärztlicher Maßnahmen

Rechtliche Problematik

Die Delegierbarkeit ärztlicher Tätigkeiten auf das Pflegepersonal ist ein seit Jahren leidenschaftlich diskutiertes, natürlich auch berufspolitisches Thema. So hat man in den letzten 10 bis 15 Jahren von pflegerischer Seite versucht, die Flut delegierbarer ärztlicher Aufgaben einzudämmen. Aufgrund weitreichender Veränderungen der gesundheitsökonomischen Grundlagen ist die Problematik heute aktueller denn je. Der Hoffnung, durch eine Übertragung bestimmter ärztlicher Tätigkeiten auf das Pflegepersonal Prozessoptimierungen und auch eine Aufwertung des Pflegberufes zu erreichen, stehen ernsthafte Bedenken gegenüber, dieser Trend könnte Einbußen in der Versorgungsqualität mit sich bringen. Bei der gegenwärtigen Diskussion geht es durchaus nicht mehr nur um die Frage, ob Pflegefachkräfte intravenöse Injektionen und Blutentnahmen durchführen dürfen, diskutiert wird heute vielmehr die Übertragung bisher primär ärztlicher Tätigkeiten – etwa in der Anästhesie – in einem weitaus größeren Umfang.

Gesetzlich ist die Delegation ärztlicher Maßnahmen nicht geregelt, weshalb eine klare rechtliche Grenzziehung fehlt. Die Rechtssprechung hat im wesentlichen Einzelfälle entschieden.

Haftungsrechtlich relevant ist daher immer wieder die Frage, welche konkreten ärztlichen Maßnahmen unter welchen Voraussetzungen an Pflegekräfte delegiert werden dürfen, ohne dass dadurch der zu fordernde Mindeststandard unterschritten wird.

Rechtliche Voraussetzungen einer zulässigen Delegation

Die zulässige Delegation ärztlicher Tätigkeiten an Pflegekräfte setzt grundsätzlich voraus:

© Die Anordnung des Arztes
© Die Einwilligung des Patienten
© Die Befähigung des Ausführenden
© Die Bereitschaft der Pflegekraft, die Ausführung der Tätigkeit zu übernehmen
© Die Art des Eingriffs erfordert nicht das persönliche Handeln des Arztes

Delegation von Injektionen, Blutentnahmen, Überwachung von Schmerzkathetern

Eine höchstrichterliche Grundsatzentscheidung zur Frage der Delegierbarkeit von Injektionen, Blutentnahmen oder hinsichtlich der Überwachung von Schmerzkathetern steht bislang aus. Die Rechtssprechung orientiert sich jedoch an den fachkundigen Stellungnahmen der Berufs- und Fachverbände. Danach wird die Durchführung von intravenösen Injektionen, Infusionen und Blutentnahmen prinzipiell dem Aufgabenbereich des Arztes zugeordnet. Der Arzt darf diese Tätigkeiten jedoch unter bestimmten Voraussetzungen an das Pflegepersonal delegieren.

Überträgt der Arzt diese eigentlich ärztlichen Aufgaben auf das Pflegepersonal, so ist besondere Sorgfalt bei der Auswahl der Pflegekraft geboten: diese muss objektiv und subjektiv ausreichend qualifiziert sein, Instruktion und Kontrolle müssen sichergestellt sein. Anderenfalls droht im Schadensfall die Haftung wegen eines Auswahl- oder Überwachungsverschuldens[1]. Die Pflegekraft ist dagegen für Fehler, die ihr bei der Durchführung der übertragenen Aufgabe unterlaufen, verantwortlich. Sie trägt die Durchführungsverantwortung.

Delegation anästhesiologischer Leistungen

Insbesondere im Fachbereich Anästhesie gibt es Bestrebungen, Pflegekräfte zu sog. Anästhesietechnischen Assistenten (ATA) bzw. Medizinischen Assistenten für Anästhesie (MAFA) auszubilden. Diskutiert wird die eigenständige Narkoseüberwachung, während ein Narkosearzt die Aufsicht über mehrere Operationssäle führt. Eine solche Verlagerung ärztlicher Tätigkeit in den Pflegebereich ist aus haftungsrechtlicher Sicht und vor allem im Hinblick auf die Patientensicherheit

---

1 Frank Pflüger, Krankenhaushaftung und Organisationsverschulden, Springer-Verlag 2002, S.145.

äußerst bedenklich. Zwar zwingen ökonomische Notwendigkeiten heute so manche Krankenhausleitung dazu, neue Wege zu beschreiten, doch darf die Patientensicherheit unter keinen Umständen wirtschaftlichen Interessen geopfert werden[2]. In diesem Sinne haben auch die anästhesiologischen Berufsverbände in der „Münsteraner Erklärung" im November 2004 auf die nach wie vor geltende Entschließung des Berufsverbandes Deutscher Anästhesisten zu „Zulässigkeit und Grenzen von Parallelverfahren in der Anästhesie"[3] verwiesen. Danach ist eine routinemäßige Anordnung paralleler Anästhesieverfahren unzulässig. Die Delegation der ärztlichen Leistung darf deshalb nur ad hoc von dem mit allen Details vertrauten und vor Ort verantwortlichen Anästhesisten unter Berücksichtigung

© der aktuellen Situation im Einzelfall
© der Art des Anästhesieverfahrens
© der Schwere des Eingriffs
© der örtlichen Gegebenheiten (Sicht- und Rufkontakt)
© des Zustandes des Patienten und
© der Qualifikation der Pflegekraft

getroffen werden. Anderenfalls kommt bei einer Schädigung des Patienten ein Organisations- bzw. Übernahmeverschulden in Betracht.

Delegation der CTG-Überwachung

Eine klare Aussage bezüglich der CTG-Überwachung durch Pflegekräfte findet sich in der höchstrichterlichen Rechtssprechung[4]. Danach darf keinesfalls die Auswertung eines CTG einer Pflegekraft übertragen werden. Dies ist insofern beachtlich, als das Anlegen des CTG in vielen geburtshilflichen Abteilungen durchaus von Pflegekräften vorgenommen wird. Es ist daher organisatorisch unbedingt sicherzustellen, dass über diesen rein technischen Vorgang hinaus unter keinen Umständen weitergehende Maßnahmen oder Beurteilungen an Pflegekräfte, und seien diese auch sehr erfahren, übertragen werden. Keinesfalls darf deshalb eine Pflegekraft die Beiziehung von Hebamme oder Arzt von ihrer eigenen Einschätzung des CTG abhängig machen.

Haftungsminimierende Maßnahmen

Im Klinikalltag müssen die oben genannten rechtlichen Voraussetzungen einer zulässigen Delegation ärztlicher Maßnahmen organisatorisch sichergestellt werden, was jedoch keines größeren Aufwands bedarf.

---

2 BGH, Urt. v. 30.11.1982, VI ZR 77/81, NJW 1983, 1375.
3 Anästh. Intesivmed 1989, 30:56-7.
4 BGH, Urt. v. 16.04.1996, VI ZR 190/95, NJW 1996, 2429.

Die Anordnung des Arztes

Die Anordnung des Arztes sollte möglichst schriftlich festlegen, welche Maßnahmen durchzuführen sind. Die zu übertragende Aufgabe muss inhaltlich klar definiert sein. Bei Injektionen müssen Applikationsart, Dosis und Intervalle dokumentiert werden. Hinsichtlich der Delegation der Überwachung von Schmerzkathetern auf den peripheren Stationen ist zunächst eindeutig zu regeln, ob die Überwachung durch die Stationsschwestern oder durch Anästhesiepflegekräfte im Rahmen von Visiten erfolgt. In jedem Fall sind die erforderlichen Kontrollen inhaltlich und zeitlich exakt festzulegen. Die Dokumentation der genauen Anordnung und der Durchführung der Maßnahme ist im Falle einer gerichtlichen Auseinandersetzung von entscheidender Bedeutung.

Die Einwilligung des Patienten

Ohne die erforderliche Einwilligung des Patienten macht sich die Pflegekraft einer Körperverletzung schuldig und kann dafür haftbar gemacht werden. Deshalb sollte sie sich vor dem Eingriff vergewissern, dass der Patient mit der Durchführung der Maßnahmen durch sie einverstanden ist und eine ärztliche Aufklärung vorab erfolgt ist.

Die Befähigung des Ausführenden

Die ausführende Pflegekraft muss über die erforderlichen Qualifikationen für die durchzuführenden Maßnahmen verfügen, d. h. sie muss nicht nur die Injektions- bzw. Blutabnahmetechniken beherrschen, sondern auch die Wirkungsweise der zu verabreichenden Medikamente, sowie mögliche Komplikationen kennen.

Die Verabreichung von subkutanen und intramuskulären Injektionen ist prüfungsrelevanter Gegenstand der Ausbildung von Pflegefachkräften (Pflegefachkräfte sind Gesundheits- und KrankenpflegerInnen sowie AltenpflegerInnen mit dreijähriger Ausbildung). Deshalb gilt hier für den anordnenden Arzt der Vertrauensgrundsatz, d. h. er darf sich – solange er keinen Anhaltspunkt für offenkundige Qualifikationsdefizite hat – darauf verlassen, dass Pflegefachkräfte diese Tätigkeiten lege artis durchführen.

Bei intravenösen Injektionen, die von Pflegefachkräften vorgenommen werden, handelt es sich in der Regel um Injektionen, die in einen vom Arzt gelegten venösen Katheter injiziert werden, so dass in diesem Zusammenhang weniger die Injektionstechnik, als vielmehr die pharmakologischen Kenntnisse eine Rolle spielen (siehe dazu die Ausführungen unter dem folgenden Punkt „Art des Eingriffs erfordert nicht das Handeln des Arztes“). Ähnlich ist dies bei der Überwachung von Schmerzkathetern, wobei hier zusätzlich die Kenntnis und das Erkennen möglicher Komplikationen im Vordergrund steht. Bei den Blutentnahmen kommt es wiederum in erster Linie auf die erworbenen technische Fertigkeiten an.

Eine aus haftungsrechtlicher Sicht sehr zu empfehlende Möglichkeit, die individuelle Qualifikation von Pflegekräften nachzuweisen, ist ein **schriftlicher Befähigungsnachweis**. Ein solcher „Spritzenschein“ darf allerdings nicht pauschal, sondern nur nach tatsächlich erfolgter Prüfung ausgestellt werden und muss exakt die individuell festgestellten Fähigkeiten und damit die ad personam delegierbaren Maßnahmen ausweisen. „Spritzenscheine" entheben aber weder den Arzt von seiner grundsätzlichen Überwachungspflicht, noch die Pflegekraft von ihrer Durchführungsverantwortung. Von besonderer Bedeutung sind hier zudem regelmäßige Fortbildungen betreffend Wirkungsweisen und Komplikationsmanagement im Zusammenhang mit der Gabe hochpotenter Medikamente.

Die Bereitschaft der Pflegekraft, die Ausführung der Tätigkeit zu übernehmen

Da die Pflegekraft bei Übernahme der eigentlich ärztlichen Tätigkeit die Durchführungsverantwortung trägt, darf sie die übertragene Aufgabe nur ausführen, wenn sie überzeugt ist, hierzu ausreichend befähigt zu sein. Fühlt sie sich generell oder im Einzelfall überfordert, so ist sie nicht nur berechtigt, sondern sogar verpflichtet, die Delegation zurückzuweisen. Macht die Pflegekraft in dieser Überforderungssituation von ihrem Ablehnungsrecht Gebrauch, so darf dies selbstverständlich nicht zu arbeitsrechtlichen Konsequenzen führen

Die Art des Eingriffs erfordert nicht das persönliche Handeln des Arztes

Manche Wirkstoffe, z. B. Kontrastmittel, Zytostatika, bestimmte Herzmittel oder andere hochwirksame Medikamente sind allerdings potentiell so gefährlich, dass sie von Pflegekräften überhaupt nicht verabreicht werden dürfen. Bezüglich dieser sog. „Ausschlussmedikamente" sollten sich Ärzte und Pflegefachkräfte von Stationen, auf welchen hochpotente Arzneimittel regelmäßig verabreicht werden, eine Liste erarbeiten, die festlegt, welche Medikamente auf dieser Station nicht von Pflegekräften intravenös injiziert werden dürfen.

Schnittstellen-Management: schriftlich niedergelegte Absprachen

Angebracht ist schließlich noch der Hinweis, dass es zur Vermeidung von Kompetenzkonflikten schriftlich niedergelegter Absprachen bedarf, wer für die Durchführung welcher Maßnahmen im Grenzbereich ärztlicher und pflegerischer Tätigkeit zuständig ist. Nur so können Zuständigkeiten und Verantwortungsbereiche für jeden Mitarbeiter klar geregelt und mögliche – haftungsträchtige – Lücken in der Patientenversorgung sicher vermieden werden.

Ärztliche Anordnungen

Rechtliche Problematik

Die Verantwortung für das Behandlungsregime liegt immer beim Arzt, der zur Umsetzung der gewählten Therapie Anordnungen erteilt, die von den Pflegenden umzusetzen sind. Kommt es hierbei zu einer Fehlbehandlung, so stellt sich regelmäßig die Frage, wem die Verantwortung zuzuweisen ist, wobei die Abgrenzung oft nicht einfach zu treffen ist. Die vor den Gerichten verhandelten Fälle offenbaren dabei vor allem eine mangelnde Anordnungsgenauigkeit und Missverständnisse als typische Fehler- und damit Haftungsquellen.

Medikamentöse Anordnungen

Alle ärztlichen Anordnungen sollten – wann immer dies möglich ist – schriftlich getroffen werden, denn nur was in schriftlicher Form vorliegt, ist im Zweifel nachweisbar. Zudem, dies liegt auf der Hand, beugt die Schriftlichkeit Missverständnissen weitgehend vor.

Für schriftliche Anordnungen gilt, dass sie individuell und präzise für jeden Patienten erteilt und dokumentiert werden müssen. Pauschalanordnungen sind ungeachtet der durchzuführenden Maßnahme auf jeden Fall zu vermeiden.

Dieser Grundsatz ist im „Normalfall", d. h. der Arzt ist anwesend und trägt seine Anordnungen im Krankenblatt ein, ohne Schwierigkeiten umzusetzen. Der Klinikalltag ist aber – das liegt in seiner Natur – von Ausnahmesituationen geprägt: Der diensthabende Arzt wird zu einem Notfall gerufen, Chirurgen und Anästhesisten sind im OP gebunden oder der Dienstarzt möchte einfach ein paar Stunden schlafen. Für diese Fälle wird entweder eine Bedarfsmedikation festgelegt oder die Maßnahmen werden telefonisch angeordnet. Gerade hier liegen jedoch Fehlerquellen.

Haftungsminimierende Maßnahmen

Bedarfsmedikation

Bei der sog. Bedarfsmedikation handelt es sich meist um Schmerz- oder Beruhigungsmittel, die für den Fall der Abwesenheit des Arztes angeordnet werden. Hier ist es wichtig, dass die Anordnung nicht nur allgemein gehalten ist, sondern für jeden einzelnen Patienten eindeutig und inhaltlich präzise festgelegt wird.

Bei der Anordnung einer Bedarfsmedikation bedarf es der folgenden Festlegungen:

© Welches Medikament darf bedarfsweise ohne direkte ärztliche Anordnung gegeben werden?
© In welcher Applikationsform, Dosierung und in welchen Zeitintervallen darf das Medikament verabreicht werden?
© Die Höchstdosis muss angegeben werden.
© Die Verabreichung von bedarfsweise gegebenen Medikamenten muss mit allen Angaben - Uhrzeit, Applikationsform, Dosis – dokumentiert werden.
© Die Maßnahmen müssen vom Arzt bei der nächsten Gelegenheit, spätestens am nächsten Morgen bei der Visite, abgezeichnet werden. Die Pflegekraft sollte in ihrem eigenen Interesse darauf bestehen.

Erweist sich die ärztliche Anordnung insoweit als unvollständig, so hat zwingend eine Rückfrage beim anordnenden Arzt zu erfolgen.

Telefonische Anordnungen

Die größte Gefahr bei telefonischen Anordnungen besteht in Hör- oder Übermittlungsfehlern. Es kann durchaus vorkommen, dass die Pflegekraft die Anordnung des Arztes falsch versteht, z. B. „Valium" anstatt „Kalium". Um dieses Risiko zu minimieren, empfiehlt es sich, dass die Pflegekraft die telefonische Anweisung grundsätzlich nachspricht. Auch hier müssen wiederum sowohl die Anweisung als auch die spätere Durchführung dokumentiert werden und die Pflegekraft sollte auf der Gegenzeichnung bestehen.

Generika

Das oben ausgeführte Prinzip der Anordnungsgenauigkeit muss auch für Medikamentenverordnungen nach den „generic names" sichergestellt sein. Die Auswahl der Präparate darf nicht den Pflegekräften überlassen werden, weil das Erkennen von Unterschieden in der Galenik, der Beigabe von Additiva und der Dosierung Kenntnisse in der Pharmakologie voraussetzt, die von Pflegefachkräften nicht erwartet werden können. In den meisten Kliniken erhalten die Stationen von der Apotheke eine Liste mit einer Übersicht der zum Austausch in Frage kommenden Arzneimittel. Eine solche Übersicht ist im Klinikalltag überaus hilfreich und sollte von der Apotheke unbedingt angefordert werden. Darüber hinaus muss gewährleistet sein, dass die gelisteten Medikamente auch tatsächlich vorgehalten werden.

Dokumentation

Rechtliche Problematik

Zwei haftungsrechtliche Grundsätze verdeutlichen den unschätzbaren Vorteil einer vollständigen und widerspruchsfreien Dokumentation einerseits und das forensische Risiko einer unzureichenden Dokumentation andererseits: Es gilt nämlich bis zum Beweis des Gegenteils „was dokumentiert ist, als gemacht – was nicht dokumentiert ist, als nicht gemacht“ und zugleich ist „einer ordnungsgemäßen Dokumentation Glauben zu schenken“. Die Bedeutung der Dokumentation nicht nur als wichtigstes Informationsmedium aller an der Behandlung Beteiligten, sondern als Grundlage der rechtlichen Bewertung des Behandlungsgeschehens kann daher nicht ernst genug genommen werden.

Haftungsminimierende Maßnahmen

Dienstanweisung zur Dokumentation

Zu den Organisationspflichten der Pflegedienstleitung gehört es, eine ordnungsgemäße Dokumentation sicherzustellen, weshalb auf die schriftliche Niederlegung einer Verfahrens- oder Dienstanweisung mit allgemeinverbindlichem Charakter keinesfalls verzichtet werden sollte. Darin müssen das verwendete Dokumentationssystem erläutert und einheitliche Standards festgelegt werden. Gleichzeitig sollten die typischen haftungsrechtlich relevanten Fehlerquellen aufgezeigt werden.

Glaubwürdigkeit der Dokumentation

Im Haftungsfall kommt es entscheidend auf die Glaubwürdigkeit der Dokumentation an. Es ist daher unbedingt darauf zu achten, dass innerhalb der Pflegedokumentation, aber auch zwischen ärztlicher und pflegerischer Dokumentation keine Widersprüche auftreten, die den Beweiswert in Frage stellen. Es bedarf daher eines regelmäßigen Abgleichs der pflegerischen und ärztlichen Dokumentation, da einerseits nur so etwaige Informationsdefizite einzelner an der Behandlung Beteiligter frühzeitig und zuverlässig zu erkennen und andererseits Beweisnachteile im Haftungsfall zu vermeiden sind. In der klinischen Praxis haben sich hierfür regelmäßige Kurvenvisiten bewährt. Ideal ist auch eine gemeinsame ärztliche und pflegerische Verlaufsdokumentation, die „ohne zu Blättern“ einen raschen Abgleich ermöglicht.

Hierbei stellt sich immer wieder die Frage, inwieweit Nachträge rechtlich zulässig sind. Zu beachten ist, dass die Patientenakte rechtlich gesehen eine Urkunde darstellt, die nicht im Nachhinein verändert werden darf. Allerdings ist es rechtlich nicht zu beanstanden, u.U. sogar sehr zu empfehlen, einen vergessenen oder als unzutreffend erkannten Eintrag unter der aktuellen Datumsangabe zu vervollständigen bzw. zu berichtigen. Dabei muss allerdings – um dem Vorwurf der Urkundenfälschung vorzubeugen – der ursprüngliche Eintrag erkennbar bleiben und der Nachtrag unmissverständlich als Nachtrag gekennzeichnet werden. Geschieht dies zeitnah, kann eine derartige Berichtigung im Haftungsprozess durchaus hilfreich sein.

Hygiene

Rechtliche Problematik

Jede medizinische oder pflegerische Behandlung ist grundsätzlich mit einem Infektionsrisiko verbunden. Nosokomiale, d. h. im Krankenhaus erworbene, Infektionen, sowie zunehmende Antibiotikaresistenzen stellen eine permanente Herausforderung für alle Beteiligten des Gesundheitswesens dar. Einer im Jahre 1995 durchgeführten Prävalenzstudie zufolge lag die durchschnittliche Infektionsrate bei 3,5% bei den an der Studie teilnehmenden Krankenhäusern[5]. Um das Infektionsrisiko zu minimieren, sind Krankenhäuser ebenso wie ambulante Einrichtungen verpflichtet, alle notwendigen Maßnahmen zur Erkennung, Verhütung und Bekämpfung von Infektionen zu treffen. Sowohl Patienten als auch Mitarbeiter oder Besucher müssen vor nosokomialen Infektionen geschützt werden. Darüber hinaus besteht die Verpflichtung zur Erfassung und Bewertung bestimmter Krankenhausinfektionen. Das wichtigste Regelwerk, das dieser Verpflichtung zugrunde liegt, ist das „Gesetz zur Verhütung und Bekämpfung von Infektionskrankheiten beim Menschen", kurz Infektionsschutzgesetz (IfSG) genannt, das im Januar 2001 das Bundesseuchengesetz ablöste. Maßgeblich für die Umsetzung des Infektionsschutzgesetzes sind die Empfehlungen der Kommission für Krankenhaushygiene und Infektionsprävention, die am Robert-Koch-Institut in Berlin eingerichtet wurde. Laut §23 IfSG soll diese Kommission Empfehlungen zur „Prävention nosokomialer Infektionen sowie zu betrieblich-organisatorischen und baulich-funktionellen Maßnahmen der Hygiene in Krankenhäusern und anderen medizinischen Einrichtungen" erarbeiten. Diese Expertenempfehlungen, auch kurz „Richtlinie für Krankenhaushygiene und Infektionsprävention" genannt, sind zwar nicht bindendes Recht, geben aber, weil sie „erst nach Anhörung der Länder, der betroffenen Körperschaften und Verbände durch das RKI veröffentlicht (werden) und sich deshalb auf einen breiten fachlichen Konsens berufen (können)", den Stand des Wissens („State of the Art") wieder.[6] Bei zivil- und strafrechtlichen Auseinandersetzungen hat die Richtlinie insofern Bedeutung, als sie als Beurteilungsgrundlage bei Hygienezwischenfällen herangezogen wird. Die Umsetzung der Empfehlungen kann selbstverständlich nicht isoliert von den strukturellen und ökonomischen Rahmenbedingungen des entsprechenden Krankenhauses bzw. der Einrichtung betrachtet werden. Deshalb kann, wenn der Infektionsschutz für Patienten und Mitarbeiter den geforderten Standard nicht unterschreitet, von den Vorgaben der Richtlinie abgewichen werden. Jede Abweichung muss jedoch fachlich begründet werden.

---

[5] Vorwort und Einleitung der Kommission zur Richtlinie für Krankenhaushygiene und Infektionsprävention, Bundesgesundheitsblatt 4/2004, S. 409.

[6] ebd., S. 411.

Haftungsminimierende Maßnahmen

Mit Beachtung und Umsetzung der „Richtlinie für Krankenhaushygiene und Infektionsprävention“[7] können Krankenhäuser aus haftungsrechtlicher Sicht einen guten Standard im Bereich Hygiene nachweisen. Die Umsetzung erfolgt wie bereits erwähnt unter Berücksichtung der spezifischen Gegebenheiten des Krankenhauses. Da eine ausführliche Darstellung der RKI-Richtlinie den Rahmen dieses Beitrags sprengen würde, möchten wir im folgenden insbesondere auf einige ausgewählte Beispiele eingehen, die im Schnittstellenbereich des arbeitsteiligen Zusammenwirkens von ärztlichem und pflegerischem Bereich angesiedelt sind.

Personelle Zusammensetzung des Hygieneteams

Das Hygieneteam eines Krankenhauses sollte aus einer ausgebildeten Hygienefachkraft[8], einem schriftlich bestellten hygienebeauftragten Arzt, der einen vorgeschriebenen Umfang an Weiterbildung nachweisen muss, sowie – abhängig von der Größe des Krankenhauses – Hygienebeauftragten in den Abteilungen bestehen. Darüber hinaus empfiehlt die RKI-Richtlinie zur Bewältigung der umfangreichen Aufgabenstellung im Hygienebereich die Zusammenarbeit mit einem Klinikhygieniker. Diese Zusammenarbeit sollte nach Zeit und Umfang, angepasst an die Bedürfnisse des Krankenhauses, vertraglich geregelt werden.

Zeitliche Ressourcen des Hygieneteams

Nach Erfüllung dieser organisatorischen Vorgaben liegt die Qualität eines erfolgreichen Hygienemanagements in der Ausgestaltung der Zusammenarbeit des Teams. Erfahrungsgemäß ist es die Hygienefachkraft, die den Löwenanteil der Aufgaben übernimmt, während der hygienebeauftragte Arzt versucht, seiner Zusatzaufgabe so gut es eben geht, gerecht zu werden. Aus diesem Grund darf der zeitliche Umfang, den die Hygienefachkraft für ihre Aufgaben zur Verfügung hat, unter keinen Umständen zu knapp bemessen sein. Konstellationen, in welchen eine Pflegefachkraft halb Pflegedienstleitung und halb Hygienefachkraft ist, sind grundsätzlich zu vermeiden, denn eine der beiden verantwortungsvollen Tätigkeiten wird zwangsläufig darunter leiden. Aber auch dem hygienebeauftragten Arzt sollten nach Möglichkeit zeitliche Ressourcen zur Verfügung gestellt werden, die es ihm ermöglichen seine Aufgabe nicht nur pro forma zu erfüllen.

---

[7] Nachzulesen im Internet unter www.rki.de. Die Empfehlungen der Kommission für Krankenhaushygiene werden in der Zeitschrift „Bundesgesundheitsblatt - Gesundheitsforschung - Gesundheitsschutz“ veröffentlicht. Die Vorabveröffentlichung neuer und geänderter Empfehlungen der Kommission auf den Internetseiten dient, nach eigenen Angaben des RKI, der Möglichkeit der schnelleren Information. Offiziell ersetzen neuere Empfehlungen die älteren aber erst nach der Veröffentlichung im Bundesgesundheitsblatt.

[8] Je nach Größe und Bettenzahl des Krankenhauses wird eine Hygienefachkraft in Voll- oder Teilzeit beschäftigt. Es besteht aber auch die Möglichkeit, dass mehrere Krankenhäuser sich eine Hygienefachkraft teilen.

Infektionsüberwachung

Nach § 23 Infektionsschutzgesetz besteht die Verpflichtung zur Infektionserfassung und -bewertung (Surveillance). Das Robert-Koch-Institut legt fest, welche Infektionen zu erfassen und zu bewerten sind. Die jeweils aktuelle Liste kann auf der Internetseite des Instituts eingesehen bzw. heruntergeladen werden. Sie wird bei Bedarf angepasst.

Im Moment sind folgende Arten von Infektionen zu erfassen:

© Postoperative Wundinfektionen
© Katheterassoziierte Infektionen
© Beatmungsassoziierte Infektionen
© Katheterassoziierte Harnwegsinfektionen

Eine ordnungsgemäße Surveillance ist jedoch nur möglich, wenn alle relevanten Daten korrekt übermittelt werden. Hierzu bedarf es unter Umständen einer Sensibilisierung der Ärzte bezüglich des Stellenwerts der Hygiene im Klinikalltag. Verpflichtende Fortbildungen tragen dazu bei, dieses Ziel zu erreichen.

Infektionsprävention

Zur Prävention nosokomialer Infektionen gibt die RKI-Richtlinie sehr differenzierte Empfehlungen, die die Krankenhäuser sukzessive umsetzen müssen. Neben dem Wissen über das korrekte hygienische Vorgehen ist auch im Bezug auf die Infektionsprävention die Sensibilisierungs- und Bewusstseinsarbeit ein wesentlicher Bestandteil des Erfolgs.

Verhalten nach einem Zwischenfall

Rechtliche Problematik

Jeder „Zwischenfall“ bei der Behandlung eines Patienten, der rechtliche Weiterungen befürchten läßt, erfordert den raschen und professionellen Umgang mit einer solchen – immer unerwarteten – Situation. Insbesondere in der Anfangsphase eines haftungsträchtigen Geschehens werden – vielfach aus Unsicherheit – Fehler gemacht, die später die Wahrnehmung der rechtlichen Interessen auf Behandlerseite erheblich erschweren.

Haftungsminimierende Maßnahmen

Was eine Pflegekraft im Schadensfall aus rechtlicher Sicht zu tun hat, wem sie den Vorfall zu melden hat, wie sie sich etwa im Falle einer Zeugenladung durch die Kriminalpolizei zu verhalten oder wie sie auf Gesprächswünsche der Angehörigen eines Patienten zu reagieren hat, all dies muss von der Pflegedienstleitung klar vorgegeben werden. Die Erfahrung zeigt nämlich, dass gerade Pflegekräfte in Situationen, in welchen ein Patient zu Schaden gekommen ist, oft von den Angehörigen oder dem Patienten selbst angesprochen und nach dem Hergang oder ihrer Meinung befragt werden. Die Pflege steht hier also an „vorderster Front". In jedem Krankenhaus bedarf es deshalb einer Verfahrensanweisung, die festlegt, wie beispielsweise bei einer Medikamentenverwechslung, dem Sturz eines Patienten oder einem möglichen Behandlungsfehler **unter haftungsrechtlichen Aspekten** vorzugehen ist.

In derartigen Situationen sollten die Pflegekräfte selbst keine Stellungnahme abgeben, **allerdings sofort auf die grundsätzliche Gesprächsbereitschaft der organisatorisch Verantwortlichen verweisen** und dem Patienten mitteilen, dass die angesprochene Pflegekraft **sich selbst und sofort um das Zustandekommen eines Gespräches kümmern wird**, sofern der Patient dies wünscht. Auf diese Weise können zuverlässig „unglückliche" Aussagen vermieden werden; gleichzeitig wird dem Patienten aber vermittelt, dass seine Sorge und sein Klärungsbedarf ernst genommen werden und nichts „vertuscht" wird. Auf diese Weise können rechtliche Auseinandersetzungen vielleicht sogar vermieden werden, jedenfalls aber wird eine später eventuell erforderliche rechtliche Aufarbeitung nicht unnötig erschwert.

Neben der Erstellung einer Verfahrensanweisung für derartige Situationen empfiehlt es sich auch, diese Problematik regelmäßig in Fortbildungsveranstaltungen zu behandeln, damit jeder Betroffene im „Ernstfall" besonnen und richtig reagieren kann. Weitergehende Empfehlungen finden sich im Kapitel: „Zwischenfallmanagement - Bewältigung juristischer Konsequenzen nach Behandlungskomplikationen" von R.-W. Bock.

Fixierung

Rechtliche Problematik

Da die Beobachtung des körperlichen und seelischen Zustandes des Patienten sowie die Weitergabe dieser Beobachtungen an die an der Diagnostik, Therapie und Pflege Beteiligten zu den ureigenen Aufgaben der Krankenpflege zählt, ergibt sich hier eine besondere, auch rechtliche Verantwortung der Pflegekräfte. Es kommt nicht selten vor, dass Angehörige in Situationsverkennung dem Krankenhaus und insbesondere dem Pflegepersonal vorwerfen, einen verwirrten, suizidgefährdeten oder anderweitig sich selbst oder andere gefährdenden Patienten entweder übertrieben zwangsfixiert oder nicht ausreichend überwacht zu haben.

In dieser besonderen Gefährdungssituation kommt einem schriftlichen Pflegestandard, der die rechtlichen Grundvoraussetzungen, die Indikation, den Umfang, die Vorgehensweise und die Verantwortlichkeiten für Überwachungs-, Zwangsfixierungs- und sonstige Schutzmaßnahmen exakt regelt, eine zentrale Bedeutung zu. Nach Auffassung der Rechtssprechung sind die Sorgfaltsanforderungen an das

Krankenhaus und das Krankenhauspersonal bei einer offen zutage tretenden Selbstschädigungsgefahr des Patienten hoch anzusetzen. Ein schriftlicher Standard, der die hier zu berücksichtigenden rechtlichen und praktischen Aspekte regelt, kann nicht nur zur Sicherstellung der rechtlichen Voraussetzungen, sondern auch zur weiteren Sensibilisierung der Pflegekräfte und letztlich zur Haftungsvermeidung beitragen.

Unbedingt ist bei Fixierungsraßnahmen auf die sorgfältige Dokumentation zu achten, worauf der Fixierungsstandard auch ausdrücklich hinweisen sollte. Die Dokumentation muss jedenfalls die folgenden Punkte umfassen:

© Indikation
© exakte schriftliche Niederlegung der ärztlichen Anordnung (welcher Arzt, Art der Fixierung, Zeitangabe, sonstige zu beachtende Maßnahmen)
© durchführende Pflegekraft
© exakte Zeitangabe der durchgeführten Fixierung
© besondere, während der Fixierung durchgeführte Maßnahmen
© durchgeführte Überwachungsmaßnahmen mit exakten Zeitangaben und Handzeichen
© regelmäßige Kontrolle der Vitalzeichen.

Fazit

Die ärztliche und pflegerische Zusammenarbeit so zu gestalten, dass sie kooperativ verläuft und gleichzeitig Kompetenzen eindeutig festlegt, ist nicht immer ganz einfach. Besonders die Abgrenzung von Grund– und Behandlungspflege sowie deren Zuordnung zu den Berufsgruppen bereitet in der Praxis häufig Schwierigkeiten. Nur klare schriftliche Festlegungen der Zuständigkeiten einerseits und der Inhalte andererseits helfen, Missverständnisse und unerkannte Lücken in der Patientenbetreuung zu vermeiden.

11. Die Zusammenarbeit von Arzt und Hebamme bei der Geburtshilfe – insbesondere im Spiegel der Rechtssprechung

H. Franzki[†]

Von der Hausgeburt zur Klinikentbindung

Die Geburtshilfe hat sich in Deutschland im letzten halben Jahrhundert von Grund auf gewandelt. Als das Reichshebammengesetz 1938 erstmals sowohl der Schwangeren als auch dem Arzt zur Pflicht machte, zu jeder Geburt eine Hebamme zuzuziehen, ging der Gesetzgeber davon aus, dass diese nach ihrer Ausbildung befähigt und befugt sei, eine normale Entbindung zu leiten, und der Arzt nur bei drohender Gefahr und pathologischem Verlauf einzuschalten sei.

Noch über den Zweiten Weltkrieg hinaus war in Deutschland die Hausgeburt unter der Leitung frei praktizierender Hebammen durchaus üblich. Doch je weiter die medizinische Wissenschaft auf dem Gebiet der Schwangerenfürsorge und Geburtshilfe vordrang und auf ein Höchstmaß von Sicherheit für Mutter und Kind bedacht war, desto mehr verlagerte sich das Gewicht von der Hebamme auf den (Fach-)Arzt und von der Hausgeburt zur Klinikentbindung. Gerade der in den Händen der Ärzte liegenden Hochleistungsmedizin ist es zu verdanken, dass Deutschland heute im Weltvergleich eine Spitzenstellung einnimmt, wenn es in der Geburtsmedizin um die geringe Mortalität und Morbidität von Mutter und Kind geht[1].

Etwa 97 v.H. der Schwangeren suchen heute zur Niederkunft das Krankenhaus auf. Diese Entwicklung ist sicher dadurch stark gefördert worden, dass § 196 RVO der Schwangeren auch dann, wenn sich keine Problemgeburt abzeichnet, das Wahlrecht einräumt, bei und nach der Entbindung entweder ärztliche Betreuung oder Hebammenhilfe in Anspruch zu nehmen.

Sieht man von der aus dem Reichshebammengesetz 1938 in das Hebammengesetz 1985 übernommenen Pflicht, bei jeder Geburt eine Hebamme mitwirken zu lassen, ab[2], so regelt dieses Bundesgesetz nur die Zulassung zum Hebammenberuf. Die Ordnung der Berufsausübung fällt in die Kompetenz der Länder, die hiervon durch Hebammenberufsordnungen Gebrauch gemacht haben. Sie haben dabei freilich keine volle Gestaltungsfreiheit, sondern müssen nach Art. 4 der Richtlinie

---

1 Hierzu statistisches Material in der Stellungnahme der AG Medizinrecht (AG MedR) der Deutschen Gesellschaft für Gynäkologie und Geburtshilfe (DGGG) zu absoluten und relativen Indikationen zur Sectio caesarea und zur Frage der sog. Sectio auf Wunsch, Frauenarzt 2001, 1311.

2 Ob der Bund für diese Regelung die Kompetenz hatte, ist streitig, sei hier aber dahingestellt.

80/150 EWG des Rates vom 21.01.1980 (ABl. EG Nr. L33 S. 8) dafür Sorge tragen, dass Hebammen bestimmte Tätigkeiten in eigener Verantwortung ausüben können. Die meisten Berufsordnungen beschränken sich weitgehend auf die Umsetzung dieser Richtlinie und erregen dadurch den unzutreffenden Eindruck, als dominiere in Deutschland noch immer das Berufsbild der freiberuflich tätigen Hebamme. Tatsächlich sind von etwa 15 000 Hebammen in Deutschland jedoch rund zwei Drittel als sog. Anstaltshebammen in Krankenhäusern tätig, während nur ein Drittel den Beruf frei ausübt. Aber auch hier wird nicht durchweg außerklinische Geburtshilfe geleistet, weil manche freie Hebamme sich auf die Schwangerenbetreuung vor der Geburt und die spätere Wöchnerinnenfürsorge beschränkt.

Im Folgenden ist darzulegen, wie sehr sich durch diese Entwicklung das Berufsbild sowohl des Arztes/der Ärztin als auch der Hebamme/des Entbindungspflegers und ihre Zusammenarbeit[3] verändert haben.

Allgemeine Grundsätze der Zusammenarbeit

Auf die Zusammenarbeit der Hebammen mit den Ärzten im Klinikbetrieb gehen die Hebammenberufsordnungen meist nicht ein. Aber auch die Frage, wann die zunächst selbständig handelnde Hebamme den Arzt zu rufen oder eine Klinikverlegung zu veranlassen hat, ist meist nur in recht allgemeiner Form geregelt. So heißt es sinngemäß in den meisten Berufsordnungen nur, die Hebammen hätten bei Regelwidrigkeiten oder dem Verdacht hierauf die Zuziehung eines Arztes oder die Einweisung in eine Klinik zu veranlassen. Infolgedessen ist die Zusammenarbeit dieser beiden Berufsgruppen nicht so sehr vom verfassten Berufsrecht der Hebammen als vielmehr von örtlichen Absprachen und klinischen Dienstanweisungen sowie von der Rechtssprechung geprägt.

Die meisten Gerichtsentscheidungen, in denen es um Hebammenfehlverhalten geht, betreffen die Frage, ob die Hebamme (auch als Anstaltshebamme) Auffälligkeiten und Abweichungen vom normalen Geburtsverlauf beizeiten bemerkt und hierauf richtig reagiert hat, und hierbei steht wiederum ihr Umgang mit dem Kardiotokogramm (CTG) im Vordergrund.

Dass ein eindeutig pathologisches CTG zur sofortigen Verständigung des Arztes zwingt, steht außer Frage. Schon die Verletzung dieser Pflicht, erst recht aber ein längeres Zuwarten wird in der Regel sogar als grober Fehler der Hebamme angesehen[4]. Aber schon Auffälligkeiten des CTG unter dieser Schwelle, deren Ursachen die Hebammen nicht immer beurteilen können, begründen die Pflicht, den

---

3 S. hierzu die Empfehlungen der AG MedR zur Zusammenarbeit von Arzt und Hebamme in der Geburtshilfe, Frauenarzt 2000, 531, sowie die Empfehlungen des Bundes Deutscher Hebammen (BDH) zur Zusammenarbeit von Hebamme und Ärztin/Arzt in der Geburtshilfe, als Broschüre hrsg. Juni 2001; ferner Ratzel, Die Zusammenarbeit von Arzt und Hebamme, Frauenarzt 1990, 121, mit Entgegnung von Horschitz, Frauenarzt 1990, 471.

4 OLG Oldenburg AHRS (Arzthaftpflicht-Rechtssprechung, hrsg. von Ankermann/ Kullmann) 3210/8; OLG Celle VersR 1999, 486.

Arzt zu rufen. Variable Dezelerationen bei leichter Wehentätigkeit sind entsprechende Warnzeichen[5]. Als grober Fehler wird es wiederum gewertet, wenn die Hebamme den Arzt nach Bemerken mehrerer Spätdezelerationen nach kurz zuvor abgegangenem grünen Fruchtwasser nicht umgehend verständigt, weil darin der Hinweis auf eine Sauerstoffunterversorgung des Kindes liegen kann[6].

Die Annahme eines groben Fehlers bedeutet bei der Hebamme wie beim Arzt grundsätzlich eine Umkehr der Beweislast. Nunmehr muss die Behandlungsseite beweisen, dass ein eingetretener Schaden nicht auf diesem Fehler, sondern einer anderen, nicht von ihr zu vertretenen Ursache beruht, z.B. einer pränatalen Vorschädigung[7]. Vom groben Behandlungsfehler spricht man, wenn bei allem Verständnis für gelegentliches menschliches Fehlverhalten bei Anwendung des gebotenen Ausbildungs- und Wissensmaßstabes so sehr gegen elementare Regeln verstoßen worden ist, dass ein solcher Fehler schlechterdings nicht vorkommen darf[8]. Ist die Hebamme, weil der Arzt bereits die Geburtsleitung übernommen hatte, als seine Gehilfin tätig geworden, so wirkt sich diese Umkehr der Beweislast auch zu seinem Nachteil aus, ohne dass ihn selbst ein Organisations-, Aufsichts- oder Anleitungsverschulden treffen muss[9].

Der Chefarzt einer Geburtshilfeabteilung darf sich bei Einstellung einer ausgebildeten und geprüften Hebamme nicht darauf verlassen, dass sie bei der Beurteilung des CTG voll auf dem Laufenden ist. Er muss durch Belehrungen und Kontrollen den Kenntnisstand und die Aufmerksamkeit der Hebammen sicherstellen, wozu auch die Belehrung darüber gehört, was unter „Auffälligkeiten des CTG“ zu verstehen ist[10]. Wenn eine Hebamme wegen ihrer längere Zeit zurückliegenden Ausbildung pathologische oder präpathologische Anomalien im CTG nicht erkennen kann, muss sie eine Geburtsüberwachung ablehnen, will sie sich nicht dem Vorwurf des Übernahmeverschuldens aussetzen[11]. Was für das CTG gesagt ist, gilt auch für andere Abweichungen vom normalen Geburtsverlauf (z.B. Lageanomalien, Schulterdystokie, vorzeitigen Blasensprung mit Abgang von grünem oder blutigem Fruchtwasser[12].

Hat die Hebamme, rechtzeitig oder verspätet, den Arzt gerufen, darf sie oft nicht untätig bleiben, wenn dessen Eintreffen auf sich warten läßt. Es gibt Situationen, in denen sofort gehandelt werden muss, auch wenn die Hebamme hierbei die Grenzen ihrer eigentlichen Kompetenz überschreitet. Wäre das Risiko ihrer Untätigkeit für Mutter und Kind gefahrvoller als ein zwar kompetenzüberschreitendes, aber der Hebamme mögliches und von ihr im Wesentlichen beherrschbares

[5] OLG Oldenburg VersR 1993, 362; OLG Hamm AHRS 3210/12: Nabelschnurumschlingung.
[6] OLG Celle AHRS 2500/69 u. 3210/11 = VersR 1993, 360.
[7] OLG München OLGReport (Rechtsprechung der Oberlandesgerichte) 2003, 269.
[8] BGH NJW 1983, 2080 = VersR 1983, 729, ständ. Rspr.
[9] OLG Celle VersR 1993, 360; 1999, 486; OLG Stuttgart VersR 2002, 235 = MedR 2001, 311.
[10] OLG Hamm AHRS 3020/25 u. 3210/12.
[11] OLG Oldenburg AHRS 3210/100.
[12] OLG Hamm AHRS 0940/14 = VersR 1991, 228; OLG Stuttgart AHRS 3210/102 = VersR 1994, 1114.

Handeln, so ist sie z.B. zur Entwicklung aus einer Beckenendlage oder bei einer Schulterdystokie, zur Ausführung und Naht eines großen Dammschnittes und zur Lösung der Plazenta, aber nicht zur Notsectio berechtigt und verpflichtet. In akuten Notsituationen müssen bis zum Eintreffen des Facharztes solche Handlungen auch eher von einer erfahrenen Hebamme als einem weniger erfahrenen ärztlichen Berufsanfänger vorgenommen werden[13].

Mit dem Eintreffen des Arztes, unter Umständen schon mit vorab von ihm telefonisch erteilten Weisungen (z.B. ein CTG zu schreiben, wehenfördernde oder – hemmende Mittel zu geben), übernimmt dieser die Geburtsleitung. Die bis dahin selbständig handelnde Hebamme wird zu seiner Erfüllungs- und Verrichtunsgehilfin (§§ 278, 831 BGB). Der Arzt haftet für ihre Fehler auch dann, wenn er sich vorübergehend wieder entfernt[14]. Daneben haftet aber auch die Hebamme selbst nach den Vorschriften des Deliktsrechts (§ 823 BGB) für einen von ihr fahrlässig herbeigeführten Schaden. Die in der BDH-Stellungnahme[15] vertretene Auffassung, die Eigenhaftung der Hebamme gegenüber Mutter und Kind sei auf Fälle besonders grober Fahrlässigkeit beschränkt, ist unzutreffend. Der Grad der Fahrlässigkeit hat nach arbeitsrechtlichen Grundsätzen nur Bedeutung für den Rückgriff des nach außen mithaftenden Krankenhausträgers oder Arztes gegen die Hebamme. Jedoch ist dieser Rückgriff faktisch meist bedeutungslos, weil der Versicherungsschutz des Krankenhausträgers oder Arztes meist auch die groben Fehler von dessen Gehilfin umfasst.

Unter Aufsicht und nach Weisung des Arztes darf die Hebamme Tätigkeiten ausüben, die eigentlich außerhalb ihrer Kompetenz liegen[16]. Es entspricht inzwischen auch den Vereinbarungen der beteiligten Facharztverbände, dass eine entsprechend unterwiesene Hebamme bei liegendem Periduralkatheter ein Lokalanästhetikum nachinjizieren darf, wenn Rufkontakt zum Arzt besteht[17].

Auch wenn der Arzt die Geburtsleitung übernommen hat, verbleiben der Hebamme doch bestimmte Aufgaben, die sie eigenverantwortlich und unbeaufsichtigt wahrnimmt und wobei ihre Fehler nicht zulasten des Arztes gehen. Das sind namentlich Aufgaben, die sich nach der Geburt stellen, z.B. das Wiegen, Messen, Absaugen, Baden und Einhüllen des Neugeborenen[18], aber auch die Beobachtung seiner Atemtätigkeit[19] und unter Umständen die Pflicht, für kinderärztliche Anschlussbehandlung zu sorgen, wenn der ärztliche Geburtshelfer nicht mehr anwesend und nicht sofort erreichbar ist[20]. Zur Aufgabe, das Neugeborene vor Schaden

---

13 OLG München AHRS 2500/161.

14 BGHZ 129, 6 = NJW 1995, 1611; kritisch hierzu für den Fall einer Beleghebamme Müller, MedR 1996, 208.

15 Fn. (Fußnote) 440 unter Abschn. 3.5.

16 OLG Stuttgart OLGReport 2001, 394: bei hohem Schultergradstand darf der Versuch der äußeren Lösung (Überdrehung) unter Aufsicht des anwesenden Facharztes der Hebamme überlassen werden.

17 OLG Nürnberg AHRS 2500/40 u. 3020/23.

18 BGH AHRS 0930/1 u. 3210/1 = VersR 1966, 580: Hebamme verursacht bei Hausgeburt Verbrennung des Neugeborenen durch überhitzte Wärmflasche.

19 OLG Koblenz AHRS 3210/9 u. 2590/12.

20 OLG Karlsruhe AHRS 3210/104 u. 6445/101; OLG Stuttgart VersR 2001, 1560.

zu bewahren, gehört z.B. auch eine Mitteilung an den Arzt, wenn die Hebamme beim anwesenden Ehemann der Schwangeren im Kreißsaal eine Lippenläsion bemerkt, die den Verdacht auf Herpes labialis nahelegt[21].

Nicht selten sind Hebammen namentlich jüngeren Ärzten an praktischer geburtshilflicher Erfahrung überlegen. In diesen Fällen sollte der Arzt von seinem formalen Weisungsrecht nur mit Zurückhaltung Gebrauch machen. Werden der Hebamme Weisungen erteilt, die sie für sachwidrig hält, oder beobachtet sie ein entsprechendes Vorgehen des Arztes, so hat sie nicht nur das Recht, sondern sogar die Pflicht, hiergegen Bedenken zu erheben, wenn damit Gefahren für Mutter und Kind verbunden sein können[22] (Remonstrationspflicht).

Die Zusammenarbeit auf den verschiedenen Versorgungsstufen

Außerklinische Geburt

Obwohl heute die fachärztlich geleitete Klinikgeburt unter Mitwirkung von Anstaltshebammen absolut überwiegt, soll hier in aller Kürze auf einige Fragen der Zusammenarbeit zwischen Ärzten und Hebammen auch an den anderen Entbindungsstätten eingegangen werden.

Hausgeburt und Entbindung im Geburtshaus

Hier werden in der Regel nur frei praktizierende Hebammen tätig. Die Schwangere muss wissen, dass die Wahl dieser Entbindungsstätte den Verzicht auf jederzeit präsente ärztliche Geburtshilfe bedeutet. In den Vorgesprächen hat die Hebamme ihr zu sagen, dass auch nach unauffälligem Schwangerschaftsverlauf unvorhergesehene Komplikationen auftreten können und wie in diesen Fällen mit Zuziehung eines Arztes oder Nottransport in ein Krankenhaus reagiert werden kann.

Freiberuflich tätige Hebammen können zwar mit niedergelassenen Ärzten eine ständige Kooperation vereinbaren. Eine ärztliche Berufspflicht, sich auf solche Formen ständiger Zusammenarbeit einzulassen, besteht jedoch nicht. Findet sich der Arzt hierzu bereit, sollten klare und schriftlich niedergelegte Absprachen bestimmen, in welcher Situation der Arzt (eventuell mit einer frühzeitigen Vorwarnung) zu benachrichtigen ist und zu erscheinen hat, wie die Aufgaben- und Verantwortungsverteilung bei seinem Erscheinen aussieht und wem die Dokumentation des Geburtsverlaufs obliegt. Der Arzt muss vor Übernahme einer solchen Kooperationspflicht wissen, dass er seine Erreichbarkeit und Präsenz (notfalls durch Vertreterbestellung) zu gewährleisten hat, dass er Einschränkungen seines Sprechstundenbetriebs und Freizeitverhaltens in Kauf nehmen muss und dass er

21 OLG Düsseldorf AHRS 3040/101 u. 3210/110 = NJW 1998, 3420 = VersR 1998, 1377.

22 OLG Frankfurt AHRS 2500/44 u. 3210/7 = VersR 1991, 929 = MedR 1991, 207; OLG Stuttgart OLGReport 2001, 418.

dafür zu sorgen hat, dass diese Form der Geburtshilfe durch eine Haftpflichtversicherung gedeckt ist.

Ohne solche Absprachen trifft den niedergelassenen Arzt, abgesehen von seiner Teilnahme am Notfalldienst, nur die allgemeine Pflicht, in dringenden Notfällen auch außerhalb seiner Praxisräume die ihm mögliche und ohne Verletzung anderer Berufspflichten zumutbare Hilfe zu leisten. Niemals darf er diese Hilfe mit der Begründung verweigern, die Hebamme oder die Schwangere selbst hätten die Notsituation verschuldet oder es seien bereits schwere Fehler bei der Geburtshilfe gemacht worden. Für solche Fehler hat er ohnehin nicht einzustehen, da die Hebamme bis zu seinem Eintreffen eigenverantwortlich und nicht als seine Gehilfin gehandelt hat. Freilich empfiehlt es sich in solchen Fällen für den Arzt, den Status der Geburt bei seinem Eintreffen zu dokumentieren und dies von der Hebamme mitunterzeichnen zu lassen. Überhaupt sollte der allgemeine Grundsatz gelten, dass bei der Zusammenarbeit von Arzt und Hebamme jeder den Teil des Geburtsverlaufs zu dokumentieren oder die Dokumentation des anderen durch Mitunterschrift zu billigen hat, für den ihm Verantwortung obliegt.

Für den Betrieb von Geburtshäusern, in denen in aller Regel mehrere, sich auch gegenseitig unterstützende Hebammen tätig sind und eine nicht ganz unerhebliche Zahl von Entbindungen stattfinden soll, bieten sich Rahmenabsprachen mit niedergelassenen Ärzten, Rettungsdiensten und Kliniken an. Sie werden mitunter von der Gesundheitsverwaltung auch zur Pflicht gemacht. Es genügt meist nicht, sich hier auf das allgemeine Rettungswesen und den Notarzteinsatz zu verlassen. Klinikärzte, die nicht als Notarzt eingesetzt werden, sind grundsätzlich auch im Notfall durch ihre Präsenzpflicht im Krankenhaus gehindert, außerklinisch tätig zu werden. Auch ein nahe gelegenes Geburtshaus darf mit solcher Hilfe nicht rechnen und schon gar nicht mit ihr werben.

Wie sehr die Werbung für ein Geburtshaus den Pflichtenumfang der Hebamme erweitern und sogar ihre Haftung für ein Fehlverhalten des zugezogenen Arztes begründen kann, zeigt das Urteil des Bundesgerichtshofs vom 7.12.2004[23]. Hier hatte die beklagte Hebamme als Betreiberin eines Geburtshauses in Prospekten besonders auf die enge Zusammenarbeit mit Ärzten und die dadurch für die Schwangere gewährleistete Sicherheit im Falle einer Risikogeburt hingewiesen. Die Art dieser Werbung, so meint der Bundesgerichtshof, könne bei der Schwangeren eine Erwartungshaltung hervorgerufen haben, die Einfluss auf den Vertragsinhalt habe. Nach dem noch weiter für aufklärungsbedürftig gehaltenen Sachverhalt hält es der Bundesgerichtshof für möglich, dass das Versprechen zum Vertragsinhalt geworden sei, es werde für alle medizinisch erforderlichen Maßnahmen der Geburtshilfe einschließlich des ärztlichen Beistandes und gegebenenfalls eine notwendig werdende Klinikverlegung gesorgt werden. In diesem Falle schulde die Hebamme in einer Doppelfunktion nicht nur ihre selbständige oder assistierende geburtshilfliche Tätigkeit, sondern habe als Betreiberin des Geburtshauses auch Organisationspflichten zu erfüllen, wobei sie eine eigenverantwortliche und von

[23] BGH VersR 2005, 408; s. auch Halstrick, Geburtshaus kann für ärztlichen Behandlungsfehler haftbar gemacht werden, Frauenarzt 2005, 358.

den Weisungen des zugezogenen Arztes unabhängige Stellung einnehme. Insoweit komme eine Haftung der Hebamme für eigenes Organisationsverschulden, aber auch ihr Einstehen für ein Fehlverhalten des Arztes als ihres Erfüllungsgehilfen (§ 278 BGB) in Betracht.

Dem Urteil lag folgender Sachverhalt zugrunde: Die beklagte Hebamme hatte für das von ihr betriebene Geburtshaus in einem Prospekt geworben, in dem es u.a. heißt, es wäre keinesfalls die Sicherheit und ärztliche Betreuung außer Acht gelassen: ein Team von erfahrenen Hebammen werde durch ortsansässige und schnell erreichbare Gynäkologen, Anästhesisten und Kinderärzte ergänzt. In dem von der Schwangeren unterzeichneten Anmeldeformular war der später tatsächlich zugezogene Frauenarzt, der die Frau schon während der Schwangerschaft betreut hatte, namentlich eingetragen. Als nach der Aufnahme im Geburtshaus grünes Fruchtwasser abging, rief die Hebamme diesen Arzt um 13.40 Uhr an und erhielt die Weisung, die Schwangere nicht zu verlegen. Um 15.00 Uhr erschien der Arzt im Geburtshaus. Er untersuchte die Schwangere und entschloss sich um 17.45 Uhr zur Vakuumextraktion. Sie begann um 18.05 Uhr und führte schließlich nach weiteren 65 Minuten zur Geburt des Kindes, das körperlich und geistig schwerst behindert ist.

Der Haftung der Hebamme kommt hier besonders Bedeutung zu, weil der ebenfalls verklagte und bereits verurteilte Arzt für diese Geburtshilfe nicht haftpflichtersichert war und über sein Vermögen während des Rechtsstreits das Insolvenzverfahren eröffnet worden ist.

Bemerkenswert ist übrigens auch, dass der Bundesgerichtshof eine Haftung der Hebamme für die Folgen der unsachgemäßen Entwicklung durch den Arzt für möglich hält, weil sie als Betreiberin des Geburtshauses eine Garantiestellung gegenüber der Schwangeren eingenommen habe, aber unter Umständen auch als assistierende Hebamme ihrer Remonstrationspflicht nicht nachgekommen sei, sofern sie beizeiten die Gefährdung des Kindes durch grob fehlerhaftes Vorgehen des Arztes erkennen musste. Der gerichtliche Sachverständige hatte von einem grob fehlerhaften Geburtsmanagement und in Bezug auf die Vakuumextraktion wörtlich vom „Reißen eines Verrückten über 65 Minuten" gesprochen.

Zur Verteidigung der Hebamme, sie habe erfolglos zur Klinikverlegung geraten, vermisst der Bundesgerichtshof eine entsprechende Dokumentation. Das zeigt, wie wichtig es ist, dass ein Widerspruch der Schwangeren gegen die angeratene Hinzuziehung eines Arztes oder Verlegung in eine Klinik, aber auch die Gründe, weshalb und mit welcher Dringlichkeit die Hebamme hierzu geraten hat, dokumentiert werden.

Auch wenn die Hausgeburt und die Entbindung im Geburtshaus die klassische Domäne der freiberuflich tätigen Hebamme sind, gilt doch auch hier der Grundsatz, dass beim Auftreten von Komplikationen der Arzt zuzuziehen oder eine Klinikeinweisung zu veranlassen ist. Gerade weil bei der außerklinischen Geburt bis zum Eintreffen des Arztes längere Zeit als bei einer Klinikentbindung vergehen kann, ist hier das rechtzeitige Erkennen des drohenden Notfalls besonders wichtig. Diagnose- und Prognosefehler, Selbstüberschätzung und verzögerte Reaktion auf die erkannte Gefahr können schwerwiegende Folgen für Mutter und Kind haben und für die Hebamme ein erhebliches Haftungsrisiko bedeuten.

Praxisgeburt

Unter diesem Begriff wird die Entbindung sowohl in einer Hebammenpraxis als auch in einer Arztpraxis verstanden[24]. Die Situation in der Hebammenpraxis wird sich für die Schwangere meist nicht wesentlich vom Geburtshaus unterscheiden. In der Arztpraxis hat die Schwangere Anspruch auf den Standard einer fachärztlich geleiteten ambulanten Geburtshilfe. Hier obliegt nicht der Hebamme, sondern dem Arzt die Risikoabschätzung, ob eine ambulante Entbindung unter den Bedingungen der Arztpraxis vertretbar oder eine Klinikeinweisung geboten ist.

Für die Zuziehung einer Hebamme hat der Arzt zu sorgen. Er kann sich der Mitwirkung einer bei ihm fest angestellten, aber auch einer von Fall zu Fall zugezogenen freiberuflichen Hebamme bedienen, auf deren Auswahl die Schwangere Einfluss nehmen kann. Auch in diesem Fall haftet der Arzt für die Fehler der Hebamme, soweit sie als seine Gehilfin und nach seinen Weisungen tätig wird. Die Verletzung der Pflicht, für die Mitwirkung einer Hebamme zu sorgen, führt bei intrapartalen Schäden nicht ohne weiteres zur Haftung des Arztes. Wohl aber muss er damit rechnen, dass die unterlassene Zuziehung einer Hebamme zu einer Umkehr der Beweislast führt und nunmehr er zu beweisen hat, dass auch die Mitwirkung einer Hebamme den Schaden bei Mutter und Kind nicht vermieden hätte. Für die gehörige Dokumentation des Geburtsverlaufs ist der Arzt verantwortlich, mag er sie im Einzelnen auch der Hebamme ganz oder teilweise übertragen.

Klinikgeburt

Entbindung in der Hauptabteilung eines Krankenhauses

Entschließt sich die Schwangere zur Klinikgeburt, so bringt sie damit – mangels anders lautender Erklärung – zum Ausdruck, dass sie in Ausübung ihres Wahlrechts nach § 196 RVO ärztliche Geburtshilfe in Anspruch nehmen will. Unterhält das Krankenhaus einen Kreißsaal, der ganz der Verantwortung der Hebammen überlassen ist und von denen ein Arzt nur gerufen wird, wenn der Geburtsverlauf pathologisch zu werden beginnt, so muss das der Schwangeren spätestens bei der Aufnahme gesagt werden, damit sie nicht der irrtümlichen Erwartung erliegt, insgesamt fachärztlichen Standard bei der Geburtshilfe beanspruchen zu können. Ohne diesen Hinweis will die Schwangere zwar nicht auf Hebammenmitwirkung verzichten, aber doch in erster Linie die Sicherheit in Anspruch nehmen, die eine insgesamt fachärztlich geleitete Geburtshilfe verbürgt. Sie vertraut damit auch den Ärzten die Entscheidung an, welche Tätigkeit sie selbst wahrnehmen wollen und welche sie auf Hebammen delegieren. Es ist also vor allem Ausdruck der Organisationsgewalt und des Dienstanweisungsrechts des Chefarztes einer geburtshilflichen Abteilung, im Einzelnen zu bestimmen, welche vorbereitenden, assistierenden und nachsorgenden Tätigkeiten den Hebammen übertragen werden. Bei dieser Entscheidung ist er nicht an die oben genannten EWG-Richtlinien gebunden.

---

[24] S. zu den vielfältigen Formen der Praxis-Zusammenarbeit Halstrick, Zusammenarbeit von Arzt und Hebamme in der ambulanten Schwangerenvorsorge, Frauenarzt 2005, 91.

In einem solchen Organisationsstatut sollte stets die Weisung enthalten sein, dass schon von der Aufnahme einer Schwangeren zur Entbindung ein Arzt zu verständigen ist und dieser die Schwangere in angemessenen zeitlichen Intervallen sieht und ihr das Gefühl vermittelt, sich auch in ärztlichen Händen zu befinden. Eindeutiger Bestimmungen bedarf, ab wann selbst bei normalem Geburtsverlauf ein Arzt ununterbrochen anwesend zu sein hat. Hierfür bietet sich spätestens der Beginn der Pressperiode an. Bis zu diesem Zeitpunkt entspricht es bewährter Übung, dass die Hebamme die Schwangere in eigener Verantwortung betreut, also bei der Aufnahme zunächst untersucht, Vorbereitungen für die Geburt trifft, ein Entspannungsbad veranlasst und überwacht, ein CTG anlegt und den Fortschritt der Geburt beobachtet und dokumentiert. Andererseits wird es von den örtlichen Verhältnissen, der Personalausstattung und der Berufserfahrung der beteiligten Hebammen abhängen, inwieweit ihnen auch ohne ärztliche Verordnung und im Einzelfall die Verabreichung bestimmter Medikamente und Anästhetika, die Befestigung der Elektrode am kindlichen Kopf, das Legen eines intrauterinen Katheters, eine Episiotomie, die Naht des Dammschnittes oder –risses, die manuelle Lösung der Plazenta sowie die manuelle Nachtastung der Gebärmutter überlassen wird.

Auch bei der Klinikgeburt ist ein besonders häufiger Haftungsgrund darin zu sehen, dass die Hebamme oder ein ärztlicher Berufsanfänger die Gefahr einer pathologischen Entwicklung der Geburt nicht rechtzeitig erkennt und deshalb der Facharzt zu spät zugezogen wird. Aus diesem Grunde hat die AG Medizinrecht in ihren Empfehlungen zur Zusammenarbeit von Arzt und Hebamme[25] folgenden Katalog von Situationen aufgestellt, in denen die Zuziehung des Facharztes (u.U. sogar des Ober- oder Chefarztes) geboten ist[26]:

a) Nicht normales CTG
b) Pathologische MBU (pH-Wert < 7.20)
c) Blutungen unter der Geburt
d) Nabelschnurvorfall
e) Lageanomalien (Beckenendlage, Querlage, Schräglage)
f) Mehrlinge
g) Drohende Frühgeburt vor der 32. SSW
h) Vorzeitiger Blasensprung
i) Grünes oder blutiges Fruchtwasser
j) Erstgebärende über 40 Jahre oder vorangegangene Geburt eines toten oder geschädigten Kindes
k) Ernste mütterliche Erkrankungen (z.B. insulinpflichtiger Diabetes mellitus, Eklampsie, Herzkrankheiten, Hypertonie, Herpesinfektion, HIV)

---

[25] Fn. 440 unter Abschnitt 3.4.

[26] Dieser Katalog wird in der BDH-Stellungnahme (Fn. 440 unter Abschnitt 3.5) nur in einigen Punkten modifiziert und ergänzt. Die Charité in Berlin hat neben speziellen Oberarztindikationen einen weiteren Katalog von Situationen aufgestellt, in denen die Neonatologie einzuschalten ist.

l) Verdacht auf HELLP-Syndrom, Amnioninfektionssyndrom (Fieber der Mutter, Tachykardie des Fetus)
m) Zustand nach Uterusoperationen (inkl. Sectio)
n) Protrahierter Geburtsverlauf
o) Geburtseinleitung (Prostaglandingaben)
p) Operativer Eingriff (Vakuumextraktion, Zangengeburt, Sectio)
q) Versorgung von Dammrissen 3. Grades (DR III)
r) Unvollständige Plazenta, Störungen oder stärkere Blutungen (> 500 ml) in der Nachgeburtsperiode

Gewiss bedürfen nicht alle diese Punkte stets ausdrücklicher und schriftlicher Dienstanweisung. Je überschaubarer die Verhältnisse, je geringer die Personalfluktuation und je besser die Zusammenarbeit eingespielt, desto eher wird ein Chefarzt, der die Leistungsfähigkeit seiner Mitarbeiter zuverlässig einschätzen kann, von Dienstanweisungen absehen oder sich auf knappe Anordnungen beschränken können.

Gerade kleinere Krankenhäuser sehen sich wegen ihrer geringen Personalausstattung mit Fachärzten mitunter genötigt, den Nacht- und Wochenenddienst im Kreißsaal von Berufsanfängern (Assistenzärzten am Anfang ihrer Weiterbildungszeit, früher sogar von Ärzten im Praktikum[27] und fachärztlicher Rufbereitschaft nur im Hintergrunddienst) wahrnehmen zu lassen. Das kann im Schadensfall leicht als Organisationsfehler gelten[28], läßt aber auch die formale Überordnung des (jungen) Arztes über die (erfahrene) Hebamme fragwürdig erscheinen. Es ist in solchen Fällen kaum etwas dagegen einzuwenden, wenn der anwesende ärztliche Berufsanfänger bis zum Eintreffen des Facharztes die Geburtsleitung der Hebamme überlässt und sich ihr unterordnet[29].

Für die Fehler von Anstaltshebammen haftet stets auch der Krankenhausträger, und zwar gleichgültig, ob die Hebamme den Fehler als Gehilfin des geburtsleitenden Arztes oder in ihrem eigenen Tätigkeitsbereich begangen hat. Selbst wenn die Schwangere als Wahlleistung Chefarztbehandlung in Anspruch nimmt, führt das in der Regel dazu, dass dieser (mit der Hebamme als seiner Gehilfin) zusätzlich haftet, der Krankenhausträger, der die medizinische Gesamtversorgung schuldet, aber nicht aus seiner Haftung für Arzt und Hebamme entlassen ist.

Belegkrankenhaus oder Belegabteilung einer Vollanstalt

Wesentlich anders verhält es sich mit der Haftung im Belegarztwesen. Hier gilt das Prinzip der getrennten Verantwortung: Der Belegarzt schuldet der Schwangeren allein die ärztliche Versorgung in seinem Fachgebiet, der Klinikträger nur die

---

27 S. warnend hierzu die Empfehlungen der AG MedR zum Einsatz des Arztes im Praktikum (AiP) in der Geburtshilfe, Frauenarzt 1998, 1371 (in gewissen Grenzen allgemein übertragbar auf den Einsatz von Berufsanfängern).

28 OLG Düsseldorf AHRS 2500/206 u. 3400/112 = VersR 2001, 460: Geburtsleitung durch AiP mit ihm untergeordneter Hebamme als Organisationsfehler.

29 OLG München AHRS 2500/161; OLG Stuttgart OLGReport 2004, 234.

sog. Hotelleistungen, eventuell daneben den nachgeordneten medizinischen Dienst durch von ihm angestellte Hebammen und Pflegekräfte, sowie die Bereitstellung von Ärzten anderer Fachrichtung[30]. Für die Frage, wer der Hebamme gegenüber weisungsberechtigt ist und sich ihr Fehlverhalten haftungsrechtlich zurechnen lassen muss, ist zu unterscheiden: Ist die Hebamme vom Träger des (Beleg-)Krankenhauses gestellt, ist sie bis zur Übernahme der Geburtsleitung durch den Arzt die Gehilfin des Krankenhauses, das für ihre Fehler einzustehen hat[31]. Steht die Hebamme in den Diensten der Belegärzte, ist sie bei ihrer Tätigkeit insgesamt deren Gehilfin. Davon wiederum zu unterscheiden sind die frei praktizierenden Beleghebammen, die ähnlich wie der Belegarzt einen eigenen Vertrag mit der Schwangeren abschließen, sie zur Niederkunft in eines ihrer Belegbetten aufnehmen und den Arzt nur im Notfall zuziehen. Bis zu diesem Zeitpunkt haben sie für ihre Fehler allein einzustehen. Sobald ein Belegarzt die Geburtsleitung übernimmt, ist er allen drei Gruppen von Hebammen gegenüber gleichermaßen weisungsberechtigt und haftet für ihre Fehler, die sie als seine Gehilfen bei der Geburtshilfe begehen[32]. Der Krankenhausträger kann in diesem Tätigkeitsbereich neben oder gemeinsam mit dem Belegarzt nur haften, wenn ihn ein Organisationsverschulden trifft, er z.B. wissentlich dem Belegarzt eine unzulänglich ausgebildete, unzuverlässige oder unfähige Hebamme zur Verfügung gestellt hat.

Hat bei mehreren im Krankenhaus tätigen Belegärzten der Belegarzt A ausdrücklich den Belegarzt B zu seinem Vertreter bestimmt, zieht die Hebamme trotz Kenntnis dieser Regelung aber im Bedarfsfall den Belegarzt C zu, so sind Fehler von C nicht dem A zuzurechnen. Auch die Fehler der Hebamme hat nur C und nicht A zu vertreten[33].

Belegkrankenhäuser erfordern ein gutes Risikomanagement, weil Krankenhausträger, Belegärzte und Hebammen ungeachtet ihrer rechtlichen Selbständigkeit zu koordinieren sind. Schwachstellen führen hier nicht selten zu Haftungsfällen. Solche Schwachstellen können einerseits in einer zu knappen Personalbesetzung und fehlenden Vertreterbestellung, zum anderen in der Unsicherheit liegen, inwieweit eine Hebamme den Weisungen ihres Arbeitgebers oder denen des Belegarztes unterliegt. Vor allem aber liegen Risiken darin, dass nicht ständig ein Facharzt anwesend ist, er womöglich auch nicht rechtzeitig gerufen wird oder nicht rechtzeitig erscheint, was durch Sprechstundenbindung, Verkehrsverhältnisse oder Freizeitverhalten bedingt sein kann. Im Notfall müssen Hebammen und Pflegekräfte versuchen, zur vitalen Basisversorgung der Patientin im Krankenhaus einen Arzt (auch aus einem anderen Fachgebiet) zu erreichen. In dringenden Fällen sind sie befugt, zur Rettung von Mutter und Kind Handlungen vorzunehmen, die ihnen sonst untersagt sind.

30 BGHZ 129, 6 = VersR 1995, 706 = MedR 1995, 366; OLG Zweibrücken AHRS 0490/101.

31 BGHZ 144, 296 = NJW 2000, 2737 = VersR 2000, 1146 = MedR 2001, 197.

32 S. hierzu näher Franzki/Hansen, Der Belegarzt – Stellung und Haftung im Verhältnis zum Krankenhausträger, NJW 1990, 737, 742f.; Schwall/Itzel, Grundstrukturen der zivilrechtlichen Haftung von Belegarzt, Hebamme und Belegkrankenhaus im Rahmen der Geburtshilfe, MedR 2001, 565.

33 OLG München OLGReport 1998, 229.

Auch wenn die Hebamme den Belegarzt bei mehrstündigem pathologischen Herzfrequenzmuster pflichtwidrig nicht über den Geburtsverlauf informiert, muss dieser sich von sich aus in angemessenen Zeitabständen unterrichten, sofern er weiß, dass mit einer langen und nicht komplikationslosen Geburt zu rechnen ist[34].

Die Hebamme kann, wie bereits ausgeführt, berechtigt und verpflichtet sein, unsachgemäßen Weisungen oder Maßnahmen des Belegarztes zu widersprechen. Hier stellt sich die Frage, ob sie durch unterlassenen Widerspruch eine Pflichtverletzung begeht, die ihr als Anstaltshebamme dem Krankenhaus gegenüber obliegt und bei der das Krankenhaus für ihre Pflichtverletzung einzustehen hätte. Das OLG Koblenz[35] verneint diese Frage, weil dadurch die klare Trennung der Verantwortlichkeiten aufgegeben würde und der Krankenhausträger mittelbar doch wieder für die Fehler des Belegarztes einzustehen hätte. Dahinter steht eine weitere und sehr bedeutsame Frage: Hat der Träger des Belegkrankenhauses Anspruch darauf, von groben Pflichtverletzungen des Belegarztes durch die Hebamme, aber auch von solchen Pflichtverletzungen der Hebamme durch den Belegarzt informiert zu werden? Das wäre z.B. der Fall, wenn der Belegarzt auf Abruf wiederholt verspätet eintrifft, bei seiner Arbeit unter Alkoholeinfluss steht oder ganz unsachgemäße Weisungen erteilt – Pflichtverletzungen, die freilich auch an anderen Entbindungsstätten vorkommen können. Andererseits könnte der Belegarzt beobachten, dass die Hebamme mit dem CTG überhaupt nicht umgehen kann oder in Selbstüberschätzung wiederholt ihre Pflicht verletzt, bei Abweichungen vom normalen Geburtsverlauf sofort den Arzt zu verständigen. Da hiervon ernste Gefahren für Mutter und Kind ausgehen können, muss man eine Pflicht der Beteiligten anerkennen, den Krankenhausträger zu informieren, damit dieser in Ausübung seiner Organisationsaufgabe den Vorwürfen nachgehen, Abmahnungen aussprechen oder als ultima ratio den Belegvertrag mit Arzt und Hebamme kündigen kann.

Ausblick

Auch nach der weitgehenden Verlagerung von der Haus- zur Klinikgeburt und dem dadurch bedingten Wandel ihres Berufsbildes nimmt die Hebamme in unverzichtbarer Weise ihre Aufgaben in der Geburtshilfe wahr. Sie handelt dabei teils selbständig und teils als Gehilfin des Arztes. Bei einer solchen Zusammenarbeit von zwei Berufsgruppen sind Zwischenfälle und Schäden am ehesten abzuwenden, wenn durch klare Dienstanweisungen die Kompetenzen festgelegt sind. Selbstüberschätzung birgt große Gefahren in sich, Prestigedenken und Rivalitäten können den Erfolg der Zusammenarbeit beeinträchtigen. Jede Arbeitsteilung sollte die umfassende Berufsausbildung der Hebamme und ihre namentlich gegenüber jüngeren Ärzten oft überlegene praktische Erfahrung berücksichtigen.

---

34 OLG Oldenburg AHRS 0930/16 u. 3210/8 = VersR 1992, 453.

35 VersR 2001, 897 = MedR 2001, 574.

Ob die neuerdings wieder zunehmende Zahl freiberuflich tätiger Hebammen dazu führen wird, den Anteil der außerklinischen Geburten zu vergrößern, bleibt abzuwarten. Bedenken sind allerdings gegen das Bestreben geltend zu machen, auch bei der Klinikgeburt die Verantwortung neu abzugrenzen, den Anstaltshebammen die alleinige Herrschaft über den Kreißsaal einzuräumen und die Ärzte generell erst dann zu beteiligen, wenn der Geburtsverlauf pathologisch zu werden beginnt[36]. Zum einen wird es bei solcher Verengung des ärztlichen Aufgabenbereiches in kleinen und mittleren Krankenhäusern nicht mehr möglich sein, fachärztlichen Standard rund um die Uhr zu gewährleisten. Zum anderen braucht auch der Facharzt die nur in der täglichen Routine zu gewinnende handwerkliche Fertigkeit, um in Problemfällen in einer den Hebammen überlegenen Weise Geburtshilfe leisten zu können. Und schließlich zeigen die Fälle, die die Haftpflichtversicherungen, die Gutachterkommissionen und Schlichtungsstellen sowie die Gerichte beschäftigen, wie oft der richtige Zeitpunkt für die Einschaltung des Arztes verpasst wird, nun keine Zeit mehr bleibt zur gründlichen Anamnese, zur Aufklärung der Schwangeren vor operativen Eingriffen, und eine Notsectio an die Stelle einer rechtzeitig geplanten, risikoärmeren primären Sectio treten muss. Der hohe Leistungsstandard der Geburtshilfe in Deutschland wird sich nur halten lassen, wenn es bei der praktisch bewährten bisherigen Aufgabenverteilung zwischen Ärzten und Hebammen bleibt.

[36] So die BDH-Stellungnahme (Fn. 440 unter Abschn. 3.5 und 4).

12. Besonderheiten der belegärztlichen Tätigkeit

J. Müller, A. Schmid und M. Duffner

Neben den hauptamtlich am Krankenhaus tätigen Ärzten haben bei der Organisation des ärztlichen Dienstes im Krankenhaus die Belegärzte (§ 121 Abs. 2 SGB V, § 23 Abs. 1 BPflV) ihre besondere Bedeutung.

Ein Zusammenwirken von Krankenhaus und Belegarzt ist unter Gesichtspunkten des Risikomanagements von nicht zu unterschätzender Bedeutung. Die Einrichtung einer Belegabteilung bedeutet, dass sich der Krankenhausträger in eine gewisse Abhängigkeit vom Belegarzt begibt. Zum Beispiel übt der Belegarzt seine stationäre Tätigkeit unter Inanspruchnahme von Räumen und Einrichtungen in einer fremden Betriebsstätte, nämlich in der des Krankenhauses aus. Damit sind Einwirkungen auf den Rechtskreis des Trägers verbunden. Schließlich bestimmt die Zusammenarbeit des Belegarztes und des Krankenhausträgers den Inhalt des Krankenhausbehandlungsvertrages und damit die gegenüber dem Patienten jeweils geschuldeten Leistungen.

Als Rahmenbedingungen dieser Zusammenarbeit sind neben der nur eingeschränkt zu gewährleistenden Präsenzpflicht (da der Belegarzt in der Regel zugleich seine ambulante Praxis führt und dem Krankenhaus folglich nicht uneingeschränkt zur Verfügung stehen kann) und die durchaus auch mit Nachteilen verbundene fehlende feste Einbindung des Belegarztes in die Krankenhaushierarchie und -organisationsstrukturen zu nennen. Das Krankenhaus hat dadurch in der Regel nur sehr indirekt und abgeschwächt Einfluss auf die Organisation der Behandlungsabläufe in der belegärztlichen Abteilung. Gleichwohl gilt es auch hier sicherzustellen, dass das Behandlungsmanagement so gestaltet ist, dass Schaden vom Patienten tunlichst abgewendet wird, dass also die Zusammenarbeit der Belegärzte mit anderen Fach- oder Querschnittsabteilungen des Krankenhauses oder auch mit dem Pflegedienst ohne Reibungsverluste läuft. Versäumnisse können sehr leicht unter haftungsrechtlichen Gesichtspunkten sowohl für den Belegarzt als auch den Krankenhausträger relevant werden.

Da ein effizientes Risikomanagement aber gerade eine höhere Patientensicherheit und ein geringeres Haftungsrisiko für die Behandlerseite zum Ziel hat, gilt es, gerade in den Schnittstellenbereichen den Haftungsgefahren zu begegnen, vom Gesetz oder der Rechtssprechung vorgegebene Zuständigkeiten und Verantwortlichkeiten zu kennen und für das eigene Zusammenwirken konkrete und feste Regelungen zu treffen.

Der folgende Abschnitt soll dazu dienen, auf die wesentlichen Besonderheiten und Haftungsfallen aufmerksam zu machen, die der belegärztlichen Tätigkeit immanent sind und insbesondere auch Verantwortlichkeiten und Zuständigkeiten bewusst zu machen, wie sie in einer immer diffizileren Rechtssprechung definiert wurden.

Definition Belegarzt

Belegärzte sind nicht am Krankenhaus angestellte Vertragsärzte, die berechtigt sind, ihre Patienten im Krankenhaus unter Inanspruchnahme der hierfür bereit gestellten Dienste, Einrichtungen und Mittel stationär oder teilstationär zu behandeln, ohne hierfür vom Krankenhaus eine Vergütung zu erhalten (vgl. § 23 BPflV).

In Deutschland gibt es ca. 6.000 Belegärztinnen und –ärzte, die nach Auskunft des Bundesverbandes der Belegärzte derzeit etwa 60.000 Krankenhausbetten betreuen. Schwerpunktdisziplinen im Belegarztsystem sind die Frauenheilkunde und Geburtshilfe sowie die Fachgebiete Hals-Nasen-Ohren, Augenheilkunde und Urologie[1].

Das Behandlungsverhältnis

Die stationäre Behandlung durch einen Belegarzt gilt als Paradefall des gespaltenen Arzt-Krankenhaus-Vertrages. Der Patient geht bei einer stationären Behandlung durch einen Belegarzt zwei vertragliche Beziehungen ein. Zum einen hinsichtlich der ärztlichen Behandlung mit dem liquidationsberechtigten Arzt (hier: Belegarzt), zum anderen hinsichtlich der Krankenhausversorgung mit dem Krankenhausträger. Dem Rechtscharakter des gespaltenen Krankenhausaufnahmevertrages liegt die Leitidee vertraglicher Aufspaltung der Haftung für die klinische Gesamtversorgung des Patienten in zwei getrennte Leistungs- und Haftungsbereiche zugrunde.

Die Leistungsbereiche

Der Belegarzt schuldet gem. § 23 Abs. 1 Satz 2 BPflV seine persönlichen ärztlichen Leistungen, den ärztlichen Bereitschaftsdienst für die Belegpatienten, die von ihm veranlassten Leistungen nachgeordneter Ärzte in seinem Fachgebiet, sowie die von ihm in Auftrag gegebenen Leistungen von Ärzten und Einrichtungen außerhalb des Krankenhauses.

Demgegenüber ist das Krankenhaus für die Unterbringung, Verköstigung, sowie pflegerische und ärztliche Betreuung des Patienten außerhalb der Leistungen des Belegarztes verantwortlich[2]. Zu seinem originären Leistungsbereich gehören weiter die Bereitstellung der erforderlichen technisch-apparativen Einrichtungen und die Organisation ihrer Benutzung. Gleichermaßen zeichnet der Krankenhausträger verantwortlich für die Bereitstellung der zur Erbringung der allgemeinen

---

1 http://www.bundesverband-belegaerzte.de/wir/index.html.

2 Vgl. Stange, BADK Nov. 1995, Sonderheft Krankenhaushaftung, S. 14; Büsken/Klüglich, VersR 1994, 1141.

Krankenhausleistungen erforderlichen personellen Ausstattung. Der Krankenhausträger bleibt auch verantwortlich für die allgemeine Krankenhausorganisation, insbesondere durch Weisungen und Überwachung.

Haftungszuordnung

Grundsätze

Die Haftungsfrage ist beim gespaltenen Krankenhausaufnahmevertrag nicht immer leicht zu beantworten, da sich die Zuständigkeitsbereiche nicht immer exakt trennen lassen.

Maßgeblich für die Haftungszuordnung ist, wer nach außen gegenüber dem Patienten gehandelt hat und wer nach der BPflV berechtigt ist, die entsprechende Leistung abzurechnen[3].

Im Grundsatz haftet der Belegarzt für seine eigene Tätigkeit, sowie für die Arbeit der in seinem Fachgebiet tätig gewordenen Ärzte; der Krankenhausträger hat für die Fehler der Krankenhausärzte eines anderen Fachgebietes und der Pflegekräfte einzustehen[4].

Im Einzelnen bedeutet dies, dass der Belegarzt insbesondere seine eigenen ärztlichen Leistungen und den ärztlichen Bereitschaftsdienst verantworten muss, selbst wenn dieser durch Krankenhausärzte oder andere Belegärzte geleistet wird[5]. Der Belegarzt haftet weiter für die von ihm in Auftrag gegebenen Leistungen nachgeordneter Krankenhausärzte in seinem Fachgebiet und für die von ihm in Auftrag gegebenen Leistungen ärztlicher oder ärztlich geleiteter Einrichtungen außerhalb des Krankenhauses[6]. Daneben trifft den Belegarzt eine Haftung auch dann, wenn den von ihm selbst angestellten oder zu Urlaubsvertretern bestellten Ärzten ein Fehler unterläuft[7]. Gleiches gilt für den Fall, dass Krankenhausärzte an Stelle des Belegarztes zur Notfallversorgung Hilfe leisten.

Für die Krankenhausärzte, die nicht im Fachgebiet des Belegarztes tätig werden, sowie für das Pflege- und medizintechnische Personal ist dagegen das Krankenhaus haftungsrechtlich verantwortlich[8].

Von dieser haftungsrechtlichen Trennung hat der Bundesgerichtshof zwischenzeitlich jedoch Ausnahmen zugelassen. So haftet z.B. der Belegarzt gleichwohl für Fehler, die vom Pflegepersonal außerhalb des eigentlichen pflegerischen Bereichs gemacht werden, wenn diese die Kompetenz übersteigende Aufgabe der Pflegekraft vom Belegarzt zugewiesen wurde. Als entscheidend wird hierbei auf die Weisungsbefugnis des Belegarztes gegenüber dem Pflegedienst abgestellt[9].

---

3 S. Stange, a.a.O.

4 OLG Koblenz, VersR 2001, 897.

5 Vgl. Reiling, MedR 1995, 443.

6 Vgl. Stange, a.a.O.

7 Vgl. Franzki/ Hansen, NJW 1990, 737; OLG Stuttgart VersR 2002, 235.

8 OLG Düsseldorf VersR 1988, 91; Giesen, Arzthaftungsrecht, S. 12, Rn. 14.

9 BGH NJW 1996, 2429.

Der Krankenhausträger haftet demgegenüber für eigene Organisationsfehler, z.B. bei unzureichender Stellenbesetzung, unzureichenden hygienischen Verhältnissen, unzureichender oder veralteter Geräteausstattung, unzureichender Gerätewartung etc.[10].

Ein Belegarzt ist, auch wenn er sich als Leitender Arzt/ Chefarzt einer Abteilung bezeichnet, weder Organ des Krankenhauses, noch ist er dessen im fachlichen Bereich aufsichtsbeauftragter Verrichtungsgehilfe. Für Operationsfehler haftet daher nur der Belegarzt, nicht das Krankenhaus. Dies gilt nicht für Fehler des nachgeordneten ärztlichen oder pflegerischen Dienstes[11].

Zwischen Belegarzt und Krankenhausträger kann ein Gesamtschuldverhältnis vorliegen, wenn ein Fehler sowohl der Sphäre des Krankenhauses als auch der des selbst liquidierenden Arztes zuzurechnen ist[12]. Hieran ist beispielsweise zu denken, wenn Pflegefehler auf Anweisungsversäumnisse des Belegarztes zurückgehen, wenn Pflegepersonal kritiklos einer offensichtlich falschen Anweisung des Arztes folgt, wenn es im Rahmen der horizontalen ärztlichen Arbeitsteilung zu Koordinations- oder Informationsdefiziten kommt oder wenn bei der Koordination von ärztlicher Behandlung und pflegerischer Betreuung oder auch bezüglich der Weisungs- und Kontrollzuständigkeiten Missverständnisse auftreten. Der Patient hat dann ggf. einen Anspruch sowohl gegen das Krankenhaus als auch gegen den Belegarzt, beide haften dem Patienten im Außenverhältnis als Gesamtschuldner. Im Innenverhältnis richtet sich die Höhe der Haftungsanteile nach der Schwere der Verursachung und des Verschuldens[13].

Erkennbarkeit der getrennten Haftungsschienen für den Patienten

Umstritten ist die Frage, ob die obigen Grundsätze (*Haftung des Trägers* lediglich für eigene Versäumnisse und Versäumnisse angestellten Personals etc., – *Haftung des Belegarztes* bei Fehlern im Rahmen der Erbringung von *dessen* ärztlichen Leistungen sowie für die Fehler von Erfüllungsgehilfen) dann zu durchbrechen sind, wenn dem geschädigten Patienten dieses Nebeneinander der Haftungsschuldner nicht erkennbar oder bewusst ist (Stichwort: Haftung aus unzureichender *Haftungsaufklärung)*.

Wenn dies auch auf den ersten Blick doch recht eigenartig anmutet, ist jedoch (zumindest von erstinstanzlichen und zweitinstanzlichen Gerichten) in diese Richtung gehend bereits mehrfach entschieden worden. Dies findet seinen Grund wohl in der immer häufiger anzutreffenden Übung der Gerichte, unabhängig von juristischen Prinzipien die Bedürfnisse der Geschädigten in den Vordergrund zu stellen.

---

10 Vgl. Stange a.a.O.

11 OLG Koblenz, NJW 1990, 1534.

12 Vgl. Stange. a.a.O.

13 BGH Urteil vom 25.11.2003 (Az.: VI ZR 8/03); Trotz der materiellrechtlichen Abgrenzung kann ein Gericht in prozessualer Hinsicht kein „isoliertes" Teilurteil gegen den Krankenhausträger erlassen, ohne dass gleichzeitig über etwaige Schadenersatzansprüche gegen den Belegarzt entschieden wird.

Folgende Fallkonstellation diene als Beispiel:

Eine Patientin begibt sich zur Geburt in ein Krankenhaus mit belegärztlich geführter Geburtsabteilung. Vor der stationären Aufnahme wird der Patientin der im Haus übliche Krankenhausaufnahmevertrag zur Unterschrift übergeben, aus dem sich allerdings nicht ergibt, dass es sich beim geburtsleitenden Arzt um einen Belegarzt handelt, mit dem eigene Vertragsbeziehungen entstehen und der haftungsrechtlich vom Krankenhaus zu unterscheiden ist.

Der Belegarzt begeht bei der Entbindung einen Behandlungsfehler (z.B. verspätete Schnittentbindung), in Folge dessen das Kind einen erheblichen Gesundheitsschaden erleidet. Das gesamte Schadensvolumen, einschließlich des Regresses der Sozialversicherungsträger kann, in einem solchen Fall – volle Haftung unterstellt - leicht € 2,5 Millionen betragen.

Unterstellen wir weiter, der Belegarzt verfügt lediglich (wie noch sehr oft) über eine alte Haftpflichtpolice mit einer Deckung i.H.v. € 0,5 Millionen. Da der Belegarzt diese Unterdeckung i.d.R. nicht mit seinem persönlichen Vermögen ausgleichen können wird (wozu er freilich rechtlich verpflichtet wäre), würde insbesondere der klagende Geschädigte erhebliche Ansprüche nicht realisieren können.

Unter Berücksichtigung der auch vom BGH in anderem Zusammenhang bereits geforderten „Notwendigkeit der Schließung von Haftungslücken“ kann ein mit einer solchen Fallkonstellation befasstes Gericht sehr leicht zum Ergebnis kommen, dass neben dem Belegarzt auch der Träger des Krankenhauses quasi aufgrund fehlerhafter *Haftungsaufklärung* als Gesamtschuldner für den entstandenen Schaden (mit-)haftet. Dies ist auch bereits so entschieden worden[14].

Argumente für eine solche Rechtsauffassung können die §§ 133, 157 BGB bieten. Demnach kommt es bei der Auslegung einer Willenserklärung (nichts anderes stellt die oben beschriebene Übergabe des Krankenhausvertrages an den Patienten dar) primär auf den Verständnishorizont des *Empfängers* an.

Im Beispielfall läßt sich dann leicht die Auffassung vertreten, dass bei der Patientin der Eindruck erweckt wurde, dass ein sog. totaler Krankenhausaufnahmevertrag geschlossen werden sollte und es sich daher bei Krankenhaus und Belegarzt um eine haftungsrechtliche Einheit handelt, somit der eine Teil auch für die Fehler des anderen haftet.

Aus der gleichen Erwägung heraus[15] wird seitens des BGH[16] bei der Behandlung durch einen selbstliquidierenden Chefarzt und fehlender hinreichender Klarstellung durch das Krankenhaus auch ein sog. „Arztzusatzvertrag“ konstruiert. Inhalt eines solchen Vertrages ist u.a., dass *neben (nicht: statt!)* dem liquidierenden Chefarzt der Patient mit dem Krankenhaus einen *zusätzlichen* Haftungsschuldner erlangt.

Eine solche Konstruktion ist im Hinblick auf einen notwendigen Patientenschutz sowie die §§ 133, 157 BGB beim liquidationsberechtigten Chefarzt durchaus gerechtfertigt. Dieser befindet sich in die Organisation des Krankenhauses

---

14 Vgl. OLG München ZR 272/ 93, aufhebend dann jedoch Revision hierzu, BGH vom 14.02.1995; VI ZR 272/ 93 = VersR 95, 706 ff.

15 Vgl. Erich Steffen, 6. Auflage 1995, Seite 13 ff.

16 BGH vom 22.12.1993; VI ZR 341/91 = VersR 93, 481.

eingebettet. Hier ist dem Patienten die (juristisch) exakte Trennung der haftungsrechtlichen Verantwortlichkeiten bei Inanspruchnahme von Wahlleistungen nicht unbedingt zumutbar. Daher kann man vom Krankenhaus bzw. dem Chefarzt durchaus ein erhöhtes Maß an Aufklärungsarbeit hinsichtlich der haftungsrechtlichen Verantwortlichkeiten einfordern.

Ganz anders verhält sich dies allerdings für den Bereich des Belegarztes:

Nach obiger Definition ist der Belegarzt organisatorisch vom Krankenhausträger zu unterscheiden. Beide Leistungserbringer stehen für ihre jeweiligen Leistungsbereiche nebeneinander. Diese organisatorische Trennung müsste grds. auch dem Patienten klar sein, der sich in die Behandlung beim Belegarzt begibt. So ist es oftmals der Belegarzt selbst, der in seiner Eigenschaft als niedergelassener Arzt den Patienten ins Krankenhaus bzw. auf die Belegstation einweist. Auch findet der Patient in der Regel im Eingangsbereich der Krankenhäuser Informationen zu den Abteilungen im Haus. Dort sind die Belegärzte als solche ausdrücklich benannt.

Nach zunächst missverständlicher und wohl auch missverstandener Rechtssprechung[17] bezog der BGH hierzu in einer späteren Entscheidung relativ klar Stellung[18]. So wird für den dortigen Fall ausgeführt, dass vom Krankenhaus nicht zu fordern sei, dass dieses auf den Ausschluss seiner Haftung für den Belegarzt hinweisen müsse. U.a. aus diesem Grund kam der BGH im zitierten Fall zu dem Ergebnis, dass der Krankenhausträger nicht für Fehler während einer belegärztlich zu verantwortenden Geburt mithaftet.

Bereits in dieser Entscheidung wurde allerdings relativierend ausgeführt, dass eine solche Verantwortung jedoch dann anzunehmen sei, wenn „der Patient im Grundsatz die ärztliche Leistung vom Krankenhaus erwarten kann". Somit wurde letztlich doch eine „Hintertür" für das oben genannte Prinzip der „Schließung von Haftungslücken" offengelassen.

Zurückfallend in seine alte Rechtssprechung und sozusagen diese „Hintertür" aufstoßend, hat der BGH im Jahre 2004 in einem Geburtsschaden entschieden, der sich in einem hebammengeleiteten Geburtshaus ereignet hatte[19].

Ein niedergelassener Gynäkologe (welcher vom Geburtshaus organisatorisch völlig getrennt war) hatte die Mutter des dann zu Schaden gekommenen Kindes in das Geburtshaus eingewiesen. Nachdem es zu ersten Komplikationen im Geburtsverlauf kam, wurde der Gynäkologe telefonisch von der das Haus betreibenden Hebamme kontaktiert. Der Arzt entschied, dass keine Verlegung in ein anderes Haus notwendig sei und kam nach über einer Stunde selbst zur Geburt hinzu. Nach weiteren (mehreren) Stunden wurde das Kind dann mittels Vakuumextraktion geboren. Es ist seitdem schwerst geschädigt.

Bezüglich des Gynäkologen entschied das vorinstanzliche Gericht, dass diesem eine grob fehlerhafte Geburtsleitung vorzuwerfen sei und bejahte dessen Haftung. Der Gynäkologe war jedoch für die Durchführung der Geburt nicht haftpflichtversichert und es wurde bereits während des Verfahrens das Insolvenzverfahren eröffnet. Eine Haftung des (ebenfalls verklagten) Trägers wurde dagegen von der Vorinstanz verneint, da diesem weder ei-

---

17 BGH vom 29.03.1990; I ZR 76/88 = NJW 90, 2317 f.

18 BGH vom 14.02.1995; VI ZR 272/93 = VersR 95, 706 ff.

19 BGH vom 07.12.2004; VI ZR 212/03.

genes Verschulden, noch das Verschulden des Gynäkologen vorzuwerfen bzw. zurechenbar sei.

Anders entschied hierzu allerdings der BGH. Da das Haus in einem Prospekt mit u.a. „Sicherheit und ärztlicher Betreuung (...)" warb, sei bei der Mutter des Geschädigten der Eindruck erweckt worden, dass das Haus *selbst* eine solche Leistung schulde. Dann sei aber der Gynäkologe als Erfüllungsgehilfe des Hauses einzuordnen und das Haus habe sich dessen Verschulden zuzurechnen.

Auf diese verwirrende und uneinheitliche Rechtssprechung gilt es nun zu reagieren, um sowohl für das Krankenhaus als auch für den Belegarzt eine größtmögliche (Haftungs-) Sicherheit zu gewinnen:

Im jeweiligen Krankenhausaufnahmevertrag sollte mittels eigenem Passus deutlich darauf hingewiesen werden, dass ärztliche Behandlungen in den Bereichen xy von den Belegärzten XY durchgeführt werden und dass allein diese Leistungserbringer sowie ggf. Haftungsschuldner sind.

Zusätzlich sollte in dem der Kooperation zugrundeliegenden Belegarztvertrag die Verpflichtung des Belegarztes normiert sein, mit seinen Patienten eigene schriftliche Verträge zu schließen und dort auch auf das allein mit ihm bestehende Vertrags- und Haftungsverhältnis hinzuweisen.

Allerdings ist dann aus organisatorischen Gründen seitens des Krankenhauses (s.o.) auch darauf zu achten, dass der Belegarzt dieser Verpflichtung auch nachkommt.

Im Hinblick auf diese Ausführungen ist – zumindest aus Krankenhaussicht - potenziellen Patientinnen/Patienten (z.B. durch entsprechende Prospekte, Hinweistafeln im Krankenhaus, gesonderter Eingang in die Belegabteilung – räumliche Trennung - etc.) so deutlich wie möglich zu machen, dass im Haus ggf. *externe* Leistungserbringer tätig werden, die allerdings haftungsrechtlich mit dem Haus als solchem nichts zu tun haben. Hier einen Kompromiss zwischen der notwendigen Klarheit und der gewünschten Kundenorientierung zu finden, ist sicherlich eine große Herausforderung für den Träger eines Belegkrankenhauses.

Besondere Regelungsanforderungen bei Belegarzttätigkeit

Interdisziplinäre Zusammenarbeit

Die interdisziplinäre ärztliche Zusammenarbeit ist besonders in einem Belegkrankenhaus extrem haftungsträchtig, da der Belegarzt in der Regel nicht so fest wie ein angestellter Arzt in die Struktur und Organisation des Krankenhauses eingebunden ist und insbesondere aufgrund der parallel ausgeübten Praxistätigkeit dem Krankenhaus und den dort behandelten Patienten nur zeitlich eingeschränkt zur Verfügung steht. Oft bestehen zwar mündliche Absprachen zwischen den Belegärzten und den am Krankenhaus tätigen Hauptabteilungen und man stützt sich – mehr oder weniger stillschweigend – auf die Vorgaben der Berufsverbände. Im

Einzelnen bestehen dann aber doch im Hinblick auf die Zusammenarbeit hinsichtlich einiger Punkte zum Teil erhebliche Unklarheiten.

Aus der forensischen Erfahrung und unter Risk Management Gesichtspunkten ist daher dringend zu empfehlen, hier unbedingt klare Absprachen zu treffen und diese schriftlich niederzulegen. Es zeigt sich in der Praxis immer wieder, dass schriftlich dokumentierte Absprachen – schon wegen der dadurch geschaffenen Transparenz – von großem Wert sind.

In diesem Zusammenhang spielt sicherlich auch eine Rolle, dass die Vereinbarungen der Berufsverbände zwischenzeitlich so vielfältig und umfangreich sind, dass nicht ohne weiteres vorausgesetzt werden kann, dass jeder Arzt die Inhalte der Kooperationsabsprachen vollständig kennt. Diese lassen oft auch verschiedene Gestaltungsvarianten zu, so dass ein bloßer Verweis auf die Vereinbarung und Einigkeit über deren Geltung nicht ausreicht.

Wegen der in einem Belegarztsystem typischerweise auftretenden organisatorischen Schwierigkeiten sind unter dem Gesichtspunkt der Haftungsprävention erhöhte Anforderungen an ein effizientes Schnittstellenmanagement zu stellen. Die schriftliche Niederlegung der getroffenen Vereinbarungen hat gegenüber der bloßen mündlichen Absprache den Vorteil, dass die jeweiligen Sorgfaltspflichten und Verantwortlichkeiten für jedermann (z. B. auch neu hinzukommenden Kollegen/-innen) exakt bestimmbar und zu jedem Zeitpunkt voraussehbar und nachvollziehbar sind.

Fehler eines nachbehandelnden niedergelassenen Arztes können dem Belegarzt zugerechnet werden, sofern der niedergelassene Kollege für den Belegarzt tätig wurde. Der BGH hat jedoch beispielsweise eine Haftung eines gynäkologischen Belegarztes für den Fehler einer niedergelassenen Kinderärztin bei der Vorsorgeuntersuchung U2 verneint, da diese Vorsorgeuntersuchung nach Ansicht des Gerichts nicht mehr in dessen vertraglichen Pflichtenkreis fiel[20].

Fachliches Weisungsrecht der Belegärzte

Ungeachtet dessen, dass ein umfassendes Organisationsstatut die Zusammenarbeit der Belegärzte untereinander aber auch mit den Kollegen der Hauptabteilungen (Anästhesie, Radiologie, Chirurgie etc.) regeln sollte, sollte aber auch in jedem Fall bereits im Belegarztvertrag sichergestellt sein, dass der Belegarzt in seinem Arbeitsbereich dem fachlich nachgeordneten Personal (Ärzte, Pflegekräfte, Hebammen) weisungsberechtigt ist. Umgekehrt sind vom Belegarzt klare und unmissverständliche Regelungen zu Fragen der Hinzuziehungspflichten und Trennung der Verantwortungsbereiche zu treffen. Wie bereits oben angeführt, kann den Krankenhausträger eine Pflicht treffen, das Bestehen solcher Regelungen zu überprüfen.

[20] BGH, Urteil vom 20.10.1992, VersR 92, 1263.

Vertretungs- und Urlaubsregelungen

Aus der Natur des Belegarztwesens heraus ergeben sich auch für die Regelung der ärztlichen Versorgung der Patienten in Zeiten der Abwesenheit des Belegarztes besondere Anforderungen. Der Patient hat auch bei belegärztlicher Behandlung Anspruch auf Behandlung mit Facharztqualität.

Die Belegärzte haben also untereinander durch Vertretungsregelungen und Rufbereitschaften sicherzustellen, dass jederzeit die fachärztliche Versorgung des Patienten gesichert bleibt. Für die Zeiten der Abwesenheit muss dem am Krankenhaus tätigen Personal jederzeit bekannt und klar sein, wann und unter welchen Voraussetzungen welcher Belegarzt zu rufen ist und unter welcher Rufnummer er zu erreichen ist. Auch muss klar geregelt sein, welche Rufkette in Kraft tritt, wenn der eigentlich „diensthabende" Belegarzt nicht zu erreichen ist oder auch welche Ärzte aus dem Haus ggf. zur „Erstversorgung" des Patienten beigezogen werden können.

Die aktuellen Dienstpläne, Vertretungsregelungen, Rufketten und Rufnummern sollten unter Risk Management-Gesichtspunkten an zentraler Stelle auf der Belegabteilung ausliegen und den dort tätigen Mitarbeitern jederzeit zugänglich sein.

Einzelheiten und Besonderheiten zu Arbeitsteilung, Pflichtenkreisen und Haftungszuordnung

Haftungsbereich des Belegarztes

Wie bereits oben ausgeführt, haftet der Belegarzt grundsätzlich für seine eigene Tätigkeit sowie für die Arbeit der in seinem Fachgebiet tätig gewordenen Ärzte und in seinem Pflichtenkreis tätig gewordenen Pflegekräfte. Der Krankenhausträger hat hingegen für die Fehler der Krankenhausärzte eines anderen Fachgebietes und der Pflegekräfte im Rahmen der allgemeinen Pflege einzustehen.

Der Belegarzt ist in seiner *ärztlichen* Verantwortung unabhängig und irgendwelchen Weisungen und Einflussnahmemöglichkeiten durch die Krankenhausleitung grundsätzlich nicht unterworfen[21].

Der Belegarzt hat sich zu vergewissern, ob die Ausstattung des Belegkrankenhauses ausreicht, um die nach der Eingangsdiagnose zu erwartende ärztliche Behandlung bewältigen zu können. Eine Fehlentscheidung diesbezüglich wird grundsätzlich dem Belegarzt, nicht aber dem Krankenhausträger zugerechnet[22].

Ein gynäkologischer Belegarzt ist verpflichtet, für eine rechtzeitige Herstellung der Sectiobereitschaft zu sorgen[23]. Im konkreten Fall hatte der Belegarzt trotz suspekten und später pathologischen CTG-Ableitungen keine Vorbereitungen getroffen (z.B. Ruf des Anästhesisten, Herstellung der Sectiobereitschaft), um eine

---

21 OLG Koblenz, Urteil vom 26.7.2000, VersR 01, 897.

22 OLG Karlsruhe, Urteil vom 13.10.2004, VersR 05, 1587.

23 OLG München, Urteil vom 27.10.1994, VersR 96, 63.

Kaiserschnittentbindung durchführen zu können. Das OLG München wertete die dann durchgeführte Vakuumextraktion als grob fehlerhaft.

Wenn der gynäkologische Belegarzt die Geburtsleitung übernommen hat, haftet er für ein Fehlverhalten der im Belegkrankenhaus angestellten Hebamme, die im Rahmen der Erfüllung der Pflichten des Belegarztes und damit in seinem Verantwortungsbereich tätig wird[24].

Beweisnachteile aufgrund unterlassener Befunderhebung (z.B. keine weitere differentialdiagnostische Abklärung nach ergebnisloser Zystoskopie) gehen in der Regel allein zu Lasten des Belegarztes[25].

Der Belegarzt ist für die Aufklärung des Patienten verantwortlich[26]. Führt der Belegarzt bei einer Operation auch die Anästhesie selbst durch, muss er über die möglichen Anästhesiemethoden und deren Komplikationen aufklären[27].

Etwaige Dokumentationsversäumnisse und damit verbundene Beweiserleichterungen bis hin zur Beweislastumkehr werden dem jeweiligen Haftungsträger zugerechnet. Heftet beispielsweise eine Pflegekraft ein CTG falsch ab, hat eine hieraus entstehende Dokumentationslücke im gerichtlichen Verfahren beweisrechtliche Konsequenzen für den Belegarzt, für den die Pflegekraft tätig wurde[28].

Haftungsbereich des Krankenhausträgers

Der Träger des Belegkrankenhauses haftet für ein Fehlverhalten seiner Angestellten in den folgenden Fällen:

Fehler des Pflegepersonals

Für Fehler des Pflegepersonals im Rahmen der allgemeinen Pflege haftet grundsätzlich nur der Krankenhausträger[29].

Ein belegärztlicher Geburtshelfer haftet nach Ansicht des OLG München nicht, wenn ein Neugeborenes mehrere Stunden nach der Geburt einen gravierenden Sauerstoffmangel erleidet (Gesicht und Hände bläulich verfärbt), die Pflegekraft jedoch keinen Arzt verständigt und keine sonstigen Maßnahmen ergreift. Das

---

24 Vgl. u.a. BGH, Urteil vom 14.12.1995, NJW 1995, 1611; OLG Koblenz, Urteil vom 26.7.2000, VersR 01, 897, (vgl. zur Haftungsabgrenzung Arzt – Hebamme Franzki: Kapitel 11 dieses Buches).

25 z.B. BGH, Urteil vom 06.10.1998, VersR 99, 60.

26 OLG München, Urteil vom 25.09.1986, VersR 88 525; BGH, Urteil vom 12.11.1991, VersR 92, 237.

27 BGH, Urteil vom 12.07.1974, VersR 74, 752.

28 OLG Oldenburg, Urteil vom 28.04.1992, VersR 93, 1021; Nach Ansicht des OLG Oldenburg können Dokumentationslücken zu Beweiserleichterungen bis hin zur Beweislastumkehr führen. Im entschiedenen Fall verneinte das OLG jedoch eine Beweislastumkehr, da der Ursachenzusammenhang zwischen angenommenem Behandlungsfehler (verzögerte Sectio) und Gesundheitsschaden (Blitz-Nick-Salaam-Syndrom des Kindes) unwahrscheinlich war.

29 OLG München, Entscheidung vom 20.06.96, VersR 97, 977.

Fehlverhalten der Pflegekraft liegt hier nach Ansicht des Gerichts im Bereich der allgemeinen Pflege und ist somit allein dem Krankenhausträger zuzurechnen. Im konkreten Fall erlitt das Kind u.a. eine schwere Gehirnschädigung und eine Tetraparese. Das OLG München ging von einem groben Pflegefehler mit der Folge einer Beweislastumkehr aus und verurteilte den Träger des Belegkrankenhauses u.a. zu einem Schmerzensgeld in Höhe von 290.000,00 DM[30].

Soweit eine Pflegekraft jedoch im Rahmen der vom Belegarzt geschuldeten Versorgung tätig geworden ist, ist deren Fehlverhalten dem Belegarzt zuzurechnen. Allerdings kann gleichzeitig auch der Krankenhausträger unter dem Gesichtspunkt einer Organisationspflichtverletzung in diesem Bereich in die Verantwortung genommen werden (siehe unten „Organisationspflichten".).

Weitere Beispielsfälle aus der Regulierungspraxis der Versicherungskammer Bayern

Eine Belegarztpatientin erhält wegen einer Blasenentzündung eine Wärmflasche und erleidet durch diese Verbrennungen 2. Grades am Bauch.

Der Haftpflichtversicherer des Belegkrankenhauses schloss mit der Patientin aus folgenden Erwägungen heraus außergerichtlich einen Vergleich in Höhe von 1.500,00 €: Die mangelhafte Kontrolle der Wärmflasche durch die Pflegekräfte ist dem Bereich der allgemeinen Pflege zuzuordnen und kann somit nicht dem Belegarzt angelastet werden, die Haftung trifft allein den Krankenhausträger.

Schwieriger zu beurteilen ist der folgende Fall:

Bei einer Patientin wird im Rahmen einer laparoskopischen Bauchoperation ein 30 x 30 cm großes Bauchtuch vergessen. Die zuständige Krankenschwester hatte die Anzahl der Bauchtücher nach der Operation nicht kontrolliert.

Die Patientin hatte außergerichtlich mit dem Haftpflichtversicherer des *Belegarztes* einen Abfindungsvergleich in Höhe von 4.200,00 € geschlossen. Der Haftpflichtversicherer des *Belegkrankenhauses* beteiligte sich mit einer Quote von lediglich 10 % am Vergleichsbetrag, da die postoperative Zählkontrolle grundsätzlich in den Aufgabenbereich des Operateurs falle und das Fehlverhalten der Krankenschwester somit zumindest weit überwiegend dem Belegarzt zuzurechnen sei.

Fehler einer angestellten Hebamme

Für ein Fehlverhalten der im Belegkrankenhaus angestellten *Hebamme* haftet der Kliniktträger dann nicht mehr, wenn der Belegarzt die Geburtsleitung übernommen hat und die Hebamme im Rahmen der Erfüllung der Pflichten des Belegarztes und damit in seinem Verantwortungsbereich tätig wird[31].

---

30 OLG München, Entscheidung vom 20.06.96, VersR 97, 977.

31 Vgl. u.a. BGH, Urteil vom 14.12.1995, NJW 1995, 1611; OLG Koblenz, Urteil vom 26.7.2000, VersR 01, 897) (vgl. Näheres zur Haftungsabgrenzung Arzt – Hebamme: Franzki: Kapitel 11).

Fehler des ärztlichen Personals

Besonders umstritten ist die Frage, ob Fehler des ärztlichen Krankenhauspersonals ggf. dem Belegarzt zugerechnet werden können.

Nach Ansicht des OLG Düsseldorf haftet der Belegarzt für Fehler der Krankenhausärzte, die *in seinem Fachgebiet* tätig werden. Der Krankenhausträger haftet demgegenüber für Fehler jener Krankenhausärzte, die *außerhalb* des Fachgebietes des Belegarztes tätig werden[32].

Im konkreten Fall wurden dem HNO-Belegarzt Fehler des Anästhesisten bzw. Radiologen des Belegkrankenhauses nicht zugerechnet. Das OLG berief sich hierbei unter anderem auf die Bundespflegesatzverordnung: Leistungen außerhalb des Fachgebietes des Belegarztes fallen in den Haftungsbereich des Krankenhauses, da sie vom Krankenhaus berechnet werden können und vom allgemeinen Pflegesatz umfasst sind. Das OLG läßt in den Entscheidungsgründen jedoch anklingen, dass ärztliche Fehlleistungen dann (auch?) dem Belegarzt zugerechnet werden könnten, wenn das Fehlverhalten so deutlich zutage treten würde, dass auch der Arzt einer anderen Fachrichtung misstrauisch hätte reagieren müssen.

Das OLG Köln zitiert in einem ähnlichen Fall den Grundsatz der horizontalen Arbeitsteilung. Im dort entschiedenen Fall nahm ein HNO-Belegarzt eine Tonsillektomie und eine Muschelresektion beiderseits vor. Die Anästhesie erfolgte unter Leitung eines Arztes des Belegkrankenhauses. 5 Tage später verstarb der Patient an den Folgen eines Schockkreislaufkollapses. Das Gericht stellte eine fehlerhafte prä- und postoperative Behandlung des Belegarztes fest und verurteilte diesen zur Zahlung von Schadenersatz an die Erben. Eine Haftung des Krankenhausträgers wurde unter Berufung auf den Grundsatz der horizontalen Arbeitsteilung verneint[33].

Fehler in Funktionsabteilungen

Für Fehler des krankenhauseigenen Labors (im konkreten Fall falsche Rhesusfaktorbestimmung bei Neugeborenem) haftet allein der Krankenhausträger, nicht der Belegarzt[34]. Dies gilt auch für Fehler der krankenhauseigenen Radiologieabteilung[35].

Organisationspflichten

In einer Belegabteilung ist zwar in der Regel der Belegarzt aufgrund vertraglicher Regelungen zur Organisation des medizinischen Bereichs verpflichtet und gegenüber dem vom Krankenhausträger zur Verfügung gestellten Personal fachlich weisungsbefugt.

32 OLG Düsseldorf, Urteil vom 17.12.1992, MedR 1993, 233.
33 OLG Köln, Entscheidung vom 20.09.89, VersR 90, 1244.
34 BGH, Urteil vom 22.03.1977, VersR 77, 644.
35 OLG Hamm, Urteil vom 23.08.2000, VersR 02, 315.

Dieses enthebt den Krankenhausträger jedoch nicht gänzlich seiner Organisationspflicht. Diese ist im Hinblick auf die beim Krankenhausträger verbleibende Letztverantwortung vielmehr zumindest im Sinne einer Kontroll- und Überwachungspflicht auszuüben[36]. Vor Schwierigkeiten im Zusammenhang mit der Organisation des Belegarztwesens oder vor erkennbaren organisatorischen Mängeln darf der Krankenhausträger nicht „die Augen verschließen". So wäre er zum Eingreifen angehalten, wenn z. B. eine erhebliche Überbelegung der Belegabteilung zu einer Überlastung der Pflegekräfte und damit zu haftungsrechtlich relevanten Situationen im Pflegebereich führt.

Der Krankenhausträger ist verantwortlich dafür, dass alle organisatorischen Maßnahmen im pflegerischen Bereich getroffen werden, um die ärztliche Versorgung der Patienten in der Belegabteilung sicherzustellen. Er muss organisatorisch gewährleisten, dass sein Personal, das zur Pflege der Patienten eingesetzt wird, vom zuständigen Belegarzt ausreichende Anweisungen dafür erhält, wann dieser z. B. bei einer Veränderung des Zustandes des Patienten zu benachrichtigen ist.

Der BGH entschied, dass ein Belegkrankenhaus im Rahmen seiner Organisationspflicht gegen eine Handhabung einschreiten müsse, durch die der Belegarzt dem Pflegepersonal Aufgaben überlässt oder zuweist, die die pflegerische Kompetenz übersteigen[37].

Im konkreten Fall war bei einer Zwillingsgeburt eines der Kinder kurz nach der Geburt verstorben. Die Überwachung des CTG´s war einer Nachtschwester überlassen worden, ansonsten waren auf der Station weder ein Arzt noch eine Hebamme anwesend. Die Nachtschwester hatte aufgrund des schlechten Zustandes der Patientin den gynäkologischen Belegarzt mehrmals in der Nacht angerufen, dieser war jedoch nicht erschienen.

Der BGH bescheinigte dem Belegarzt grobe Behandlungsfehler, dem Belegkrankenhaus grobe Organisationsfehler. Der Träger des Belegkrankenhauses hätte nicht zulassen dürfen, dass der Belegarzt das Krankenhauspersonal mit Aufgaben beauftragt, zu deren Erfüllung es erkennbar nicht die erforderliche fachliche Qualifikation besitze.

Konkret hätte der Krankenhausträger gegen die Handhabung des Belegarztes, CTG-Beurteilungen der Nachtschwester zu überlassen, einschreiten müssen. Welche organisatorischen Maßnahmen genau hätten getroffen werden müssen, läßt der BGH allerdings offen[38].

Das OLG München wurde dann in einem nicht veröffentlichten Urteil bzgl. der notwendigen organisatorischen Maßnahmen genauer. Das Gericht verpflichtet das Krankenhaus bzw. dessen Träger, „Anweisungen über die Hinzuziehung eines Kinderarztes bei Auftreten postpartaler Risiken im Gesundheitszustand des Neugeborenen" für die Belegärzte, Beleghebammen und das Pflegepersonal zu erlassen. In einer solchen Anweisung sei zum einen die ggf. sich ergebende Hinzuziehungspflicht eines Kinderarztes durch den Belegarzt zu normieren sowie zum anderen, dass das Pflegepersonal berechtigt/ verpflichtet sein soll, notfalls auf den Belegarzt einzuwirken, dass dieser einen Kinderarzt zu verständigen habe. Auch sollte hierin das Recht/ die Verpflichtung des Pflegepersonals festgelegt sein, auch

36 OLG Stuttgart, NJW 93, 2384.
37 BGH, Urteil vom 16.04.1996, VersR 96, 976.
38 BGH, Urteil vom 16.04.1996, VersR 96, 976.

anderes ärztliches Personal über alarmierende Anzeichen eines sich verschlimmernden Gesundheitszustandes des Neugeborenen zu informieren.

Die Entscheidung ist mittlerweile durch Zurückweisung der Nichtzulassungsbeschwerde rechtskräftig.

Grundsätzlich kommt eine Haftung des Krankenhausträgers immer dann in Betracht, wenn er seiner Organisationsverantwortung, das reibungslose und sichere Funktionieren des Belegarztsystems sicherzustellen, nicht ausreichend nachgekommen ist.

Das OLG Stuttgart bejahte eine Organisationspflichtverletzung des Trägers einer geburtshilflichen Belegklinik, weil dieser es versäumt hatte, den Belegärzten zuverlässig mitzuteilen, wo für den Bedarfsfall ein Generalschlüssel für den Operationssaal aufbewahrt worden war[39]. Infolge dieses Versäumnisses verzögerte sich die Schnittentbindung eines Kindes um mindestens sechs Minuten. Die Organisation des Zugangs zu dem für eine Notsectio vorbereiteten Operationssaal gehöre „zu den allgemeinen Krankenhausleistungen, für die Vertragspartner und Haftungsverantwortlicher gegenüber dem Patienten der Klinikträger ist“[40]. Das OLG Stuttgart wertete in diesem Fall den Organisationsfehler als grob mit der Folge einer Beweislastumkehr und sprach dem schwerstgeschädigten Kind u.a. ein Schmerzensgeld in Höhe von 280.000,00 DM zu.

Aus dem Gesichtspunkt Organisationsverantwortung heraus ist der Krankenhausträger u. a. verpflichtet, auch in der Belegabteilung für ausreichendes und fachkundiges (Pflege-) Personal zu sorgen[41].

Die Klinikleitung hat ferner dafür Sorge zu tragen, dass die eingeteilte Besetzung mit den für ihr Fachgebiet zu erwartenden Notfällen mit deren Behandlung vertraut ist[42].

In gleicher Weise urteilte auch das OLG Köln mit Urteil vom 21.08.96[43]. Das Belegkrankenhaus hat geeignete organisatorische Maßnahmen zu treffen, um eine qualifizierte Überwachung des Patienten in der postoperativen Phase sicherzustellen. Dazu gehören die Bereitstellung geschulten Personals sowie klare Anweisungen, was im Notfall zu tun ist, um notwendig werdende ärztliche Hilfe erlangen zu können.

Im konkreten Fall war es bei einem Patienten nach einer vom Belegarzt durchgeführten Stirnhöhlenoperation nach Verlegung auf die Allgemeinstation zu einem Atemstillstand gekommen. Der Patient verfiel in einen apallischen Zustand und wurde zum Schwerstpflegefall.

Das OLG Köln bejahte ein Organisationsverschulden des Belegkrankenhauses aus folgenden Gründen: Ein Belegkrankenhaus müsse geschulte Pflegekräfte zur Verfügung stellen, die sich bei Übernahme des Patienten über die vorangegangene Operation und deren besondere postoperative Gefahren zu informieren haben. Das Personal müsse ferner fach-

39 OLG Stuttgart, Urteil vom 13.4.1999, VersR 00, 1108.

40 OLG Stuttgart, Urteil vom 13.4.1999, VersR 00, 1108.

41 OLG Stuttgart , NJW 93, 2384 ff.

42 Bergmann/Kienzle, Krankenhaushaftung, 2. Auflage, DKVG 2003, Rz. 310; OLG Frankfurt MedR 95, 75.

43 OLG Köln VersR 97, 1404.

lich dazu in der Lage sein, im Fall eines Atem- und/oder Kreislaufstillstands die notwendigen Sofortmaßnahmen zu ergreifen und nach einem vorgegebenen und eingeübten Schema ärztliche Hilfe herbeizurufen. Dieser Organisationsverpflichtung sei der Krankenhausträger nicht nachgekommen.

Ferner sei dem Krankenhausträger vorzuwerfen, dass das Pflegepersonal nicht durch wiederholte Schulungen auf Sofortmaßnahmen vorbereitet worden sei und dass er keine klaren und verbindlichen Anweisungen für den Notfall, insbesondere in bezug auf das Herbeiholen ärztlicher Hilfe, angeordnet und durchgesetzt habe.

Der hierdurch verursachte Zeitverlust von *mindestens 1,5 Minuten (!)* sei dem Krankenhausträger anzulasten. Das OLG ging von einem groben Organisationsfehler aus. Über eine eventuelle Haftung des Belegarztes traf das OLG keine Entscheidung[44].

Bei falscher Anwendung eines elektrischen Gerätes (im konkreten Fall Verbrennung durch Hochfrequenzchirurgiegerät[45]) entstehen Schadenersatzansprüche gegen den Belegarzt.

Allerdings sind bei der Verwendung von elektrischen Geräten sowohl Belegarzt als auch Krankenhausträger in der Verantwortung. Nach Ansicht des OLG Nürnberg ist der Belegarzt, der mit elektrischen Geräten arbeitet (hier: Verwendung eines Ultrathermgeräts für einen elektrochirurgischen Eingriff), verpflichtet, „die Bedienungsanleitung peinlich genau innezuhalten und die einschlägigen Hinweise im medizinischen Schrifttum zu beachten". Ebenso habe der Träger des Belegkrankenhauses, der dem Belegarzt für Zwecke der Elektrochirurgie ein entsprechendes Gerät zur Verfügung stellt, „das mit dem Gerät arbeitende Personal mit ausreichenden Weisungen zu versehen und sicherzustellen, dass jede Gefährdung des behandelten Patienten vermieden wird"[46].

Dem Krankenhausträger obliegt auch eine gewisse Überwachungspflicht über „seine" Belegärzte.

Sofern dem Belegarzt massive und gehäufte Fehlleistungen unterlaufen, es sich also um einen erkennbar unzuverlässigen Belegarzt handelt, ist dem Krankenhausträger nach Ansicht des OLG Koblenz ein Organisationsverschulden anzulasten, wenn er in Kenntnis dessen keine entsprechenden Maßnahmen ergreife[47]. Welche konkreten Maßnahmen dies sein sollten, ließ das OLG offen.

Insoweit verbleiben – neben der Verantwortlichkeit des Belegarztes für eine für den Patienten gefahrfreie Organisation der Belegabteilung – eine ganze Reihe von Organisationspflichten auch beim Krankenhausträger. Der Krankenhausträger ist also gemeinsam mit dem Belegarzt dafür verantwortlich, dass die Mindestanforderungen, die an das Betreiben und die Organisation der belegärztlich geführten Abteilung zu stellen sind, erfüllt werden. Klare Absprachen und klare Definitionen hinsichtlich der Verantwortlichkeiten und Aufgaben des Belegarztes im Belegarztvertrag sind daher unerlässlich.

---

44 OLG Köln, Urteil vom 21.08.1996, VersR 97, 1404.
45 OLG Saarbrücken, Urteil vom 20.11.1991, VersR 91, 1289.
46 OLG Nürnberg, Urteil vom 10.06.1970, VersR 70, 1061.
47 OLG Koblenz, Urteil vom 26.7.2000, VersR 01, 897.

Schlussbemerkungen

Die vorstehenden Ausführungen zeigen deutlich das komplexe Beziehungsgeflecht, in das die belegärztliche Behandlung eingebettet ist. Die Zusammenarbeit zwischen Belegarzt und Mitarbeitern des Krankenhauses einerseits und niedergelassenen Ärzten gleicher oder anderer Fachrichtung andererseits eröffnet eine Vielzahl von haftungsrechtlichen Schnittstellen.

Aus der dargestellten Rechtssprechung läßt sich ableiten, dass das Schließen dieser Schnittstellen mittels einvernehmlicher, klarer Regelungen als wichtigste Voraussetzung gesehen werden muss, um ein Höchstmaß an Handlungs- und Rechtssicherheit für alle an der Behandlung Beteiligten zu schaffen. Maßgeblich ist, dass (am besten in einem umfassenden Organisationsstatut) schriftlich und klar vereinbart wird, wo die jeweiligen Zuständigkeiten und Verantwortlichkeiten beginnen und enden.

Oft bedarf es hierbei lediglich einer Bündelung, teilweisen Ergänzung und schriftlichen Niederlegung der bereits bestehenden und bekannten Organisations- und Behandlungsabläufe.

Es ist im Interesse aller an der Behandlung eines Belegpatienten Beteiligten, diesen Weg zu gehen. Wenn man hierbei auf einen Service zurückgreifen kann, wie ihn z. B. die MediRisk Bayern Risk Management GmbH (www.medirisk-bayern.de) ihren Kunden anbietet, sollte einem aktiven Umgang mit den aufgezeigten Problemkreisen nichts mehr im Weg stehen

Einer wird auf jeden Fall Vorteile aus dieser so geschaffenen transparenteren Organisationsstruktur ziehen – der Patient!

13. Umsetzung spezieller gesetzlicher und behördlicher Sicherheitsbestimmungen im Krankenhaus

A. Felber und S. Sonnleitner

Einführung

Unbestritten: Der medizinische Fortschritt, die Spezialisierung und Arbeitsteilung im Krankenhaus sowie die Verbesserung und Weiterentwicklung technischer Verfahren können das eigentliche Risiko der Behandlung von Patienten (Behandlungsrisiko) vermindern. Dennoch: Die Anzahl von Behandlungsfehleransprüchen und anerkannten Behandlungsfehlern in Deutschland sowie die Höhe der geleisteten Schadenersatzsummen nehmen kontinuierlich zu.

Während die medizinische Behandlung von Patienten immer komplexer wird, sieht sich das Unternehmen Krankenhaus neben seiner Kernaufgabe, der medizinischen Versorgung und Pflege, mehr und mehr mit vielfältigen anderen Anforderungen konfrontiert:

So haben Krankenhäuser natürlich die allgemein geltenden Regeln der Hygiene zu beachten. Medizintechnische Geräte müssen nach den Angaben der Hersteller gepflegt und gewartet werden, der Datenschutz ist sicherzustellen und der sichere Umgang mit Strahlenquellen und Laser muss gewährleistet sein. Der innerklinische Transport und die Lagerung von Blutkonserven müssen ordnungsgemäß erfolgen und die Vorgaben des Transplantationsgesetzes entsprechend umgesetzt sein.

Die Nicht-Beachtung oder Vernachlässigung von Empfehlungen, Leitlinien, Richtlinien oder gesetzlichen Vorgaben erhöht nicht nur das forensische Risiko des Krankenhauses bzw. des einzelnen Mitarbeiters, sondern begünstigt auch das Auftreten eines Schadens für den Patienten.

Die Folge: Versicherer in Deutschland und einigen Nachbarländern ziehen sich aus dem Heilwesen-Haftpflicht-Geschäft zurück, so dass man bereits von einer „medical risk insurance crisis“ in Europa sprechen kann.[1]

Risikomanagement im Krankenhaus und Patientensicherheit bei der medizinischen Versorgung gewinnen deshalb immer mehr an Bedeutung. Auch weil der zunehmende Kostendruck im Gesundheitswesen und das erweiterte Aufgabenprofil von Kliniken und Praxen Optimierungsprozesse erforderlich machen. Risiko-Management kann auch hierbei einen wesentlichen Beitrag leisten.

---

1 http://www.hope.be/07publi/MALPRACTICE/HOPE%20MALPRACTICE%20REPORT%20APRIL%202004.pdf].

Für ein umfassendes Risikomanagement in Klinik und Praxis ist es unabdingbar, gesetzliche und behördliche Sicherheitsbestimmungen zu beachten und entsprechende Vorgaben umzusetzen. Im Folgenden werden einige wesentliche Gesetze und Bestimmungen vorgestellt und Hinweise für die praktische Umsetzung gegeben.

Infektionsschutzgesetz

Problemstellung

Immer häufiger werden invasive diagnostische und therapeutische Maßnahmen bei der Behandlung eines Patienten eingesetzt. Invasive Interventionen schaffen jedoch Eintrittspforten für Erreger, die Biomaterialien wie Gefäßkatheter, Beatmungstuben, Magensonden und Harnwegskatheter besiedeln und dadurch schwere bis lebensbedrohliche Infektionen verursachen können. Zudem verschiebt sich die Altersstruktur der Patienten mehr und mehr in Richtung älterer Menschen mit verminderten Abwehrmechanismen. Gerade für sie besteht ein erhöhtes Risiko, sich im Krankenhaus mit Keimen zu infizieren und einen Gesundheitsschaden zu erleiden. Weltweit ist zu beobachten, dass die Zahl von Infektionen, die Patienten im Krankenhaus erwerben, steigt. Erschwerend kommt hinzu, dass durch den unüberlegten Einsatz von Antibiotika die Anzahl resistenter Keime wächst.

Die NNIS-Studie (National Nosocomial Infections Study) des CDC (Center for Disease Control) in den USA ergab, dass 0,9 % aller nosokomialen Infektionen die Hauptursache für den Tod von Patienten war. Bei weiteren 2,9 % waren nosokomiale Infektionen an der Todesursache mit beteiligt. Eine Untersuchung von 12.791 chirurgischen Patienten aus 12 deutschen Krankenhäusern zeigte, dass 2,6 % der Patienten, die im Krankenhaus eine nosokomiale Infektion entwickelten, an den Folgen dieser Infektion verstarben. Allein in Deutschland sterben somit jährlich 8.000 chirurgische Patienten an nosokomialen Infektionen.

Unter Bezugnahme auf Untersuchungen des CDC heißt es in einer Mitteilung der Joint Commission on Accreditation of Healthcare Organisations vom Januar 2003, dass etwa zwei Millionen Patienten in den USA jährlich eine Infektion im Krankenhaus erwerben und etwa 90.000 dieser Patienten an den Folgen der Infektion versterben (4,5 %). Die bereits in den 70er Jahren durchgeführte SENIC-Studie (Study on the Efficacy of Nosocomial Infection Control) konnte nachweisen, dass durch Einführung eines effektiven Infektions-Surveillance- und Kontrollprogramms im Zeitraum von 1970 bis 1976 die nosokomialen Infektionen um 32 % reduziert werden konnten. In Krankenhäusern ohne entsprechende Maßnahmen stieg die Infektionsrate dagegen um 18 % an.

Nimmt man an, dass in Deutschland jährlich etwa 500.000 bis 800.000 Fälle nosokomialer Infektionen auftreten, die in etwa 4,5 % zum Tode führen, kann man davon ausgehen, dass pro Jahr etwa 22.500 bis 36.000 Patienten an Infektionen versterben, die sie im Krankenhaus erworben haben. 7200 bis 11520 Fälle wären vermeidbar.

Die Studien aus den USA und Deutschland machen deutlich, dass Regelungen zur Krankenhaushygiene unbedingt notwendig sind. Zum 01.01.2002 wurde das Bundes-Seuchengesetz durch das Infektionsschutzgestz (IfSG) abgelöst. Seitdem sind in Deutschland die Leiter von Krankenhäusern und Einrichtungen für ambulantes Operieren dazu verpflichtet, nosokomiale Infektionen fortlaufend aufzuzeichnen und zu bewerten.

Ziel des Gesetzes

Zweck des IfSG ist es, der Übertragung von Krankheiten beim Menschen vorzubeugen, Infektionen frühzeitig zu erkennen und ihre Weiterverbreitung zu verhindern. Das Robert-Koch-Institut in Deutschland hat im Rahmen dieses Gesetzes die Aufgabe, Konzeptionen zur Vorbeugung übertragbarer Krankheiten sowie zur Früherkennung von Infektionen zu entwickeln. Dies schließt die Entwicklung und Durchführung epidemiologischer und laborgestützter Analysen sowie Forschung zu Ursache, Diagnostik und Prävention übertragbarer Krankheiten ein. Empfehlungen des Robert Koch-Instituts gelten in Deutschland als vorweggenommenes Sachverständigengutachten und können bei rechtlichen Auseinandersetzungen durchaus streitentscheidend sein.

Begriffsbestimmungen

Krankheitserreger/Keime

Krankheitserreger/Keime sind vermehrungsfähige (Viren, Bakterien, Pilze, Parasiten) oder sonstige biologische, übertragbare Agenzien, die beim Menschen eine Infektion oder übertragbare Krankheit verursachen können.

Infektion

Eine Infektion ist die Aufnahme eines Krankheitserregers und seine nachfolgende Entwicklung oder Vermehrung im menschlichen Organismus.

Inkubationszeit

Die Inkubationszeit ist die Zeit zwischen der Infektion mit einem Erreger und dem Auftreten der ersten Krankheitszeichen.

Nosokomiale (in Bezug zum Krankenhaus stehende) Infektionen

Eine Infektion wird dann als nosokomial bezeichnet, wenn die Aufnahme eines Krankheitserregers während eines stationären Aufenthaltes stattgefunden hat, auch wenn die Erkrankung auf Grund der Inkubationszeit erst später auftritt. Ein Beispiel hierfür ist eine Gelbsucht-Erkrankung durch einen Hepatitis-Virus, die im

Rahmen einer Operation oder Blutübertragung im Krankenhaus erworben wird. Die Krankheitszeichen können auf Grund der Inkubationszeit erst nach Wochen auftreten. Umgekehrt wird eine Erkrankung, deren Krankheitszeichen während eines Krankenhausaufenthaltes manifest werden, nicht als nosokomial bezeichnet, wenn die Infektion vor Eintritt in das Krankenhaus stattfand.

Staphylococcus aureus und *Escherichia coli* sind die häufigsten Erreger für nosokomiale Infektionen. Koagulase-negative Staphylokokken als typische Vertreter unserer normalen Hautflora haben wegen ihrer starken Affinität zu Kunststoffmaterialien eine neue Bedeutung gewonnen. Sie bevorzugen Fremdmaterialien, wie Gefäßkatheter oder Implantate und können sich durch Bildung eines so genannten Biofilms vor den Zellen der körpereigenen Abwehr und auch vor Antibiotika schützen.

Von besonderer Bedeutung ist auch die Zunahme von resistenten Keimen, wie der gegen das Antibiotikum Methicillin resistente *Staphylococcus aureus* (MRSA) und gegen Vancomycin resistente *Enterokokken* (VRE). Neben bakteriellen Erregern gewinnen auch Pilze und *Candida*-Arten wie *Candida albicans* eine zunehmende Bedeutung. Auch Viren kommen als Erreger von nosokomialen Infektionen vor.

Hinweise zur Umsetzung des Infektionsschutzgesetzes

Surveillance

Durch systematische Erfassung, Analyse und Interpretation der Daten von nosokomialen Infektionen (Surveillance) lassen sich Infektionsprobleme erkennen und erforderliche Maßnahmen gezielt einleiten. Die Surveillance durch gut ausgebildetes Personal ist nicht nur medizinisch notwendig, sondern auch unter wirtschaftlichen und haftungsrechtlichen Gesichtspunkten sinnvoll. Zwar fällt für die Durchführung einer umfangreichen Surveillance Personal- und Zeitaufwand an, doch bereits eine Reduktion der nosokomialen Infektionen um 6 % reicht aus, um die Kosten dafür zu decken.

Maßnahmen zur Prävention

Für eine effektive Prävention nosokomialer Infektionen und die Durchführung einer umfangreichen Surveillance sollten hinsichtlich Struktur-, Prozess-, und Ergebnisqualität in den Krankenhäusern und Spitälern bestimmte Voraussetzungen erfüllt sein.

Strukturqualität

Um eine Prävention nosokomialer Infektionen zu erreichen, sind von der Krankenhausleitung entsprechende organisatorische Strukturen zu etablieren. Dazu gehören:

- Klinikhygieniker
- Hygienekommission
- hygienebeauftragtes ärztliches Personal
- Hygienefachkräfte

Prozessqualität

Zur Prävention nosokomialer Infektionen gehört die detaillierte Kenntnis der notwendigen Prozesse und Vorgehensweisen sowie deren Definition. Sinnvollerweise sollten diese Prozesse und Vorgehensweisen in einem Handbuch zusammengefasst werden und folgendes beinhalten:

- Hygienepläne
- Desinfektions- und Sterilisationsrichtlinien
- Qualitätskontrollen
- Antibiotikaeinsatz
- Epidemiologische Maßnahmen (z. B. Isolation infektiöser Patienten)
- Personalschutz

Die wichtigste Einzelmaßnahme ist und bleibt die Händedesinfektion. Es ist bekannt, dass das Personal nur bei etwa 55 % der Tätigkeiten, die hygienische Händedesinfektion erforderlich machen, auch entsprechend handelt.

Ergebnisqualität

Die Übergänge zwischen Prozess- und Ergebnisqualität sind oft fließend. Unabdingbar ist jedoch die Erfassung der:

- Häufigkeit nosokomialer Infektionen und Erkrankungen
- Resistenzrate relevanter Keime (z. B. MRSA)
- Sterblichkeit

Unter haftungsrechtlichen Gesichtspunkten kommt hier der Dokumentation eine hohe Bedeutung zu.

Für Krankenhäuser ist wichtig, Richtlinien und Empfehlungen von nationalen und internationalen Instituten und Gesellschaften (beispielsweise vom Robert Koch-Institut oder vom Center for Disease Control and Prevention) zu beachten und in klinikinterne Prozesse einzubinden.

Medizinproduktebetreiber-Verordnung

Problemstellung

Der zuständigen deutschen Überwachungsbehörde (BfArM) wurden im Jahre 2002 mehr als 2.200 Vorkommnisse und Beinahevorkommnisse, bei denen Patienten durch Funktionsstörungen von Geräten und Medizinprodukten Gefahren ausgesetzt waren oder zu Schaden gekommen sind, gemeldet. Gegenüber 1998 hat sich die Anzahl der Meldungen damit verdoppelt.

Eine Ursachenanalyse der Medizinischen Hochschule Hannover vor einigen Jahren zeigte, dass bei Zwischenfällen mit medizintechnischen Geräten in 63 % der Fälle ein Bedienungs- und in 18 % der Fälle ein Instandhaltungsfehler vorlag.
Ziel der Verordnung

Das Medizinproduktegesetz (MPG) regelt den Umgang mit Medizinprodukten, um „dadurch für die Sicherheit, Eignung und Leistung der Medizinprodukte sowie die Gesundheit und den erforderlichen Schutz der Patienten, Anwender und Dritter zu sorgen" (MPG § 1). Das Gesetz fasst eine Reihe von europäischen Normen und nationalen Regelungen zusammen.

Die Medizinprodukte-Betreiberverordnung (MPBetreibV) enthält Vorschriften für das Errichten, Betreiben und Anwenden aktiver und nichtaktiver Medizinprodukte und stellt somit das eigentliche Regelwerk für die Krankenhauspraxis dar.

Begriffsbestimmungen

Medizinprodukte gemäß der Richtlinie 93/42/EWG des Europäischen Rates sind alle einzeln oder miteinander verbunden verwendeten Instrumente, Apparate, Vorrichtungen, Stoffe oder anderen Gegenstände, einschließlich der für ein einwandfreies Funktionieren des Medizinprodukts eingesetzten Software, die vom Hersteller zur Anwendung für Menschen für medizinische Zwecke bestimmt sind und deren bestimmungsgemäße Hauptwirkung im oder am menschlichen Körper weder durch pharmakologische oder immunologische Mittel noch metabolisch erreicht wird, deren Wirkungsweise aber durch solche Mittel unterstützt werden kann. Durch diese Begriffsbestimmung umfasst die Richtlinie ein breites Spektrum: von einfachen Artikeln wie Pflaster bis hin zu technisch komplexen Medizingeräten wie z.B. einem Operationsroboter.

Abhängig von ihrem Risikopotenzial werden Medizinprodukte in vier Kategorien eingeteilt. Diese von den Herstellern vorgenommene Kategorisierung nach Zweckbestimmung erfolgt nach Richtlinien der EU und wird von so genannten „benannten Stellen" geprüft.

Der *Hersteller* als Produzent eines Medizinproduktes hat die gesetzlichen Vorgaben zu erfüllen. Weiterhin müssen Hersteller und Inverkehrbringer von Medizinprodukten ein System (Marktbeobachtung; Vigilanz) einrichten und betreiben, das ihnen gestattet zu erfahren, wie sich ihre Produkte nach dem Verkauf in der Praxis bewähren.

Der *Betreiber* eines Medizinproduktes ist entweder der Träger eines Krankenhauses oder bei Arztpraxen der Inhaber, der in diesem Fall auch Anwender eines Medizinproduktes sein kann.

Anwender ist jede Person, die am oder mit einem Medizinprodukt eigenverantwortlich Tätigkeiten ausführt. Somit gehören zu den Anwendern v.a. das ärztliche und pflegerisch tätige Personal sowie Sanitäter oder Arzthelfer.

Für das Errichten, Betreiben und Anwenden von Medizinprodukten sind jeweils spezielle *nationale Vorschriften* erlassen worden. Damit verbunden ist eine Vielzahl von Pflichten für Hersteller, Betreiber und Anwender, wie die Meldepflicht von Vorkommnissen und Beinahevorkommnissen bei der Anwendung von Geräten und Medizinprodukten an die zuständige nationale Behörde. Grundsätzlich müssen Medizinprodukte ein CE-Kennzeichen tragen, um im europäischen Wirtschaftsraum erstmalig in Verkehr gebracht werden zu können. Das CE-gekennzeichnete Medizinprodukt muss die grundlegenden Anforderungen an Sicherheit, Leistungsfähigkeit und gesundheitliche Unbedenklichkeit erfüllen.

Die Sicherheit von medizinischen Geräten ist primär vom technischen Zustand der Geräte abhängig. Einen wesentlichen Einfluss haben darüber hinaus die Qualifikation, die Erfahrung und der Kenntnisstand des Anwenders sowie der Personen, die erforderliche Wartungen und Reparaturen durchführen. Die organisatorische Verantwortung für den ordnungsgemäßen Zustand der Geräte und Medizinprodukte obliegt dem Betreiber, der darüber hinaus dem Anwender Einweisungen und Schulungen an Geräten und Medizinprodukten geben muss. Der Anwender ist jedoch ebenso verpflichtet, die Durchführung einer adäquaten Geräteeinweisung anzufordern und sicherzustellen. Es gilt die Regel:„Keine Anwendung ohne Einweisung“. Zudem muss sich der Anwender vor der Anwendung von der Funktionstüchtigkeit des Gerätes überzeugen.

Hinweise zur Umsetzung der MPBetreibV

Die strukturellen Besonderheiten machen es erforderlich, die Umsetzung des Medizinprodukterechts vor allem im Krankenhaus entsprechend zu organisieren. Da der Betreiber verständlicherweise die umfangreichen Aufgaben hierfür nicht allein bewältigt, kann und sollte er Einzelaufgaben entsprechend delegieren. So erscheint es sinnvoll, *Medizinprodukte-Verantwortliche* zu benennen, die für einen definierten Bereich zuständig sind.

Zu den Aufgaben eines Chefarztes bzw. der Pflegedienstleitung gehört neben der Organisationsverantwortung auch die Umsetzung gesetzlicher Vorgaben. Sie können daher jeder medizinischen Abteilung die Verantwortung für die Umsetzung des Medizinprodukterechts übertragen. In Absprache mit dem Betreiber können die Medizinprodukte-Verantwortlichen wiederum *Medizinprodukte-Beauftragte* benennen, welche die Detailumsetzung übernehmen. Zudem ist es notwendig, alle anderen Berufsgruppen und die Personen, die indirekt mit Medizinprodukten zu tun haben, in diese Organisationsstruktur einzubinden.

Ergänzend kann ein Projektteam etabliert werden, das beim Einkauf von Medizinprodukten, bei aktuellen Fragen und Problemen oder zur Prozessoptimierung im Umgang mit Medizinprodukten beratend zur Verfügung steht.

Zweckmäßig ist eine für alle Mitarbeiter eines Krankenhauses verbindliche Dienstanweisung, die die jeweiligen Aufgaben und Verantwortungsbereiche regelt und ggf. durch ein Organigramm ergänzt.

Mögliche Gliederung einer Dienstanweisung:

© Zielsetzung und Geltungsbereich
© Begriffsbestimmungen
© Aufgaben und Verantwortungsbereich des Betreibers
© Aufgaben und Verantwortungsbereich des Medizinprodukte-Verantwortlichen und des Medizinprodukte-Beauftragten
© Aufgaben und Verantwortung des Anwenders
© Vorgehen bei Vorkommnissen in Zusammenhang mit Medizinprodukten (Meldewesen)
© Aufgaben und Verantwortung des Bereiches Medizintechnik
© Aufgaben und Verantwortung des Zentraleinkaufs
© Aufgaben und Verantwortung der Zentralen Sterilgutversorgungsabteilung

Sicherheitsmanagement beginnt bereits bei der Auswahl bzw. dem Einkauf von Medizinprodukten. Der Betreiber sollte entsprechend seinem medizinischen Leistungsspektrum im Vorfeld prüfen, ob das Produkt entsprechend der vom Hersteller vorgegebenen Zweckbestimmung den eigenen Anforderungen und den eigenen Möglichkeiten gerecht wird. Anhand eines Fragenkatalogs sollten unter anderem folgende Punkte geklärt sein:

© Ist das Produkt ein Medizinprodukt nach dem MPG und ist eine CE-Kennzeichnung vorhanden?
© Sind die Maßnahmen hinsichtlich Instandhaltung, sicherheits- und messtechnischer Kontrollen im eigenen Unternehmen sowie die Reinigung, Desinfektion und Sterilisation entsprechend den Herstellerangaben durchführbar oder müssen ggf. mit externen Anbietern entsprechende Dienstleistungsverträge abgeschlossen werden?
© Sind die personellen Ressourcen (Anzahl, Qualifikation) für Anwendung und Kontrolle des Produkts vorhanden?
© Stehen Zubehör und Ersatzteile kurzfristig zur Verfügung?
© Welche Kombinationen mit bereits vorhandenen Medizinprodukten sind zulässig?
© Sind Wiederholungseinweisungen Bestandteil des Kaufvertrages?

In die Entscheidung zur Anschaffung eines Medizinproduktes sollten auch die Medizinprodukte-Verant-wortlichen, die Medizinprodukte-Beauftragten und der Bereich Medizintechnik eingebunden sein.

Erstinbetriebnahme und Ersteinweisung eines aktiven Medizinproduktes sollte mit besonderer Sorgfalt erfolgen, nicht nur weil durch § 5 MPBetreibV hierfür klare Vorgaben vorhanden sind. Durch ein strukturiertes Einweisungsprogramm mit praktischen Übungen kann die Sicherheit im Umgang mit Medizinprodukten und damit die Sicherheit für den Patienten erhöht werden.

Bei der Inbetriebnahme eines aktiven Medizinproduktes ist durch den Hersteller oder einer dazu befugten Person am Betriebsort eine Funktionsprüfung vorzunehmen und die vom Betreiber beauftragte Person in die sachgerechte Handhabung und Anwendung einzuweisen. Die Durchführung der Funktionsprüfung und die Einweisung der beauftragten Person ist entsprechend zu dokumentieren. Die Dokumentation sollte medizinprodukteseitig (Medizinproduktebuch) und anwenderseitig (Gerätepass) erfolgen.

Sinnvollerweise benennt man für jedes aktive Medizinprodukt der Anlage 1 mehrere „beauftragte Personen" (§ 5 Abs. 1 Ziff. 2 MPBetreibV), wodurch eine ständige, fluktuationsbedingte Neubenennung vermieden wird.

In Zusammenhang mit der oben empfohlenen Organisationsstruktur ist es zweckmäßig, die Verantwortlichkeiten und Zuständigkeiten der gesetzlich definierten „beauftragten Person" beim sog. Medizinprodukte-Beauftragten anzusiedeln.

Die sichere Anwendung von Medizinprodukten wird maßgeblich beeinflusst von der Qualifikation, der Erfahrung und dem Kenntnisstand des Anwenders. Zudem heißt es in § 2 der MPBetreibV:

„Der Anwender hat sich vor der Anwendung eines Medizinproduktes von der Funktionsfähigkeit und dem ordnungsgemäßen Zustand des Medizinproduktes zu überzeugen und die Gebrauchsanweisung sowie die sonstigen beigefügten sicherheitsbezogenen Informationen und Instandhaltungshinweise zu beachten."

Die Erfahrung zeigt jedoch, dass gerade in diesem Bereich erhebliche Verbesserungen möglich sind. Im Rahmen einer Untersuchung der Medizinischen Hochschule Hannover zeigte die Analyse der Zwischenfälle, bei denen medizintechnische Geräte beteiligt waren, folgende Ursachen:

Bedienungsfehler	63,3 %
Instandhaltungsfehler	17,7 %
Konstruktions-, Fertigungs- oder Materialfehler	11,0 %
Gerätefehler	7,7 %

Der Schluss liegt nahe, dass ein strukturiertes Einweisungsprogramm und regelmäßige Schulungen mit praktischen Übungen die Häufigkeit von Bedienungsfehlern und damit die Anzahl von medizinischen Schadensfällen im Zusammenhang mit medizin-technischen Geräten reduzieren kann.

Was sich in der Luftfahrt längst bewährt hat, sollte auch im Krankenhaus Einzug halten: Checklisten für die Prüfung der Funktionsfähigkeit von Geräten. Solche Checklisten haben zudem den Vorteil, dass die Funktionsfähigkeit eines Geräts noch vor der Anwendung dokumentiert wird. Der Aufwand hierfür ist vergleichsweise gering und die Eintragungen können z.B. im Narkoseprotokoll, im Partogramm oder auf einem Laufzettel am Gerät erfolgen.

Mögliche Inhalte einer Checkliste:

© Zweckbestimmung gegeben
© Keine sichtbaren Schäden vorhanden
© Ordnungsgemäßer hygienischer Zustand
© Auf- und Zusammenbau korrekt
© Funktionsprüfung gemäß Gebrauchsanweisung durchgeführt
© Gültigkeit der STK bzw. MTK (Plaketten)

Auswertungen von Zwischenfällen oder Beinahezwischenfällen mit Medizinprodukten werden für die Zukunft einen wesentlichen Beitrag leisten, den Umgang mit Medizinprodukten zu verbessern.

Transfusionsgesetz

Problemstellung

1994 hat ein parlamentarischer Untersuchungsausschuss des Deutschen Bundestages von der Bundesregierung die Vorlage eines in sich geschlossenen Transfusionsgesetzes verlangt (Gesetz zur Regelung des Transfusionswesens, Allg. Teil). Grund für die Einsetzung des Untersuchungsausschusses war, dass sich in den achtziger Jahren ca. 2.000 Personen im Rahmen einer Bluttransfusion mit dem HI-Virus infiziert hatten.

Hinzu kommt, dass das Blut- und Plasmaspendewesen in Deutschland, anders als in anderen europäischen Ländern, nicht staatlich oder einheitlich geregelt war. Die Bundesregierung ist dieser Aufforderung nachgekommen: Das Transfusionsgesetz (TFG) trat am 7. Juli 1998 in Kraft.

Ziel des Gesetzes

Ziel des Gesetzes ist zum einen, eine bundeseinheitliche Regelung im Sinne des Artikel 72 Abs. 2 Grundgesetz zu schaffen und zum anderen gemäß § 1 TFG Risiken bei der Gewinnung von Blut und Blutbestandteilen und der Anwendung von Blutprodukten von den spendenden und von den zu behandelnden Personen fern zu halten. Insbesondere sollen sie vor der Übertragung erregerbedingter Krankheiten geschützt werden. Generell soll die Anwendung von Blutprodukten sicherer werden.

Ein weiterer Aspekt des Transfusionsgesetzes ist die gesicherte Versorgung der Bevölkerung mit Blutprodukten, die zur Behandlung schwerster Krankheiten unverzichtbar sind.

Trotz des Ziels der einheitlichen Regelung legt das TFG verbindlich nur die wesentlichen Grundsätze und Pflichten wie GMP-Aspekte, Spender- und Patientenschutz, Dokumentation und Datenschutz, Mitteilungs-, Unterrichtungs- und Rückverfolgungspflichten, Qualitätssicherung der Anwendung von Blutprodukten und die Sachkunde der im Blutspende- und Transfusionswesen handelnden Disziplinen fest. Die fachlichen Einzelheiten des Blutspende- und Transfusionswesens werden durch die Fachwelt selbst bestimmt: Die Bundesärztekammer, zusammen mit dem Paul-Ehrlich-Institut als Zulassungsbehörde für Blutprodukte, definiert in Richtlinien den allgemein anerkannten Stand der medizinischen Wissenschaft und Technik.

Im Rahmen dieser Befugnisse hat die Bundesärztekammer gemeinsam mit dem Paul-Ehrlich-Institut im Juli 2000 eine Richtlinie zur Gewinnung von Blut und Blutbestandteilen und zur Anwendung von Blutprodukten (Hämotherapie) verfasst[2].

Begriffsbestimmung

In § 2 TFG werden die wichtigsten Begriffe des TFG geregelt.

© Unter **Spende** ist im TFG nicht der Entnahmevorgang an sich zu verstehen, sondern die entnommene Menge an Blut oder Blutbestandteilen, die bereits Arzneimittel oder zur Herstellung von Arzneimitteln bestimmt ist.

© **Blutprodukte** sind dagegen Blutzubereitungen im Sinne von § 4 Abs. 2 AMG, Sera aus menschlichem Blut im Sinne des § 4 Abs. 3 AMG und Blutbestandteile, die zur Herstellung von Wirkstoffen oder Arzneimitteln bestimmt sind.

© **Spendeneinrichtung** ist eine Einrichtung, die Spenden entnimmt oder deren Tätigkeit auf die Entnahme von Spenden und, soweit diese zur Anwendung bestimmt sind, auf deren Testung, Verarbeitung, Lagerung und das Inverkehrbringen dieser gerichtet ist.

Praktische Umsetzung

Die Beachtung des TFG sowie der o.g. Richtlinie ist für jeden transfusionsmedizinisch tätigen Arzt äußerst wichtig. Im Falle der Schädigung eines Patienten – vor allem bei regelwidrigem Verhalten – muss damit gerechnet werden, dass diese Regelungen im juristischen Sinne als vorweggenommenes Gutachten gelten und zur Bewertung herangezogen werden. Darüber hinaus enthält das TFG eigene Straf- und Bußgeldvorschriften, die auch ohne konkrete Schädigung eines Patienten Anwendung finden können.

---

[2] (veröffentlicht im Bundesgesundheitsblatt 43,7(2000) 555-589 und als Broschüre des Deutschen Ärzte-Verlages [ISBN-3-7691-0389-0], Veröffentlichung der Neuformulierungen und Kommentare 2001 im Deutschen Ärzteblatt 98,46 (2001) A3074-A3075).

Das TFG regelt wie oben dargelegt die „wesentlichen Grundsätze" zur Blut- und Plasmaspende sowie zum Transfusionswesen und legt insoweit „unerlässliche Pflichten" fest (§§ 12, 18 TFG). Es bleibt darüber hinaus aber Spielraum für die Konkretisierung und praktische Handhabung im Krankenhausalltag. Basis hierzu sind die einschlägig bestehenden nationalen und internationalen Normen, Richtlinien, Leitlinien und Empfehlungen (u.a. das AMG, die Betriebsverordnung für pharmazeutische Unternehmer, die Leitlinie der Bundesärztekammer zur Therapie mit Blutkomponenten und Plasmaderivaten, die Richtlinie der Länder für die Überwachung der Herstellung und des Verkehrs mit Blutzubereitung vom Sept. 1996 sowie die o.g. Richtlinie der Bundesärztekammer und des Paul-Ehrlich-Institutes).

Es ist daher zwingend notwendig, dass sich Krankenhäuser eingehend mit den Regelungen des TFG auseinandersetzen, um in der Praxis angemessen zu handeln. Es sollte daher eine für das jeweilige Haus verbindliche Transfusionsordnung erstellt werden, die die wesentlichen Punkte des TFG und der Richtlinie der Bundesärztekammer enthält, soweit sie den organisatorischen Ablauf des Krankenhauses betreffen.

So muss jedes Krankenhaus, das Blutprodukte anwendet, einen *Transfusionsverantwortlichen* benennen. Dieser, ein approbierter Arzt, ist für die transfusionsmedizinischen Aufgaben verantwortlich und muss mit allen erforderlichen Kompetenzen ausgestattet sein. Darüber hinaus muss für jede Behandlungseinheit, in der Blutprodukte angewendet werden, ein dafür qualifizierter Facharzt zum *Transfusionsbeauftragten* bestellt werden, der sich besonders um die Belange der Bluttransfusion in seiner Abteilung kümmert.

Zusätzlich ist eine *Transfusionskommission* zu bilden, wenn das Krankenhaus eine Spendeeinrichtung oder ein Institut für Transfusionsmedizin besitzt oder es sich um ein Krankenhaus der Akutversorgung handelt (§ 15 Abs. 1 S. 4 TFG).

Generell darf die Anwendung von Blutprodukten nur nach dem Stand der medizinischen Wissenschaft und Technik erfolgen (§ 13 Abs. 1 S. 1 TFG).

Neben der in § 15 TFG normierten Qualitätssicherung muss das Krankenhaus die Unterrichtungspflichten nach § 16 TFG (Unterrichtung der zuständigen Stellen, wenn im Zusammenhang mit der Anwendung von Blutprodukten unerwünschte Ereignisse auftreten) und das Meldewesen nach den §§ 21 – 23 TFG (Ereignisunabhängiges Meldesystem) beachten und organisieren.

In der Transfusionsordnung, die das Krankenhaus erstellen muss, sollten folgende Punkte und die in Klammer ausgeführten Unterpunkte verbindlich geregelt und deren Ablauf ausführlich beschrieben werden:

© Aufklärungspflicht mit Einverständniserklärung des Patienten
© Logistischer Ablauf im Zusammenhang mit Bluttransfusionen (Zeitpunkt und detaillierter Ablauf der Blutgruppenbestimmung, Verwendung von Nothilfepässen, Anforderung von Blutprodukten, Blutentnahme für Kreuzprobe, exakte Regelung der Handhabung der Blutkonserven auf Station sowohl im Stationszimmer als auch am Patienten, Ablauf der Transfusion, patientenbezogene und produktbezogene Dokumentation – u.a. im Chargenbuch - und Rückgabe nicht benötigter Erythrozytenkonzentrate)

© Notfalltransfusion (Ablauf und Erfordernisse trotz Notfall, z.B. zumindest notfallmäßige Schnell-Blutgruppenbestimmung)
© Transfusionsreaktionen (Akute hämolytische Transfusionsreaktion, febrile und urticarielle Transfusionsreaktion, verzögerte hämolytische Transfusionsreaktion, transfusionsassoziierte akute Lungeninsuffizienz, Transfusionsreaktion durch bakteriell kontaminierte Blutprodukte und transfusionsbedingte Infektionsübertragung)
© Besonderheiten von Blutpräparaten (Erythrozytenkonzentrate, Thrombozytenkonzentrate, Leukozyten-depletierte Präparate, Human-Frisch-plasma, Faktorenkonzentrate und Rhesus-inkompatible Transfusionen)
© Indikationsstellung in Rücksprache mit der Transfusionsmedizin
© Eigenblutspende und Eigenbluttransfusion (Verantwortung, Hinweispflicht, Indikation, Transfusionstermin, infektiöses Eigenblut, Verwendung, Vereinbarung mit dem Spender, auswärtige Entnahme sowie Haltbarkeit und Lagerungsdauer von Eigenblut)
© Hygienemaßnahmen
© Aufgaben für die Transfusionsbeauftragten (Sachkenntnis, Belehrung des ärztlichen Personals, Beratung der Stationsärzte, Organisation und Kontrolle der Konservenkühlschränke, Weitergabe von Mitteilungen
© Perinatale Transfusionsmedizin, wenn diese im jeweiligen Krankenhaus relevant ist (Diagnostik, Behandlung und Prophylaxe fetomaternaler Inkompatibilitäten, Blutgruppenserologische Untersuchung vor der Geburt, Morbus hämolyticus fetalis/neonatorum, Blutgruppenserologische Untersuchung bei Neugeborenen, pränatale und postnatale Therapie, Anti-D-Prophylaxe bei Rh-negativen Frauen, fetale/neonatale Alloimmunthrombozytopenie, Besonderheiten der perinatalen Transfusionsmedizin).

Finden die oben aufgeführten Punkte Eingang in die Transfusionsordnung, kann die Sicherheit von Patienten, anwendenden Ärzten, Pflegekräften und der Krankenhausträger weitgehend gewährleistet werden. Natürlich müssen diese Regelungen in der Praxis dann auch eingehalten und beachtet werden.

Die Nichteinhaltung der oben genannten „Standards“ kann als Verletzung der berufsspezifischen Sorgfalt des Arztes (bzw. sonstiger Betroffener) gewertet werden - mit allen daraus folgenden zivil- und/oder strafrechtlichen Konsequenzen. Nicht nur das: Die Organisation der Abläufe im Zusammenhang mit einer transfusionsmedizinischen Behandlung von Patienten zählt zu den Organisationspflichten des Krankenhaus(-trägers). Krankenhaus oder Krankenhausträger könnten daher wegen Organisationsmängel in Haftung genommen werden.

Transplantationsgesetz

Problemstellung

Am 1. Dezember 1997 trat das Gesetz über die Spende, Entnahme und Übertragung von Organen (Transplantationsgesetz – TPG) in Kraft. Im Gegensatz zu fast allen anderen europäischen Staaten, waren in Deutschland bis dahin die rechtlichen Voraussetzungen für die Spende und Entnahme von menschlichen Organen, Organteilen und Gewebe zum Zwecke der Transplantation nicht spezialgesetzlich geregelt.

Folge dieser fehlenden Regelung war, dass sich viele Leute verunsichert fühlten und infolge dessen die Zahl der Organspender sehr gering blieb. Eine Umfrage des Instituts für Demoskopie Allensbach 1994 belegte das Misstrauen eindrucksvoll: Nur 5 % der Befragten besaßen einen Organspendeausweis und nur 21% hatten schon einmal ernsthaft daran gedacht, sich einen zu besorgen. 35 % der Befragten äußerten die Befürchtung, dass man mit einem Organspendeausweis schneller für klinisch tot erklärt würde und 63 % befürchteten, dass mit gespendeten Organen Missbrauch, z.B. unzulässiger Handel, betrieben würde.

Die Einführung des TPG konnte keine Trendwende herbeiführen: die Zahl der Organspender und dadurch bedingt die Zahl der Organübertragungen ist noch lange nicht in dem gewünschten Maße gestiegen.

So hatten 2004 nur 8 % der vom Institut für Demoskopie Allensbach Befragten einen Organspendeausweis. Und das, obwohl die Verunsicherung der Bevölkerung deutlich zurückgegangen war. So befürchteten 2004 nur noch 45 % der Befragten, dass mit gespendeten Organen Missbrauch betrieben würde. Die Zahl derjenigen, die angaben, dass ein Missbrauch nicht zu befürchten sei, stieg sogar von 17 % auf 34 %.

Ziel des Gesetzes

Gemäß der Amtlichen Begründung des Gesetzes über die Spende, Entnahme und Übertragung von Organen (Bundestags-Drucksache 13/4355 vom 16.04.1996) sollen die hierin geschaffenen gesetzlichen Regelungen die Unklarheiten beseitigen und definierte Grundlagen schaffen für

- © die organisatorischen Voraussetzungen der Entnahme, Vermittlung und Übertragung lebenswichtiger Organe
- © die Vermittlung lebenswichtiger Organe nach Maßgabe medizinischer Kriterien, um die Gleichbehandlung der für eine Transplantation nach ärztlicher Entscheidung vorgesehenen Patienten zu gewährleisten
- © die Bestrafung des Handeltreibens mit menschlichen Organen sowie unrechtmäßigen ärztlichen Handelns bei der Organentnahme und -übertragung
- © die Gewährleistung und den Schutz der Möglichkeit, eine Organspende abzulehnen

© die Aufklärung der Bevölkerung, damit auf der Grundlage sachgerechter Information möglichst viele Bürgerinnen und Bürger zu Lebzeiten eine persönliche Entscheidung zur Organspende treffen und dokumentieren

Ebenso wie im TFG sind auch im TPG nur die wesentlichen Grundsätze und Pflichten geregelt. Viele wichtige Punkte der weiteren konkreten Umsetzung bedürfen noch der näheren Ausfüllung.

Hierzu hat das TPG den Selbstverwaltungspartnern auf Bundesebene – DKG, BÄK, GKV-Spitzenverbänden – umfangreiche Verpflichtungen übertragen. So müssen diese u.a. nach § 11 TPG eine geeignete Einrichtung zur Organisation und Koordination der Organentnahme in den Transplantationszentren und den anderen Krankenhäusern (Koordinationsstelle) und nach § 12 TPG eine geeignete Einrichtung zur Vermittlung der nach dem TPG vermittlungspflichtigen Organe (Vermittlungsstelle) errichten bzw. beauftragen.

Auf Basis dieser Verpflichtungen entstanden in den Jahren nach Inkrafttreten des TPG der Grundlagenvertrag zur Umsetzung des TPG, der Vertrag zur Beauftragung einer Koordinierungsstelle und der Vertrag zur Beauftragung einer Vermittlungsstelle.

Begriffsbestimmung

Die wichtigsten Begriffe des TPG sind Transplantationszentrum, Koordinierungs- und Vermittlungsstelle, sowie vermittlungspflichtige Organe.

© Nach § 10 TPG ist ein **Transplantationszentrum** ein Krankenhaus oder eine Einrichtung an einem Krankenhaus, die nach § 108 SGB V oder nach anderen gesetzlichen Bestimmungen für die Übertragung von in § 9 S. 1 TPG genannten Organen (Herz, Niere, Leber, Lunge, Bauchspeicheldrüse und Darm) zugelassen ist. Bei diesen Organen handelt es sich um die sogenannten vermittlungspflichtigen Organe, d.h. diese dürfen nach § 9 Satz 2 und 3 TPG nur übertragen werden, wenn sie durch Vermittlungsstellen unter Beachtung der Regelungen nach § 12 TPG vermittelt worden sind. Darüber hinaus dürfen sie nur übertragen werden, wenn ihre Entnahme unter Beachtung der Regelungen nach § 11 TPG durchgeführt worden ist. In Deutschland gibt es rund 50 Transplantationszentren (z.B. Klinikum Großhadern in München, Universitätsklinikum Charité in Berlin), wobei nicht alle Transplantationszentren auch jeweils alle vermittlungspflichtige Organe transplantieren.

© **Koordinierungsstellen** sind nach § 11 Abs. 1 TPG Einrichtungen, die die Entnahme von vermittlungspflichtigen Organen einschließlich der Vorbereitung von Entnahme, Vermittlung und Übertragung organisieren. Am 27. Juni 2000 hat die DSO (Deutsche Stiftung für Organtransplantation) die Funktion dieser Koordinierungsstelle übernommen. Ihre Aufgaben wurden durch einen Vertrag mit der Bundesärztekammer, den Spitzenverbänden der Krankenkassen und der deutschen Krankenhausgesellschaft festgelegt. Auf der Grundlage des Vertrages wurde Deutschland in sieben organisatorische Regionen für die

Arbeit der DSO unterteilt. Die DSO wurde verpflichtet, die Verantwortung für den gesamten Organspendeprozess einschließlich des Transports zu übernehmen. Die DSO stimmt die Zusammenarbeit zwischen den bundesweit etwa 1.400 Krankenhäusern und den rund 50 Transplantationszentren ab. Ausgenommen ist die Organvermittlung, die der Stiftung Eurotransplant im niederländischen Leiden übertragen wurde.

© **Vermittlungsstellen** sind nach § 12 Abs. 1 TPG Einrichtungen, die die Vermittlung der vermittlungspflichtigen Organe organisieren. Diese müssen nach § 12 Abs. 3 TPG die vermittlungspflichtigen Organe nach den Regeln, die dem Stand der Erkenntnisse der medizinischen Wissenschaft entsprechen, insbesondere nach Erfolgsaussicht und Dringlichkeit für geeignete Patienten vermitteln.

Praktische Umsetzung

Nach § 8 Abs. 3 S. 2 TPG verpflichtet das TPG die Bundesländer, auf Landesebene Regelungen für die praktische Umsetzung zu erlassen. Diese Regelungen betreffen die Einrichtung einer Kommission, die zur Freiwilligkeit einer Lebendspende gutachterlich Stellung nimmt.

Darüber hinaus können in den Ausführungsgesetzen die Zulassung von Transplantationszentren geregelt werden, sowie die Zusammenarbeit der Krankenhäuser bei der Organspende und die Bestellung von Transplantationsbeauftragten.

Unabhängig davon, dass noch nicht alle Bundesländer die entsprechenden Gesetze erlassen haben, werden die geltenden Regelungen unterschiedlich gehandhabt. So verlangen lediglich die Ausführungsgesetze von Bayern, Rheinland-Pfalz, Mecklenburg-Vorpommern und Hessen die Bestellung von Transplantationsbeauftragten.

Bayern hat in seinem Gesetz zur Ausführung des Transplantationsgesetzes und des Transfusionsgesetzes (AGTTG) geregelt, dass Transplantationszentren zur Übertragung der in § 9 S. 1 TPG genannten Organe der Anerkennung durch das Staatsministerium für Arbeit und Sozialordnung, Familie, Frauen und Gesundheit bedürfen (Art. 6 Abs. 1). Nach Art. 7 muss für jedes Transplantationszentrum mindestens eine Person als hauptamtlicher Transplantationskoordinator tätig werden. Diese beraten, betreuen und schulen die Transplantationsbeauftragten in ihrem Zuständigkeitsbereich und betreuen die für die Organspende zu leistende Aufklärungs- und Öffentlichkeitsarbeit (Art. 8).

Nach Art. 7 Abs. 2 muss in allen Krankenhäusern mit Intensivbetten mindestens ein Transplantationsbeauftragter bestellt werden. Dieser hat nach Art. 9 die gesetzliche Verpflichtung aus § 11 Abs. 4 S. 2 TPG, in seinem Krankenhaus das ärztliche und pflegerische Personal mit der Bedeutung und den Belangen der Organspende vertraut zu machen, die für die Organspende zu leistende Aufklärungs- und Öffentlichkeitsarbeit zu koordinieren, die Tätigkeit der Transplantationskoordinatoren vor Ort zu unterstützen und die nächsten Angehörigen des Organspenders zu betreuen.

Unabhängig von den landesgesetzlichen Regelungen erfolgt der Ablauf der Organübertragung entsprechend der folgenden Graphik, wobei die Koordination der Organspende von der DSO übernommen wird.

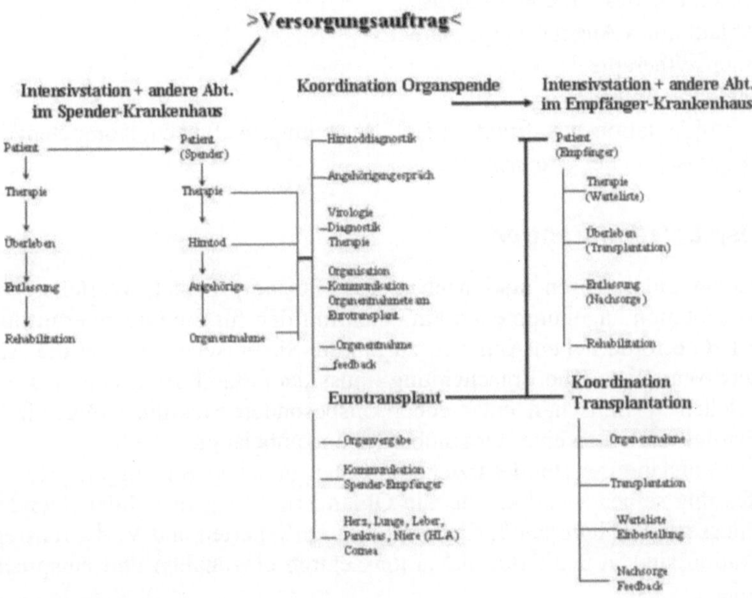

Abb. 13.1. Organisation und Einbindung von Organspende und Transplantation in den Versorgungsauftrag der Krankenhäuser[3]

Daneben ist zwischen den sog. anderen Krankenhäusern und den Transplantationszentren zu unterscheiden.

Sog. andere Krankenhäuser

Die sog. anderen Krankenhäuser sind dadurch gekennzeichnet, dass sie vermittlungspflichtige Organe nach § 9 TPG nicht übertragen dürfen. Somit haben sie auch geringere organisatorische Anforderungen zu erfüllen.

Neben der Bestellung eines Transplantationsbeauftragen, wenn es das entsprechende landesrechtliche Ausführungsgesetz verlangt, ist für sog. andere Krankenhäuser eine Richtlinie zur Umsetzung des TPG und der Richtlinien der Bundesärztekammer dringend zu empfehlen.

In dieser Richtlinie sind u.a. folgende Punkte verbindlich zu regeln:

---

[3] www.organspende-und-transplantation.de.

- © Definition der Organspender mit Auflistung der Kontraindikationen
- © Feststellung des Hirntodes, wobei hier die Richtlinie der Bundesärztekammer in der jeweils gültigen Fassung beinhaltet sein muss (Zeitpunkt, Dokumentation, indirekter Nachweis des Hirntodes)
- © Beachtung des Patientenwillens
- © Ablauf eines Angehörigengesprächs
- © Intensivtherapie
- © Meldepflichten
- © Transplantationsbeauftragter (Ziel, Bestellung, Aufgaben, Kompetenzen)
- © Organisation der Organspende

Transplantationszentren

Transplantationszentren sind nach § 10 TPG verpflichtet, Wartelisten der zur Transplantation angenommenen Patienten mit den für die Organvermittlung nach § 12 TPG erforderlichen Angaben zu führen. Sie entscheiden über die Aufnahme in diese Warteliste. Die Entscheidung muss dem Stand der Erkenntnisse der medizinischen Wissenschaft entsprechen, insbesondere was die Notwendigkeit und die Erfolgsaussichten einer Organübertragung anbelangt.

Der Vorstand der Bundesärztekammer hat in seiner Sitzung am 01.05.05 eine Neufassung seiner Richtlinie für die Organvermittlung thorakaler Spenderorgane beschlossen[4]. Die hier ausführlich dargelegten Kriterien und Verfahrensregeln zur Allokation sind in den Transplantationszentren einzuhalten und entsprechend zu organisieren.

Des weiteren haben sie die Regelungen der §§ 11 und 12 TPG einzuhalten, jede Organübertragung so zu dokumentieren, dass eine lückenlose Rückverfolgung der Organe vom Empfänger zum Spender möglich ist. Vor und nach der Organübertragung legen sie die Schritte für eine erforderliche psychische Betreuung der Patienten im Krankenhaus fest und führen Maßnahmen zur Qualitätssicherung durch.

D.h. neben den Regelungspunkten, die auch für die sog. anderen Krankenhäuser gelten, haben die Transplantationszentren u.a. noch folgende Punkte in einer entsprechenden Richtlinie zum TPG zu organisieren und damit sicherzustellen:

- © Transplantationskoordinator (Ziel, Bestellung, Aufgaben, Kompetenzen)
- © Bereitschaftsdienste (des Transplantationskoordinators, eines unabhängigen Neurologen, der Transplantationschirurgen, des Transfusionsmediziners für die immunologische Diagnostik und der Anästhesisten, Urologen, Nephrologen, Kardiologen, Hepatologen und Hämatologen zur Betreuung von Organspender und -empfänger)
- © Warteliste (Führung, Aufnahme, Streichung)
- © Psychische Betreuung der Organempfänger
- © Maßnahmen zur Qualitätssicherung
- © Zusammenarbeit mit der DSO und Eurotransplant

---

4 Dt. Ärzteblatt, Jg 102, Heft 22, A 1615 – A 1621.

Werden Lebendorganspenden durchgeführt, sind daneben noch zusätzliche Anforderungen zu beachten. Lebendspenden sind insbesondere bei Nieren- und Leberübertragungen möglich. Im Bemühen der Medizin um das Leben und die Lebensqualität von Empfängern soll die Lebensorganspende die postmortale Organspende nur individuell ergänzen, nicht generell ersetzen. Daher wurde in § 8 Abs. 1 S. 2 TPG der Spenderkreis auch sehr eingeschränkt.

Bei Durchführung von Lebendorganspenden sind von den jeweiligen Krankenhäusern die Empfehlungen zur Lebendorganspende der Bundesärztekammer[5] entsprechend umzusetzen.

Zusammenfassend kann festgehalten werden, dass das TPG sein Ziel, die Zahl der Organspenden insgesamt deutlich zu erhöhen, noch nicht ganz erreicht hat. Aber ein Anfang ist gemacht. Günter Kirste, Vorsitzender der DSO hat telefonisch gegenüber der Süddeutschen Zeitung ausgeführt, dass die vorläufigen Zahlen für 2005 eine starke Steigerung der Spenderzahlen ausweise. In Bayern waren es fast 40 % mehr als im Vorjahr[6]. Darüber hinaus ist insbesondere bzgl. der Verunsicherung der Patienten eine deutliche Besserung zu vermerken.

Dennoch: Das TPG hat die Betreuung der Spender bzw. seiner Angehörigen sowie den Ablauf der Organübertragung bei postmortalen Organspenden wie auch bei Lebendorganspenden klar geregelt - Voraussetzung für deutlich mehr Sicherheit von Patienten und Krankenhäusern. Dieses Mehr an Sicherheit kann aber nur dann sichtbare Erfolge erzielen, wenn die einzelnen Krankenhäuser das TPG und die entsprechenden Richt- und Leitlinien auch konsequent umsetzen.

Verordnungen im Strahlenschutz

Ziel der Verordnungen

Nachdem im August 2001 eine neue Strahlenschutzverordnung (StrlSchV) in Kraft getreten ist, erschien Juli 2002 eine Novelle der Röntgenverordnung (RöV). Damit sind EU-Richtlinien, die sich mit dem Gesundheitsschutz von Arbeitskräften, der Bevölkerung und von Patienten gegen die Gefahren durch die Einwirkung ionisierender Strahlung befassen, in nationales Recht umgesetzt worden. Zugleich wurden beide Verordnungen harmonisiert.

Praktische Umsetzung

Für die praktische Umsetzung ist es notwendig, Maßnahmen des Strahlenschutzes zu organisieren und einen Strahlenschutzverantwortlichen sowie einen oder mehrere Strahlenschutzbeauftragte gemäß Strahlenschutz- und Röntgenverordnung zu benennen.

5 Dt. Ärzteblatt, Jg. 97, Heft 48, A-3287.
6 Süddeutsche Zeitung vom 27.01.06, Rubrik „Wissen".

Für den Betrieb einer Röntgeneinrichtung ist z. B. eine entsprechende Anzeige/Antrag erforderlich. Der Anzeigende bzw. der Antragsteller und spätere Betreiber ist der *Strahlenschutzverantwortliche.* Handelt es sich dabei um eine juristische Person, sind zusätzliche Angaben für die zur Vertretung berechtigten natürlichen Person zu machen.

Der Strahlenschutzverantwortliche hat, soweit dies für eine sichere Ausführung des angezeigten/genehmigten Betriebs notwendig ist, die für die Leitung oder Beaufsichtigung dieser Tätigkeit erforderliche Anzahl von *Strahlenschutzbeauftragten* schriftlich zu bestellen. Er legt den ihnen übertragenen innerbetrieblichen Entscheidungsbereich schriftlich fest und räumt ihnen für die Erfüllung ihrer Pflichten die erforderlichen Befugnisse ein.

In der Regel sind aus Vertretungsgründen mindestens zwei Strahlenschutzbeauftragte erforderlich. Es empfiehlt sich, eine *Strahlenschutzanweisung* für die jeweilige Gesundheitseinrichtung zu verfassen und den Mitarbeitern zur Kenntnis zu geben.

Zu beachten ist, dass die Röntgenverordnung neuerdings die erforderliche Fachkunde und die Kenntnisse im Strahlenschutz regelt. Danach muss die Fachkunde im Strahlenschutz nunmehr mindestens alle fünf Jahre durch die erfolgreiche Teilnahme an einem von der zuständigen Stelle anerkannten Kurs oder einer anderen anerkannten Fortbildungsmaßnahme aktualisiert werden. Dies gilt auch für die RTA.

Für den Fachkundenachweis gilt eine Übergangsregelung: Wer die Fachkunde vor 1973 erworben hat, muss innerhalb von zwei Jahren nach dem In-Kraft-Treten der neuen Röntgenverordnung eine Aktualisierung nachweisen. Wer die Fachkunde zwischen 1973 und 1987 erworben hat, für den gilt eine Frist von drei Jahren. Alle anderen müssen die Aktualisierung innerhalb der nächsten fünf Jahre - spätestens also zum 1. Juli 2007 - nachweisen.

Auf einige andere Punkte der Röntgenverordnung sei hier explizit hingewiesen:

© **Röntgenpass muss dem Patienten angeboten werden**
Der Arzt, der Röntgenaufnahmen veranlasst, ist nunmehr verpflichtet, den Patienten bei Röntgenuntersuchungen Röntgenpässe anzubieten. In den Pass müssen Angaben über Zeitpunkt und Art der Anwendung, über die untersuchte Körperregion vom untersuchenden Arzt eingetragen werden. Geregelt ist dies in § 28 Abs. 1 und 2 der Röntgenverordnung.

© **Schriftliche Arbeitsanweisungen an Mitarbeiter sind Pflicht**
Der Betreiber des Röntgengeräts ist durch § 18 Abs. 2 der Röntgenverordnung verpflichtet, schriftliche Arbeitsanweisungen zu erstellen. Diese Arbeitsanweisungen sind für die Mitarbeiter zur jederzeitigen Einsicht bereitzuhalten und müssen auf Anforderung der zuständigen Stelle übersandt werden.

© **Rechtfertigende Indikation**
Ein Begriff, der neu in die Röntgenverordnung eingeführt wurde, ist die rechtfertigende Indikation. Unter den in § 2 aufgeführten Definitionen ist dieser Begriff erläutert. Rechtfertigende Indikation ist die Entscheidung eines Arztes oder Zahnarztes mit der erforderlichen Fachkunde im Strahlenschutz, dass und in welcher Weise Röntgenstrahlung am Menschen in der Heilkunde oder

Zahnheilkunde angewendet wird. Der § 23 der RöV führt hierzu weiter aus, dass die Stellung einer rechtfertigenden Indikation die Feststellung erfordert, dass der gesundheitliche Nutzen der Anwendung gegenüber dem Strahlenrisiko überwiegt.
Eine Abwägung, die auch bisher schon vor jeder Anfertigung einer Röntgenaufnahme selbstverständlich war, nur dass diese zukünftig für jede Patientenaufnahme, zum Beispiel im Röntgenjournal, zu protokollieren ist.
In § 23 wird ebenfalls gefordert, dass andere Verfahren mit vergleichbarem gesundheitlichen Nutzen, die mit keiner oder geringer Strahlenexposition verbunden sind, bei der Abwägung zu berücksichtigen sind. In der Heilkunde wird dies zu einer weiteren Aufwertung der Sonographie und magnetischen Resonanztomographie führen.
In diesem Zusammenhang sind Patienten auch weiterhin über frühere Anfertigungen von Röntgenaufnahmen, die für die vorgesehene Anwendung von Bedeutung sein können, zu befragen. Darüber hinaus ist bei bestehender oder nicht auszuschließender Schwangerschaft die Dringlichkeit der Anwendung besonders zu prüfen.

Fazit

Die Etablierung eines strukturierten Beauftragtenwesens zur Organisation und Umsetzung gesetzlicher und behördlicher Sicherheitsbestimmungen in Gesundheitseinrichtungen stellt einen wesentlichen Bestandteil eines proaktiven klinischen Risk-Managements dar. Dadurch lassen sich haftungsrelevante Risikopunkte minimieren und die Patientensicherheit im Rahmen medizinischer Behandlungen erhöhen: Eine Win-win-Situation für beide Seiten.

14. Risikominimierung durch Patientenselektion?

Th. Schwenzer

Einleitung

Jede ärztliche Behandlung soll nach den Vorstellungen der Gesundheitsökonomen möglichst preiswert, aber trotzdem effektiv eine Krankheit heilen oder lindern. Unter dem Eindruck extrem knapper Ressourcen unseres Gesundheitssystems wird die Ärzteschaft mit dem Vorwurf der Über-, Unter- und Fehlversorgung konfrontiert. Sie ist daher aufgefordert, aus eigener Kraft eine ständige Verbesserung der Versorgungseffektivität zu realisieren und vorhandene Mittel sinnvoll einzusetzen. Jeder Bundesbürger spürt die hohen Kosten des Gesundheitssystems bei den monatlichen Versicherungsbeiträgen. Im Krankheitsfall erwartet er für sich selbst aber eine Versorgung, die ökonomische Zwänge möglichst vollständig außer Acht läßt, ihm vielmehr das maximal Mögliche an Therapie und Zuwendung zur Verfügung stellt. Die für den Einzelnen hohen Gesundheitskosten generieren auch einen hohen Erwartungsdruck an die Qualität der Versorgung.

Die Gesundheitsökonomen haben in den letzten Jahren Weichenstellungen im Gesundheitswesen vorgenommen, die zu einer Begrenzung der Kostensteigerungen und möglichst sogar zu einer Kostenreduktion führen sollen. Dazu gehören auch gezielte Einflussnahmen auf die Versorgungsstrukturen: Ausschließlich unter Kostengesichtspunkten soll im Krankheitsfall die Versorgung wenn immer möglich ambulant anstelle stationär und möglichst hausärztlich anstelle fachärztlich vorgenommen werden. Durch verbindliche Vorgabe von Mindestmengen für bestimmte Eingriffe oder Behandlungsstrukturen soll die Versorgungsqualität verbessert werden.

Mindestmengen

Aus den USA ist inzwischen auch nach Deutschland eine intensive Diskussion zu Mindestmengen in der Medizin gelangt. Der gedankliche Ansatz beruht darauf, dass viele US-amerikanische Studien zeigen konnten, dass es eine umgekehrte Relation zwischen Krankenhausgröße und Anzahl chirurgischer Eingriffe einerseits und der Mortalität andererseits gibt (Birkmeyer et al. 2002).

Eine erste Arbeit unter dem Titel „Should Operations be Regionalized?“ wurde von Luft et al. bereits 1979 im New England Journal of Medicine veröffentlicht. Sie haben 12 unterschiedliche chirurgische Eingriffe mit variabler Komplexität in insgesamt fast 1500 Krankenhäusern untersucht. Für die offene Herzchirurgie, Gefäßchirurgie, transurethrale Prostataresektion und die koronare Bypasschirurgie konnten sie eine Abhängigkeit der Operationszahlen des einzelnen Krankenhauses und der Mortalität feststellen: Die Sterblichkeit war in Krankenhäusern mit mehr als 200 dieser genannten Eingriffe zwischen 25 und 40 % niedriger als in Krankenhäusern mit einer geringeren Operationszahl. In derselben Arbeit wird aber auch darauf hingewiesen, dass diese Abhängigkeit der Sterblichkeit nicht für alle Eingriffe gefunden werden konnte. Z.B. fand sich für totale Hüftendoprothesen die gleiche Sterblichkeit in Krankenhäusern mit einer Eingriffsfrequenz zwischen 50 und 100 pro Jahr wie in Krankenhäusern, die 200 oder mehr derartiger Eingriffe durchführten. Auch für die Cholezystektomie wurde in dieser Arbeit keine Abhängigkeit der Mortalität von der Operationsfrequenz gesehen.

Hannan und Mitarbeiter haben in mehreren Publikationen (1989, 1994,1995) für verschiedene Operationsverfahren signifikante volumenabhängige Sterblichkeitsunterschiede zeigen können: Für die totale Cholezystektomie war in diesen Untersuchungen die Krankenhausgröße ein wichtigerer Indikator als die Operationsfrequenz des Operateurs. Für Koronararterienbypässe, Resektionen von Aortenaneurysmen, partielle Gastrektomien und Kolektomien war die Operationsfrequenz das wichtigere Merkmal als die Krankenhausgröße. Trotzdem war zusätzlich auch noch die Größe des Krankenhauses signifikant. Man muss jedoch in dieser Arbeit die Grenzwerte berücksichtigen, die bei der Gastrektomie bei 5 partiellen Gastrektomien pro Jahr lagen, bei den Kolektomien bei 40 pro Jahr und bei den Cholezystektomien bei 170 Eingriffen im Jahr.

In der umfangreichen Arbeit von Birkmeyer und Mitarbeitern (2002) wurden retrospektiv die relevanten Parameter von 2,5 Mio. Operationen im Rahmen des Medicare Programms zwischen 1994 und 1999 analysiert. Endpunkte der Auswertungen waren Mortalität und Komplikationen. Die Daten von Birkmeyer sind insoweit eingeschränkt zu bewerten, als sie sich ausschließlich auf das Medicareprogramm in den USA beziehen. Dabei handelt es sich um ein Programm für ältere, sozial schwache Menschen, so dass hier nur Patienten mit einem Lebensalter über 65 Jahre einbezogen waren, die über ein geringes Jahreseinkommen und einen entsprechend schlechten Gesundheitszustand verfügten. Eine systematische Komplikationserfassung erfolgte nicht, sondern wurde nur im Rahmen der Abrechnungsmodalitäten mit den Krankenkassen bewertet. Die in Abhängigkeit von der Operationsfrequenz dargestellten Mortalitäten sind in Tab. 14.1 aufgeführt. Besonders ausgeprägte Abhängigkeiten der Operationsfrequenz fanden sich bei Ösophagusresektionen ebenso wie bei Pankreasresektionen. Auffällig ist aber auch, dass hier insgesamt kleine Fallzahlen in allen Krankenhausgrößen vorlagen und dass in den niedrigsten beiden Eingriffsgruppen jeweils die Fallzahlen nahezu singulären Ereignissen in den einzelnen Krankenhäusern entsprachen.

Tab. 14.1. Abhängigkeit der Mortalität von der Eingriffshäufigkeit bei Herz- und Abdominaleingriffen (nach Birkmeyer et al. 2002)

Eingriff	Größte Fallzahlgruppe [n]	Adjustierte Mortalität [%]	Kleinste Fallzahlgruppe [n]	Adjustierte Mortalität [%]
Kolektomie	>124	4,5	<33	5,6
Gastrektomie	>21	8,6	<5	11,4
Ösophagektomie	>19	8,4	<2	20,3
Pankreasresektion	>16	3,8	<1	16,3
Nephrektomie	>31	2,1	<7	2,5
Zystektomie	>11	2,6	<2	5,5
Lobektomie	>46	4,0	<9	5,7
Pneumonektomie	>46	10,7	<9	16,1
Karotis Endarteriektomie	>164	1,5	<40	1,7
Bypass untere Extremität	>94	4,1	<22	5,1
Aortenaneurysma Op.	>79	3,9	<17	6,5
Koronararterienbypass	>849	4,5	<230	5,6
Aortenklappenersatz	>199	7,1	<43	9,3
Mitralklappenersatz	>199	11,6	<43	15,1

Während die bisher zitierten Arbeiten ausschließlich auf die Mortalität als Qualitätsparameter abzielten, sind in jüngster Zeit auch Arbeiten veröffentlicht worden, die Morbiditätsfaktoren in Relation zur Operationsfrequenz brachten: Purves et al. veröffentlichten 2005 eine Arbeit, wonach die Erhaltungsrate des Sphinkters bei Rektalkarzinom bei hoher Operationsfrequenz signifikant höher lag. Allerdings waren in dieser Arbeit als höchstes Operationsvolumen 10 oder mehr Eingriffe bei Rektalkarzinom genannt und in der niedrigsten Gruppe 1 bis 3 entsprechende Eingriffe. Der Abstand zwischen niedrigster Operationsfrequenz und jeweiliger Operationsfrequenz war also relativ gering. Auch für Australien gibt es entsprechende Daten: Die Wahrscheinlichkeit eines permanenten Stomas war bei kolorektalen Karzinomen signifikant höher, wenn der Operateur wenige Fälle operierte (McGrath et al. 2005).

Für die Brustchirurgie sind kürzlich entsprechende Daten veröffentlicht worden: Hiotis und Mitarbeiter haben 2005 Daten zur Rate der Brusterhaltung veröffentlicht: Zwischen 1990 und 1998 wurden insgesamt 43.111 Patientinnen in der Region Los Angeles untersucht. Davon konnten die Daten von knapp 30.000 Patientinnen vollständig erfasst werden. Es zeigte sich, dass die Wahrscheinlichkeit eines brusterhaltenden Vorgehens nicht nur von tumorspezifischen Faktoren abhängig war, sondern auch von der Spezialisierung des Operateurs, der Spezialisierung des Krankenhauses und der Klinikgröße. Auch für das britische Gesundheitswesen wurde die Frage gestellt, ob die Menge der behandelten Tumoren bei Brustkrebs Einfluss auf die Qualität hat: Zwischen Spezialisten mit großen Behandlungszahlen und nicht spezialisierten Zentren fand sich hier jedoch kein Unterschied in der Überlebenswahrscheinlichkeit (Ma et al. 1997).

Im deutschen Gesundheitswesen ist seit einigen Jahren ebenfalls die Möglichkeit vorgesehen, Fallzahlvolumina mit einzelnen Kliniken zu vereinbaren und Abteilungen von der Versorgung auszuschließen, die nicht die vorgegebenen Fallzahlen erreichen. Rechtsgrundlage ist § 137 Abs. 1 Satz 3 Nr. 3 SGB V. Hier heißt es: „Der gemeinsame Bundesausschuss beschließt ... einen Katalog planbarer Leistungen nach den §§ 17 und 17b des Krankenhausfinanzierungsgesetzes, bei denen die Qualität des Behandlungsergebnisses in besonderem Maß von der Menge der erbrachten Leistungen abhängig ist, Mindestmengen für die jeweiligen Leistungen je Arzt oder Krankenhaus und Ausnahmetatbestände ...".

Diese Möglichkeiten werden zunehmend genutzt, ohne dass es für das deutsche Gesundheitswesen jedoch valide Daten gäbe: Für keine der vom gemeinsamen Bundesausschuss festgelegten Mindestmengen gibt es derzeit für die Versorgungsstruktur in Deutschland wissenschaftliche Erkenntnisse dazu, dass die Versorgungsqualität von der einzuhaltenden Mindestmenge abhängig ist. Die Argumentation stützt sich auf wissenschaftliche Erkenntnisse aus Versorgungssystemen anderer Länder und kann nicht ohne weiteres auf Deutschland übertragen werden. Es ist davon auszugehen, dass Krankenkassen in der Vorgabe von Mindestmengen auch ein Instrument zur Kostenreduktion besonders aufwendiger Leistungen sehen. Bisher sind Mindestmengen erst für wenige Eingriffe vorgegeben (Tab. 14.2).

Der gemeinsame Bundesausschuss hat zuletzt Mindestmengen für Knieendoprothesen festgelegt (50 Knieendoprothesen pro Abteilung und Jahr). Dabei hat er sich auf ein Gutachten der wissenschaftlichen Fachgesellschaft gestützt. Es läuft noch ein Gutachtenauftrag beim Institut für Qualität und Wirtschaftlichkeit in der Medizin, dessen Ergebnissen noch ausstehen. Für Kliniken, die die Mindestmengen nicht erreichen, hat der gBA eine Übergangsregelung für Abteilungen mit 40 bis 49 Eingriffen pro Jahr im Jahr 2006 geschaffen. Er hat für diese Abteilungen Referenzwerte vorgegeben, die extrem weit über den Mittelwerten aller Abteilungen liegen, wie sie von der Bundesgeschäftsstelle Qualitätssicherung (BQS) für das Jahr 2004 vorliegen. Für Kliniken mit kleinen Fallzahlen werden so besonders hohe Anforderungen an die Qualität gestellt.

Tab. 14.2. Mindestmengenvorgaben gemäß § 137b SGB V

Eingriffsart	Vorgegebene Mindestmenge
Lebertranspantation [jährliche Mindestmenge pro Krankenhaus]	10
Nierentransplantation (inkl. Lebendspende) [jährliche Mindestmenge pro Krankenhaus]	20
Komplexe Eingriffe am Organsystem Ösophagus [jährliche Mindestmenge pro Krankenhaus/Arzt]	5/5
Stammzelltransplantation (Autologe/allogene Knochenmarktransplantation, periphere hämatopoetische Stammzelltransplantation) [jährliche Mindestmenge pro Krankenhaus]	12 +/- 2 [10 – 14]
Totale Kniegelenk-Endoprothese	50 (40 - 49 mit Auflagen im Jahr 2006)

Auch für die Urologie wurde in einer kürzlich im Deutschen Ärzteblatt erschienenen Übersichtsarbeit (Albers und Jakse 2005) analysiert, ob es Zusammenhänge zwischen der Qualität des Eingriffs bei der radikalen Prostatektomie und einer eventuellen Mindestmenge gibt. Als Schlussfolgerung konnte aus der derzeitigen Datenlage nicht hergeleitet werden, dass die Operationsfrequenz pro Institution oder Operateur ein Qualitätskriterium war. Es wurde die Schlussfolgerung gezogen, dass neben der bloßen Operationsfrequenz die interne Ausbildungsqualität einen wesentlichen Einfluss auf das Ergebnis hat. Auch klinische Behandlungspfade sind für ein gutes Operationsergebnis maßgeblich verantwortlich.

Du Bois et al. (2005a, 2005b) haben für das Ovarialkarzinom die Versorgungsstruktur in Deutschland analysiert: Sie haben überprüft, in wie weit gegebene Therapiestandards umgesetzt wurden. Nur bei 42,7 % der Patientinnen mit frühem Ovarialkarzinom wurde ein adäquates Staging durchgeführt. Am häufigsten wurden hier keine Peritonealzytologie, keine Peritonealbiopsie und keine adäquate Lymphonodektomie vorgenommen. Bei den Patientinnen mit fortgeschrittenem Karzinom konnte in 61,4 % ein maximaler Tumorrest unter 1 cm erreicht werden. Insgesamt wurde so bei 269 Patientinnen (56,5 %) der Studie ein OP-Erfolg dokumentiert. Eine adäquate Chemotherapie erhielten nur 66,4 % aller Patientinnen. Dabei war die Therapiequalität einer der stärksten Einflussfaktoren auf die Überlebenswahrscheinlichkeit (Abb. 14.1). Die Versorgungsstufe hatte jedoch keinen Einfluss auf die Versorgungsqualität. Auch die Anzahl der Operationen pro Klinik und Jahr hatte weder für einen Cut-off von 12 Operationen/Jahr noch für einen mit 20/Jahr einen signifikanten Einfluss. Allerdings hatte die Ausweisung einer Klinik als Studienklinik signifikanten Einfluss auf die Qualität: In Studienkliniken erhielten 49,8 % der Patientinnen eine optimale Therapie bestehend aus Operation und Chemotherapie, während dies in Nicht-Studienkliniken nur in 33,3 % der Fall war. Die Autoren führen dies auf die besseren Infrastrukturen in Studienkliniken zurück (Interessierte Teammitglieder, Teilnahme an wissenschaftlichen Treffen, Erfahrung mit Standardtherapien etc.).

Mit großem Aufwand wissenschaftlicher Fachgesellschaften (Deutsche Krebsgesellschaft, Deutsche Gesellschaft für Senologie, Deutsche Gesellschaft für Gynäkologie und Geburtshilfe etc.), aber auch unter politischem Druck wird derzeit die Versorgungsstruktur beim Mammakarzinom grundlegend umgewandelt. Es ist die erklärte Absicht, dass die Behandlung von Brustkrebspatientinnen, insbesondere der ca. 50.000 Neuerkrankungen pro Jahr ausschließlich in Zentren erfolgen soll. Dadurch erhofft man sich eine signifikante Qualitätsverbesserung. Dabei darf jedoch nicht nur der Fokus auf die Primärbehandlung im Zentrum gerichtet werden, sondern es kommt darauf an, dass auch die prä- und poststationären Schnittstellen in der ambulanten Versorgung funktionieren. Es gibt z.B. keinerlei Daten, die etwa die Festlegung auf 100 oder sogar 150 primäre Brustkrebsfälle pro Jahr und eine daraus verbesserte Versorgungsqualität wissenschaftlich belegen würden. Die Daten zur Qualitätssicherung beim Mammakarzinom sind derzeit noch wenig belastbar: Sie legen nahe, dass z.B. die Empfehlung einer Strahlentherapie oder einer weiterführenden endokrinen Therapie häufig nicht umgesetzt wird. Durch die fehlende Longitudinalerfassung und das starre Festhalten an Sektorgrenzen (ausschließlich Erfassung stationärer Behandlungsdaten zur Qualitätssicherung) kann eine definitive Aussage zur Versorgungswirklichkeit hier nicht gemacht werden. Während für die stationäre Versorgung über die Bundesgeschäftsstelle Qualitätssicherung die flächendeckende Datenerfassung realisiert ist, fehlen immer noch überzeugende Konzepte zu einer sektorübergreifenden Qualitätssicherung.

Nur für ganz wenige Eingriffsarten liegt heute die Operationsmortalität noch in einer Größenordnung, die überhaupt einen Vergleich einzelner Abteilungen zuließe. Die normalerweise für den Patienten wichtigere Frage des Erfolgs eines Eingriffs (z.B. Überlebenswahrscheinlichkeit bei Tumorerkrankungen, Rezidivwahrscheinlichkeit bei Inkontinenzoperationen) läßt sich nur durch longitudinale, sektorübergreifende Untersuchungen messen. Derartige longitudinale Datenerfassungen finden aber bisher nur ansatzweise statt (z.B. Disease Management Programm Mammakarzinom). Die Krankenkassen finanzieren den Krankenhäusern z.B. keine Nachuntersuchungen von bei ihnen operierten Patienten.

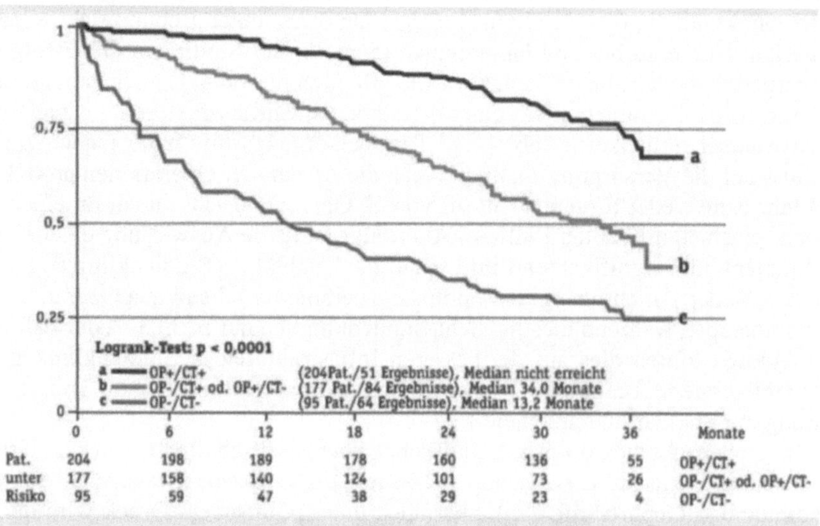

Abbildung 14.1. Überlebenswahrscheinlichkeit in Abhängigkeit von der Therapiequalität beim Ovarialkarzinom [Kaplan-Meier-Schätzung der Überlebenswahrscheinlichkeit in den drei Kategorien „optimale Therapiequalität" (OP+/CT+), „mittlere Therapiequalität" (OP-/CT+ oder OP+/CT-) und „suboptimale Therapiequalität" (OP-/CT-)] nach Du Bois et al. (2005a)

Wechselwirkung zwischen stationärer und ambulanter Versorgung

Ambulante Operationen können nach § 115b SGB V sowohl von niedergelassenen Vertragsärzten als auch von Krankenhäusern durchgeführt werden. Hierzu haben die Spitzenverbände der Krankenkassen, die Deutsche Krankenhausgesellschaft und die Kassenärztliche Bundesvereinigung einen Katalog vereinbart, der die ambulant durchführbaren Eingriffe enthält. In diesem Katalog sind Eingriffe besonders markiert, die in der Regel ambulant durchführbar sind. Der Katalog liegt derzeit in einer für 2006 aktualisierten Version vor. Hier ist eine stationäre Leistungserbringung nur möglich, wenn bestimmte Voraussetzungen bestehen (Tab. 14.3). Umgekehrt muss allerdings der Operateur bei jedem ambulant durchführbaren Eingriff prüfen, ob nicht Risiken bestehen, die gegen den ambulanten Eingriff sprechen.

Unter Kostengesichtspunkten wird von den Krankenkassen der Grundsatz „ambulant vor stationär" verfolgt. Der Druck zum ambulanten Operieren folgt damit nur teilweise dem Patientenwunsch nach der Vermeidung eines Klinikaufenthalts, er ist wesentlich auch von ökonomischen Vorgaben geprägt. Operativ tätige Fachabteilungen werden derzeit intensiv von Krankenkassenanfragen überzogen, die ein wesentliches Ziel darin sehen, eine zunächst stationär erbrachte Leistung lediglich als ambulante Leistung (mit dann niedrigeren Vergütungssätzen) zu erstatten.

Durch zunehmend ambulant durchgeführte Operationen ergeben sich Tätigkeitsfelder für den niedergelassenen Vertragsarzt, aber auch Krankenhäuser öffnen sich zunehmend. Wenn das ambulante Operieren risikoarm für den Patienten erbracht werden soll, sind eine Reihe von Randbedingungen sowohl für den ambulant operativ tätigen Vertragsarzt als auch den Krankenhausarzt einzuhalten:

1. Die fachliche Kompetenz zur Durchführung eines bestimmten Eingriffs muss sowohl beim niedergelassenen Arzt wie auch dem Krankenhausarzt gegeben sein.
2. Für den jeweiligen Eingriff müssen die Rahmenbedingungen zur Durchführung in der Praxis/ambulantem Operationszentrum gegeben sein (adäquate Anästhesieverfahren, Möglichkeiten der Nachkontrolle etc.)
3. Der niedergelassene Vertragsarzt muss im Einzelfall kritisch prüfen, ob die Voraussetzungen für die ambulante Durchführung erfüllt sind (Angehörige, Nachbetreuung etc.)
4. Auch im Krankenhaus muss kritisch geprüft werden, ob ein Eingriff ambulant möglich ist, oder ob eine stationäre Behandlung erforderlich wird.

Beispiel: Der straffreie Schwangerschaftsabbruch nach der Beratungsregelung gemäß §218a StGB ist zulässig bis einschließlich 12 Wochen post conceptionem (14 Wochen post menstruationem). Die überwiegende Zahl der Abbrüche nach dieser Rechtsnorm kann unproblematisch durch eine instrumentelle Ausschabung bzw. Saugcurretage bis zur 9./10. SSW p.m. durchgeführt werden. Der Embryo wächst dann sehr rasch, so dass in den letzten 2 bis 3 Wochen der Frist nach der Beratungsregelung ein ambulanter Eingriff mit Ausschabung oder Saugcurretage mit unverhältnismäßig hohen Risiken verbunden wäre (Scheitel-Steiß-Länge in der 11. SSW p.m. bereits 4,2 cm, 13. SSW p.m. 6,3 cm, 14. Woche p.m. 8,4 cm!). Der Schwangerschaftsabbruch muss in dieser Phase mittels Abortinduktion, Ausstoßung des Embryo und anschließender Curretage erfolgen. Dies ist i.d.R. nur unter stationären Bedingungen umsetzbar. Wenn ein ambulanter Operateur dennoch bei fortgeschrittener Gravidität eine instrumentelle Beendigung der Schwangerschaft vornimmt, weil er z.B. den Eingriff selbst nur ambulant durchführen kann, ist dies grob fehlerhaft und begründet im Schadensfall u.U. einen Haftungsanspruch aus Übernahmeverschulden.

Tab. 14.3. Kriterien, die eine stationäre Durchführung von in der Regel ambulant durchführbaren Operationen und Eingriffen erforderlich machen können (Anlage 2 zum Vertrag nach § 115b Abs. 1 SGB V)

I. Allgemeine individuelle Tatbestände, wie die fehlende Sicherstellung der Versorgung im familiären bzw. häuslichen Umfeld oder die pflegerische Nachbe-treuung
- **a)** fehlende Kommunikationsmöglichkeit des Patienten im Fall von postoperativen Komplikationen und /oder
- **b)** fehlende sachgerechte Versorgung im Haushalt des Patienten.

II. Morbiditäts-/diagnosebedingte allgemeine Tatbestände.
- **a)** Klinisch relevante Begleiterkrankungen, z.B. aufgrund:
  Gerinnungsstörungen
  Koronarsyndrom
  Herzinsuffizienz (III/IV Grades)
  Anamnestisch maligne Hyperthermie
  (relevante) Lungenfunktionsstörung
  sonstige überwachungspflichtige Behandlung
- **b)** Besondere postoperative Risiken, z.B. aufgrund von postoperativer Überwachungspflichtigkeit von mehr als 8 Stunden nach Beendigung des Eingriffs (z.B. kritischer endokriner oder metabolischer Status)
- **c)** Schwere der Erkrankung, z.B.
  Bewusstlosigkeit
  Verwirrtheitszustand
  Akute Lähmung
  Akuter Sehverlust
  Akuter Hörverlust
  Akute Blutung
- **d)** Erhöhter Behandlungsaufwand, z.B.
  Kontinuierliche intravenöse Medikation/Infusion
  Kontinuierliche intensive Überwachungsnotwendigkeit
  Kontinuierliche assistierte oder kontrollierte Beatmung
  Bedrohliche Infektion, anhaltendes Fieber
  Andere akute Funktionsstörungen
  Gegenüber dem Regelfall sehr komplexe Eingriffe

Zur Vermeidung von Schadenersatzansprüchen sollte präoperativ sorgfältig geprüft werden, ob überhaupt die Voraussetzungen für die ambulante Durchführung eines Eingriffs gegeben sind. Wenn Gründe für die stationäre Durchführung sprechen, müssen diese exakt dokumentiert werden, damit die Leistungspflicht der Krankenkasse für die stationäre Leistung ggf. auch gerichtlich durchgesetzt werden kann. Die Anlage 2 (Tab. 14.3) zum Vertrag über das ambulante Operieren gibt klare Entscheidungskriterien vor. Ausdrücklich heißt es hier, dass bereits das Vorliegen *eines* Tatbestands oder Kriteriums eine hinreichende Begründung für die stationäre Durchführung darstellt.

Wie bei allen invasiven Eingriffen bedarf es auch bei ambulanten Eingriffen der Einwilligung des Patienten und die rechtmäßige Einwilligung ist nur nach entsprechender Aufklärung gegeben. Abgesehen von Notfällen muss dir Patientin so rechtzeitig aufgeklärt werden, dass sie das Für und Wider der Operation abwägen kann.

Rät ein Arzt einer Patientin zu einer Operation und vereinbart er bereits einen Operationstermin durch ihn selbst oder im Krankenhaus, unabhängig ob ambulant oder stationär, dann sollte die Patientin bereits an diesem Tag über den Behandlungsverlauf, typische Operationsfolgen und die wesentlichen Risiken des Eingriffs aufgeklärt werden (z.B. BGH, Urteil vom 25. März 2003, VI ZR 131/02). Mit der festen Vereinbarung des Operationstermins entsteht bei manchen Patientinnen der Eindruck, nicht mehr jederzeit frei von der Operation zurücktreten zu können.

Vor ambulanten Operationen mit normalen Risiken ist nach der Rechtssprechung die Aufklärung noch am Tage des Eingriffs in aller Regel zeitgerecht (BGH, Urteil vom 14. Juni 1994, VI ZR 95/94). Dies bezieht sich aber nur auf die Risikoaufklärung und basiert auch darauf, dass ambulante Eingriffe bisher als Eingriffe mit niedrigem Risiko angesehen wurden. Zunehmend werden aber auch komplexe und risikobehaftete Eingriffe ambulant durchgeführt, so dass in diesen Fällen zu einer rechtzeitigen Aufklärung mindestens schon am Vortag der Operation dringend geraten werden muss.

Erfolgt die Aufklärung ausnahmsweise erst am Operationstag, muss sie aber so deutlich vom Eingriff abgesetzt sein, dass der Patient das Bewusstsein hat, frei über den Eingriff entscheiden zu können. Der Patient darf nicht das Gefühl haben, die Aufklärung habe einen unumkehrbaren Geschehensablauf in Gang gesetzt.

Die Aufklärung wird sinnvoller Weise bereits im Rahmen des Vorgesprächs und der Operationsplanung vorgenommen. Ambulante Operationszentren und Krankenhäuser sollten spezielle Sprechstunden für ambulante Eingriffe vorhalten und hier bereits neben der Anamnese, Untersuchung, Bewertung des Risikoprofils auch die Aufklärung vornehmen.

Kommt es zu Komplikationen, die sich aus fehlender postoperativer Überwachung oder mangelnder Risikoselektionierung ergeben, geht dies zu Lasten des Operateurs. Ein Urteil des BGH verdeutlicht, welche Anforderungen gerade auch an die Überwachung von Patienten nach ambulanten Eingriffen gestellt werden:

Ein Patient begab sich zu einer ambulanten Magenspiegelung ins Krankenhaus. Vor der Sedierung wurde er durch den beklagten Arzt über die Risiken des invasiven Eingriffs aufgeklärt und zusätzlich auch darüber belehrt, dass er nach dem Eingriff kein Kraftfahrzeug führen dürfe. Eine entsprechende Belehrung hatte er bereits durch den Hausarzt erhalten (!). Er erklärte dem Beklagten, er sei mit dem eigenen Wagen ins Krankenhaus gekommen und werde mit dem Taxi nach Hause fahren. Der große und schwergewichtige Patient erhielt anschließend zur Sedierung 20 mg Buscopan und 30 mg Dormicum (Wirkstoff Midazolam). Nach Durchführung der gegen 8.30 Uhr vorgenommenen Untersuchung verblieb er zunächst eine halbe Stunde im Untersuchungszimmer unter Aufsicht. Nach dieser halben

Stunde wurden ihm 0,5 mg Anexate (Wirkstoff Flumazenil) intravenös verabreicht. Danach hielt er sich auf dem Flur vor den Dienst- und Behandlungsräumen des Beklagten auf, der wiederholt Blick- und Gesprächskontakt zu ihm hatte. Ohne vorher entlassen worden zu sein, entfernte er sich kurz vor 11.00 Uhr aus dem Krankenhaus und fuhr mit seinem Kraftfahrzeug weg. Kurz danach geriet er aus ungeklärter Ursache auf die Gegenfahrbahn, wo er mit einem Lastzug zusammenstieß. Er verstarb noch an der Unfallstelle.

Die Kläger haben vorgetragen, der Beklagte habe dem Patienten eine zu hohe Dosis Dormicum verabreicht und weder den Patienten über die Gefahren der verabreichten Medikamente aufgeklärt noch geeignete Sicherungsmaßnahmen ergriffen, um zu verhindern, dass dieser unbemerkt das Krankenhaus verlassen könne. Der Beklagte habe sich nicht auf dessen Erklärung verlassen dürfen, mit einem Taxi nach Hause zu fahren.

Die Revision macht mit Erfolg geltend, dass der Beklagte eine wegen der mit dem Eingriff verbundenen Sedierung bestehende Überwachungspflicht verletzt hat und diese Pflichtverletzung für den Tod des Patienten kausal geworden ist. Unter den Umständen des zu entscheidenden Falles hätte der Beklagte sicherstellen müssen, dass der Patient das Krankenhaus nach der durchgeführten Magenspiegelung vor seiner Entlassung nicht unbemerkt verlassen und sich dadurch der Gefahr einer Selbstschädigung aussetzen konnte.

Für die Entscheidung war maßgeblich, dass dem beklagten Arzt bekannt war, dass der Patient ohne Begleitperson mit dem eigenen Kraftfahrzeug in das Krankenhaus gekommen und wegen der Verabreichung des Wirkstoffs Midazolam noch lange Zeit nach dem Eingriff nicht in der Lage war, selbst ein Kraftfahrzeug zu führen. Nach seinen Angaben bei der Anhörung vor dem Berufungsgericht wusste er auch, dass bei der Anwendung von Midazolam eine anterograde Amnesie auftreten konnte, so dass er mit einer Gedächtnisstörung für die Zeit nach Verabreichung des Medikaments rechnen musste, die jedenfalls dann zu einer erheblichen Gefährdung des Patienten führen konnte, wenn sich dieser nicht mehr daran erinnerte, dass er das Krankenhaus erst nach seiner offiziellen Entlassung verlassen durfte (BGH, Urteil vom 8. April 2003, VI ZR 265/02).

Diese Entscheidung macht deutlich, dass nicht nur an die Durchführung, sondern auch an die postoperative Überwachung von Patienten nach ambulanten Eingriffen besondere Anforderungen gestellt werden. In vielen Krankenhäusern dürften die organisatorischen Voraussetzungen zumindest anpassungsbedürftig sein. Es muss sichergestellt sein, dass der Patient nach ambulanten Eingriffen erst dann aus der Überwachung entlassen wird, wenn dies der verantwortliche Arzt erlaubt. Dazu bedarf es klarer Absprachen zwischen Anästhesie und Operateur, wer von beiden entscheidet, wann der Patient die Klinik verlassen darf. Beide Varianten sind möglich, es muss jedoch unbedingt vermieden werden, dass sich die eine Disziplin auf die andere ohne klare Absprachen verlässt!

Auch niedergelassene Ärzte, die in der eigenen Praxis oder im ambulanten Operationszentrum operieren, sind gut beraten, wenn sie sich an die aufgezeigten Regeln zum ambulanten Operieren halten. Dies gilt besonders auch für die Abfrage der Tatbestände, die für die stationäre Durchführung eines Eingriffs sprechen.

Eine weitere intensive Schnittstelle zwischen ambulanter Versorgung und Krankenhaus ergibt sich im Rahmen der Schwangerschaftsüberwachung. Bei risikofreiem Schwangerschaftsverlauf wird die Betreuung der Schwangeren durch den niedergelassenen Frauenarzt - heute häufig auch in Verbindung mit ambulant tätigen Hebammen - vorgenommen. Bei einem nicht mehr regelhaften Schwangerschaftsverlauf ist jeweils zu prüfen, welche weiterführenden Maßnahmen erforderlich sind. Der ambulant tätige Frauenarzt kann viele Situationen zunächst selbst behandeln, wenn sich behandlungsbedürftige Befunde ergeben. Dies gilt z.B. für genitale Infektionen, für eine schwangerschaftsbedingte Anämie und viele andere Themenbereiche. Gelegentlich wird er jedoch auch mit seltenen Befunden konfrontiert, die er zunächst nur schwierig einordnen kann. Dies gilt z.B. für bestimmte Blutgruppenkonstellationen mit einem auffälligen Antikörpersuchtest, seltene mütterliche Erkrankungen etc. In diesen Fällen ist der Frauenarzt gut beraten, sich jeweils entweder mit anderen Fachdisziplinen im niedergelassenen Bereich konsiliarisch in Verbindung zu setzen oder die Patientin in einem entsprechend ausgestattenden Zentrum vorzustellen. Die Perinatalzentren in der Bundesrepublik Deutschland und viele Schwerpunktkliniken halten heute Risikosprechstunden vor, die sich gezielt mit Schwangeren befassen, die besondere Befundkonstellationen aufweisen, die häufig auch im niedergelassenen Bereich den vorgegebenen Zeitrahmen sprengen. Auch bei höhergradigen Mehrlingen, Wachstumsretardierungen, auffälligen Dopplerflussbefunden und vielem anderen mehr kann es ratsam sein, den Dialog mit einem Zentrum zu suchen. Die Entwicklung der Schadenersatzverfahren bei den Gutachterkommissionen und Gerichten zeigt, dass es in der Geburtshilfe eine immer stärkere Verschiebung weg von dem Vorwurf einer fehlerhaften Behandlung sub partu hin zu dem Vorwurf gibt, im Rahmen der Schwangerschaftsvorsorge seien Unterlassungen begangen worden.

Ein besonders risikobehaftetes Feld stellt die geburtshilfliche Ultraschalldiagnostik dar. Im Rahmen der routinemäßigen Ultraschalldiagnostik sind insgesamt drei Ultraschalluntersuchungen jeweils im ersten, zweiten und dritten Trimenon vorgeschrieben. Der Umfang der Untersuchungsinhalte und auch die erforderliche Dokumentation sind in den Mutterschaftsrichtlinien festgelegt und spiegeln sich im Mutterpass wieder. Es muss dringend dazu geraten werden, die Dokumentation auch dieser Routineultraschallbefunde sorgfältig vorzunehmen und auch die angegebenen Messgrößen vollständig zu bestimmen.

Tab. 14.4. Indikationen für eine gezielte pränatale Ultraschalldiagnostik nach den Empfehlungen der Arbeitsgemeinschaft Medizinrecht der Deutschen Gesellschaft für Gynäkologie und Geburtshilfe 2003

- Hinweiszeichen für Entwicklungsstörungen und Fehlbildungen bei Untersuchungen im Rahmen des Screenings
- Genetisch bedingtes Wiederholungsrisiko für bestimmte Fehlbildungen
- Einmaliges Auftreten von Fehlbildungen in einer Familie
- Erhöhte Alpha-Fetoprotein (AFP)-Konzentration im mütterlichen Serum und/oder Fruchtwasser
- Mütterliche Infektionen (Toxoplasmose, Ringelröteln und andere Viruserkrankungen)
- Mütterliche Erkrankungen mit erhöhtem Risiko für Fehlbildungen (Diabetes mellitus)
- Bei Mehrlingen
- Ausschluss von Chromosomenanomalien als Alternative bei nicht erwünschter invasiver Diagnostik (Alter der Schwangeren, auffälliger Triple-Test)

Bei auffälligen Befunden, die im Rahmen der Screeninguntersuchungen festgestellt werden, besteht die Indikation zur weiterführenden Pränataldiagnostik. Welche Qualitätsanforderungen an eine weiterführende differenzialdiagnostische Ultraschalluntersuchung gestellt werden müssen, ist nicht im Rahmen der Mutterschaftslinien oder anderer Ausführungen mit Richtliniencharakter festgelegt. Es gibt jedoch eine Empfehlung der deutschen Gesellschaft für Ultraschall in der Medizin (DEGUM). Sie hat über ein Gremium der Stufe-III-Untersucher Mindestanforderungen definiert, die im Jahr 2002 publiziert wurden. In dieser Publikation ist der Umfang der notwendigen Untersuchungen ebenso dargelegt, wie die erforderliche Dokumentation durch Bestimmung von Maßen und mittels Print-out von Einstellungsebenen. Auch die Arbeitsgemeinschaft für Medizinrecht der deutschen Gesellschaft für Gynäkologie und Geburtshilfe hat eine Stellungnahme zur Ultraschalldiagnostik im Rahmen der Schwangerenvorsorge abgegeben. Dabei wird ausdrücklich auch differenziert zwischen dem sogenannten Ultraschallscreening und der gezielten Ultraschalldiagnostik. Im Rahmen dieser Stellungsnahme wird auch auf die Notwendigkeit einer adäquaten Aufklärung der Schwangeren über die Möglichkeiten, aber auch die Grenzen der Pränataldiagnostik hingewiesen. In dieser Arbeit findet sich auch eine Indikationsliste, unter welchen Bedingungen eine gezielte pränatale Ultraschalldiagnostik durchgeführt werden sollte (Tab.14.4).

Geburtshilfliche Versorgungsrealität

Die stationäre Patientenversorgung erfolgt in Deutschland in Krankenhäusern unterschiedlicher Versorgungsstufen (Grund- und Regelversorgung, Schwerpunktversorgung, Maximalversorgung). Dabei werden z.T. sehr kleine Einrichtungen vorgehalten. Mit im Mittel 666 Geburten pro Krankenhaus bewegt sich Deutschland in Europa unter den Ländern mit den niedrigsten Geburtenzahlen pro Krankenhaus (Abb. 14.2). Die Zahlen aus dem Jahr 1999 haben sich in letzter Zeit leicht zu höheren Geburtenzahlen verschoben, trotzdem trifft die Grundaussage unverändert zu: In Nordrhein-Westfalen hat es zwischen 1994 und 2004 nur geringe Verschiebungen in den Geburtenzahlen pro Krankenhaus gegeben. Während im Jahr 1994 noch 44 % aller Kinder in Kliniken bis 500 Geburten pro Jahr geboren wurden, waren dies im Jahr 2004 nur noch 35,7 % der Kinder. Die Zahl der Kinder aus Krankhäusern über 1000 Geburten nahm von 14 auf 21,4 % zu; der mittlere Bereich blieb aber praktisch unverändert (Abb. 14.3). Dies ist auch bedingt durch den weiteren deutlichen Geburtenrückgang insgesamt. 10 % aller Frühgeborenen unter 1500 g Geburtsgewicht werden weiter in Einrichtungen der Grund- und Regelversorgung ohne angeschlossene Kinderklinik geboren, obwohl seit 1985 in Nordrhein-Westfalen das Landesprogramm zur Verbesserung der Versorgung von Mutter und Kind die Perinatalzentren flächendeckend etabliert hat!

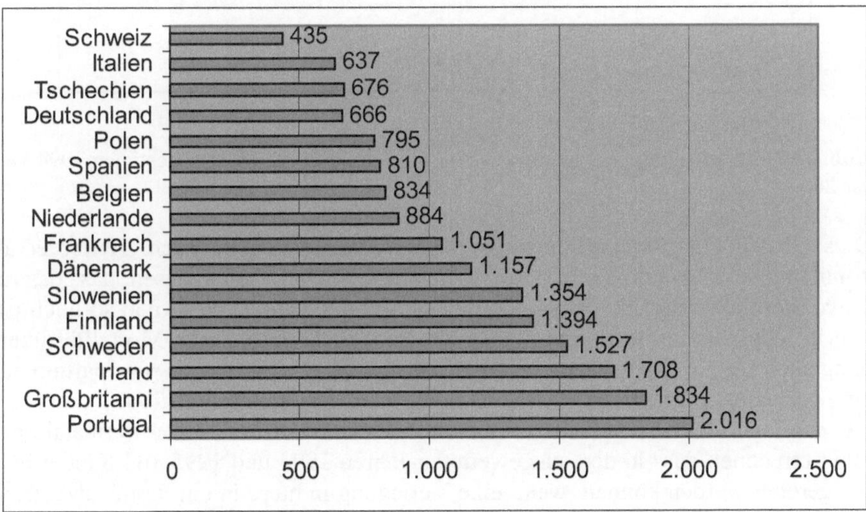

Abb. 14.2. Mittlere Geburtenzahlen pro Krankenhaus in Europa 1999

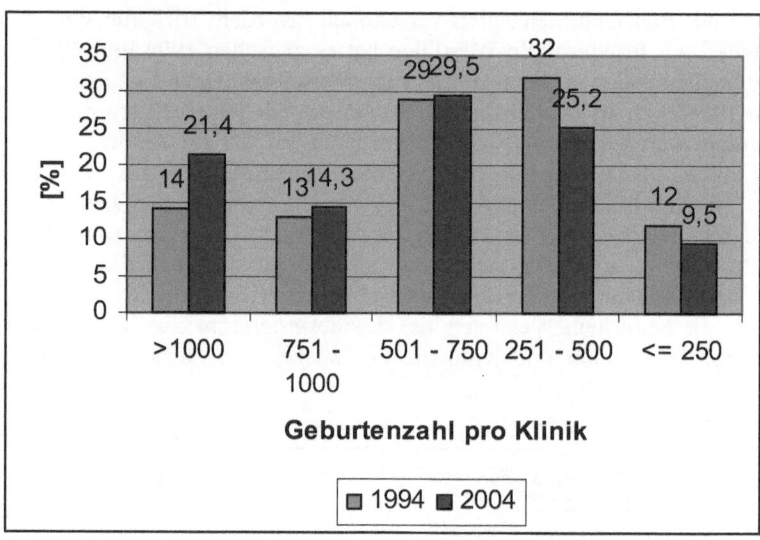

Abb. 14.3. Entwicklung der Geburtenzahlen pro Klinik in Nordrhein-Westfalen 1994 versus 2004

Diese Daten allein weisen noch keine Versorgungsdefizite nach. Heller et al. konnten jedoch anhand der hessischen Perinatalerhebung nachweisen, dass das relative Sterblichkeitsrisiko in Kliniken mit unter 500 Geburten 3,5 mal so hoch ist, wie in Kliniken mit 1500 und mehr Geburten. Er konnte diesen Mortalitätsüberhang auch für die Kinder nachweisen, die innerhalb von 10 Tagen post partum auf eine perinatologische Intensivstation verlegt wurden (Heller et al. 2002). Auch der Neonatologe von Loewenich hat anhand der Daten der hessischen Perinatalerhebung errechnet, dass in den ausgewerteten Jahren 1994 und 1995 164 Kinder hätten gerettet werden können, wenn eine Verlegung in utero in ein Perinatalzentrum erfolgt wäre. Die perinatale Mortalität hätte so um weitere 1,5 ‰ reduziert werden können (von Loewenich 2001). Auch wenn diese Daten nicht unwidersprochen blieben und aus dem Zahlenmaterial anderer Perinatalerhebungen nicht nachvollzogen werden konnten, geben sie doch Hinweise auf mögliche Strukturdefizite.

Haupt- und Belegabteilungen mit niedrigen Geburtenzahlen müssen eine möglichst optimale Risikoselektionierung betreiben, indem Hochrisikoschwangere rechtzeitig in ein geburtshilfliches Zentrum verlegt werden. Das Risiko eines Übernahmeverschuldens mit nachfolgender Haftung für einen eingetretenen Schaden wächst für den Krankenhausträger, aber auch für den leitenden Arzt! Welche Kriterien für eine antenatale Verlegung gelten, ist schon länger in einer Leitlinie der Arbeitsgemeinschaft der Medizinisch Wissenschaftlichen Fachgesellschaften (AWMF) vorgegeben, die über das Internet natürlich nicht nur der Medizin, sondern auch Juristen und Eltern uneingeschränkt zur Verfügung steht (Leitlinie Antepartaler Transport von Risiko-Schwangeren 1997, überarbeitet 2003) (Tab.

14.5)! Der gemeinsame Bundesausschuss hat diese Empfehlungen nur unwesentlich modifiziert und zur verbindlichen Vorgabe gemacht (s.u.).

Auch bei risikofreier Schwangerschaft kann sich überraschend ein geburtshilflicher Notfall einstellen, der zur Beherrschung eine apparative und personelle Mindestausstattung der Abteilung erfordert. Der leitende Abteilungsarzt trägt die Verantwortung dafür, dass diese Mindestausstattung gewährleistet ist. Bei Defiziten muss er den Krankenhausträger unmissverständlich auf die Mängel hinweisen und auf eine rasche Abhilfe drängen. Das Ersuchen um Abhilfe sollte schriftlich erfolgen, um ggf. die Organisationsverantwortung auf den Träger abzuwälzen. Die Stellungnahme der Deutschen Gesellschaft für Gynäkologie und Geburtshilfe zu Mindestanforderungen an prozessuale, strukturelle und organisatorische Voraussetzungen für geburtshilfliche Abteilungen aus dem Jahr 1995 gibt auch heute noch für die personelle Ausstattung und Strukturabläufe Standards vor, an denen sich Gerichte orientieren.

Inzwischen hat auch der Gemeinsame Bundesausschuss regulierend in die geburtshilflich-neonatologischen Strukturen eingegriffen: In einer verbindlichen Richtlinie vom 20. September 2005 wurden Vorgaben „über Maßnahmen zur Qualitätssicherung der Versorgung von Früh- und Neugeborenen" gemacht. Für die neonatologische Versorgung wurden 4 Stufen definiert (Tab. 14.6). Für Perinatalzentren der Level I und II, die die beiden höchsten Versorgungsstufen darstellen, werden Vorgaben hinsichtlich der personellen Qualifikation und Ausstattung (z.B. Schwerpunktnachweis Neonatologie, Schwerpunktnachweis Spezielle Geburtshilfe und Perinatalmedizin, Schichtdienst in der Neonatologie und im Kreißsaal), der baulichen Gegebenheiten (Wand-an-Wand-Lokalisation von Entbindungsbereich, OP und neonatologischer Intensivstation) und Menge (mindestens 6 Intensivtherapieplätze im Perinatalzentrum Level I) gemacht. In Geburtskliniken ohne angeschlossene Kinderklinik sollen nur noch Schwangere ohne zu erwartende Komplikationen jenseits von 36 vollendeten Schwangerschaftswochen entbunden werden! Der gemeinsame Bundesausschuss hat damit auch Konsequenzen gezogen, die sich weniger auf systematische Qualitäts- als vielmehr auf Einzelfallanalysen stützen lassen.

Tab. 14.5. Kriterien für die antenatale Verlegung Hochrisikoschwangerer aus einer Klinik der Grund- und Regelversorgung in eine Klinik der Maximalversorgung nach den Leitlinien der Arbeitsgemeinschaft der Medizinisch Wissenschaftlichen Fachgesellschaften (AWMF)

- © Drohende Frühgeburt < 32+0 SSW ohne weiteres Risiko
- © Frühgeburt 32+0 bis 34+0 SSW mit zusätzlichem Risiko, z.B. Amnioninfektionssyndrom
- © Zwillinge < 34+0 SSW
- © Höhergradige Mehrlinge
- © Intrauterine Infektion
- © Morbus hämolyticus fetalis
- © Fetale Brady- und Tachyarrhythmien
- © Intrauterine Mangelentwicklung < 5. Perzentile einer gestationsaltersabhängigen Ultraschall-Schätzgewichtskurve

© Pränatal diagnostizierte, versorgungsrelevante Fehlbildungen
© Schwere schwangerschaftsassoziierte Erkrankungen, wie schwere Präeklampsie, HELLP-Syndrom
© Chronische Infektionen der Mutter, wenn sie den Feten bedrohen (Toxoplasmose, HSV, CMV, HIV)
© Insulinbedürftiger Diabetes mellitus
© Chronische Erkrankungen der Mutter, wenn sie den Feten bedrohen (z.B. schwere Organerkrankungen, PKU, Hypo-/Hyperthyreose, Zustand nach Transplantation, Autoimmunopathien)
© Drogenabhängigkeit

Wenn die Konzentration von Risikoschwangerschaften und Geburten noch weiter intensiviert wird, führt dies voraussichtlich zu einer Versorgungsverbesserung der Mütter und Kinder, die in größeren Einheiten versorgt werden. Sie reduziert jedoch die Expertise in Geburtshilfen der Grund- und Regelversorgung noch weiter. Wegen der Seltenheit von Notfallsituationen in kleineren Einrichtungen muss in regelmäßigen Abständen eine Simulation von Abläufen erfolgen. Dies kann für die Notfallsektio ebenso umgesetzt werden wir für die Schulterdystokie und andere geburtshilfliche Notfallsituationen. Besonders die Schnittstellen zur Anästhesie und zur Pädiatrie (Neugeborenen-Notarztdienst) bedürfen einer ständigen Überprüfung auf die Funktionsfähigkeit. Ein Urteil belegt die Bedeutung der Zusammenarbeit mit dem Neugeborenen-Notarztdienst:

Der Kläger wurde 1997 in einer Klinik der Grund- und Regelversorgung geboren. Die Geburt erfolgte nach protrahiertem Geburtsverlauf und mehrfachem Kristellern. Bei der Geburt erlitt die Mutter des Klägers eine Uterusruptur, so dass sie hysterektomiert werden musste. Der Kläger wurde schwer hypoxisch mittels Notsektio geboren und ist heute schwerst geschädigt. Der Kinderarzt wurde erst nach der Geburt des Kindes verständigt. Die Erstversorgung erfolgte zunächst durch den Anästhesisten und dann durch den Geburtshelfer. Als der Kinderarzt 23 Minuten nach der Geburt eintraf, war das Kind noch schwer deprimiert.

Erstinstanzlich wurde ein Fehler in der Geburtsleitung und insbesondere eine fehlerhafte Anwendung des Kristellerhandgriffs schon in der Eröffnungsperiode festgestellt. In der Erstversorgung des Neugeboren durch Anästhesist und Geburtshelfer sah das Landgericht keinen Fehler. Das Berufungsgericht hat das erstinstanzliche Urteil bestätigt. Entgegen der ersten Instanz sah das Oberlandesgericht Hamm jedoch auch in der Erstversorgung des Neugeborenen unmittelbar nach der Geburt einen weiteren Fehler. Aus der Tatsache, dass das Neugeborene noch 23 Minuten post partum schwer deprimiert war, schloss das Gericht - sachverständig beraten durch einen weiteren gynäkologischen und einen pädiatrischen Sachverständigen - auf einen Fehler auch in der Erstversorgung. Die Geburtshelfer wären verpflichtet gewesen, den Kinderarzt bereits mit der Indikationsstellung zur Notsektio zu informieren, damit er rechtzeitig zur Geburt oder zumindest kurz danach hätte eintreffen können. Davon dürfe nur abgewichen werden, wenn entweder der Geburtshelfer selbst oder der Anästhesist eine adäquate Erstversorgung des Kindes zu leisten im Stande waren. Im vorliegenden Fall waren sie dazu ganz offenbar nicht in der Lage (OLG Hamm 3 U 122/02).

Tab. 14.6. Definitionen für die geburtshilflich-neonatologischen Versorgungsstrukturen nach den Vorgaben des gemeinsamen Bundesausschusses 2005

Perinatalzentrum Level 1	Die Aufnahme bzw. Zuweisung aus niedrigeren Versorgungsstufen erfolgt nach folgenden leitliniengestützten Kriterien: 1. Pränatale Verlegung von Frühgeborenen mit einer Reife <1250 g und/oder < 29+0 SSW 2. Höhergradige Mehrlinge > 2 < 33+0 SSW und > 3 alle 3. Alle pränatal diagnostizierten Erkrankungen, bei denen nach der Geburt eine unmittelbare Notfallversorgung des Neugeborenen erforderlich ist. Dieses betrifft: ➢ Erkrankungen der Mutter mit fetaler Gefährdung (z. B. PKU, Hypo-/Hyperthyreose, Z. n. Transplantation, Autoimmunopathie, HIV), ➢ angeborene Fehlbildungen (z. B. kritische Herzfehler, Zwerchfellhernien, Meningomyelozelen, Gastrochisis) sollen in hierfür spezialisierte LEVEL 1-Perinatalzentren mit Spezialeinrichtungen pränatal verlegt werden.
Perinatalzentrum Level 2	Die Aufnahme bzw. Zuweisung aus niedrigeren Versorgungsstufen erfolgt nach folgenden leitliniengestützten Kriterien: 1. Pränatale Verlegung von Frühgeborenen mit einer Reife von 1250-1499 g und/oder 29+0 <=32+0 SSW 2. Zwillinge 29+1 bis <= 33+0 SSW 3. Schwere schwangerschaftsassoziierte Erkrankungen (Wachstumsretardierung < 3. Perzentile bei Präeklampsie, Gestose, HELLP) 4. Insulinpflichtige diabetische Stoffwechselstörung mit fetaler Gefährdung
Perinataler Schwerpunkt	Die Aufnahme bzw. Zuweisung aus niedrigeren Versorgungsstufen erfolgt nach folgenden leitliniengestützten Kriterien: 1. Unreife >= 1500 g und/oder 32+1 bis <= 36+0 SSW 2. Fetale Wachstumsretardierung
Geburtsklinik ohne Kinderklinik	In Geburtskliniken ohne angeschlossene Kinderklinik oder mit einer Kinderklinik, die den Merkmalen des perinatalen Schwerpunktes nicht entspricht, sollen nur noch Schwangere > 36+0 SSW und ohne zu erwartende Komplikationen beim Neugeborenen entbunden werden. Dies gilt für ca. 90 % aller Geburten. Alle anderen sind aufgrund einer zu erwartenden Behandlungsnotwendigkeit des Kindes risikoadaptiert in eine der o. g. Einrichtungen antenatal zu verlegen. Mit diesem Vorgehen läßt sich eine Trennung von Mutter und Kind nach der Geburt bei Behandlungsbedarf des Neugeborenen in der Regel vermeiden. Der Neugeborenentransport beschränkt sich nur noch auf unvorhersehbare Notfälle. Die Geburtsklinik beachtet die Kriterien für eine Zuweisung in die höheren Versorgungsstufen im Rahmen ihres einrichtungsinternen Qualitätsmanagements als Prozessqualitätsmerkmal.“

Dieses Urteil hat grundsätzliche Bedeutung für die Neugeborenenerstversorgung. Es zwingt in Notfallsituationen den Geburtshelfer dazu, rechtzeitig, ja oft auch vorbeugend und damit manchmal überflüssig den pädiatrischen Notfalldienst zu informieren und zum Ausrücken zu veranlassen. Denn welcher Gynäkologe und auch welcher Anästhesist kann schon für sich in Anspruch nehmen, ein deprimiertes, evtl. auch hypoxisches Neugeborenes mit der gleichen Routine und Erfahrung versorgen zu können wie ein erfahrener Kinderarzt? Umgekehrt muss natürlich auch sichergestellt sein, dass der den Neugeborenen-Notarztdienst versehende Kinderarzt die notwendige Routine und Erfahrung besitzt, damit er eine Erstversorgung mit größerer Kompetenz leisten kann als Geburtshelfer oder Anästhesist.

Zusammenfassung

Die Verbesserung der Versorgungsqualität ist derzeit eine der am häufigsten aufgestellten Forderungen an das Gesundheitssystem. Durch verstärkte Reglementierung von Behandlungsabläufen sollen Fehlversorgungen reduziert werden. Der Gemeinsame Bundesausschuss der Ärzte und Krankenkassen ist als mächtiges Instrument etabliert worden, das durch verbindliche Vorgaben Einfluss auf die Versorgungsstrukturen nimmt. Mindestmengen sind bisher für einige wenige Behandlungen bzw. Operationen vorgegeben worden. Es darf aber erwartet werden, dass zunehmend mehr belastbare Daten zur Versorgungsqualität in Deutschland zur Verfügung stehen, die dann möglicherweise auch weitere Mindestmengenverordnungen generieren. Es liegt auf der Hand, dass Krankenkassen und Politik in der Einführung von Mindestmengen nicht nur ein Instrument zur Qualitätsverbesserung, sondern auch zur Kostenreduktion sehen. Die Vorgabe von bestimmten Strukturen ist ein weiteres Instrument, um die Versorgungsqualität auch in Bereichen positiv zu beeinflussen, in denen Mindeststandards zur Risikominimierung notwendig sind. Der Gemeinsame Bundesausschuss setzt hier eine Entwicklung fort, die in der Gynäkologie bereits vor 20 Jahren durch Strukturvorgaben für geburtshilfliche Abteilungen eingeleitet wurde.

Durch eine eng abgestimmte Zusammenarbeit einzelner Versorgungsstrukturen läßt sich eine Optimierung der Behandlungsergebnisse erreichen, die einerseits den Patienten zu den bestmöglichen Heilungsergebnissen verhelfen, andererseits Ärztinnen und Ärzte vor Haftungsrisiken schützen, die sich daraus ergeben, dass sie Patienten nicht leitliniengerecht behandeln oder ihren Patienten nicht die bestmögliche Behandlung anbieten können. Durch die modernen Kommunikationsmöglichkeiten des Internet sind Patienten und Angehörige heute leicht in der Lage, Leitlinien abzufragen und Therapiestandards zu ermitteln. Sie sind immer weniger gewillt, Versorgungsdefizite zu akzeptieren und werden von der Öffentlichkeit, den Medien und auch der Politik geradezu ermuntert, bestmögliche Diagnose- und Behandlungsoptionen einzufordern und Versorgungsdefizite nicht zu akzeptieren.

Literatur

Albers P., G. Jakse (2005), Qualitätssicherung der radikalen Prostatektomie, Dt. Ärztebl. 102 B3033 – B3037

Antepartaler Transport von Risiko-Schwangeren, PerinatalMedizin 9 (1997) 68

Bekanntmachung der Vereinbarung gemäß § 137 Abs. 1 Satz 3 Nr. 2 SGB V „Vereinbarung über Maßnahmen zur Qualitätssicherung der Versorgung von Früh- und Neugeborenen" vom 20. September 2005, www.g-ba.de

Berkmeyer J.D. et al. (2002), Hospital Volumes and Surgical Mortality in the United States

N Engl J Med 346 1128 – 1137

BGH, Urteil vom 14. Juni 1994, VI ZR 95/94, VersR 1995, 1055, 1056f.

BGH, Urteil vom 25. März 2003, VI ZR 131/02

BGH, Urteil vom 8. April 2003, VI ZR 265/02

Du Bois A. et al. (2005a), Ovarialkarzinom – Versorgungsstruktur und -qualität in Deutschland 2001 – 2004, Frauenarzt 46 560 – 567

Du Bois A. et al. (2005b), Pattern of care and impact of participation in clinical studies on the outcome in ovarian cancer, Int. J. Gynecol. Cancer 15 183 – 191

Hannan E.L. et al. (1989), Investigation of the relationship between volume and mortality for surgical procedures performed in New York State hospitals, JAMA 262 503 – 510

Hannan E.L. et al.: Improving the outcomes of coronary artery bypass surgery in New York State, JAMA 271 (1994) 761 – 766

Hannan E.L. et al., The decline in coronary artery bypass graft surgery mortality in New York State. The role of surgeon volume. (1995), JAMA 273 209 – 213

Heller G. et al., Int J Epid 31 (2002) 1061

Hiotis K. et al. (2005), Predictors of breast conservation therapy: size is not all that matters.

Cancer 103 892 – 899

Holzgreve W: Ultraschalluntersuchungen in der Schwangerschaft – Als Instrument so gut wie der Anwender, Ultraschall in Med. 23 (2002) 9 – 10

Luft H.S. et al. (1979), Should operations be regionalized? The empirical relation between surgical volume and mortality, N Engl J Med 301 1364 – 1369

Ma M. et al. (1997), Breast cancer management: ist volume related to quality? Clinical advisory Panel, Br. J. Cancer 75 1652 – 1659

McGrath D.R. et al. (2005), Surgeon and hospital volume and the management of colorectal cancer patients in Australia, ANZ J. Surg. 75 901 – 910

Mindestanforderungen an prozessuale, strukturelle und organisatorische Voraussetzungen für geburtshilfliche Abteilungen. Stellungnahme der Deutschen Gesellschaft für Gynäkologie und Geburtshilfe, www.uni-duesseldorf.de/www/awmf/qs/qs-gyn02.htm

OLG Hamm, 3 U 122/02

Purves H. et al. (2005), Relationship between surgeon caseload and sphincter preservation in patients with rectal cancer, Dis Colon Rectum 48, 195 – 202

Qualitätsanforderungen an die weiterführende differenzialdiagnostische Ultraschalluntersuchung in der pränatalen Diagnostik (DEGUM II) im Zeitraum 18 bis 22 Schwangerschaftswochen, Ultraschall in Med 23 (2002) 11 – 12

Richtlinien des Bundesausschusses für Ärzte und Krankenkassen über die ärztliche Betreuung während der Schwangerschaft und nach der Entbindung („Mutterschaftsrichtlinien") in der Fassung vom 10.12.1985 (veröffentlicht im Bundesanzeiger Nr. 60a vom 27.3.1986), zuletzt geändert am 28.10.2002 (veröffentlicht im Bundesanzeiger Nr. 242 vom 1.1.2003), www.kvwl.de/arzt/recht/kbv-normen/richtl_mutterschaft.pdf

Stellungnahme der Arbeitsgemeinschaft Medizinrecht der Deutschen Gesellschaft für Gynäkologie und Geburtshilfe zur Ultraschalldiagnostik im Rahmen der Schwangerenvorsorge, Frauenarzt 45 (2004) 576ff

Vertrag nach § 115b Abs. 1 SGB V, Ambulantes Operieren und stationsersetzende Eingriffe im Krankenhaus, www.dkgev.de/pub/newpdf/pdf-2003/ Vertrag_115b_01-07-03.pdf

von Loewenich V (2001), Die Neonatalstatistik als Qualitätsindikator neonatologischer Versorgung, Gynäkologe 34 123 – 125

15. Aufklärung des Patienten

E. Biermann

Grundlagen

Dass der Eingriff indiziert und „lege artis" durchgeführt wird, ist die eine, aber nicht die allein ausreichende Legitimationsgrundlage für einen ärztlichen Heileingriff. Ein weiteres Rechtfertigungselement muss hinzukommen, die Einwilligung – ausdrücklich, stillschweigend oder mutmaßlich – des (informierten) Patienten.

Dies gilt für alle diagnostischen und therapeutischen Eingriffe in die körperliche Integrität, also auch für Operationen und die dazu gehörenden Anästhesieverfahren, aber auch für alle Neben- und Folgeeingriffe, für Injektionen, Infusionen, Bestrahlungen, Spiegelungen oder auch für die Einnahme von Medikamenten.

Ist die Einwilligung unwirksam, meist infolge von Aufklärungsfehlern, dann ist auch der indizierte und lege artis durchgeführte, erfolgreiche Heileingriff in zivil- wie strafrechtlicher Hinsicht eine Körperverletzung (§§ 223 ff. StGB, §§ 823 ff. BGB).

Veto des Patienten

Umgekehrt gilt als Konsequenz freier Selbstbestimmung, dass die Entscheidung eines einsichts- und willensfähigen, voll informierten Patienten, der eine Behandlung ganz oder teilweise ablehnt, für den Arzt auch dann verbindlich ist, wenn die Ablehnung für ihn irrational und/oder nicht nachvollziehbar ist. Lehnt der Patient im Vollbesitz seiner Verstandeskräfte und in Kenntnis der Tragweite seiner Entscheidung einen, u.U. sogar lebensrettenden Eingriff, etwa aus religiösen oder weltanschaulichen Gründen, *für sich selbst* ab, so muss der Eingriff unterbleiben[1]. Allerdings ist der Arzt verpflichtet, den sich weigernden Patienten eindringlich und u. U. drastisch auf die Konsequenzen seines Handelns hinzuweisen. Anders ist es, wenn für Dritte entschieden wird; Verweigern z.B. die Eltern die Einwilligung in eine dringend gebotene Behandlung des Kindes, dann sollte wegen des Verdachts des Fehlgebrauches des Personensorgerechts das Familiengericht eingeschaltet werden; verweigert der Betreuer/Vorsorgebevollmächtigter die Einwilligung in notwendige Maßnahmen, sollte das Vormundschaftsgericht angerufen werden.

---

1 Differenzierter Ulsenheimer, K.: Ärztliches Gewissen und ärztlicher Heilauftrag zwischen Selbstbestimmungsrecht, Glaubensfreiheit und Lebensschutz – dargestellt am Beispiel der Zeugen Jehovas, Anästh. Intensivmed. 2001, 157.

Der Patient kann seine Einwilligung auch limitieren, indem er einzelnen Maßnahmen seine Zustimmung verweigert. Er kann seine Einwilligung in Behandlungsmaßnahmen auch jederzeit widerrufen (und umgekehrt).

Wer willigt in welcher Form ein?

Einwilligungsberechtigt ist in erster Linie der Patient. Die Einwilligungsfähigkeit hängt weder von der zivilrechtlichen Geschäftsfähigkeit, die unbeschränkt erst mit Vollendung des 18. Lebensjahres einsetzt, noch von der strafrechtlichen Schuldfähigkeit – Kinder unter 14 Jahren sind schuldunfähig (§ 19 StGB) – ab. Entscheidend ist die sog. „natürliche Einsichts- und Entschlussfähigkeit".

Der volljährige, willens- und einsichtsfähige Patient entscheidet selbst. Die Entscheidung, sei es Einwilligung, sei es Veto, ist an keine Form gebunden. Sie kann ausdrücklich oder stillschweigend erklärt werden, es genügt auch die mündliche oder die Einwilligung durch schlüssiges Verhalten. Die Schriftform (d.h. die Unterschrift des Patienten unter die Einwilligungsformel) wird (nur) aus Gründen der Beweissicherung empfohlen, ist dazu allerdings dringend geboten.

Ist der Patient selbst nicht fähig eine sachgerechte Entscheidung über den Eingriff zu treffen – er ist nicht ansprechbar oder nicht einwilligungsfähig –, so müssen an seiner Stelle andere entscheiden.

Kinder

Kinder unter 14 Jahren gelten als nicht einsichtsfähig, bei 14- bis 18-jährigen ist die Einwilligungsfähigkeit in jedem Einzelfall vom Arzt zu prüfen. Hat der Minderjährige die psycho-soziale Reife, die für und gegen den konkreten Eingriff sprechenden Gründe sachgerecht abzuwägen und eigenverantwortlich zu entscheiden, so hat er zu entscheiden. Der Arzt hat die Einwilligungsfähigkeit zu beurteilen, in Zweifelsfällen muss er einen Psychologen/Psychiater konsiliarisch hinzuziehen[2].

Bei nicht einsichtsfähigen Kindern und Minderjährigen entscheiden an deren Stelle die Personensorgeberechtigten, in der Regel die Eltern. Im Grundsatz bedarf es der Einwilligung beider Elternteile, der BGH hat hierzu die folgende Dreistufentheorie aufgestellt[3].

© Bei alltäglichen, nicht gefährlichen Eingriffen und in Notfällen genügt die Einwilligung des erschienenen Elternteils, nach der Lebenserfahrung kann davon ausgegangen werden, dieser sei berechtigt, für den nicht Erschienenen mitzuentscheiden. Dasselbe muss gelten, wenn der andere Elternteil, z.B. wegen Auslandsaufenthaltes, nicht erreichbar ist.

---

2 Weissauer W.: Chancen und Grenzen der Intensivmedizin – der Wille des Patienten und seiner Angehörigen, Anästh. Intensivmed. 1996, 19 – 26.

3 BGH, NJW 1988, 2946.

© Bei Eingriffen schwerer Art muss sich der Arzt durch Rückfragen beim erschienenen Elternteil vergewissern, ob dieser ermächtigt ist, auch für den anderen, nicht erschienenen Elternteil zu handeln, wird sich dann in der Regel auf dessen Auskunft verlassen dürfen.

© Bei schwierigen und weitreichenden Eingriffen muss sich der Arzt darüber hinaus Gewissheit vom Einverständnis des nicht erschienenen Elternteils mit seiner Vertretung durch den Erschienenen verschaffen, u.U. muss er mit beiden Elternteilen Kontakt aufnehmen.

Werden sämtliche Gespräche mit den behandelnden Ärzten von der Mutter geführt, dann dürfen die Ärzte nach dem OLG Köln[4] darauf vertrauen, dass die Mutter von ihrem Ehemann zur Einwilligung auch in seinem Namen bevollmächtigt war.

In jedem Fall sollte vorsorglich dokumentiert werden, dass der erschienene Elternteil erklärt, er handle im Einverständnis mit dem Nichterschienenen.

Desorientierte Patienten

Der bewusstlose (Intensiv-) Patient kann nicht einwilligen, bei anderen, desorientierten oder psychisch erkrankten Patienten bestehen oft Zweifel an deren Einwilligungs- und Willensfähigkeit. Hier müssen u.U. Neurologen/Psychiater konsiliarisch hinzugezogen werden.

Betreuung und Vormundschaftsgericht

Im ärztlichen Alltag wird das Problem bei bewusstlosen oder dementiellen Patienten, die nicht zu einer wirksamen Einwilligung fähig sind, oft dadurch gelöst, dass Angehörige befragt und um die Einwilligung in die notwendigen Maßnahmen gebeten werden. Rechtlich ist dieses Vorgehen bedenklich.

Kann der Patient selbst nicht einwilligen, muss, sofern die Maßnahme Aufschub duldet, über das Vormundschaftsgericht (Amtsgericht) ein sog. Betreuer bestellt werden, der dann für den Patienten entscheidet und entsprechend aufzuklären ist. Die Einschaltung des Vormundschaftsgerichtes kann in dringenden Fällen fernmündlich erfolgen, in Eilfällen kann durch einstweilige Anordnung ein vorläufiger Betreuer bestellt werden; reicht auch hier für die Zeit nicht, kann das Vormundschaftsgericht über die Einwilligung selbst entscheiden. Angehörige, selbst nahe Angehörige, soweit sie nicht gesetzliche Vertreter des Patienten sind (Eltern/Vormund/Betreuer), können in dieser Situation nicht an Stelle des Patienten in den Eingriff einwilligen.

Aber selbst wenn schon ein Betreuer bestellt ist, reicht dessen Einwilligung – nach Aufklärung – in den Heileingriff u.U. aber nicht aus. In den folgenden Fällen muss das Vormundschaftsgericht eingeschaltet werden.

---

4 AHRS 1025/302.

Risikoeingriffe

Nach § 1904 BGB bedarf die Einwilligung des Betreuers in therapeutische Maßnahmen zusätzlich der *Genehmigung* des Vormundschaftsgerichtes, wenn die begründete Gefahr besteht, dass der Betreute aufgrund der geplanten Maßnahme stirbt oder einen schweren oder länger dauernden gesundheitlichen Schaden erleidet. Gemeint sind in erster Linie Maßnahmen mit einem besonderen Risiko. In der Literatur und nach der Praxis einiger Vormundschaftsgerichte ist aber z.B. auch die auf längere Zeit angelegte Ernährungssonde (PEG) genehmigungsbedürftig.

Diese Genehmigung ist jedoch dann entbehrlich, wenn mit dem Aufschub der Maßnahme bis zur Einschaltung des Vormundschaftsgerichtes nicht ohne Gefahr für den Patienten gewartet werden kann. In solchen Fällen bedarf die Einwilligung des Betreuers der Genehmigung nicht. Bei allen weniger eiligen Maßnahmen muss aber neben der Einwilligung des Betreuers die Entscheidung des Vormundschaftsgerichtes abgewartet werden.

Fixierung des Patienten

Wenn einem Patienten, wie § 1906 Abs. 4 BGB festlegt, „durch mechanische Vorrichtungen, Medikamente oder auf andere Weise über einen längeren Zeitraum oder regelmäßig die Freiheit entzogen werden soll“, dann bedarf diese Maßnahme zusätzlich neben der Einwilligung des Betreuers der Genehmigung des Vormundschaftsgerichtes. Dies jedoch nur dann, wenn der betreute Patient *„über einen längeren Zeitraum oder regelmäßig*“, also nicht nur vorübergehend, wie etwa bei kurzfristigen Verwirrtheitszuständen, fixiert werden soll. Genehmigungsbedürftig ist allerdings auch die „medikamentöse“ Fixierung, wenn sie längerfristig ist. Die Vormundschaftsgerichte sind sich jedoch nicht einig, wie der „längere Zeitraum“ zu definieren ist. Auf Anfrage teilte ein Vormundschaftsgericht im Jahre 1994 mit[5]:

„Bei Fixierung des Patienten über eine längere Dauer, d.h. durchgehend oder regelmäßig wiederkehrend (z.B. Fesselung, immer wenn der Betroffene die Nachtruhe stört, was sich aufgrund des bisherigen Verhaltens als Normalfall herauskristallisiert hat), ist eine Betreuung (Wirkungskreis: Anordnung von freiheitsentziehenden Maßnahmen) erforderlich. Der Betreuer benötigt die vormundschaftliche Genehmigung der Fixierung u.a. (§ 1906 IV, II BGB). Als längerer Zeitraum wird die Dauer von mehr als drei Tagen anzusehen sein“.

„Ich möchte noch darauf hinweisen, dass nach meiner Ansicht eine freiheitsentziehende Maßnahme (z.B. Anbringen eines Bettgitters) dann nicht vorliegt, wenn der Betroffene aufgrund seiner körperlichen Gebrechen nicht in der Lage ist, das Bett aus eigener Kraft zu verlassen, sondern auf fremde Hilfe angewiesen ist...“.

[5] Weissauer W.: Fixierung unruhiger Patienten – aus rechtlicher Sicht, Anästh. Intensivmed. 1995, 180 – 182.

Angesichts der nicht einheitlichen Praxis der Gerichte wird empfohlen, diesen Problemkreis in persönlichem Kontakt zwischen Ärzten und Vormundschaftsgericht bereits im Vorfeld zu erörtern.

Mutmaßliche Einwilligung

Wenn wegen der Dringlichkeit der Behandlung keine Zeit zur Einschaltung des Betreuers oder des Vormundschaftsgerichtes bleibt, kann der Arzt ohne ausdrückliche Einwilligung des Patienten bzw. des Betreuers/des Vormundschaftsgerichtes handeln, wenn er annehmen kann, dass der Patient in den Eingriff einwilligen würde (mutmaßliche Einwilligung). Angehörige können zwar nicht anstelle des Patienten einwilligen, sie können aber Auskunft geben über persönliche Umstände, die auf den mutmaßlichen Willen des Patienten schließen lassen. Fehlen konkrete Anhaltspunkte, hat sich der Arzt am Leitbild des „verständigen Patienten" zu orientieren[6].

Bei vitaler oder absoluter Indikation dürfte die mutmaßliche Einwilligung anzunehmen sein, wenn die Nichtbehandlung zu schweren Schäden führen würde („in dubio pro vita").

Vorsorgevollmacht

Um dem Selbstbestimmungsrecht des Patienten zu entsprechen, aber auch um pragmatische Lösungen im Krankenhausalltag zu erreichen, bietet sich die Vorsorgevollmacht[7] an, am besten verbunden mit einer Patientenverfügung („Patiententestament")[8], die über eine reine „Betreuungsverfügung" hinausgeht. Mit einer „Betreuungsverfügung" wird nur die Person des Betreuers festgelegt, der die Aufgabe hat, dem Willen des Patienten Geltung zu verschaffen und ihn durchzusetzen, es wird aber nicht näher umschrieben, welche Behandlungsmaßnahmen der Patient unter welchen Umständen wünscht oder ablehnt.

Nach § 1896 Abs. 2 Satz 2 BGB ist eine Betreuung nicht erforderlich und darf auch nicht angeordnet werden, wenn die Angelegenheiten eines Volljährigen durch einen von ihm Bevollmächtigten ebenso gut wie durch einen Betreuer be-

---

6 Steffen, E./Dressler, W.D.: Arzthaftungsrecht – Neue Entwicklungslinien der BGH-Rechtsprechung, 9. Aufl. Köln 2002, RN 418.

7 Langenfeld, A./Langenfeld, G.: Die Vorsorgevollmacht in der notariellen Praxis, ZEV 1996; 339; Uhlenbruck, W.: Die Altersvorsorge-Vollmacht als Alternative zum Patiententestament und zur Betreuungsverfügung, NJW 1996; 1583ff.; derselbe: Nochmals: Die Altersvorsorge-Vollmacht, NJW 1996, 2417f.; Weissauer, W.: Der nicht einwilligungsfähige Patient, Anästh. Intensivmed. 1999, 209ff.; Coeppicus, R.: Der nicht einwilligungsfähige Patient – Einwilligung, Betreuerbestellung und Vormundschaftsgericht, Anästh. Intensivmed. 1999, 583ff.

8 S. hierzu Uhlenbruck, W.: Der Patientenbrief - die privatautonome Gestaltung des Rechtes auf einen menschenwürdigen Tod, NJW 1978, 566 ff.; derselbe: Zur Rechtsverbindlichkeit des Patiententestamentes, MedR 1983, 19ff.

sorgt werden können. Der Patient kann durch eigene Vorsorge, insbesondere für den Fall des Wegfalls seiner Einwilligungsfähigkeit, andere zur Regelung seiner persönlichen Angelegenheiten auch im Rahmen von Heilmaßnahmen bevollmächtigen.

Durch eine solche (schriftliche) Vorsorgevollmacht können z.B. dann auch Angehörige vom Patienten im Vorfeld eines operativen Eingriffs mit zur erwartender umfangreicher intensivmedizinischer Folgebehandlung bevollmächtigt werden, für den Patienten bei später notwendig werdenden Intensivmaßnahmen, etwa Tracheotomie zur Langzeitbeatmung oder Cava-Katheter, zu entscheiden.

Die Rolle des Vormundschaftsgerichtes bei der Reduzierung oder Einstellung von Behandlungsmaßnahmen bei entscheidungsunfähigen Patienten am Ende des Lebens ist Gegenstand straf- und zivilrechtlicher Entscheidungen des BGH gewesen[9]. Der BGH will in seinen jüngsten, allerdings zivilrechtlichen Entscheidungen, den Vormundschaftsrichter nur bei einem Dissens zwischen Betreuer und Ärzten einbeziehen, d.h. dann, wenn der Betreuer eine ärztlich angebotene Maßnahme ablehnt. Wie vorzugehen ist, wenn ein Vorsorgebevollmächtigter die ärztlich angebotene Maßnahme ablehnt, hat der BGH bislang nicht entscheiden müssen. Es dürfte davon auszugehen sein, dass auch in diesem Fall das Vormundschaftsgericht anzurufen ist.

Zur Aufklärung

Die Einwilligung ist nur dann wirksam, wenn ihr das notwendige Entscheidungswissen zugrunde liegt. Der Patient soll in der Lage sein, das Für und Wider des Eingriffs zu erfassen und seinen Willen hiernach zu bestimmen, um so eine freie, selbstbestimmte Entscheidung zu treffen. Die medizinisch notwendigen Informationen hat der Arzt dem Patienten im Rahmen der sog. *Eingriffs-* oder *Selbstbestimmungserklärung* so zu vermitteln, dass dieser Art und Schwere der Behandlung und ihre Bedeutung sowie die Konsequenzen ihres Unterlassens für seine persönliche Situation erkennen kann. Der Patient sollte die Nutzen-Risiko-Bilanz, die der Indikationsstellung des Arztes zugrunde liegt, in großen Zügen nachvollziehen können[10]. Er soll, wie der ehemalige Vorsitzende des für Arzthaftungssachen zuständigen 6. Zivilsenates des Bundesgerichtshofes formulierte, eine Entscheidung über den „Austausch des Krankheits- gegen das Behandlungsrisiko“[11] treffen können.

Wenn anstelle des Patienten gesetzliche Vertreter, z.B. Eltern, Betreuer/Bevollmächtigter oder das Vormundschaftsgericht entscheiden, so sind diese aufzuklären.

---

9 BGH, MedR 1995, 72; BGH, MedR 2003, 512; BGH, NJW 2005, 2385.

10 BGH, NJW 1984, 1397; BGH, NJW 1989, 1535, Weissauer, W.: Ist eine Stufenaufklärung sinnvoll? Gynäkologe 22/1989, 349 ff.

11 Steffen, E./Dressler, W.D.: a.a.O. RN 440.

Zivil- und strafrechtlich mehren sich vor allem Vorwürfe mangelhafter Eingriffsaufklärung. Im *Zivilprozess* erleichtert die Beweislast die Prozesschancen des Patienten, da der *Arzt* die ordnungsgemäße Aufklärung *nachweisen* muss. Die Aufklärungspflichtverletzung hat forensisch eine hohe Bedeutung. Im Zivilprozess hat sie, wenn ein Behandlungsfehler unerweislich bleibt, den Charakter eines Auffangtatbestandes zu Lasten des Arztes bekommen[12].

Im *Strafprozess* liegt zwar die Beweislast mangelhafter Aufklärung bei der Staatsanwaltschaft bzw. beim Gericht, aber der Patient ist, anders als im Zivilverfahren, nicht Partei, sondern „Kronzeuge". Dies erleichtert den Strafverfolgungsbehörden den Nachweis einer mangelhaften Aufklärung erheblich[13].

Inhalt der Aufklärung

Sieht man von speziellen Fragestellungen, z.B. den gesetzlichen Regelungen zur Bluttransfusion oder zur Arzneimittelprüfung ab, dann gibt es keine allgemeine, gesetzliche Regelung zum Inhalt der Aufklärung. Doch hat die Pflicht zur Aufklärung Eingang in die Berufsordnungen gefunden (s. § 2 der Musterberufsordnung); es gibt auch Empfehlungen und Richtlinien der Bundesärztekammer[14] oder der Deutschen Krankenhausgesellschaft[15]. Alle Verlautbarungen beziehen sich aber auf die Rechtsprechung, die im Wege des sog. Richterrechts eine Fülle von Grundsätzen und Details zu den Fragen, wer, wann, wen und wie aufzuklären hat, herausgearbeitet hat. Die Rechtsprechung geht davon aus, dass ihre Grundsätze vom Arzt zu beachten sind.

Kurz gefasst ist der Patient über Wesen, Bedeutung und Tragweite der ärztlichen Maßnahme aufzuklären, er bedarf der Information über Art und Bedeutung des Eingriffs einschließlich der Nebeneingriffe sowie über die Nebenwirkungen und Risiken, über die Heilungschancen und über die ohne den Eingriff zu erwartenden gesundheitlichen Folgen in einer laienverständlichen Sprache[16]. Bei ausländischen Patienten muss, wenn nicht sicher ist, dass sie die deutschen Erklärungen verstehen, eine *sprachkundige* Person hinzugezogen werden; u.U. soll auch eine Aufklärung durch Zeichensprache und Zeichnungen genügen können, meint jedenfalls das Oberlandesgericht Nürnberg[17]. Das Honorar eines evtl. erforderli-

---

12 Laufs, A.: Arztrecht. 5. Aufl. München 1993, RN 173; BGH, NJW 1978, 587.

13 Ulsenheimer, K.: Praktische Probleme der ärztlichen Aufklärungspflicht aus juristischer Sicht, ZaeF 1994, 964.

14 Richtlinien der Bundesärztekammer zur Patientenaufklärung, Deutsches Ärzteblatt 1990, C-1279ff., s. auch Richtlinie der Bundesärztekammer zur Qualitätssicherung ambulanter Operationen, Deutsches Ärzteblatt 1994, C-1628ff., Ziffer 3.2.4.

15 Richtlinie der Deutschen Krankenhausgesellschaft zur Aufklärung der Krankenhauspatienten, 3. Aufl. 1992; Empfehlung der Deutschen Gesellschaft für Medizinrecht (DGMR) e.V. zum Ambulanten Operieren, ambulant operieren 1994, 123f.

16 OLG Düsseldorf, VersR 1990, 852; OLG München, VersR 1993, 1488.

17 OLG Nürnberg, VersR 1996, 1372.

chen Dolmetschers soll indessen nicht zu Lasten der gesetzlichen Krankenversicherung erstattet werden können[18].

Bei den Aufklärungspflichten lassen sich grob

© die Verlaufsaufklärung.
© die Alternativaufklärung,
© und die Risikoaufklärung

unterscheiden.

Verlaufsaufklärung

Über den Ablauf des geplanten operativen oder diagnostischen Eingriffs, seine Erfolgsaussichten[19], das dazu erforderliche Anästhesieverfahren und die jeweiligen Nebeneingriffe ist der Patient zu unterrichten. Er soll über Art, Umfang und Durchführung des Eingriffs orientiert sein. Er soll wissen, wie seine Behandlung bzw. Krankheit mit und ohne Behandlung voraussichtlich abläuft, ohne dass alle Einzelheiten dargestellt werden müssen, wenn der Patient auch ohne sie hinreichend informiert ist.

Alternativaufklärung

Es gilt das Prinzip der Nichteinmischung des Rechts in die medizinischen Fachfragen, so dass dem Arzt im Rahmen der Methoden- und Therapiefreiheit die Wahl der Maßnahmen grundsätzlich freisteht. Wenn im konkreten Fall aber mehrere gleich indizierte Maßnahmen mit *unterschiedlicher Belastung* und *unterschiedlichen Risiken* ernsthaft zur Auswahl steht, ist der Arzt gleichwohl verpflichtet, den Patienten über die Alternativen zu informieren. Gesteigerte Aufklärungspflichten bestehen auch dann, wenn die Methode des Arztes nicht die der Wahl ist.

Kommt z.B. sowohl eine vaginale Entbindung als auch eine Schnittentbindung in Betracht, so hat der geburtsleitende Arzt die Risiken beider Alternativen mit der Mutter zu erörtern, so das OLG Celle[20]; im Falle einer Beckenendlage ist die Mutter über die damit verbundenen Risiken und über die in Betracht kommenden Entbindungskonzepte aufzuklären[21].

---

[18] BSG, NJW 1996, 806 f.; anders BVerwG, NJW 1996, 3092 ff. für den Bereich der Sozialhilfe.
[19] BGH, VersR 1992, 358.
[20] AHRS 4490/102.
[21] OLG Düsseldorf, AHRS 4490/108.

Neulandmethoden

So lange bewährte und mit vergleichsweise geringen Risiken behaftete Diagnose- und Behandlungsmethoden im eigenen Haus zur Verfügung stehen, wird der Arzt den Patienten ungefragt nicht über andere, neuartige Methoden unterrichten müssen, es sei denn, der Patient ist wegen seines speziellen Leidens zweckmäßiger und besser in Spezialkliniken oder besser ausgestatteten Häusern zu untersuchen und zu behandeln[22]. Es besteht keine Pflicht, darüber aufzuklären, dass in einem Haus der Grund- und Regelversorgung die Behandlungsbedingungen u.U. weniger optimal sind als in einer Universitätsklinik, dass nicht mit den modernsten Methoden behandelt werden kann, dass ein Nachbarkrankenhaus u.U. modernere Apparate hat[23], es sei denn, dass das Risiko durch die Wahl anderer optimalerer Behandlungsbedingungen deutlich kleiner gehalten werden kann[24].

Setzt der Arzt hingegen Neulandverfahren ein, die (noch) nicht dem Standard entsprechen, muss er den Patienten darüber und über die Gefahr, dass unbekannte Risiken nicht auszuschließen sind, informieren; ungefragt muss er dem Patienten aber alternative, noch in Erprobung befindliche Verfahren nicht nachweisen[25], solange es eine ausreichende „Standardtherapie" gibt.

Werden Medikamente über das Indikationsgebiet, für das sie zugelassen sind, eingesetzt – dies ist arzneimittel- und haftungsrechtlich zulässig – so ist der Patient vorsorglich darauf hinzuweisen[26].

Risikoaufklärung

Die Risikoaufklärung ist medizinisch und forensisch von größter Bedeutung. Zwar behauptet die Rechtsprechung, es genüge eine Aufklärung des Patienten über die wesentlichen Risiken des Eingriffs im „großen und ganzen", es solle genügen, wenn dem Patienten die „Stoßrichtung" verdeutlicht wird[27]. Anlässlich der operativen Entfernung der Gebärmutter und eines Eierstocks urteilte das OLG Oldenburg[28], entscheidend sei, „dass der Patientin eine Grundaufklärung zuteil wird, die ihr einen zutreffenden Eindruck von der Schwere des Eingriffs und von der Art der Belastungen vermittelt, die für ihre Lebensführung auf sie zukommen können". Wird einer Patientin bei einer laparoskopischen Tubensterilisation die Gefahr der Verletzung von inneren Organen und Entzündungen mitgeteilt, so ist nach dem OLG Hamm[29] ein ausdrücklicher Hinweis darauf, „dass sich die Verletzung eines Organs oder eines Nebengefäßes in den seltensten Fällen zu einem Kreis-

---

22 BGH, NJW 1984, 1810.
23 BGH, NJW 1988, 763; BGH NJW 1988, 2302.
24 BGH, NJW 1978, 2337; BGH, NJW 1989, 2312.
25 Steffen, E./Dressler, W.D.: a.a.O. RN 388.
26 Siehe hierzu: Weissauer, W./Biermann, E.: Therapiefreiheit und Arzneimittelzulassung. Der Anästhesist, 1998, 609; „Surgibone-Urteil", MedR 1996, 22.
27 BGH, NJW 1991, 2346.
28 AHRS 4475/103.
29 AHRS 4480/101.

laufstillstand mit schwersten Folgen ausweiten" könne, nicht notwendig. Der Patientin sei durch den Hinweis auf die Gefahr von Organverletzungen und Entzündungen deutlich geworden, dass es sich dann um lebensbedrohliche Komplikationen handeln könne. Doch im allgemeinen ist Vorsicht geboten: Die Rechtsprechung hat eine so weitreichende und differenzierte Kasuistik entwickelt, die die Einschränkung, es genüge eine Information in groben Zügen, relativiert.

Anders als bei den Behandlungsfehlern haftet der Arzt bei Aufklärungsmängeln für Risiken, die bei Einhaltung der Leistungs- und Sorgfaltsstandards der Fachgebiete nicht sicher beherrschbar sind, in die der Patient aber mangels Kenntnis nicht wirksam eingewilligt hat. Dabei haftet der Arzt für *alle* Folgen des Eingriffs, in den der Patient nicht wirksam eingewilligt hat, u.U. auch dann, wenn sich nicht das verschwiegene, sondern ein anderes, selbst ein nicht aufklärungspflichtiges Risiko verwirklicht hat[30]. So driftet die Haftung für Aufklärungsmängel ab in eine Art verschuldensunabhängiger „Gefährdungshaftung".

Nicht aufzuklären ist über das Risiko der Fehlbehandlung und deren Folgen. Hier handelt es sich um zumindest in der Theorie „beherrschbare Risiken", verlangt wird die Einhaltung der gebotenen Sorgfalt, die Aufklärung über Behandlungsfehler entlastet den Arzt nicht.

Umfang der Aufklärung

Zwei Grundsätze sind wichtig: Zum einen unterscheidet die Rechtsprechung zwischen den allgemeinen und den eingriffsspezifischen, typischen Risiken, zum anderen hängt der Umfang der Risikoaufklärung von Notwendigkeit und Dringlichkeit des Eingriffs ab.

Allgemeine Risiken

Die Rechtsprechung geht davon aus, dass der Patient bei größeren Eingriffen, insbesondere Operationen, allgemeine Risiken in Rechnung stellt, die der Aufklärung nicht bedürfen. Wundinfektionen, Narbenbrüche, Embolien, Thrombosen – hier aber wieder eingeschränkt, wenn bei den Eingriffen besondere Thromboserisiken bestehen – werden gemeinhin zu den allgemeinen Risiken gezählt[31], ebenso wie die Gefahr einer Nachblutung, einer Infektion oder eines Narbenbruches. So muss nach OLG Oldenburg[32] vor der laparoskopischen Entfernung einer Ovarialzyste nebst Eierstock/Eileiter nicht auf das Risiko eines Narbenbruches hingewiesen werden.

---

30 Vgl. BGH, NJW 1989, 1533; BGH NJW 1991, 2346, OLG Brandenburg, VersR 2000, 1283.

31 Vgl. BGH, NJW 1974, 1422; BGH NJW 1980, 633, BGH, NJW 1986, 780; BGH, NJW 1989, 1533.

32 AHRS 4475/111.

Eingriffsspezifische, typische Risiken

Strenger sind die Anforderungen der Rechtsprechung an die Aufklärungspflicht über die eingriffsspezifischen, typischen Risiken, die dem Patienten unbekannt sind und die, falls sie sich verwirklichen, den Patienten in seiner Lebensführung nachhaltig beeinträchtigen, selbst wenn sie extrem selten sind. Nicht nur die konkrete Behandlungsmaßnahme bestimmt das Maß der Aufklärung, sondern auch die berufliche und private Lebensführung des Patienten und seine erkennbaren Entscheidungspräferenzen (patientenbezogene Aufklärung)[33], d.h. evtl. „Sonderinteressen" sind zu berücksichtigen.

So muss nach dem OLG Karlsruhe eine Patientin, bei der eine Gebärmutterentfernung wegen eines Cervix-Karzinoms erfolgte, auf das Risiko möglicher Nervenschädigungen und über mögliche Komplikationen im Bereich der Harnwege aufgeklärt werden[34]. Das OLG Düsseldorf[35] nennt beispielhaft die „Möglichkeiten einer Blasen-, Harnleiter- und Darmverletzung ... sowie ... die Gefahr von Nachblutungen und Infektionen". Wenn aber vor einer vaginalen Hysterektomie über das Risiko der Blasen- und Darmverletzung aufgeklärt wurde, dann ist es nicht erforderlich, noch auf die Gefahr einer Fistelbildung mit dem Risiko des Austritts von Urin oder Kot durch die Scheide hinzuweisen, so jedenfalls das OLG Nürnberg[36].

Bei einer laparoskopischen Tubensterilisation fehlt es jedoch an einer ordnungsgemäßen Aufklärung, wenn die Patientin über die angewandte Operationsmethode mit bipolarer Koagulation und „über das zwar seltene, aber typische Risiko einer Stromverletzung des Darmes mit der möglichen Folge eines Durchbruchs und einer Bauchfellentzündung" nicht informiert wurde, zudem über das praktizierte Anästhesieverfahren und die dabei Mitwirkenden im Unklaren gelassen wurde, so OLG Hamm[37] .

Bei der Aufklärung des Patienten hat der Arzt jedoch nicht nur den juristischen Ansprüchen gerecht zu werden, sondern auch die Aufgabe, den Patienten zu dem aus medizinischer Sicht richtigen Entschluss hinzuführen, ihn zu überzeugen, ohne ihn zu überreden, denn der Patient erwartet vom Arzt Orientierung, Rat und Hilfe neben der bloßen Information[38]. Deshalb sollten die Risiken, über die aufzuklären ist, in Verhältnis gesetzt werden zu den Vorteilen, die man sich von der Behandlung verspricht und zu den Folgen der Nichtbehandlung. Allerdings dürfen die Risiken nicht verharmlost werden.

---

33 Steffen, E./Dressler, W.D.: a.a.O. RN 330.
34 AHRS 4475/105.
35 AHRS 4475/106.
36 AHRS 4475/107.
37 AHRS 448/100.
38 Zu Recht Laufs, A.: Die ärztliche Aufklärung; in: Laufs, A. /Uhlenbruck, W: Handbuch des Arztrechts, 3. Aufl. München 2002, § 63 RN 7.

Keine Begrenzung durch Frequenzstatistiken

Die Entscheidung des BGH zur Aufklärungspflicht über die Risiken der Fremdbluttransfusion[39], speziell über das HIV-Risiko, das mit einer Frequenz von 1 : 300 000 bzw. 1 : 1 oder 3 Millionen angegeben wird, macht deutlich, dass auch über seltene und seltenste, aber schwerwiegende Risiken sogar eines Neben- und Folgeeingriffs aufzuklären ist.

Ein weiteres Beispiel aus der Rechtsprechung: Nach dem BGH[40] hat ein Impfarzt, der eine Polioimpfung mit Lebendviren vorgenommen hat, die Pflicht über mögliche Gefahren der Ansteckung im Kontakt mit dem geimpften Kind aufzuklären, selbst wenn dieses Risiko bei 1 : 15 Millionen liegen soll.

Unter dem Aspekt des Risk-Managements hier der Rat, wegen der Unsicherheit der Grenzen in der Rechtsprechung bei den methodenspezifischen Risiken mit der Aufklärung nicht restriktiv zu verfahren, es sei denn, der Patient verzichtet auf nähere Aufklärung (zum Aufklärungsverzicht gleich noch genauer).

Risikostatistiken, also Frequenzdichten helfen zur Abgrenzung zwischen aufklärungsbedürftigen und nicht-aufklärungsbedürftigen Risiken nicht, wie die Rechtsprechungsbeispiele zeigen. „Statistischen Risikowerten“ kommt bei der Frage „ob“ ein Patient, der nicht auf nähere Aufklärung verzichtet hat, aufzuklären ist, nur ein „vergleichsweise geringer Wert“ zu[41]. Es kommt darauf an, ob es sich um ein schwerwiegendes Risiko handelt, das dem Patienten unbekannt ist. Dann ist darüber aufzuklären, mag es auch extrem selten sein. Dabei macht die Rechtsprechung keinen Unterschied, ob es sich um Risiken des Haupt- oder um die eines Neben- und/oder Folgeeingriffs handelt. Bei der Frage, „wie“ der Patient aufzuklären, zu informieren und zu beraten ist, spielt die Frequenzdichte allerdings eine große Rolle. Im Rahmen der Darstellung des erhofften Nutzens anhand der Nutzen-/Risikoabwägung hat die Gewichtung des Risikos für die Entscheidung des Patienten eine erhebliche Rolle; der Arzt soll, ohne die Risiken zu verharmlosen, dem Patienten bei der Abwägung des Für und Wider helfen.

Aufklärungsintensität und Dringlichkeit des Eingriffs

Auch die vitale und/oder dringende Indikation lässt die Aufklärung nicht entfallen, diese Umstände können aber die Eindringlichkeit und die Genauigkeit der Aufklärung einschränken[42]. So steht der *Umfang der Risikoaufklärung* im *umgekehrten Verhältnis* zur Dringlichkeit. Je dringlicher ein Eingriff ist, desto geringer werden die Anforderungen an die Risikoaufklärung: Ist ein sofortiger Eingriff zur Lebensrettung geboten, wird sich die Risikoaufklärung auf Null reduzieren. Hat der Arzt

---

39 BGH, NJW 1992, 743

40 BGH, MedR 1995, 25.

41 BGH, NJW 2000, 1784.

42 BGH, NJW 1980, 1333; BGH, NJW 1984, 1397.

einen vital bedrohten Patienten vor sich, der unverzüglich versorgt werden muss, so „braucht der Arzt mit der Einwilligung nicht viel Umstände zu machen“[43].

Umgekehrt gilt: Je weniger dringend der Eingriff, um so umfassender die Information, insbesondere bei diagnostischen Eingriffen, soweit sie nicht unerlässliche Voraussetzung eines dringend indizierten therapeutischen Eingriffs sind[44]. Strengste Aufklärungspflichten bestehen bei reinen plastisch-ästhetischen Eingriffen ohne therapeutischen Eigenwert[45].

Kausalität des Aufklärungsfehlers

Aufklärungsmängel führen zur Haftung, wenn deren Kausalität für die Einwilligung, damit für die Durchführung der Behandlung des Patienten feststeht[46]. Schaden ist schon die nicht gebilligte, wenn auch erfolgreiche ärztliche Behandlung („Reduzierung der Entscheidungsgrundlage“, Persönlichkeitsverletzung); erst recht liegt ein Schaden bei echten gesundheitlichen Einbußen durch die Behandlung vor.

Der Arzt kann sich damit verteidigen, dass der Patient bei ordnungsgemäßer Aufklärung ebenfalls in den Eingriff eingewilligt hätte. Doch da der Arzt sich auf einen Rechtfertigungsgrund beruft, trifft ihn dafür die Beweislast. Früher ließ die Rechtsprechung die Behauptung des Patienten, er hätte den Eingriff nach ordnungsgemäßer Aufklärung über das unbekannte Risiko abgelehnt, nicht ohne weiteres gelten: Wäre die Ablehnung der Behandlung medizinisch unvernünftig oder bestanden bei Nichtbehandlung gleichartige Risiken mit höherer Komplikationsdichte, so musste der Patient plausible, nachvollziehbare Gründe dafür vorbringen, dass er auch bei gehöriger Aufklärung die Einwilligung in die Behandlung verweitert hätte[47]. Nach neuerer Rechtsprechung genügt es jedoch, wenn der Patient plausibel darlegen kann, dass er im Fall ordnungsgemäßer Aufklärung in einen *Entscheidungskonflikt* geraten wäre, er muss nicht vortragen, wie er sich konkret entschieden hätte[48].

Hierin liegt aber gleichwohl eine Chance im Arzthaftungsprozess: Wurde dem Patienten das schwerste Risiko verdeutlicht, ein Hinweis auf ein leichteres Risiko aber vergessen, so ist die Aufklärung zwar unvollständig, die Einwilligung des Patienten nach Auffassung der Rechtsprechung deshalb u.U. unwirksam. Bei der Frage, wie sich der Aufklärungsfehler auf die Entscheidung des Patienten ausgewirkt hat, wird es der Patient sehr schwer haben, plausibel darzulegen, warum er

---

43 BGHSt 12, 379; s. auch BGH NJW 1984, 1397ff.

44 BGH, VersR 1979, 720.

45 BGH, MedR 1991, 85.

46 Zu weitgehend aber OLG Jena, NJW 1998, 586 das die Kausalität eines Aufklärungsmangels für die Entscheidung des Patienten verneint und trotzdem dem Patienten Schmerzensgeld zubilligt.

47 BGH, MedR 1991, 200.

48 BGH, VersR 1992, 960.

das schwerere Risiko in Kauf nahm, bei Erwähnung der geringeren Risikos jedoch in einen Entscheidungskonflikt geraten wäre.

Denkbar ist ferner der Einwand des Arztes, der Patient hätte denselben Schaden auch erlitten, wenn er seine Einwilligung verweigert und der Eingriff unterblieben wäre. Dies muss der Arzt jedoch beweisen[49].

Der wissende Patient

Einen bereits aufgeklärten oder sonst informierten Patienten braucht der Arzt nicht mehr oder nicht noch einmal aufzuklären. Woher der Patient das notwendige Wissen hat, ist unerheblich. Auch eigene berufliche Kenntnisse des Patienten können die Aufklärungspflicht einschränken oder entfallen lassen[50]. Hat der Patient aus vorangegangenen Eingriffen hinreichende Kenntnisse, muss die Aufklärung nicht jedes Mal wiederholt werden[51]; allerdings trifft den Arzt stets die Pflicht, sich von der (ausreichenden) Vorinformiertheit, falls Umstände auf eine solche hindeuten, zu überzeugen[52].

Wann ist aufzuklären?

Nach der Rechtsprechung ist der Patient so früh wie möglich zu informieren, es soll ihm genügend Zeit bleiben, das Für und Wider des Eingriffs abzuwägen, sich gegebenenfalls noch mit Angehörigen bzw. seinem Hausarzt zu besprechen. Art und Schwere des Eingriffs können Einfluss auf den Zeitpunkt der Aufklärung haben. Es droht sonst – z.B. wenn die nachstehend beschriebenen zeitlichen Vorgaben der Rechtsprechung nicht eingehalten werden – die Gefahr, dass sich der Patient bei späterer Aufklärung mit Erfolg darauf beruft, seine Entscheidungsfreiheit sei nicht gewahrt[53].

Die Faustregel, dass zwischen Aufklärung und operativem Eingriff mindestens eine Nacht liegen sollte, ist vom BGH in zwei Urteilen, in denen er zwischen der stationären und der ambulanten Durchführung unterscheidet, präzisiert worden.

---

49 Tempel, O.: Inhalt, Grenzen und Durchführung der ärztlichen Aufklärungspflicht unter der Zugrundelegung der höchstrichterlichen Rechtsprechung. NJW 1980, 609ff. m.w.N.: s. auch Weissauer, W./Hirsch, G.: Kausalitätsprobleme beim Aufklärungsmangel, MedR 1983, 41.

50 Arzt als Patient, (Kontrastmittelrisiko), OLG Hamm, VersR 1998, 322.

51 BGH, NJW 1973, 556; OLG Frankfurt/Main, AHRS 5110/301.

52 Laufs A: a.a.O. (Fußnote 247), § 64 RN 16.

53 BGH, NJW 1992, 2354.

Stationäre Durchführung

Mit Rücksicht darauf, dass der stationär untergebrachte Patient u.U. durch seine Eingliederung in den Krankenhausbetrieb, die begonnenen organisatorischen Vorbereitungen eine „psychische Schranke"[54] aufgebaut hat, die seine freie Entscheidung beeinflussen könnte, verlangt der BGH, dass über den *operativen Eingriff* spätestens am *Vortag* aufzuklären ist[55]. Wird bei einer Kürettage einer Patientin z.B. das für sie wichtige Risiko der Gebärmutterentfernung erst unmittelbar vor Beginn der Behandlung mitgeteilt, dann ist die Aufklärung verspätet, so das OLG Stuttgart[56]. Organisatorische Schwierigkeiten können die „Aufklärung auf der Bahre" – Originalzitat – nicht entschuldigen[57]. Dass zwischen Aufklärung und Eingriff mindestens 24 Stunden liegen müssen[58], sagt der BGH in dem vorstehend angesprochenen Urteil zum Zeitpunkt der Aufklärung bei stationären Eingriffen nicht ausdrücklich.

In demselben Urteil hält der BGH eine Aufklärung über die *Anästhesie* noch am Vorabend des Eingriffs für ausreichend, da der Patient in der Regel noch in der Lage sein wird, normale Narkoserisiken abzuschätzen und zwischen den unterschiedlichen Risiken ihm alternativ vorgeschlagener Narkoseverfahren abzuwägen, es sei denn, das Anästhesierisiko stellt das eigentliche Eingriffsrisiko dar. Auch deshalb legt die Vereinbarung über die Zusammenarbeit bei der operativen Gynäkologie und in der Geburtshilfe der Deutschen Gesellschaft für Anästhesiologie und Intensivmedizin und des Berufsverbandes Deutscher Anästhesisten mit der Deutschen Gesellschaft für Gynäkologie und Geburtshilfe und dem Berufsverband der Frauenärzte[59] unter Ziffer 1.4 fest, dass das Operationsprogramm des nächsten Tages dem Anästhesisten spätestens am frühen Nachmittag vorliegen soll.

Ambulante Eingriffe

Bei ambulanten Eingriffen macht der BGH[60] Zugeständnisse: Er sieht die Einwilligung und ihr vorausgegangen die Aufklärung auch noch am Tag des Eingriffs jedenfalls bei *normalen,* nicht schwerwiegenden operativen Eingriffen noch als rechtzeitig an. Auch dann muss dem Patienten noch ausreichend Zeit zur Abwägung verbleiben und ihm muss vermittelt werden, dass die Einwilligung von ihm nicht nur als reine Formalie erwartet wird. Die Aufklärung über die Anästhesie spricht der BGH in diesem Urteil nicht ausdrücklich an, man kann aber davon ausgehen, dass die Aufklärung über die Anästhesie am Eingriffstag selbst bei schweren operativen Eingriffen erfolgen kann, über die der Operateur rechtzeitig,

---

54 OLG Köln, MedR 1992, 40.

55 BGH, NJW 1992, 2351.

56 AHRS 5400/306.

57 BGH, AHRS 5400/6; Steffen, E./Dressler, W.D.: - a.a.O. RN 409.

58 Diesen Zeitraum erwähnt das OLG Hamm, AHRS 5400/307.

59 Anästh. Intensivmed. 37 (1996) 414-418.

60 BGH, NJW 1994, 3309.

also spätestens am Vortag, aufgeklärt hat. Anders auch hier, wenn ein über das bei ambulanten Eingriffen normale Maß hinaus erhöhtes Risiko vorliegt[61].

Findet sich eine Patientin fest entschlossen zu einem ambulanten Schwangerschaftsabbruch und einer ambulanten Sterilisation – nach vorangegangener Beratung durch die Schwangerschaftsberatungsstelle – zu dem vereinbarten Termin in der Praxis des Operateurs ein, dann ist nach dem OLG Bremen[62] die dem Eingriff ca. 20 Min. vorausgehende Aufklärung noch rechtzeitig. Bei der Entscheidung spielte jedoch eine wesentliche Rolle, dass die Patientin durch die Beratungsstelle schon vorinformiert, zum Eingriff fest entschlossen war und vor dem Aufklärungsgespräch keine „Medikamente zur Beruhigung oder sonstigen Vorbereitung der Operation erhalten" hatte. Außerdem war die Patientin nicht allein, sondern hatte Beistand durch ihre anwesende Schwester.

Im übrigen ist aber auch der *ausdrückliche* Wunsch des Patienten nach Durchführung des Eingriffs zu berücksichtigen[63]. Es kann einem Arzt nicht zugemutet werden, „einen zu dem Eingriff nach freier Willensbildung entschlossenen Patienten gegen seinen Willen wegzuschicken, nur um einen abstrakten Zeitraum einzuhalten", so jedenfalls Oberlandesgericht Oldenburg[64].

Allerdings muss in jedem Fall sichergestellt sein, dass die Aufklärung bei Einholung der Einwilligung nicht „erst so unmittelbar vor dem Eingriff erfolgt, dass der Patient unter dem Eindruck steht, sich nicht mehr aus einem bereits in Gang gesetzten Geschehensablauf lösen zu können (z.B. Aufklärung unmittelbar vor der Tür zum Operationssaal)"[65]. Müßig zu erwähnen, dass eine Aufklärung über die Katheter-Angiographie im Operationssaal vom Oberlandesgericht Hamm[66] für verspätet und die Einwilligung als unwirksam angesehen wurde. Auch die Tatsache, dass ein Patient schon mehrere Tage vor dem Eingriff eine „Einwilligungserklärung" – einen Aufklärungsbogen – erhielt, änderte nichts daran, dass der Bundesgerichtshof[67] die Unterzeichnung dieser Einwilligungserklärung auf dem Weg zum Operationssaal „nach Verabreichung einer Beruhigungsspritze" als nicht mehr zeitgerecht ansah und in dem gut gemeinten Hinweis des Arztes, „dass man die Operation andernfalls auch unterlassen könne" quase eine Nötigung des Patienten sah, der dadurch „massiv eingeschüchtert und in der Entscheidungsfreiheit beeinträchtigt worden" sei.

Wer klärt auf?

Nach der Rechtsprechung ist die Aufklärung eine ärztliche Aufgabe, die nicht an das Pflegepersonal delegiert werden kann.

---

61 Siehe hierzu genauer Biermann, E. /Weissauer, W.: Zum Zeitpunkt der Aufklärung vor ambulanten Eingriffen, Anästh. Intensivmed. 1994, 359f.

62 VersR 1999, 1370.

63 OLG Düsseldorf, Arztrecht 1997, 5.

64 OLG Oldenburg, VersR 1998, 769.

65 BGH, NJW 2000, 1784, 1787; BGH, NJW 1994, 3009.

66 OLG Hamm, AHRS 5400/6.

67 BGH, NJW 1998, 1784.

Organisation der Aufklärung innerhalb der Fachabteilung

Es muss nicht notwendig der Arzt aufklären, der am nächsten Tag die Anästhesie oder den operativen Eingriff durchführt. Es muss aber sichergestellt sein, dass der Arzt, der aufklärt, die Methoden, Techniken und Verfahren kennt, mögliche Alternativen mit dem Patienten erörtern und dessen Fragen ausreichend beantworten kann. Auch im Rahmen der Aufklärung gilt der sog. „Facharztstandard".

Innerhalb der Fachabteilung gilt zudem der Vertrauensgrundsatz: Derjenige Arzt, der am nächsten Tag den Eingriff durchführt, ohne den Patienten voruntersucht und aufgeklärt zu haben, darf darauf vertrauen, dass der Patient durch seinen Kollegen ordnungsgemäß aufgeklärt wurde, es sei denn, das Gegenteil ist erkennbar.

Das Oberlandesgericht Karlsruhe[68] ließ den operierenden Assistenzarzt und den bei der Operation aufsichtsführenden Oberarzt für Aufklärungsversäumnisse des Stationsarztes gegenüber einem türkischen Patienten nur deshalb haften, weil den Ärzten im OP „bekannt sein musste, dass bei türkischen, nicht deutsch sprechenden Patienten die ärztliche Aufklärung nicht immer ausreichend erfolgte".

Organisation der Aufklärung in der interdisziplinären Kooperation

Die in der interdisziplinären Kooperation mit anderen Fachvertretern geltenden allgemeinen Grundsätze der strikten Arbeitsteilung und der Vertrauensgrundsatz bedeuten für die Aufklärung: Jeder der an der Behandlung der Patienten beteiligte Fachvertreter klärt jeweils aus der Sicht seines Fachgebietes über die ihm obliegenden Maßnahmen und ihre Risiken etc. auf, er darf darauf vertrauen, dass die jeweiligen Fachvertreter ihrer Aufklärungspflicht nachkommen, es sei denn, gegenteilige Anhaltspunkte sind erkennbar.

So auch Ziffer 1.1.4. der bereits angesprochenen interdisziplinären Vereinbarung mit den Anästhesisten: Frauenarzt und Anästhesist haben die Aufgabe, die Patientin aus der Sicht ihres Fachgebietes aufzuklären; in Risikofällen kann sich die gemeinsame Aufklärung der Patientin durch Frauenarzt und Anästhesist empfehlen.

Rechtlich ist es nicht ausgeschlossen, dass ein fremder Fachvertreter die Aufklärung insgesamt übernimmt, ihn trifft dann auch in erster Linie eine Haftung für Aufklärungsfehler[69]. Allerdings gilt auch für die Aufklärung der „Facharztstandard", d.h. derjenige, der den Patienten aufklärt, muss in der Lage sein, über das Verfahren, seine Risiken und Alternativen so aufzuklären, wie ein Facharzt des jeweiligen Gebietes. Dies setzt der fachübergreifenden Aufklärung Grenzen, ohne sie auszuschließen. Bei konkreter Absprache mit klaren, u.U. stichprobenweise kontrollierten Anweisungen und unter dem Vorbehalt, dass kein Anlass besteht, an der Eignung und Zuverlässigkeit des aufklärenden Arztes zu zweifeln, kann dann eine Aufklärung durch den an sich zuständigen und aufklärungspflichtigen Arzt entfallen. Doch darf niemand darauf vertrauen, dass ohne konkrete Absprache an-

---

[68] OLG Karlsruhe, VersR 1998, 718.

[69] BGH, NJW 1980, 1905; BGH, VersR 1990, 1010; OLG Nürnberg, VersR 1992, 754.

dere aufgeklärt haben; der aufklärungspflichtige Arzt hat stets zu beweisen, dass und warum eine Aufklärung durch ihn nicht erforderlich war[70].

Als Hilfsmittel für fremde Fachvertreter bietet es sich an, eine Basisaufklärung etwa anhand der entsprechenden Aufklärungs- und Anamnesebögen zu geben, verbunden mit dem Hinweis, sich zu weiterführenden Fragen an Operateur und Anästhesist zu wenden. Hier hat der Patient dann eine Möglichkeit, sich im Vorfeld mit der Art des Eingriffs und dem Anästhesieverfahren vertraut zu machen. Diese Vorinformation kann, wenn die Patienten das Krankenhaus zur Operation erst kurz vor dem Eingriff aufsuchen, für die Frage, ob Einwilligung und Aufklärung auch bei stationären Eingriffen am Eingriffstag ausnahmsweise noch rechtzeitig sein können, Bedeutung gewinnen[71].

Geburtshilfliche PDA

Besonders problematisch ist die geburtshilfliche PDA, zu der der Frauenarzt kurzfristig den Anästhesisten hinzuzieht. Oft sieht sich der Anästhesist dann nicht nur einer unbekannten Patientin gegenüber, sondern auch einer solchen, bei der höchst fraglich ist, ob sie unter dem Eindruck der Geburtsschmerzen dem Aufklärungsgespräch folgen und eine wirksame Einwilligung gegen kann.

Die Wirksamkeit der Einwilligung ist, wie das OLG Frankfurt a.M.[72] feststellt, fraglich:

> „... bei einem Kranken, der so unter Schmerzen steht, dass er völlig auf diese fixiert ist, schwerstens unter ihnen leidet und gegenüber Umweltreizen in erheblichen Maße in der Aufnahmefähigkeit eingeschränkt erscheint".

Weil aber im Bereich der Geburtshilfe im Vorfeld der Geburt vielfältige Arzt-Patientin-Kontakte stattfinden, wenn auch in der Regel nicht mit dem Anästhesisten, bietet sich die schon oben angedeutete Basisaufklärung über die in Betracht kommenden Anästhesieverfahren durch den Geburtshelfer an.

Dies gilt auch dann, wenn die Patientin wegen einer gewünschten „natürlichen" Geburt zunächst der Schmerzausschaltung kritisch gegenübersteht. Denn die Erfahrung zeigt, dass häufig Patientinnen ihre Ansicht unter dem Einruck der Geburtsschmerzen ändern. Diese Patientinnen sind, selbst wenn sie sich zunächst nach der Information über die Chancen und Risiken der Schmerzausschaltung die konkrete Entscheidung über diese Maßnahmen vorbehalten, schon „präinformiert", wenn sie dann später unter dem Eindruck der Geburtsschmerzen die Schmerzausschaltung wünschen. Im übrigen gilt: Genau so wie eine einmal erklärte Einwilligung jederzeit widerrufen werden kann, kann die Patientin von einer einmal erklärten Weigerung abrücken und nun in die Anästhesie, über die sie zuvor rechtzeitig informiert wurde, einwilligen. Die Unterrichtung der Patientin

---

[70] BGH, NJW 1980, 633; BGH, NJW 1984, 1807; BGH, NJW 1994, 2414.

[71] OLG Oldenburg, VersR 1994, 221.

[72] Zur Frage, ob und inwieweit Schmerzen die Einwilligung beeinflussen, s. OLG Frankfurt MedR 1984, 194ff.

sollte entsprechend dokumentiert werden, z.B. im Mutterpass. Eine solche Organisation der Aufklärung bedarf aber klarer Absprachen mit den Geburtshelfern.

Form der Aufklärung

Weder die Einwilligung noch die Aufklärung bedürfen einer bestimmten Form, beide sind auch mündlich rechtswirksam. Aus *Beweissicherungsgründen* ist dringend zu empfehlen, sowohl die Einwilligung des Patienten wie die Details der Aufklärung sorgfältig zu dokumentieren und, wo immer möglich, vom Patienten gegenzeichnen zu lassen. Sollte der Patient die Unterschrift nicht selbst leisten können oder wollen, so sollte in den Krankenunterlagen vermerkt werden, dass und aus welchen Gründen der Patient an der Unterschriftsleistung gehindert ist. Vorformulierte Aufklärungsbögen können und sollen eine Vorinformation des Patienten bieten, die Dokumentation des Aufklärungsinhaltes vorbereiten und erleichtern. *Sie ersetzen in keinem Fall das zwingend geforderte Gespräch mit dem Patienten.*

Je individueller die dokumentierte Aufklärung, insbesondere das ausgefüllte Formular wirkt, desto leichter fällt in einem Arzthaftungsprozess der Nachweis des Aufklärungsgespräches, so dass spezifische, mit dem Patienten besonders erörterte Fakten auch individuell hervorgehoben werden sollten. Reicht der Platz auf den vorgefertigten Bögen für individuelle, handschriftliche Hinweise nicht, ist ein gesondertes Blatt hinzuzufügen; ein „Abschreiben“ der Aufklärungsbögen ist jedoch nicht geboten.

Verwendung von Merkblättern/Vordrucken

Der Bundesgerichtshof hat bei seiner Routinemaßnahme – Routineimpfung gegen Kinderlähmung – die Bedeutung der schriftlichen Information aufgewertet:

„Nach der Rechtsprechung des Senates bedarf es allerdings zum Zwecke der Aufklärung des „vertrauensvollen Gesprächs zwischen Arzt und Patient“... Das schließt jedoch keineswegs die Verwendung von Merkblättern aus, in denen die notwendigen Informationen zu dem Eingriff einschließlich seiner Risiken schriftlich festgehalten sind. Derartige schriftliche Hinweise sind heute weitgehend üblich und haben den Vorteil einer präzisen und umfassenden Beschreibung des Aufklärungsgegenstandes sowie der für den Arzt wesentlichen Beweisbarkeit. Sie sind insbesondere bei Routinebehandlungen, also auch bei öffentlich empfohlenen Schutzimpfungen, am Platze. Freilich vermögen solche Merkblätter nicht das erforderliche Arztgespräch zu ersetzen ..., in dem sich der Arzt davon überzeugen muss, ob der Patient die schriftlichen Hinweise gelesen und verstanden hat, und das ihm die Möglichkeit gibt, auf die individuellen Belange des Patienten einzugehen und evlt. Fragen zu beantworten. Doch gebietet dieses Erfordernis eines Aufklärungsgespräches, an dem grundsätzlich festzuhalten ist, nicht in jedem Fall eine mündliche Erläuterung der Risiken. Unter Umständen, wie sie beim vorliegenden Sachverhalt im Hinblick auf den Routinecharakter der öffentlich empfohlenen Impfung gegeben sind, kann der Arzt ausnahmsweise davon ausgehen, dass der Patient auf eine zusätzliche gesprächsweise Risikodarstellung keinen

Wert legt. Bei derartigen Routinemaßnahmen kann es genügen, wenn dem Patienten nach schriftlicher Aufklärung Gelegenheit zu weiteren Informationen durch ein Gespräch mit dem Arzt gegeben wird".

Hinweis auf Beipackzetteln?

Vorsicht ist jedoch geboten, denn der BGH bezieht sich ausdrücklich nur auf eine spezielle Routinemaßnahme, bei der dann auch nur „ausnahmsweise" eine schriftliche Aufklärung, dann aber kombiniert mit dem Angebot weiterer Informationen, ausreichen kann. Fraglich ist, welche Mitwirkungspflichten[73] den Patienten treffen, ob er insbesondere darauf verwiesen werden kann, etwa den Beipackzettel des Medikaments zur Kenntnis zu nehmen und ob der Beipackzettel die Aufklärung des Arztes ersetzt oder zumindest einschränkt.

Hatte doch das Landgericht Dortmund[74] zwar gefordert, dass „der Patient über schädliche Nebenwirkungen von Medikamenten aufgeklärt werden muss ...", dann aber ausgeführt:

„... Bei der Verordnung von Medikamenten hat die Risikoaufklärung jedoch nicht ohne weiteres durch den behandelnden Arzt zu erfolgen. Hat der Pharmahersteller dem Medikament gemäß § 11 des Arzneimittelgesetzes (AMG) eine Gebrauchsinformation beigefügt, die von der in § 11 a AMG geregelten Fachinformation zu unterscheiden ist, erfolgt die Risikoaufklärung des Patienten durch den Beipackzettel. Die in § 10 Abs. 1 AMG enthaltene Verpflichtung, die Angaben in der Packungsbeilage in verständlichem Deutsch abzufassen, wäre entbehrlich, wenn Mediziner Adressaten der Gebrauchsinformation wären. Bei der Verordnung von Medikamenten ist der Arzt damit grundsätzlich nur dann zur Risikoaufklärung verpflichtet, soweit nicht bereits vom Pharmahersteller her eine Aufklärung erfolgt. ... Zwischen ambulanter und stationärer Behandlung bestehen insoweit keine Unterschiede. Der Patient muss seinerseits die Warnhinweise auf dem Beipackzettel beachten ... Die von der (Patientin, Anm. d. Verf.) vertretene Auffassung, sie müsse nicht darauf achten, welche Nebenwirkungen ein Medikament habe, ist mit zumutbarer Selbstverantwortung nicht zu vereinbaren."... „Es mag zwar sein, dass die Gebrauchsinformation im Beipackzettel die ärztliche Aufklärung in bestimmten Fällen möglicherweise nicht ersetzen kann. In der Literatur werden in diesem Zusammenhang z.B. aggressiv wirkende Medikamente aufgeführt ... Ein solches ist hier aber nicht verordnet worden".

Im konkreten Fall ging es um ein Gestagen-Östrogen-Mischpräparat (Primosiston). Im Beipackzettel wurde auf das Thromboserisiko hingewiesen. Die klagende Patientin erlitt eine Thrombose. Sie klagte, die Klage wurde jedoch abgewiesen. Anders der BGH im jüngsten Urteil[75]. Bei einer 29-jährigen Patienten verordnet die Gynäkologin zur Regulierung von Menstruationsbeschwerden das Antikonzeptionsmittel „Cyclosa". Auf den Hinweis der Patientin, sie habe die Pille in der Vergangenheit nicht vertragen, entgegnet die Gynäkologin, dass es sich

---

73 Hierzu: Tamm, B.: Das Mitverschulden des Patienten bei Aufklärungs- und Behandlungsfehlern, VersR 2005, 1365.

74 MedR 2000, 331.

75 BGH, VersR 2005, 834.

um das modernste Mittel für Regelbeschwerden handele und sie ihr sonst nicht helfen könne. In der Patientenkartei war vermerkt, dass die Patientin Raucherin ist. Die Gebrauchsinformation für Cyclosa enthält den Hinweis, das bei Raucherinnen ein erhöhtes Risiko für Herzinfarkt und Schlaganfall besteht. 3 Monate später erleidet die Patientin einen Hirninfarkt, der durch die Wechselwirkung zwischen dem Präparat und dem Rauchen verursacht wurde. Landgericht und Oberlandesgericht haben die Klage der Patientin abgewiesen. Vor dem Bundesgerichtshof hatte die Patientin Erfolg.

Der Bundesgerichtshof begründet den Schadensersatzanspruch der Patientin mit der Verletzung einer Aufklärungspflicht. Der BGH führt aus, dass

> „... auch die Medikation mit aggressiven bzw. nicht ungefährlichen Arzneimitteln als ein ärztlicher Eingriff im weiteren Sinne anzusehen... ist (Anm. d. Verf.), so dass die Einwilligung der Patientin in die Behandlung mit dem Medikament unwirksam ist, wenn er nicht über dessen gefährliche Nebenwirkungen aufgeklärt ist ...!"

Der Warnhinweis in der Packungsbeilage des Pharmaherstellers reicht dem BGH nicht aus:

> „... Kommen derart schwerwiegende Nebenwirkungen eines Medikaments in Betracht, so ist neben dem Hinweis in der Gebrauchsinformation auch eine Aufklärung durch den das Medikament verordnenden Arzt erforderlich. Dieser muss nämlich dem Patienten eine allgemeine Vorstellung von der Schwere des Eingriffs und den spezifisch mit ihm verbundenen Risiken vermitteln. ... Die Notwendigkeit der Aufklärung hängt dabei nicht davon ab, wie oft das Risiko zu einer Komplikation führt. Maßgebend ist vielmehr, ob das betreffende Risiko dem Eingriff spezifisch anhaftet und es bei seiner Verwirklichung die Lebensführung des Patienten besonders belastet .... Daher musste die Beklagte (*Gynäkologin, Anm. d. Verf.*) die im 30. Lebensjahr stehende Klägerin über die spezifischen Gefahren informieren, die für eine Raucherin bei der Einnahme des Medikamentes bestanden. ... Nur dann hätte die Klägerin ihr Selbstbestimmungsrecht ausüben können; dies wäre dann in zwei Richtungen möglich gewesen, nämlich sich entweder dafür zu entscheiden, das Medikament einzunehmen und das Rauchen einzustellen oder aber bei Fortsetzung des Rauchens auf die Einnahme des Medikamentes wegen des bestehenden Risikos zu verzichten. Gerade wegen der bei Rauchern in Betracht zu ziehenden Sucht war die Gabe des Medikamentes nur bei einem eindringlichen Hinweis des verordnenden Arztes auf die Gefahren zu verantworten, die bei seiner Einnahme und gleichzeitigem Rauchen bestanden. Deshalb darf in einem solchen Fall der Arzt nicht darauf vertrauen, dass die Patientin den Warnhinweis in der Packungsbeilage lesen und befolgen wird. Im Hinblick auf die Schwere des Risikos reicht es auch nicht aus, dass die Beklagte gesagt haben will, „dass Pille und Rauchen sich nicht vertragen".

Damit ist der Klägerin nicht hinreichend verdeutlicht worden, welche schwerwiegenden Folgen eintreten konnten, wenn sie das Medikament einnahm und gleichzeitig rauchte.

Im konkreten Fall reichte also der Hinweis auf den Beipackzettel nicht aus, der verordnende Arzt hätte die Patientin entsprechend mündlich informieren müssen und nachdrücklich auf die Gefahren hinweisen müssen. Die Besonderheit dieses Falles darf nicht übersehen werden: Es ging um die Therapie einer nicht lebensbedrohlichen Erkrankung und um die Alternative „Pille“ oder „Rauchen“ mit der Besonderheit des Suchtverhaltens des Rauchers.

Aufklärungsverzicht

Der Patient kann auf nähere Aufklärung, z.B. über Details der Risiken verzichten:

> „Es gehört auch zur Selbstbestimmung des Patienten, dass er dem Arzt seines Vertrauens freie Hand geben darf, vielleicht in dem nicht unvernünftigen Bestreben, sich selbst die Beunruhigung durch Einzelheiten einer Gefahr zu ersparen, nachdem er sich bereits von der Notwendigkeit ihrer Inkaufnahme überzeugt hat“,

sagt der Bundesgerichtshof[76]. Ein völliger Blankoverzicht dürfte hingegen nicht zulässig sein[77]. Das Wesen des Eingriffs muss auch der verzichtende Patient kennen, es muss ihm klar sein, dass Operationen und Anästhesie nicht gänzlich ohne Risiko sind. Grundsätzlich ist jedoch der Patient Herr des Aufklärungsgespräches. Er kann weitere Hinweise einfordern, die den Arzt zur umfassenden Aufklärung verpflichten, aber auch auf nähere Informationen verzichten. Der Aufklärungsverzicht sollte aber in den Krankenunterlagen *sorgfältig dokumentiert* und vom Patienten aus Beweissicherungsgründen gegengezeichnet werden.

Situation im Haftpflichtprozess/Strafverfahren

Warum ist die sorgfältige Dokumentation der Aufklärungsinhalte in einem zivilrechtlichen Haftpflichtprozess des Patienten gegen die behandelnden Ärzte/den Krankenhausträger bzw. in einem Strafverfahren von so hoher Bedeutung?

Haftpflichtprozess

In der Regel beginnt der zivilrechtliche Haftpflichtprozess auf Schadensersatz einschließlich Schmerzensgeld mit der Behauptung des klagenden Patienten, ein Behandlungsmisserfolg und der daraus resultierende Schaden sei auf einen schuldhaften ärztlichen Behandlungsfehler zurückzuführen. Dagegen verteidigt sich der Arzt meist damit, der Schaden beruhe nicht auf einem schuldhaften Behandlungsfehler, es handle sich vielmehr um ein schicksalhaftes, mit ärztlicher Sorgfalt nicht beherrschbares Risiko.

Damit hat der Arzt dem klagenden Patienten das Stichwort der Aufklärungsrüge gegeben. Nun wird der Patient erwidern, er hätte über dieses Risiko aufgeklärt

---

76 BGH, NJW 1981, 2002.

77 Ulsenheimer, K.: Aufklärungspflicht und Einverständniserklärung zur Behandlung, Chirurg BDC, 1996, 74 (78).

werden müssen. Dagegen kann sich der beklagte Arzt auf zweierlei Weise verteidigen:

© Zum Einen: Er kann entgegnen, das Risiko sei nicht aufklärungsbedürftig gewesen. Diese Verteidigung ist angesichts der unsicheren Grenzziehung in der Rechtsprechung äußerst problematisch.

© Zum Anderen: Der Arzt kann behaupten, er habe den Patienten über das Risiko aufgeklärt. Dann muss der nicht nur die Tatsache beweisen, dass überhaupt eine Aufklärung stattgefunden hat, sondern regelmäßig auch den Inhalt der Aufklärung, u.U. detailgenau. Zwar hat der BGH ausgeführt[78]:

„Schriftliche Aufzeichnungen im Krankenblatt über die Durchführung des Aufklärungsgespräches und seines wesentlichen Inhaltes sind nützlich und dringend zu empfehlen. Ihr Fehlen darf aber nicht dazu führen, dass der Arzt regelmäßig beweisfällig für die behauptete Aufklärung bleibt. ... Allein entscheidend bleiben muss das vertrauensvolle Gespräch zwischen Arzt und Patienten ... Deshalb muss auch der Arzt, der keine Formulare benützt und für den konkreten Einzelfall keine Zeugen zur Verfügung hat, eine faire und reale Chance haben, den ihm obliegenden Beweis für die Durchführung und den Inhalt des Aufklärungsgespräches zu führen".

Es bleibt aber offen, wie der Arzt einen solchen Beweis führen soll. Die Rechtsprechung wird dem Arzt zwar glauben, der beweisen kann, dass er im allgemeinen sorgfältig, umfassend und umsichtig aufklärt, selbst wenn ihm für den konkreten Fall kein Zeuge zur Verfügung steht. Doch bleibt eine solche Verteidigung mit einem hohen Misserfolgsrisiko behaftet. Nicht selten kommt der Arzt in evidente Beweisnot. Bleibt unklar, ob der Arzt ausreichend aufgeklärt hat, geht dies zu seinen Lasten, da er die Beweislast trägt, d.h. Arzt (und Krankenhausträger) verlieren den Haftungsprozess.

Strafverfahren

Im Strafverfahren ist die Ausgangslage anders, da hier dem Arzt Mängel der Aufklärung nachgewiesen werden müssen. Doch steht der Patient als „Kronzeuge" zur Verfügung. Dies erleichtert den Nachweis von angeblichen Aufklärungsmängeln erheblich. Eine Befragung von fast 500 Patienten nach dem Inhalt der Aufklärung über chirurgische Eingriffe ergab, dass nur 18 % der Patienten den Inhalt des Gespräches reproduzieren konnten, 59 % erinnerten sich nur, dass eine Operation notwendig und wohl mit Gefahren verbunden war, die übrigen konnten sich an den konkreten Inhalt der Information[79] nicht erinnern.

Die Aussagen von Zeugen in Prozessen, die oft Jahre nach einem Zwischenfall stattfinden, sind meist wenig ergiebig. Deshalb sind Aufzeichnungen über den In-

78 BGH, NJW 1985, 1397 (1399).

79 Höfer, E./Streicher, H.J.: Patientenaufklärung, DMW 1990, 694; s. auch Ehlers, A.E.F.: Die ärztliche Aufklärung vor medizinischen Eingriffen, Köln u.a. 1997, 119 ff: ergänzend Weissauer, W: Ist eine Stufenaufklärung sinnvoll?; Gynäkologe 22/1989, 349.

halt der Aufklärung, die zeitgerecht gefertigt und vertrauensvoll sein müssten und den wesentlichen Inhalt des Gespräches festhalten, aus forensischen Gründen dringend geboten.

Therapeutische Aufklärung

Von den vorstehend besprochenen Aufklärungspflichtverletzungen, die zur Unwirksamkeit der Einwilligung des Patienten führen, sind Fehler in der Beratung und Information des Patienten zu unterscheiden, die gelegentlich als sog. Sicherheits- oder therapeutische Aufklärung bezeichnet werden.

Gemeint sind Informationen, die als Nebenpflicht aus dem Behandlungsvertrag als Teil ärztlicher Behandlung und Beratung, zur Sicherung des Therapieerfolges dem Patienten geschuldet werden. Dazu zählen Hinweise, Anweisungen, Empfehlungen und Verhaltensmaßregeln, die den Therapieverlauf ermöglichen oder sichern und insbesondere Komplikationen vermeiden sollen. Dazu kann auch die Unterrichtung der nachbehandelnden Ärzte bzw. des Patienten selbst über erhobene Befunde und u.U. auch über Zwischenfälle und Komplikationen (posttherapeutische Aufklärung[80] gehören, soweit eine Nachbehandlung erforderlich ist. Weiter beispielhaft zu nennen sind Informationen über die Fristgebundenheit der operativen Behandlung einer Fraktur, wenn der Patient vorzeitig das Krankenhaus verlassen will[81] oder auch der Hinweis an einen Patienten mit Spontanpneumothorax über die sofortige Notwendigkeit einer stationären Behandlung[82], ebenso wie die Beratung zur vorsichtigen Lebensweise bei kardialer Erkrankung[83]. Die Hinweis- und Beratungspflichten werden im Zusammenhang mit der Entlassung nach ambulanten Eingriffen, im Hinblick auf die weitere Betreuung im häuslichen Bereich, forensisch große Bedeutung erlangen[84].

Kommt ein Patient durch mangelhafte Beratung oder Information zu Schaden, so handelt es sich um einen ärztlichen Behandlungsfehler, der zu einem Schadensersatzprozess und/oder einem strafrechtlichen Ermittlungsverfahren führen kann, jedoch die Wirksamkeit der Einwilligung anders als Fehler im Rahmen der Selbstbestimmungsaufklärung unberührt läßt.

Zur Aufklärungspflicht und zu den Sorgfalts- und Fürsorgepflichten des Arztes bei der ambulanten Verabreichung von Sedativa anlässlich einer Magenspiegelung

---

80 OLG Koblenz, MedR 2000, 37.

81 BGH, VersR 1986, 1121.

82 OLG Karlsruhe, VersR 1987, 1247.

83 OLG Köln, VersR 1992, 1231.

84 Biermann, E.: Forensische Probleme der ambulanten Anästhesie. In: Jahrbuch der Anästhesiologie und Intensivmedizin 1994, 137; derselbe: Rechtliche Aspekte der Struktur- und Prozessqualität ambulanter Eingriffe unter Berücksichtigung der Richtlinie der Bundesärztekammer, in: Jahrbuch der Anästhesiologie und Intensivmedizin 1995/1996, 151.

hat der BGH[85] Stellung genommen und u.a. vom behandelnden Arzt gefordert, dass dieser durch geeignete Maßnahmen sicherzustellen habe, dass der Patient sich nach der durchgeführten Behandlung nicht unbemerkt entfernte.

Schlussbemerkung

Untersuchungen belegen, dass eine dem Patientenverständnis angepasste Aufklärung Ängste des Patienten senkt[86] und zugleich das Verständnis dazu fördert, dass auch in der modernen Medizin ein Erfolg nicht garantierbar ist. Eine sachgerechte und vertrauensvolle Aufklärung dient auch dem Schutz des Arztes vor überzogenen Ansprüchen des Patienten und verhilft zugleich dazu, das eigene forensische Risiko zu senken.

---

85 Urteil v. 08.04.2003; MedR 2003 629; siehe auch BDAktuell – JUS-Letter, März 2004, Ausgabe 1, S. 4. unter: www.bda.de.

86 Katz, Ch./Mann, S.: Positive Wirkung auf Angstniveau und Wissenstand. Klinikarzt 1986, 410; ergänzend Weissauer, W.: Ist eine Stufenaufklärung sinnvoll? Gynäkologe 22/1989, 349.

16. Dokumentation

D. Berg

Ziele

Galt die ärztliche Dokumentation früher als reine Gedächtnisstütze des Arztes, so hat sich dies unter dem Einfluss der Rechtssprechung entscheidend verändert. Nach heutiger Rechtsauffassung[1] wird sie dem Patienten als Bestandteil einer sorgfältigen Behandlung geschuldet. In diesem Kontext hat der Arzt die Pflicht, dem Patienten Rechenschaft über seine Tätigkeit abzulegen, um ihn in die Lage zu versetzen, sein Recht auf Entscheidungsfreiheit über alles, was mit ihm geschehen soll, wahrzunehmen.

Sie dient daher nicht mehr nur als Gedächtnisstütze des Behandlers, sondern auch der Information des nachbehandelnden Arztes, der Pflegekraft und letztlich auch dem Nachweis der erfüllten Informationspflicht. Aus haftungsrechtlicher Sicht muss bei der Dokumentation auch daran gedacht werden, den Dienstvorgesetzten, den Rechtsanwalt des Patienten, die Haftpflichtversicherung des Arztes, den Gutachter und das Gericht in die Lage zu versetzen, den Krankheits-, Behandlungs- und Heilungsverlauf nachzuvollziehen[2].

Dabei müssen Diagnose, Therapie, Aufklärung, Einwilligung und Verlauf so niedergelegt werden, dass der gesamte Behandlungsfall nachvollziehbar dargestellt wird und die getroffenen Maßnahmen beweisbar sind. Eine unzureichende Dokumentation wird nach eigenen Erfahrungen in der Gutachtenstelle der Landesärztekammer Bayern in etwa 20% der Haftungsfälle bemängelt.

Es wird zwar gerichtlich anerkannt, dass die Pflicht zur Dokumentation des Geschehens allein auf die medizinische Seite der Arzt-Patienten-Beziehung, nicht dagegen auf die Beweissicherung für den Haftungsprozess abstellt[3]. Die unterlassene oder lückenhafte oder fehlerhafte Dokumentation begründet für sich noch keinen Rechtsanspruch des Patienten auf Schadenersatz oder Schmerzensgeld[4], aber in der Praxis sieht das anders aus: Dokumentationsdefizite können zu Beweiserleichterungen zugunsten des Patienten bis hin zur Beweislastumkehr zu Lasten des Arztes führen. In diesem Fall muss nicht der Patient die Kausalität der fehlerhaften Behandlung für den eingetretenen Schaden beweisen, sondern der Arzt, dass er keinen Fehler gemacht hat. Bei unzureichender Dokumentation kann er das häufig nicht und verliert – unabhängig davon, ob ein Behandlungsfehler vorliegt – den Prozess.

---

1 BGH NJW 1983, 328.
2 BGH NJW 1978, 2337; NJW1983, 328.
3 BGH VersR 1995, 340.
4 BGH NJW 1988, 2949 ff.

Eine weder in der Karteikarte, noch im Mutterpass dokumentierte Rhesus-Sensibilisierungsprophylaxe ließ in einem Haftungsfall vermuten, dass sie – entgegen der Aussage des Arztes – nicht durchgeführt wurde. Für die Blindheit und den Cerebralschaden des Kindes haftete der Arzt mit etwa 2,5 Mio. €!

Was nicht dokumentiert ist, gilt als nicht geschehen[5]**.**

Auf der anderen Seite: Zur Beweislastumkehr *„kann es nur kommen, wenn die Dokumentationslücke einen groben Behandlungsfehler indiziert, der als solcher die Grundlage für eine Beweislastumkehr bildet"*[6].

Tab. 16.1. Ziele der Dokumentation

	ärztliche/ pflegerische Gesichtspunkte	Patientenrechte	Haftungs-rechtliche Bedürfnisse	Leistungs-rechtliche Bedürfnisse *
Gedächtnisstütze für den behandelnden Arzt	x			
Information mitbehandelnder Ärzte und Pflegekräfte	x			
Information des Patienten		x		
Information Dritter (Versicherungen, Gutachter, Gericht)			x	x
Nachweis der diagnostischen und therapeutischen Maßnahmen			x	x

* Fehlbelegungsprüfungen der Kostenträger, unnötige/unwirtschaftliche Leistungserbringung, ambulante vs. stationäre Behandlung etc.

Vor Gericht hat der Arzt, gestützt auf seine Dokumentation, einen erheblichen Vertrauensvorsprung, weil die Rechtssprechung primär von der Richtigkeit und Vollständigkeit der ärztlichen Aufzeichnungen ausgeht. Eine exakte und glaubwürdige Dokumentation ist dabei jedoch unerlässlich. Sie ist entgegen einer oft gehörten Meinung nur dann gefährlich, wenn sie fehlt, lückenhaft oder falsch ist.

Zusammenfassend hat die Dokumentation verschiedene Ziele, deren Erreichung es ermöglichen sollte, Patientensicherheit, Haftungsschutz und leistungsrechtliche Bedürfnisse in gleicher Weise abzudecken (Tab. 16.1).

5 BGHZ 99, 391, 396 f.

6 BGH NJW 1993, 2376.

Organisation der Dokumentation

Der Zeitaufwand für die Dokumentation ist deutlich gestiegen, aber nur ein Teil betrifft die unmittelbar der Patientenversorgung dienenden Leistungen; deren ausführlichere Dokumentation ist jedoch sinnvoll, um spätere zeitaufwendige Rechtsstreitigkeiten zu vermeiden.

Die Erweiterung der Dokumentationsaufgaben auf rechtliche und finanzielle Bereiche bedeutet eine weitaus bedeutsamere Arbeitsbelastung von Ärzten und nachgeordnetem Personal. Der 107. Deutsche Ärztetag, Bremen 2004, hat festgestellt, dass Krankenhaus-Ärzte 25-40% ihrer Zeit mit administrativen Aufgaben verbringen. Nach meiner Erfahrung ist das zu niedrig geschätzt und bezieht sich wohl noch auf die Zeit vor der flächendeckenden Einführung von DRG und DMP. Der damit verbundene Dokumentationsaufwand führt zu unsinnigen und kostentreibenden Mehrfachdokumentationen und anderen bürokratischen Belastungen, die im Prinzip arztfremd sind. Der Arzt wird schon beim Erstkontakt mit dem Patienten in eine Abrechnungsakrobatik gedrängt und im gesundheitspolitischen Schrifttum daher – konsequenterweise – nicht mehr als Arzt, sondern als Leistungserbringer bezeichnet.

Angesichts dieser administrativen Belastung muss versucht werden, das Dokumentationswesen zu erleichtern und zu regeln.

Dokumentationspflichtiger

Dem Krankenhausträger obliegt die Pflicht, für die Durchführung einer ordnungsgemäßen Dokumentation zu sorgen. Auch wenn die Dokumentationsverpflichtung delegiert werden kann und in der Regel auch wird, kann die Festlegung der wesentlichen Grundzüge der Dokumentation nicht dem nachgeordneten Krankenhauspersonal überlassen werden, ohne den Vorwurf des Organisationsverschuldens zu riskieren. Die Delegation der Dokumentation sollte schriftlich erfolgen und festgehalten werden. Geeignet ist eine Dienstanweisung, die konkrete Handlungsvorgaben enthält, deren Einhaltung zu kontrollieren ebenfalls eine Pflicht des Krankenhausträgers ist.[7]

Die Gesamtverantwortung für die Dokumentation in einer Klinik oder Praxis trägt der damit beauftragte leitende Arzt oder der Praxisinhaber, bzw. für den Pflegebereich im Krankenhaus die Leitende Pflegekraft. Er/Sie muss für den jeweiligen Zuständigkeitsbereich geeignete schriftliche Vorgaben erarbeiten und denjenigen zur Dokumentation verpflichten, der die jeweilige Leistung erbracht hat.

So werden – aus Risikomanagement-Sicht – haftungsträchtige Dokumentationsfehler vermieden.

---

[7] Formulierungshilfe zur Erstellung einer Dienstanweisung siehe Deutsche Krankenhausgesellschaft: Die Dokumentation in der Krankenhausbehandlung, 2. Auflage 1999.

Form der Dokumentation

Als Formblatt der Dokumentation empfehlen sich die traditionellen Karteikarten und Krankenblattsysteme, die als Urkunden gelten und damit die Vermutung der Vollständigkeit erfüllen, so dass es der Patient ist, der die Unrichtigkeit der Aufzeichnung beweisen muss.

Die Form der Dokumentation muss „für den Fachmann hinreichend klar sein". Abkürzungen sind daher erlaubt. Der Arzt muss aber im Falle einer nicht entzifferbaren Schrift die Unterlagen in eine auch für den Patienten verständliche Form bringen. Die Überlassung der Fotokopie eines Karteiblatts mit unleserlichen Schriftzeichen und unverständlichen individuellen Abkürzungen und – später in Vergessenheit geratenen – Namenskürzeln erfüllt diese Auflage nicht. Hier ist neben der Kopie des Originals eine Klarschrift anzufertigen und zu überlassen.

Da nach einigen Jahren in der Regel in einer größeren Praxis oder im Krankenhaus nicht mehr bekannt ist, wer sich hinter einem Namenskürzel verbirgt, empfehlen wir in regelmäßigen Abständen eine Handzeichen-Liste anzulegen und zu archivieren.

Zeitpunkt/Ergänzung

Die Dokumentation muss zeitnah erfolgen; das heißt jedoch nicht, dass noch während der Bewältigung einer Krisensituation aufgezeichnet werden muss. Doch dient es der Zuverlässigkeit und Überzeugungskraft erheblich, wenn sich alle Beteiligten – Ärzte verschiedener Fachrichtungen, Pflegekräfte, anderes Personal – nach der Krise zusammensetzen, um zu dokumentieren, wer wann was getan oder beobachtet hat. Auf der anderen Seite ist die Glaubwürdigkeit einer ärztlichen Dokumentation deutlich limitiert, wenn zum Beispiel der Op-Bericht erst nach Eingang der Haftungsklage geschrieben wurde.

Da schriftliche Aufzeichnungen Urkunden darstellen, dürfen sie nach ihrem Abschluss nicht mehr verändert werden, sonst ist der Tatbestand der Urkundenfälschung erfüllt[8]. Eine fehlende, unzureichende oder fehlerhafte Dokumentation kann jedoch – zeitnah! – auch nachträglich ergänzt oder kommentiert werden[9], wenn dies unter Angabe des Veranlassenden, des Datums bzw. der Uhrzeit erfolgt.

Abgleich der ärztlichen und pflegerischen Dokumentation

Als Gutachter erlebt man nicht selten, dass die Eintragungen des Pflegeberichts mit der ärztlichen Dokumentation nicht übereinstimmen, dass die Eintragungen der Pflegekräfte Fehler oder Vorwürfe enthalten, auf die zu reagieren gewesen wäre, oder dass in der ärztlichen Dokumentation der Handlungsabläufe die pflegerischen Beobachtungen nicht ausreichend berücksichtigt wurden. Diskrepanzen

---

8 OLG Koblenz, MedR 1995, 29 ff.

9 OLG Oldenburg vom 30.04.1991: 5 U 120/90, MedR 1992, 111.

zwischen Pflegebericht und ärztlichen Aufzeichnungen können durchaus haftungsrelevante Bedeutung haben.

Da die Pflegekräfte meistens mehr Zeit für den Patientenkontakt zur Verfügung haben, können deren Beobachtungen von entscheidender Bedeutung sein und müssen daher entsprechende Beachtung finden. Der Pflegebericht muss ärztlicherseits zur Kenntnis genommen und bedarfsweise ergänzt oder kommentiert werden.

Zur Vermeidung nicht übereinstimmender Angaben sollten die ärztlichen und pflegerischen Aufzeichnungen im Krankenblatt täglich abgeglichen werden.

Einsichtnahmerecht des Patienten

Im Rahmen seines Selbstbestimmungsrechts hat der Patient das Recht auf Einsicht in seine Krankenunterlagen; ausgenommen sind im allgemeinen persönliche Eindrücke und Kommentare des Arztes, sowie Dokumentationen im Bereich der Psychiatrie. Der Patient hat ferner das Recht, auf seine Kosten Fotokopien der Unterlagen anfertigen zu lassen. Originalunterlagen sollten jedoch nicht ausgehändigt werden[10]. Im Falle einer Beschlagnahme von Originalen sollte der durchführende Beamte gebeten werden, die vorherige Anfertigung von Fotokopien zum eigenen Gebrauch zuzulassen.

Auch Erben oder nahe Angehörige haben, falls dem nicht der früher erklärte Wille des Verstorbenen entgegensteht, ein Einsichtsrecht in die Krankenunterlagen, um vermögensrechtliche oder strafrechtliche Verfahren zu begründen und einzuleiten.

Inhalt der Dokumentation

Allgemeines

Die ärztlichen Aufzeichnungen müssen zwar wahr, klar und vollständig sein, brauchen jedoch nur das medizinisch Wichtige, d. h. die wesentlichen diagnostischen und therapeutischen Maßnahmen in einer für den Fachmann hinreichend klaren Form zu enthalten[11]. Eine Dokumentation, die medizinisch nicht erforderlich ist, ist auch nicht aus Rechtsgründen geboten, „so dass aus dem Unterbleiben derartiger Aufzeichnungen keine beweisrechtlichen Folgerungen gezogen werden können“[12]. Dabei sollte aber nicht das oben skizzierte Problem der Beweiserleichterung zu Gunsten des Patienten außer Acht gelassen werden.

In der Praxis orientiert sich daher der Umfang der Dokumentation sicherheitshalber sowohl am Bedarf des behandelnden Arztes, als auch am Bedarf der unmit-

---

10 Im Einzelfall kann jedoch die Ausgabe von Original-Röntgenaufnahmen geboten sein.

11 BGH VI ZR 170/89, NJW 1989, 2330; BGH VersR 1995, 340.

12 BGH NJW 1973, 2375, 2376.

telbaren Mitarbeiter (Stationskollege, Oberarzt oder Chefarzt, nichtärztliche Mitarbeiter) und schließlich auch des „nachprüfenden" Arztes, also am Bedarf des Gutachters oder Sachverständigen, der in die Lage versetzt werden muss, das Krankheitsgeschehen zu verstehen und zu bewerten.

Im Wesentlichen sind die üblichen Daten der Diagnostik, der Therapie und des Verlaufs zu dokumentieren. Routinemaßnahmen (Desinfektion vor i.m. Injektion) und selbstverständliche Behandlungsmaßnahmen brauchen nicht vermerkt zu werden. Eine darüber hinausgehende detaillierte Dokumentation ist nur erforderlich, wenn von der Norm abgewichen wurde[13]: Grundsätzlich ist nicht die Regel, sondern nur die Ausnahme zu dokumentieren[14]. So ist auch im weiteren Verlauf einer Erkrankung oder stationären Behandlung jede Abweichung vom Standardvorgehen und jede Besonderheit im Verlauf zu notieren.

Überraschend mag der Hinweis auf die Dokumentation des Normalverlaufs sein; aber fehlt die Mitteilung „normaler Heilungsverlauf"[15] im Krankenblatt oder im Arztbrief, könnte vermutet werden, dass Abweichungen nicht notiert, weil nicht beachtet wurden. Oder fehlen Eintragungen zwischen der Aufnahme der Gebärenden im Kreißsaal und der Geburt, kann dem Vorwurf der jungen Mutter, es hätte sich niemand um sie gekümmert, nichts entgegengehalten werden (es sei denn, es liegen Zeugenaussagen vor).

Dokumentation der Aufklärung

Siehe hierzu den Beitrag von Biermann in diesem Buch.

Dokumentation der Beratung

Zahlreiche bei der Gutachtenstelle der Bayerischen Landesärztekammer eingegangene Beschwerden stützen sich auf die tatsächliche oder vermeintliche Unterlassung einer gebotenen Beratung. Viele dieser Beschwerden lassen sich in der Gutachterstelle nicht bearbeiten, weil Aussage gegen Aussage steht, eine eindeutig die Lage klärende Dokumentation nicht vorliegt und vielen Gutachterstellen die Hinzuziehung von Zeugen nicht gestattet ist. Ein Gericht würde in diesen Fällen vielfach die Beweislastumkehr verfügen, und der Prozess wäre mangels Dokumentation – falls keine Zeugenaussagen vorliegen – für den Arzt verloren. Kernproblem ist hier nicht der ärztliche Aufklärungs- oder Behandlungsfehler, sondern die fehlerhafte Organisation und die fehlerhafte Kommunikation innerhalb von Praxis oder Klinik und außerhalb mit anderen Ärzten, Abteilungen und Praxen.

Viele der im Folgenden beschriebenen oft stereotypen Beratungen können beispielhaft als Standard-Vorgehensweise der eigenen Praxis beschrieben und in ei-

13 BGH VI ZR 170/88, NJW 1989, 2330.

14 OLG Zweibrücken, 1997, 5 U 7/95, Pflegerecht 1998, 88.

15 Von der Bemerkung „alles o.B." ist aus Abrechnungsgründen abzuraten.

nem Ordner „Typische Vorgehensweisen" abgelegt werden. In der Karteikarte genügt dann der Hinweis auf das nach diesem Schema erfolgte Beratungsgespräch.

Beratung bei Verdacht auf Mammakarzinom

Neben tatsächlichen Organisations- und Behandlungsfehlern sind es oft Dokumentationslücken, die den beschuldigten Arzt in Bedrängnis bringen. So wird zum Beispiel in der Ambulanzkarte nicht dokumentiert, dass

- die Patientin in 6 Monaten zur Mammographiekontrolle kommen sollte
- eine ergänzende Ultraschalluntersuchung bei dem Spezialisten XY angeraten wurde

So war zum Beispiel der Vorwurf einer Patientin nicht zu entkräften, sie sei über das Resultat der Mammographie mit der Mitteilung „alles o.B." abgespeist und über die Notwendigkeit einer ergänzenden NMR-Untersuchung, die der Radiologe vorgeschlagen hatte, nicht unterrichtet worden. Der Einwand des Frauenarztes, die Patientin selbst habe trotz korrekter Beratung die NMR-Untersuchung um 4 Monate verzögert, wurde mangels einer Dokumentation dieser Beratung nicht akzeptiert!

Gerade in diesen Schnittstellengebieten zwischen Gynäkologe und Radiologe kann es leicht zu Informationsverlusten mit stark belastendem Ausgang für die Patientin – und letztlich auch den Arzt – kommen. Es ist daher unerlässlich, dass Überweisungsaufträge und -berichte nicht nur gewissenhaft geprüft, sondern auch erfüllt und dokumentiert werden.

Wird bei einer Patientin ein unklarer Mammabefund erhoben, der nach weiterer Abklärung (Mammographie, Ultraschalluntersuchung) oder nach einer Kontrolluntersuchung verlangt, muss dies sorgfältig dokumentiert werden. Eine lückenhafte Dokumentation stellt zwar keine eigene Anspruchsgrundlage für Schadensersatzansprüche dar, kann aber zu Beweiserleichterungen für die Patientin bis hin zur Beweislastumkehr führen. Zu dokumentieren sind daher[16]:

- die Begründung der Notwendigkeit zu weiterer Diagnostik
- die vorgeschlagene weiterführende Diagnostik
- die Anordnung einer Kontrolle mit Zeitpunkt
- der Hinweis auf mögliche Konsequenzen, wenn der Termin nicht wahrgenommen wird
- Stichpunkte des Patientengesprächs

Aus Gründen der drohenden Haftung bei fehlerhafter Diagnostik und unterlassener Kontrolluntersuchung ist dringend anzuraten, die Patientin eindeutig (evtl. schriftlich!) zu informieren und dies beweisbar in den Krankenunterlagen zu vermerken. In gleicher Weise muss festgehalten werden, wenn die Patientin vorge-

---

[16] Stellungnahme der AG Medizinrecht der DGGG: Das „nicht erkannte" Mammakarzinom; www.dggg.de Leitlinien.

schlagene Untersuchungen ablehnt oder zum vereinbarten Kontrolltermin nicht erscheint. Im letzteren Fall muss empfohlen werden, eine Art Mahnverfahren zu organisieren, in dem die Patientin angeschrieben wird, wenn sie Kontrolltermine in der eigenen Praxis oder andernorts vereinbarte Untersuchungen – etwa beim Radiologen – nicht wahrnimmt. Dieser Vorschlag klingt überzogen, gründet sich aber auf einschlägige und ausgedehnte Erfahrungen mit Haftungsfällen.

Beratung über Pränataldiagnostik

Fast regelmäßig wird bei einer erst bei der Geburt festgestellten kindlichen Fehlbildung – seitens der Patientin oder seitens der Krankenkassen – der Vorwurf erhoben, diese Fehlbildung nicht rechtzeitig genug erkannt zu haben. Ähnlich verlaufen Beschwerden über fehlende Beratungen anlässlich einer auffälligen Nackenfalte oder eines Hydramnion, wenn die angeratene Überweisung zum Spezialisten bzw. zur invasiven Diagnostik nicht dokumentiert wird.

Die an den Gutachter gerichteten Fragen basieren immer auf den Mutterschaftsrichtlinien, deren Einhaltung hinsichtlich der gebotenen Ultraschalluntersuchungen und -Dokumentationen hinterfragt wird. Folgendes Vorgehen kann empfohlen werden:

- Vor der Ultraschalluntersuchung: Hinweis an die Schwangere, dass bei der Diagnostik – zwar selten – eine Fehlbildung erkannt werden könnte, denn die Patientin hat ein Recht auf Nichtwissen. Siehe hierzu die Empfehlung der AG Medizinrecht der DGGG[17].
- Die Patientin muss erfahren, dass auch bei sorgfältiger Ultraschalluntersuchung nicht alle Fehlbildungen zu erkennen sind. Dies ist ebenfalls zu dokumentieren. Die genannte Leitlinie enthält hierzu einen Mustervordruck.
- Strikte Beachtung der Mutterschaftsrichtlinien besonders hinsichtlich der gebotenen Ultraschalluntersuchung!
- Sorgfältige Dokumentation der Bilder und ihrer Auswertung in der Krankenakte und im Mutterpass.
- Bei gegebenen Auffälligkeiten Dokumentation des Beratungsgespräches, und bedarfsweise der Empfehlung zur Wahrnehmung einer weiterführenden Diagnostik bei einem Spezialisten, zur Triplediagnostik, zur Bestimmung von PAPP-A, zur Amniozentese etc.

Vergleiche hierzu auch die Empfehlungen verschiedener Fachgesellschaften zur Ultraschalldiagnostik in der Frühschwangerschaft.[18]

---

[17] Stellungnahme der AG Medizinrecht der DGGG: Ultraschalldiagnostik im Rahmen der Schwangerenvorsorge www.dggg.de Leitlinien.

[18] Deutsche Gesellschaft für Gynäkologie und Geburtshilfe, Arbeitsgemeinschaft für Ultraschalldiagnostik (ARGUS), Deutsche Gesellschaft für Ultraschall in der Medizin - Sektion Gynäkologie (DEGUM-Stufe III): Standards zur Ultraschalluntersuchung in der Frühschwangerschaft.

Krebsvorsorge

Etwa 5 % der im Bereich der Gynäkologie erhobenen Vorwürfe betreffen das zu spät erkannte Genitalkarzinom, darunter einige Fälle trotz regelrecht erbrachter Krebsfrüherkennungsuntersuchung. Es ist zu empfehlen, die Patientin darauf hinzuweisen, dass diese Krebsfrüherkennungsuntersuchung nicht immer auch einen Krebsausschluss darstellt und dass nicht alle genitalen Krebsformen im Frühstadium zu erkennen sind. Auch hier hilft ein archiviertes Formblatt, das beschreibt, wie in der Regel bei der Krebsvorsorge verfahren, untersucht und beraten wird.

Beratung über Behandlungsalternativen

Die Wahl der Behandlungsmethode ist grundsätzlich Sache des Arztes, solange sie dem medizinischen Standard folgt. Von zunehmender Bedeutung ist jedoch die Aufklärung im Falle mehrerer gleichwertiger Untersuchungs- oder Behandlungsverfahren mit unterschiedlichen Risiken und Erfolgsaussichten. Siehe hierzu das Kapitel von Biermann.

An dieser Stelle soll auf die Notwendigkeit einer sorgfältigen Dokumentation der erfolgten Beratung hingewiesen werden, weil in vielen Haftungsfällen die fehlende oder unvollständige Dokumentation dieser Beratung einem Aufklärungsvorwurf zugrunde gelegt wird. Neben der Beratung muss auch die Patientenentscheidung sorgfältig und beweiskräftig (Unterschrift, Zeugen!) dokumentiert werden.

Schulterdystokie

Bei bestimmten, vor allem geburtshilflichen Situationen, ist eine Aufklärung – und deren Dokumentation – über Behandlungsalternativen gefordert. Fast regelmäßig wird im Falle einer Schulterdystokie seitens der Klägerpartei gerügt, dass bei Geburtsbeginn bzw. Krankenhausaufnahme nicht oder nicht ausreichend über die Sectio als Alternative zur vaginalen Geburt beraten wurde, und es wird behauptet, die Gebärende hätte – rechtzeitig bei bestehender Makrosomie des Kindes oder eigener besonderer Disposition über die Gefahr der Schulterdystokie beraten -, die primäre Sectio verlangt; eine Behauptung, die bei fehlender Dokumentation nicht widerlegt werden kann.

Vaginale Beckenendlagengeburt

Gleiches gilt für die vaginale Beckenendlagengeburt, bei der die Gebärende seit langem ein Entscheidungsrecht über den Geburtsweg hat.[19]

---

[19] Leitlinien zur Beckenendlage und zur Schulterdystokie siehe www.dggg.de Leitlinien.

Unterschiedliche Operationsverfahren

Beratungspflichtig sind ferner unterschiedliche Operationsverfahren bzw. -Wege, die für den Behandlungszweck eingeschlagen werden können: zum Beispiel das abdominale vs. endoskopische vs. vaginale Verfahren.

Kontrazeption

Im Falle eines langzeitigen oder endgültigen Kontrazeptionswunsches der Patientin ist sie über die verschiedenen Möglichkeiten der operativen, meist endoskopischen Sterilisation, der Einlage eines hormonellen Langzeitkontrazeptivums oder der üblichen Ovulationshemmung aufzuklären. Dabei sollte diese Beratung unter Nennung der für die Patientin maßgeblichen Gründe genau dokumentiert werden. Der Verweis auf die Packungsbeilage oder eine die persönliche Situation der Patientin nicht berücksichtigende Beratung reicht nicht aus. So hat kürzlich der BGH der Klage einer Patientin entsprochen, die nicht seitens ihrer Frauenärztin auf das Rauchverbot bei der Einnahme eines Ovulationshemmers hingewiesen wurde – es stand lediglich in der Packungsbeilage. Die Patientin erlitt kurze Zeit nach Beginn der Einnahme einen Mediainfarkt.[20]

Dokumentation bei Aufklärungs- und Behandlungsverweigerung

Verweigert ein Patient die angebotene Aufklärung, entlastet das den Arzt nicht von der Verpflichtung, den Patient soweit aufzuklären, dass er den Umfang der vorgeschlagenen Maßnahmen kennt und ihnen zustimmt: So paradox es klingt: *Der Patient muss kennen, was er nicht wissen will.* Eine Grundaufklärung mit Nennung der gefährlichsten Folgen muss daher auf alle Fälle durchgeführt werden. Gleiches gilt für den Fall der Behandlungsverweigerung; auch sie sollte sorgfältig dokumentiert werden, wobei der Patient wissen muss, was bei fortbestehender Therapieverweigerung zu erwarten ist.

Aufbewahrung und Sicherung der Krankenunterlagen

Aufbewahrungsfrist

Als Teil der Dokumentationssicherungspflicht sind Befunde so zu sichern, dass auf sie noch nach Jahren zurückgegriffen werden kann. Das betrifft neben der Krankenakte auch CTGs, Ultraschall- und Röntgenbilder. Wenn auch in der Berufsordnung eine Aufbewahrungsfrist von 10 Jahren verlangt wird, empfehlen wir aus haftungsrechtlicher Sicht eine Aufbewahrung der Unterlagen von 30 Jahren (in der bayerischen Gutachtenstelle liegen zwei geburtshilfliche Haftungsklagen 29,9 Jahre post partum zur Bearbeitung an!).

[20] BGH, Urteil vom 15.03.2005, VI ZR 289/03.

Aufbewahrungsort

Krankenunterlagen – auch von Wahlleistungspatienten – stehen im Besitz des Krankenhausträgers, bzw. des Praxisinhabers. Sie sind grundsätzlich gesondert und gesichert im Krankenhaus/in der Praxis aufzubewahren. Gegen eine externe Archivierung bestehen jedoch unter gewissen Auflagen des Datenschutzes keine Bedenken.[21] Zugang zu den Unterlagen ist nur befugten Personen zu gestatten.

Wird eine externe Archivierung von Krankenakten geplant, empfiehlt es sich, sich mit dem zuständigen Datenschutzbeauftragten in Verbindung zu setzen und juristische Hilfe in Anspruch zu nehmen.[22]

Digitale Speicherung

Das Problem EDV-gestützter Dokumentation liegt in der nachträglichen Manipulierbarkeit. Daher gilt für sie nicht die Richtigkeits- und Vollständigkeitsvermutung wie bei schriftlichen Aufzeichnungen. Bis zur Implementierung einer fälschungssicheren Software ist es daher sinnvoll, entweder Ausdrucke der EDV-Dokumentation anzufertigen und abzuzeichnen oder sie mit Zeitangabe auf ROM-Datenträger zu speichern.

In letzter Zeit hat allerdings das OLG Hamm[23] keine Bedenken gegen das von einem Arzt benutzte EDV-Programm erhoben, obwohl die Speicherdaten dieses Programms nicht gegen eine nachträgliche Veränderung gesichert waren.[24] Trotzdem bleibt folgendes zu bedenken:

Während ein schriftliches Dokument als Urkunde anzusehen ist, wird die Reproduktion elektronisch gespeicherter Daten lediglich als „Augenscheinobjekt" angesehen, das im Gegensatz zur Urkunde der freien Beweiswürdigung des Richters (§ 236 ZPO) unterliegt: Der Richter ist im Streitfall nicht an den Inhalt des Augenscheinobjekts gebunden und kann es ablehnen, wenn er Zweifel an der Fälschungssicherheit hat.

Neben diesem Problem der Manipulierbarkeit besteht dasjenige der Reproduzierbarkeit; es muss stark bezweifelt werden, dass angesichts der kurzen Innovationsintervalle der EDV-Entwicklung künftige Lesegeräte in der Lage sein werden, Daten zu lesen, die vor Jahrzehnten abgespeichert wurden. Das gilt auch für Daten, die zeitnah auf CD-ROM abgespeichert wurden.

Neben dieser beweisrechtlichen Problematik sind bei der digitalen Eingabe, Weiterleitung, Auswertung und Archivierung von Daten datenschutzrechtliche Bestimmungen zu beachten. Der Datenschutz ist personenbezogen und nicht krankenhaus- oder praxisbezogen! Bundesärztekammer und Kassenärztliche Bundes-

---

21 Computer und Recht 1997, 536.

22 Deutsche Krankenhausgesellschaft: Die Dokumentation der Krankenhausbehandlung, 1999, S. 34.

23 Urteil des OLG Hamm vom 26.01.2005 – 3 U 161/04.

24 S.a. Geiß/Greiner, Arzthaftpflichtrecht, 4 Aufl., Rdnr. B 204.

vereinigung haben zu diesem Thema Stellungnahmen abgegeben.[25] Im Bedarfsfall sollte der zuständige Datenschutzbeauftragte konsultiert werden.

Aus den genannten Gründen ist derzeit von einer ausschließlich digitalen Archivierung abzuraten. Die in modernen Praxen und Krankenhäusern immer häufiger digital erstellten Daten sollten daher zeitnah an die Eingabe ausgedruckt und handschriftlich unterschieben werden.

Digitale Radiographie

Eine digitale Archivierung unmittelbar nach Anfertigung der Röntgenaufnahme im Rahmen des § 28 Abs. 5 RöV darf erst nach 3 Jahren erfolgen. Da jedoch die digitale Radiographie nicht zur Direktradiographie gezählt wird, ist diese unter Wahrung der Auflagen hinsichtlich der Qualität und Reproduzierbarkeit der Speicherung zulässig. Näheres regelt die 24. Bekanntmachung des BMA vom 03.03.1997.[26]

Mikroverfilmung

Die Mikroverfilmung anschließend vernichteter Originalunterlagen ist als platzsparende Archivierungsmethode zulässig. Dabei muss die Wiedergabe mit den Aufzeichnungen bildlich und inhaltlich übereinstimmen, die Einsichtnahme Unbefugter verhindert werden und bei einer Rückverfilmung die Erkennbarkeit entsprechend dem Original gewährleistet sein. Am Ende des Mikrofilms hat der Verantwortliche die ordnungsgemäße Verfilmung mit Datum und Unterschrift zu bestätigen.

Verlust

Für das Vorhandensein und die Verfügbarkeit der Dokumentation haftet der Arzt, bzw. das Krankenhaus. Gehen Unterlagen aus ungeklärten Gründen verloren, kann dem Patienten, der einen Behandlungsfehler behauptet, eine Beweiserleichterung zugute kommen, die dazu führt, dass der Beklagte – Arzt oder Krankenhaus – in Rechtfertigungsnöte kommt. Arzt und Krankenhaus sind daher gut beraten, das Ausleihen oder den Versand von Krankenunterlagen gut zu dokumentieren und ihre Rückgabe ggfs. anzumahnen. Das gilt insbesondere für Röntgenbilder, die häufig ausgeliehen und weitergegeben werden und die im oben genannten Kontext wertvolle Dokumente des Radiologen sind. Sofern eine digitale Archivierung und eine darauf basierende Ausgabe nicht möglich ist, muss durch die Einrichtung eines Mahnwesens dafür gesorgt werden, dass über den Verbleib der Bilder Kenntnis besteht und dass sie zurückgefordert werden können.

---

[25] BÄK: Deutsches Ärzteblatt 1996; B-2201-2205; KBV: DÄ 1989; A-3624 ff.

[26] Die digitale Radiographie mit Speicherfolien. VIIIb 5-35737-15.

Spezielle Situationen zum Thema Dokumentation

Dokumentation im Schnittstellenbereich

Nach allgemeiner Erfahrung ist die Dokumentation im Bereich der Schnittstellen zwischen Geburtshelfer und Hebamme, Frauenarzt und Anästhesist, Frauenarzt und Radiologe, Stationsarzt und Labor, Operateur und Pathologisches Institut etc. besonders sensibel zu handhaben. Gestützt auf eine – hoffentlich vorhandene – stringente, allgemein bekannte und anerkannte Aufgabenverteilung müssen insbesondere in diesen Schnittstellenbereichen präzise Aufzeichnungen gemacht werden, zum Beispiel:

- Abgleich der Krankenblatteintragungen durch Arzt und Pflegekraft (Cave: Pflegeberichte mit belastenden Inhalten!)
- Abgleich der Dokumentation bei kritischen Operationen durch Operateur und Anästhesist
- Abgleich und Unterzeichnung der Dokumentation im Partogramm durch Geburtshelfer und Hebamme
- Überprüfung der Eintragungen der Pflegekräfte bei telefonischen ärztlichen Anweisungen
- Angabe von Uhrzeiten für Probenversand und Befundeingang bei eiligen Untersuchungen
- Anforderungen an den mituntersuchenden Radiologen (Mammographie!), Befundeingang, Abgleich der auszusprechenden Empfehlungen und Dokumentation derselben
- Dokumentation der Vollständigkeit der Materialien nach einer Operation (Instrumente, Tücher, Kompressen) durch Pflegekräfte und Operateur (im Op.-Bericht)
- und viele andere Situationen

Nur so kann vermieden werden, dass divergierende Angaben über Uhrzeiten, Befunde und therapeutische Maßnahmen an der Richtigkeit der Angaben zweifeln lassen, eine Rekonstruktion der Ereignisse unmöglich machen und schließlich zur Beweislastumkehr führen. Damit wird in der Regel die Klage zu Lasten des Arztes entschieden.

Dokumentation der Ultraschalluntersuchung

Die bildliche Dokumentation der Ultraschalluntersuchung[27] ist im Rahmen der Mutterschaftsrichtlinien festgeschrieben und Inhalt der ärztlichen Leistung. Ihre Unterlassung ist aus haftungsrechtlicher Sicht gefährlich und führt unweigerlich zum Vorwurf, dass entweder die Untersuchung nicht stattgefunden habe oder dass die dem Haftungsfall zugrunde liegende Fehlbildung doch zu erkennen gewesen wäre. In beiden Fällen tritt die Beweiserleichterung zugunsten der klagenden Patientin ein und der Arzt verliert den Prozess. Eine sorgfältige Dokumentation (Papierausdruck oder digitale Speicherung auf ROM-Diskette) ist notwendig; dabei sollten alle im Rahmen der Mutterschaftsrichtlinien vorgeschriebenen Bilder und Maße abgespeichert werden.

Dokumentation im Op.

Wegen der relativ großen Zahl von Vorwürfen gegen eine – vermeintlich – fehlerhafte Operation ist deren Dokumentation von größter Bedeutung. Dabei sollte man sich daran orientieren, wo die häufigsten Komplikationen auftreten.

Komplikationen

Das sind im Bereich der Gynäkologie bei 173 Anträgen der letzten Jahre an die Gutachtenstelle der Bayerischen Landesärztekammer die folgenden Bereiche:

- Blasen-, Ureter- und Darmverletzungen 31 Beschwerden
- endoskopische Verletzungen von Nachbarorganen 13 Beschwerden
- Nervenläsionen bei Laparotomien 9 Beschwerden

Die einzelnen Operationsschritte müssen für nachbehandelnde oder begutachtende Ärzte nachvollziehbar sein, sonst bleiben Zweifel - und zwar immer zu Lasten des Operateurs. Die Operationsberichte sollten dort besonders ausführlich sein, wo es häufig zu Schädigungen und Spätkomplikationen kommt. Die Prüfung auf eventuelle Organverletzungen muss dokumentiert werden, sonst wird vermutet, dass man nicht nach ihnen gesucht hat, obwohl eine Organverletzung in einem gegebenen Fall zu vermuten war.

Im Op.-Bericht ist das gesamte an der Operation beteiligte *Team* (mit Nachnamen!) zu nennen, einschließlich der Pflegekräfte, die als Springer eingesetzt werden.

[27] Deutsche Gesellschaft für Gynäkologie und Geburtshilfe, Arbeitsgemeinschaft für Ultraschalldiagnostik (ARGUS), Deutsche Gesellschaft für Ultraschall in der Medizin - Sektion Gynäkologie (DEGUM-Stufe III): Standards zur Ultraschalluntersuchung in der Frühschwangerschaft.

Vollzähligkeit

Die Dokumentation der Vollzähligkeit von Instrumentarium und Materialien ist in aller Regel in deutschen Krankenhäusern so standardisiert, dass hier wenig zu ergänzen ist. Zu regeln und zu dokumentieren ist lediglich der Umgang mit angereichten Tupfern (Tupfer sollten nur in einzelnen begründeten Fällen eingesetzt werden) und deren Vollzähligkeitskontrolle.

Kauterisierung

Nicht wenige Haftungsklagen gründen sich auf den Vorwurf, die Kauterisierung der Eileiter sei nicht oder unzureichend erfolgt, weil der Arzt die Tube mit dem Lig. rotundum verwechselt habe, die Tube nicht einzusehen war oder der benutzte Strom nicht zu einer Nekrose geführt habe. Die Gewebsentnahme aus der nekrotisierten Tube ist aus rechtlichen Gründen zur Beweissicherung falsch und strafbewehrt. Optimal ist dagegen die Video-Dokumentation des wesentlichen operativen Vorgangs.

Dokumentation im Kreißsaal

Partogramm

Das Partogramm ist Teil der klinischen Dokumentation des Behandlungsfalles und soll den Geburtsverlauf so darstellen, dass auch dem fachkundigen Dritten eine Beurteilung möglich ist. Für die Führung eines Partogramms hat die Arbeitsgemeinschaft für Medizinrecht der Deutschen Gesellschaft für Gynäkologie und Geburtshilfe eine Leitlinie erarbeitet, die im Internet aufzufinden ist[28]. Stichpunktartig sollen wesentliche Elemente genannt werden:

- Abgleich der Hebammen- und Arzteintragungen
- Unterzeichnung des Partogramms durch Arzt und Hebamme
- Kontrolle der dokumentierten Uhrzeiten (Uhrenabgleich zwischen CTG, pH-Meter, Armbanduhr und Wanduhr!)
- Dokumentation der Beratung und Aufklärung über die Wahl des Geburtswegs, der PDA etc., zum Beispiel: *„Adipositas permagna, V.a. Makrosomie, spätere Schulterdystokie nicht auszuschließen. Situation mit Patientin erörtert, die die Sectio ablehnt (Zeugin Hebamme Frau Müller)"*

Die „Nicht-Operation"

Besondere Beachtung hinsichtlich einer Dokumentation verdienen unterlassene Maßnahmen, die sog. „Nicht-Operation", wie zum Beispiel die von der schmerzerfüllten Gebärenden gewünschte oder die im Geburtsverlauf tatsächlich zu disku-

[28] www.dggg.de Leitlinien.

tierende sekundäre Sectio oder vaginal-operative Geburt, die aber letztendlich doch nicht durchgeführt wurde.

Derartige Überlegungen sollten unbedingt sorgfältig dokumentiert werden, wobei darzulegen ist, dass und warum die zunächst erwogene oder erbetene Operation doch nicht vorgenommen wurde. Zum Beispiel so:

„... späte Dezelerationen seit 10 min, MBU 7,28 – keine vaginal-operative Geburt, da Spontangeburt in Kürze zu erwarten".

Schulterdystokie

Klagen wegen einer Schulterdystokie sind relativ häufig. Sie betragen 12% der geburtshilflichen Schadensfälle der Gutachtenstelle Bayern. Der Gutachter hat dabei zu klären, ob die bei Haftungsfällen monierte Plexuslähmung angeboren oder iatrogen entstanden ist. Falls sie iatrogen entstanden ist, ist zu prüfen, ob der Geburtshelfer die Manöver zur Behebung der Schulterdystokie korrekt durchgeführt hat. Dann kann ihm nämlich eine trotz korrekter Operation entstandene Plexuslähmung nicht angelastet werden. Voraussetzung neben der korrekten Durchführung der gebotenen Maßnahmen ist allerdings, dass

- die Gebärende vor oder bei Geburtsbeginn auf die Alternative der primären Sectio hingewiesen wurde, wenn besondere Befunde und/oder anamnestische Daten die Entwicklung einer späteren Schulterdystokie wahrscheinlich machen (Zustand nach Schulterdystokie, Adipositas, Makrosomie, Gestationsdiabetes, protrahierte Geburt). Diese Aufklärung und die darauf basierende Patientenentscheidung sind sorgfältig zu dokumentieren.
- der Ablauf der Manöver zur Behebung der Schulterdystokie so deutlich dokumentiert wurden, dass der Gutachter fehlerhafte Maßnahmen (Kristellern, übermäßiger Zug am und Drehung oder Abbiegung des Köpfchens etc.) ausschließen und die indizierten erkennen konnte (z. B. *3x McRoberts, Akut-Tokolyse, Episiotomie, suprasymphysärer Druck, kein Kristellern, vaginale Manipulationen im Einzelnen* etc.).

Fehlt hier eine ausführliche Dokumentation, kann der Gutachter eine fehlerhafte Geburtsleitung nicht ausschließen und wird die Frage nach dem richtigen Vorgehen des beschuldigten Arztes offen lassen müssen. Das Gericht kann dann auf eine Beweiserleichterung zu Gunsten des Klägers erkennen und der Streitfall wird mangels einer ausreichenden Dokumentation – und nicht wegen fehlerhaften Vorgehens! - zu Lasten des Arztes entschieden. Auch für die Schulterdystokie hat die Arbeitsgemeinschaft für Medizinrecht der Deutschen Gesellschaft für Gynäkologie und Geburtshilfe eine Leitlinie erarbeitet, die im Internet aufzufinden ist (www.dggg.de).

17. Zwischenfallmanagement – Bewältigung juristischer Konsequenzen nach Behandlungskomplikationen

R.-W. Bock

Juristisches Zwischenfallmanagement als Element effektiven Risk Managements

Risk Management in Kliniken und auch Arztpraxen stellt sich im Kern als ein Instrument zur Schadensprävention dar. Dabei geht es darum, „aktiv nach Schadensursachen und nach Risikofeldern zu suchen, um Haftungsfälle präventiv zu vermeiden“[1]. Vielfach wird verkannt, dass dabei und zudem auch die juristische Bewältigung einer medizinischen Komplikations- oder Zwischenfallsituation ein Risikofeld bildet.

Fast selbstverständlich ist in Kliniken regelmäßig organisatorisch Vorsorge getroffen, dass auf Planabweichungen im Behandlungsverlauf oder gar Notfälle adäquat medizinisch reagiert werden kann. Aus anwaltlicher Praxis und anlässlich der Durchführung von Risk-Management-Analysen ist jedoch fast durchgängig festzustellen, dass jenseits medizinischer Erfordernisse kein strukturiertes Zwischenfallmanagement unter juristischen Kriterien etabliert ist.

Das betrifft bereits generell den Aspekt einer adäquaten Kommunikation mit dem Patienten bzw. auch seinen Angehörigen. Erst recht kommt dem Bedeutung zu, falls sich tatsächlich iatrogen oder infolge eines Behandlungsfehlers eine Komplikation realisiert hat (z. B. intraoperatives Zurücklassen eines Bauchtuches, falsche Medikation, verzögerte Indikationsstellung zur Eingriffsdurchführung etc.). Aber auch bereits der objektiv unvermeidbare planwidrige Behandlungsverlauf – etwa das Auftreten einer Nahtinsuffizienz – oder das schicksalhafte Nichterreichen des Behandlungsziels – beispielsweise die Vermeidung einer Frühgeburt samt damit eventuell einhergehender Schädigung des Kindes – bedürfen der angemessenen Erörterung mit der Patientenseite. Dergestalt ließen sich juristische Konsequenzen vielfach vermeiden oder zumindest in geordnete Bahnen lenken: Vielleicht kann dem Patienten nachvollziehbar gemacht werden, warum die Nichterreichung des Behandlungsziels objektiv unvermeidbar war; vielleicht läßt sich eine Verständigung zur Anrufung der zuständigen Gutachterkommission oder Schlichtungsstelle zur außergerichtlichen Klärung herbeiführen; vielleicht ist schlichtweg geboten, unter Einschaltung der Haftpflichtversicherung ohne weiteres eine einvernehmliche Schadensregulierung zu veranlassen, um zumindest eine Strafanzeigeerstattung bzw. Strafantragstellung des Patienten oder seiner Familie

---

1 Ulsenheimer K, Oehlert, G (1999) Risk-Management, Gynäkologie 12: 919; vgl. dazu näher die Beiträge von Ulsenheimer, sowie Lichtmannegger in diesem Buch.

mit daraus resultierendem staatsanwaltschaftlichen Ermittlungsverfahren zu vermeiden. So finden sich in Strafakten vielfach Äußerungen von Patienten und ihren Angehörigen, es wäre sicherlich von einer Strafanzeige abgesehen worden, wenn der Arzt „doch etwas gesagt hätte“ oder wenn die Komplikation „doch einmal besprochen“ worden wäre oder wenn die Bearbeitung einer Schadensmeldung „nicht verschleppt“ worden wäre. Stattdessen sei man auf eine „Mauer des Schweigens“ gestoßen.

Erst recht bedarf es der adäquaten Reaktion, wenn juristische Konsequenzen im Zusammenhang mit der Behandlung eines Patienten absehbar werden, anstehen oder gar eingetreten sind. Zur Bewältigung dieses Risikofeldes ist in Kliniken regelmäßig kaum und erst recht nicht systematisch strukturiert Vorsorge im Sinne eines entsprechenden Zwischenfallsmanagements getroffen. Dabei wird vernachlässigt, dass gerade in der Anfangsphase nach Auftreten der Komplikation oder Eintritt des Zwischenfalls wichtige Weichenstellungen im Hinblick auf die Entwicklung und dabei möglichst „glimpfliche“ Bewältigung der Sache erfolgen müssen und können.

Risk Management hat im vorliegenden Zusammenhang also in drei Schritten zu erfolgen:

© Zunächst bedarf es einer Erhebung, welche organisatorischen Vorkehrungen zum Beschwerdemanagement, zur Schadensbearbeitung und zum „Verhalten bei und nach Zwischenfällen“ unter juristischen Aspekten aktuell vorgesehen sind. Dabei dürften regelmäßig Defizite zu konstatieren sein (Soll-Ist-Abgleich).

© Auf dieser Grundlage ist erforderlich, durch Organisationsanordnungen und Verhaltensmaßgaben an die Mitarbeiterinnen und Mitarbeiter ein Zwischenfallmanagement unter juristischen Aspekten – auch im Sinne eines „Juristischen Notfallskoffers“[2] – zur adäquaten Bewältigung rechtlicher Konsequenzen zu etablieren.

© Selbstverständlich ist im Sinne einer Sekundärorganisation prospektiv geboten, dieses Zwischenfallmanagement im Bewusstsein der Mitarbeiterinnen und Mitarbeiter zu halten (z.B. auch im Rahmen von routinemäßigen Fortbildungsveranstaltungen) und aufgrund gewonnener praktischer Erfahrungen kontinuierlich etwa erforderlichen Verbesserungen zuzuführen.

Entsprechende Maßnahmen liegen im unmittelbaren Interesse potentiell betroffener Mitarbeiterinnen und Mitarbeiter der Klinik, seien es Ärztinnen und Ärzte, Pflegekräfte oder Organwalter des Trägers (Geschäftsführung, Klinikleitung). Allerdings darf nicht vernachlässigt werden, dass ganz wesentlich auch das originäre Interesse eines Hauses berührt ist. Denn schon bloße Vorwürfe fehlerhafter Behandlung erlangen vielfach Publizität und sogenannte Kunstfehlerprozesse gehen heute regelmäßig mit eklatanter Medienwirksamkeit einher. Daraus resultieren

---

2 Vgl. dazu eingehend: Ulsenheimer K, Bock R-W (2001), Der juristische Notfallkoffer, Frauenarzt 42: 343.

notwendigerweise Ansehensverlust und Rufschädigung, welche es nicht zuletzt angesichts der heutigen Konkurrenz- und gar Verdrängungssituation zwischen medizinischen Einrichtungen unbedingt zu unterbinden gilt. Mithin erfordern nicht zuletzt wirtschaftliche Überlegungen die Etablierung eines Zwischenfallmanagements auch unter juristischen Aspekten für Kliniken, was in gleicher Weise für niedergelassene Ärztinnen und Ärzte gilt.

Verfahrensmäßige Zusammenhänge

Zum Verständnis gebotener Verhaltensmaßgaben seien hier kursorisch einige prinzipielle und potentiell stets bedeutsame Verfahrenszusammenhänge dargestellt. Schon diese sollten Ärztinnen und Ärzten sowie Pflegekräften bewusst sein und daher im Rahmen klinikinternen Qualitätsmanagements – etwa durch routinemäßige Fortbildungsmaßnahmen – vermittelt werden.

Grundlegend stehen zwei Rechtsmaterien in Rede:

Zivilrechtlich kann ein Patient Schadensersatz und Schmerzensgeld geltend machen. Zur Durchsetzung wird in der Regel ein Rechtsanwalt beauftragt, der den Anspruch gegenüber der Klinik und/oder betroffenen Mitarbeiterinnern und Mitarbeitern „anmeldet". Lässt der Patient im Weiteren von seinem Anspruch nicht ab oder erfolgt keine Regulierung, wird der Rechtsanwalt (angesichts des üblicherweise in Rede stehenden Streitwertes) Klage zum Landgericht erheben. Damit beginnt ein Zivilprozess, der sich über Jahre bis hin zur Revision zum BGH erstrecken kann.

Zivilrechtliche Ansprüche richten sich zwar unmittelbar gegen betroffene Mitarbeiterinnen und Mitarbeiter einer Klinik und/oder die Klinik selbst, doch greift insofern Deckungsschutz durch die zuständige Haftpflichtversicherung des Hauses ein. Dazu gehört auch, dass etwa erforderliche Zahlungen von Schadensersatz durch die Haftpflichtversicherung zu leisten sind. Allerdings ist dringend zu raten, jederzeit aktuell ausreichende Deckungssummen zu vereinbaren. Dies impliziert auch eine routinemäßige Überprüfung des Versicherungsschutzes, um Deckungslücken zu vermeiden.

Infolge des Eintritts der Haftpflichtversicherung ist allerdings auch erforderlich, dieser unverzüglich Meldung von jeglichem Schadensereignis zu machen, das Haftpflichtansprüche zur Folge haben könnte, selbst wenn ein persönliches Fehlverhalten ausgeschlossen wird. Anderenfalls ist der Versicherungsschutz gefährdet. Mit der Unterrichtung der Haftpflichtversicherung darf also nicht abgewartet werden, bis ein förmliches Anspruchsschreiben von Patientenseite oder gar eine Klage zugeht. Entscheidend ist, ob konkrete Anhaltspunkte für die etwaige Erhebung von Ersatzforderungen gegeben sind.

Anders stellt sich die Situation für Betroffene und Beteiligte im Strafverfahren dar. Dabei geht es um einen persönlichen Schuldvorwurf, eine Vorstrafe und deren eventuell gravierenden, im Einzelfall sogar die berufliche Existenz gefährdende Folgen. Schon die bloße Anhängigkeit eines Ermittlungsverfahrens verursacht physische und psychische Belastungen. Die Durchführung einer öffentlichen

Hauptverhandlung ist regelmäßig mit eklatanter Rufschädigung verbunden, was durch oftmalige Medienwirksamkeit solcher Verfahren befördert wird. Selbst ein gerichtlicher „Freispruch“ vermag dies nicht zu reparieren. Praktisch gilt: „semper aliquid haeret“.

Staatsanwaltschaftliche Ermittlungen im Rahmen von Strafverfahren werden in der Regel durch Strafanzeigen bzw. Strafanträge von Patientenseite initiiert. Umso mehr ist geboten, alles zu unterlassen, was ein solches Agieren provozieren könnte. Mithin ist insbesondere erforderlich, schon auf eine bloße Beschwerde des Patienten, erst recht auf eine Anspruchsanmeldung adäquat zu reagieren.

Spätestens aufgrund der Mitteilung, ein Ermittlungsverfahren sei anhängig, empfiehlt sich dringend, anwaltliche Hilfe in Anspruch zu nehmen, um von vornherein eine effektive Verteidigung sicherzustellen und das Verfahren dergestalt möglichst frühzeitig und möglichst „geräuschlos“ zu einem möglichst günstigen Ausgang zu führen.

Ist in der Tat ein vorwerfbarer Behandlungsfehler zu konstatieren und kommt deshalb eine schlichte „Einstellung“ des Ermittlungsverfahrens nicht in Betracht, sind im Rahmen sogenannter „Verständigung“ zwischen Verteidiger und Staatsanwaltschaft bzw. auch Gericht sonstige Erledigungsmöglichkeiten anzustreben (z. B. die Einstellung des Verfahrens gegen Zahlung einer Geldauflage – § 153 a StPO – oder das Akzeptieren eines Strafbefehls), um zumindest die Durchführung einer Hauptverhandlung mit (weitergehender) Öffentlichkeitswirkung zu unterbinden.

Vielfach wird übersehen, dass Behandlungsfehlervorwürfe und insbesondere daraus resultierende strafrechtliche Konsequenzen weitere Implikationen nach sich ziehen können:

Nicht selten drohen berufsordnungsrechtliche und eventuell vertragsarztrechtliche Sanktionen sowie – bei entsprechendem Gewicht des Vorwurfs – sogar approbationsrechtliche Maßnahmen. Darüber hinaus bleiben arbeitsrechtliche Konsequenzen zu veranschlagen. Schließlich sind anhängige Ermittlungsverfahren, die ganz erhebliche Zeit, zum Teil sogar Jahre, in Anspruch nehmen können, für laufende und angestrebte Bewerbungen andernorts außerordentlich – und zumindest – hinderlich.

Aus einem Behandlungszwischenfall können also weitreichende nachteilige Konsequenzen für unmittelbar persönliche Betroffene, eine Fachabteilung und eine ganze Klinik resultieren. Infolge dessen muss das allseitige Bemühen darauf gerichtet sein, auch im Hinblick auf mögliche juristische Konsequenzen Risiko- und Schadensminimierung zu betreiben. Genau dies ist das Ziel von Risk Management, das sich auch hinsichtlich der Etablierung eines adäquaten Zwischenfallmanagements unter juristischen Aspekten effektuieren muss.

Verhaltenshinweise

Selbstverständlich muss sich das Verhalten nach einem Zwischenfall stets auf Erfordernisse des Einzelfalls abgestimmt darstellen. Folgende Maßgaben und Empfehlungen sollten jedoch die Grundlage des Agierens bilden.

Kein Schuldanerkenntnis

Der Arzt ist nicht verpflichtet, eine Selbstbelastung vorzunehmen, wenn ihm ein Fehler unterläuft. Ein dahingehendes Schuldanerkenntnis muss schon aus versicherungsrechtlichen Gründen unterbleiben. Möglicherweise stellt sich auch erst aufgrund weiterer Untersuchungen und Ermittlungen (beispielsweise infolge der Obduktion) heraus, welche Ursache dem Zwischenfall überhaupt zugrundegelegen hat.

Selbstverständlich ist alles Erforderliche zu tun und zu veranlassen, damit die ordnungsgemäße Weiterbehandlung des Patienten im Sinne einer Schadensvermeidung, Schadensbegrenzung und Schadensunterbindung gewährleistet ist. Dies impliziert eventuell auch die adäquate Information mit- und nachbehandelnder Ärzte, damit diese sich auf die gegebenen Befunde einstellen können.

Jedenfalls müssen Betroffene und Beteiligte ihr Verhalten von Anfang an so einrichten, dass daraus hinsichtlich späterer insbesondere juristischer Auseinandersetzungen keine Nachteile entstehen. Beispielsweise gilt strafrechtlich bzw. strafprozessual der Grundsatz, dass sich niemand selbst belasten muss, weshalb auch ein entsprechendes Schweigerecht eingeräumt ist (siehe dazu näher unten). Stets bleibt zu bedenken, dass in einem eventuellen Strafverfahren eine effektive „Verteidigung" noch ermöglicht sein muss und daher auch nicht durch initial unüberlegtes Verhalten erschwert sein darf.

Der BGH hat in diesem Zusammenhang explizit festgestellt: „Der mögliche Schädiger, auch wenn es sich um einen Arzt handelt, der zu dem Patienten in einem besonderen Vertrauensverhältnis gestanden hat, handelt nicht treuwidrig, wenn er, ohne die Tatsachen zu verdecken oder zu verschweigen, ein schuldhaftes Fehlverhalten leugnet"[3].

Adäquate Kommunikation

Wie bereits einleitend ausgeführt, sollte der Zwischenfall mit dem Patienten bzw. seinen Angehörigen grundsätzlich in einem vertrauensvollen Gespräch erörtert werden. Dabei ist kein Schuldanerkenntnis abzugeben, jedoch dürfen auch keine unrichtigen Tatsachen vorgespiegelt werden. Ein solches Gespräch kann eventuell einen Rechtsstreit und jedenfalls eine Strafanzeigeerstattung verhindern.

Ärztinnen und Ärzte sollten einen Dialog mit dem Patienten zum Zwischenfall nicht scheuen. Vielleicht geht es sogar bloß darum, eine Komplikationsmöglich-

3 BGH MDR 1984, 220.

keit, welche bereits im Rahmen adäquater Aufklärung anzusprechen war, in ihrer praktischen Realisierung zu erläutern.

Allerdings muss ein solches Gespräch sorgfältig vorbereitet sein. Beispielsweise bedarf genauer Überlegung, welche Informationen dem Patienten zu erteilen sind und welche Fragen er stellen bzw. Vorwürfe er erheben könnte. Mögliche Reaktionen sind prophylaktisch zu bedenken.

Betroffene sollten eine solche Aussprache nicht alleine, sondern schon aus Beweisgründen nur in Anwesenheit eines Zeugen seitens der Klinik vornehmen. Eventuell kann ein Kollege die Gesprächsführung übernehmen. Im Einzelfall mag zweckmäßig sein, dass sich der Chefarzt der Sache annimmt. Damit könnte dem Patienten beispielsweise auch signalisiert werden, dass man die gegebene Problemstellung ernst nimmt und für kompetente Weiterbehandlung Sorge trägt.

Zum Gesprächsinhalt ist auf Ärzteseite eine Notiz zu fertigen, welche zu persönlichen Unterlagen (nicht zu den Krankenunterlagen; siehe dazu näher unten) zu nehmen bzw. privat aufzubewahren ist. Vielfach geben Patienten bzw. ihre Angehörigen den Inhalt eines solchen Gesprächs später, beispielsweise gegenüber der Kriminalpolizei, mit völlig anderem Inhalt wieder. Gerade deshalb ist wichtig, einen Zeugen sowie eine Gesprächsnotiz hinsichtlich des tatsächlichen Gesprächsinhalts zur Verfügung zu haben.

Persönliches Gedächtnisprotokoll

Jeder Beteiligte sollte zur ausschließlich persönlichen weiteren Verwendung ein detailliertes Gedächtnisprotokoll zum Zwischenfall fertigen. Darin muss jedes – zunächst eventuell auch nur unwesentlich erscheinende – Detail des fraglichen Geschehens über die Dokumentation in den Krankenunterlagen hinaus aufgenommen werden. Dies betrifft Angaben zu Behandlungsverlauf, beteiligten Personen, eigenem Agieren, Eintreten der Komplikation, weiteren Behandlungsmaßnahmen etc.. Dadurch kann der Geschehensablauf später eventuell besser rekonstruiert werden und insoweit bedeutsame Umstände, deren Relevanz initial möglicherweise noch nicht absehbar ist, geraten nicht in Vergessenheit.

Ein solches persönliches Gedächtnisprotokoll darf nicht den Krankenunterlagen beigegeben werden (siehe unten: Gefahr der Beschlagnahme), sondern muss dem Zugriff Dritter entzogen sein. Selbstverständlich ist der eigene anwaltliche Vertreter, sei es als Zivilprozessbevollmächtigter oder als Strafverteidiger, genauestens und offen über das fragliche Geschehen zu unterrichten. Dafür kann ein solches Gedächtnisprotokoll außerordentlich hilfreich sein, denn aus Krankenunterlagen läßt sich vielfach nur der „äußere Geschehensablauf“ von Zwischenfallsituationen nachvollziehen.

Informationspflichten, schriftliche Stellungnahmen

Ist eine relevante Komplikation festzustellen, sind Unterrichtungspflichten zu beachten.

Zunächst bedarf es der Information abteilungsinterner Vorgesetzter (Chefarzt). Für weitere Meldungen sollten klinikintern genaue Maßgaben getroffen sein: Dies betrifft zum einen die Unterrichtung der Krankenhausleitung (Geschäftsführung). Zweckmäßig ist, dort eine zentrale Stelle zur „Schadensbearbeitung“ einzurichten. Dieser obliegt im Weiteren dann auch die Meldung des Schadensfalles an die Haftpflichtversicherung des Hauses, der ebenfalls eine Sachverhaltsdarstellung vorzulegen ist. Wie bereits ausgeführt, kann ohne unverzügliche Unterrichtung der Haftpflichtversicherung bestehender Versicherungsschutz verlustig gehen. Zur Auslösung dahingehender Informationspflicht kommt es nicht darauf an, dass seitens des Patienten formell Ansprüche erhoben werden. Sie greift bereits ein, wenn konkrete Anhaltspunkte für eventuelle Ersatzforderungen ersichtlich sind.

Die o.a. Unterrichtungen sind schriftlich vorzunehmen. Dabei handelt es sich im Eigentlichen um interne Verwaltungsvorgänge, weshalb die Unterlagen schon aus formellen Gründen nicht der Krankenakte beizugeben sind. Weitergehend bleibt zu berücksichtigen, dass die Krankenunterlagen ohne weiteres der Beschlagnahme unterliegen und der Patient ein Einsichtsrecht in seine Behandlungsunterlagen hat (siehe dazu näher unten). Daher ist zu unterbinden, dass der Staatsanwaltschaft und der Patientenseite interne Stellungnahme vermittels der Krankenunterlagen zur Kenntnis gelangen.

In diesem Zusammenhang bleibt Folgendes zu berücksichtigen: Auch den Zwischenfall betreffende schriftliche Verwaltungsvorgänge und sogar einschlägige Akten der Haftpflichtversicherung unterliegen der Beschlagnahme seitens der Staatsanwaltschaft aufgrund entsprechenden Gerichtsbeschlusses. So ist es in Einzelfällen bereits vorgekommen, dass die Staatsanwaltschaft von für sie „interessanten“ schriftlichen Unterlagen (auch internen Gutachten) bei Klinikleitungen und Haftpflichtversicherungen Kenntnis erlangte, weshalb dahingehend Durchsuchungs- und Beschlagnahmebeschlüsse erwirkt wurden. Infolgedessen bleibt weitergehend Folgendes zu berücksichtigen:

Die o.a. schriftlichen Stellungnahmen sollten sich auf eine Schilderung des „äußeren Geschehens“, wie es sich auch objektiv aus den Krankenunterlagen ergibt bzw. ergeben müsste, beschränken. Es sollte wiederum kein Schuldanerkenntnis formuliert werden. Von Wertungen und Schuldzuweisungen bezüglich sonstiger Beteiligter ist abzusehen. Vielmehr ist eine Wiedergabe des tatsächlichen Geschehensablaufs, eine objektive Chronologie der Ereignisse niederzulegen.

Die genannten Kriterien müssen auch bei der Abforderung von Stellungnahmen bei betroffenen Mitarbeiterinnen und Mitarbeitern durch die Klinik- bzw. Abteilungsleitung berücksichtigt werden. Das heißt konkret, dass an die Gestaltung der inhaltlichen Tiefe der Darstellung keine überspannten Anforderungen zu stellen sind.

Vervollständigung der Dokumentation

Behandlungsmaßnahmen im Zusammenhang mit dem Eintreten einer Komplikation sind in üblicher Weise sofort bzw. zeitnah zu dokumentieren. Insbesondere bei einer Notfallbehandlung können Nachträge in den Krankenunterlagen erforderlich werden (Befunderhebungen, Reaktionsmaßnahmen etc.), weil die akute Behandlungstätigkeit deren Dokumentation selbstverständlich vorgehen muss. Nachträge sind allerdings als solche kenntlich zu machen. Dies gilt auch generell im Rahmen laufender Behandlungstätigkeit für den Fall, dass zunächst schlicht vergessen wurde, dokumentationspflichtige Umstände zu notieren. Jedenfalls muss schon der „bloße Schein" einer Urkundenfälschung vermieden werden. Daraus alleine kann die weitere Einleitung eines staatsanwaltschaftlichen Ermittlungsverfahrens resultieren. Daher ist auch zu empfehlen, dass ein Zeuge (beteiligte Mitarbeiterinnen und Mitarbeiter) die nachträgliche Eintragung als solche und hinsichtlich ihrer Richtigkeit bestätigt.

Kopie der Krankenunterlagen

Bei absehbaren juristischen Weiterungen sollten die Krankenunterlagen vollständig kopiert werden, was eventuell auch die Reproduktion von bildgebenden Darstellungen (Röntgenbilder o.ä.) anlangt. Insofern bleibt zu veranschlagen, dass nach einer Anzeigeerstattung am Anfang eines staatsanwaltschaftlichen Ermittlungsverfahrens regelmäßig die Beschlagnahme sämtlicher Unterlagen aufgrund entsprechenden Gerichtsbeschlusses erfolgt. Diese sind damit einem Zugriff, beispielsweise zur näheren Eruierung des Geschehens, entzogen, was die interne Sachverhaltsermittlung wesentlich erschweren kann.

Im weiteren Ermittlungsverfahren werden die Krankenunterlagen ohnehin nur einem Rechtsanwalt (dem Verteidiger des Betroffenen) auf entsprechendes Gesuch im Wege der Akteneinsicht zur Kenntnis gebracht. Allerdings kann die Gewährung entsprechender Akteneinsicht erhebliche Zeit in Anspruch nehmen. Wurden vor der Beschlagnahme keine Kopien der Unterlagen gefertigt, steht eine wichtige Informationsquelle zur weiteren Sachbearbeitung also zunächst nicht mehr zur Verfügung.

Verhalten im Zusammenhang mit Sicherstellungsmaßnahmen

Falls die Kriminalpolizei im Auftrage der Staatsanwaltschaft mit entsprechendem gerichtlichem Beschluss Sicherstellungs- und eventuell Beschlagnahmemaßnahmen bezüglich Krankenunterlagen vornehmen will, sollte dem grundsätzlich ohne weiteres Folge geleistet werden. Das heißt: freiwillige Herausgabe der im Beschluss genannten Unterlagen. Dergestalt werden vollkommen unnötige Durchsuchungsmaßnahmen, welche im entsprechenden Beschluss (Durchsuchungs- und Beschlagnahmebeschluss) ebenfalls angeordnet sind, vermieden. Ungeachtet dessen kann mit problemloser Aushändigung der Krankenunterlagen seitens der Klinik „Kooperationsbereitschaft" zur Aufklärung der Sache gezeigt werden. Anderes erregt nur weitergehend unnötiges Misstrauen bei Ermittlungsorganen.

Allerdings sollte klinikintern organisatorisch vorgegeben sein, wie sich die Mitwirkung an entsprechenden Ermittlungsmaßnahmen zu gestalten hat (zuständige Stelle, Ansprechpartner, Verifikation des Durchsuchungs- und Beschlagnahmebeschlusses, Dokumentation etc.). Dies sollte auch die Anordnung umfassen, gegenüber den Ermittlungsbeamten die Bitte zu äußern, die Krankenunterlagen noch fotokopieren zu dürfen, falls dies vorgängig nicht geschehen ist. Oftmals wird dieser Bitte auch tatsächlich Rechnung getragen.

Einsichtsrecht des Patienten in seine Krankenunterlagen

Nach Maßgabe höchstrichterlicher Rechtssprechung hat der Patient ein Recht auf Einsicht in die ihn betreffenden Krankenunterlagen.

In der Regel verhält es sich so, dass der Anwalt des Patienten separat oder in Verbindung mit einer Anspruchsanmeldung „Herausgabe" bzw. Einsicht in die einschlägigen Krankenunterlagen verlangt. Insofern bleibt zu berücksichtigen, dass keinesfalls Originale an den Patienten „herausgegeben" werden. Das Einsichtsrecht wird vielmehr – von der Rechtssprechung anerkannt – verwirklicht, indem dem Patienten bzw. (nach Erklärung zur Schweigepflichtentbindung) seinem Anwalt Kopien der vollständigen Unterlagen unter Bestätigung der Vollständigkeit und Richtigkeit (auch möglich: gegen Kostenerstattung) zur Verfügung gestellt werden.

In diesem Zusammenhang darf nicht vernachlässigt werden, dass die Krankenunterlagen das fundamentale Beweismittel darstellen, um den tatsächlichen Behandlungsverlauf und dabei insbesondere auch eine Behandlung lege artis überhaupt dartun zu können. Dabei ist zu berücksichtigen, dass eine lückenhafte oder gar fehlende Dokumentation im Zivilprozess zu Beweiserleichterungen zugunsten des Patienten bis hin zur kompletten Beweislastumkehr zu Lasten der Behandlerseite führen kann. Die Herausgabe von Original-Krankenunterlagen impliziert also die Gefahr, dass eine entsprechende Beweisführung unmöglich wird.

Schadensregulierung, Schlichtungsstellen/Gutachterkommissionen

Selbstverständlich besteht keinerlei Anlass, eine ungerechtfertigte zivilrechtliche Forderung auf Schadenersatz zu erfüllen. Die dahingehende Prüfung und Sachbearbeitung obliegt allerdings zunächst ausschließlich der Haftpflichtversicherung, weshalb sie über den Zwischenfall bzw. eine Anspruchsanmeldung umgehend zu unterrichten ist, um entsprechend tätig werden zu können.

Fordert der Patient bzw. sein anwaltlicher Vertreter in der Anspruchsanmeldung dazu auf, die zuständige Haftpflichtversicherung samt Versicherungsvertragsnummer mitzuteilen, sollte dem ohne weiteres nachgekommen werden. Zum einen hat der Patient einen dahingehenden Anspruch. Zum anderen kann auf diese Weise Kooperationsbereitschaft dargetan werden. Bei Fortgang der Sache wird die

Haftpflichtversicherung ohnehin unmittelbar mit der Patientenseite korrespondieren.

Allgemein bleibt auch zu veranschlagen, dass Strafanzeigeerstattungen und Strafantragstellungen oftmals nur deshalb erfolgen, weil sich die (initiale) Reaktion auf Anspruchsanmeldungen nicht reibungslos gestaltet.

So kann auch in Betracht kommen, dass die Haftpflichtversicherung bei eindeutiger Sach- und Rechtslage zugunsten des Patienten eine Regulierung vornimmt. Dergestalt wird eine unnötige gerichtliche Auseinandersetzung mit weiterem Arbeits- und Kostenaufwand vermieden. Insofern sollte im Übrigen durchaus auch im Bewusstsein aller Beteiligten sein, dass berechtigte Ansprüche einem Ausgleich unterliegen müssen, wie es nur „billig und gerecht" ist.

Im Hinblick auf das Agieren gegenüber dem Patienten bleibt zu berücksichtigen, dass der Haftpflichtversicherer nach Maßgabe der Allgemeinen Haftpflichtbedingungen eine sogenannte Regulierungsvollmacht hat. Er gilt demgemäss als bevollmächtigt, „alle zur Beilegung oder Abwehr des Anspruchs ihm zweckmäßig erscheinende Erklärungen im Namen des Versicherten abzugeben". Auch unter diesem Aspekt erhellt, dass betroffene Ärztinnen und Ärzte bzw. die Klinik gegenüber dem Patienten keine Erklärungen abgeben dürfen. Es verbietet sich jegliches eigenmächtiges Handeln.

Gestaltet sich die Beurteilung der Behandlungssituation für keine Seite eindeutig, kommt – unter Abstimmung mit der Haftpflichtversicherung des Hauses – in Betracht, ein Verfahren zur Klärung vor der zuständigen Gutachterkommission bzw. Schlichtungsstelle anzuregen bzw. einem dahingehenden Wunsch des Patienten nachzukommen. Wird dann im einzuholenden Gutachten bzw. ergehenden Bescheid kein Behandlungsfehler festgestellt, steht dem Patienten gleichwohl offen zu versuchen, den von ihm behaupteten Anspruch gerichtlich über eine Klageerhebung durchzusetzen. Dies gilt selbstverständlich auch für den Fall, dass seitens der Haftpflichtversicherung eine Regulierung trotz hinsichtlich der Behandlung negativem Votum abgelehnt wird. Der Schlichtungs- bzw. Kommissionsspruch impliziert eine medizinische Begutachtung, welche für eine nachfolgende gerichtliche Auseinandersetzung verwertbar ist. Zwar kommt einem Entscheid der Gutachterkommission bzw. Schlichtungsstelle keine präjudizielle Wirkung zu, doch vermag er – eventuell auch die zugrundeliegende medizinische Begutachtung – durchaus informell präjudiziell wirkenden Effekt zu haben. Daher ist empfehlenswert, dass sich betroffene Ärztinnen und Ärzte bereits in Verfahren vor Gutachterkommissionen und Schlichtungsstellen professionell (anwaltlich) zumindest intern beraten, eventuell auch extern vertreten lassen.

Grundsätzlich ist die Einschaltung von Gutachterkommissionen und Schlichtungsstellen zu begrüßen, da sich dergestalt gerichtliche Auseinandersetzungen oftmals vermeiden lassen.

Todesbescheinigung

Im Falle des Todes eines Patienten muss dringend davor gewarnt werden, trotz gegenteiliger Anhaltspunkte eine „natürliche" Todesursache auf dem Leichenschauschein anzugeben. Dies kann sogar zu strafrechtlichen Konsequenzen führen.

Das Ausstellen einer unrichtigen Todesbescheinigung ist zwar nicht gemäß § 278 StGB strafbar, doch greifen teilweise landesrechtliche Bußgeldvorschriften ein. Zudem bleibt eine Strafbarkeit wegen (versuchter) Strafvereitelung (§ 258 Abs. 1, Abs. 4 StGB) und mittelbarer Falschbeurkundung (§ 271 StGB) zu berücksichtigen.

Jenseits der Regelung des § 159 StPO (Unnatürlicher Tod; Leichenfund) gibt es Regelungen zur Leichenschau in den Gesetzen der Bundesländer für den Bereich des Friedhofs- und Bestattungswesens. Insofern ist gemeinsam, dass für die Leichenschau bezüglich „natürlichem Tod", „Todesursache ungewiss/unklar" oder „nicht natürlichem Tod" zu differenzieren ist.

Der Tod bei oder nach einer Behandlungsmaßnahme wird in der juristischen Literatur überwiegend nur dann als „nicht natürlich" angesehen, „wenn wenigstens entfernte, konkrete Anhaltspunkte für einen Kunstfehler oder für sonstiges Verschulden des behandelnden Personals vorliegen"[4]. Nach anderer Meinung ist von einem unnatürlichen Tod auszugehen, „wenn keine sicheren Anzeichen für einen natürlichen Tod festzustellen sind"[5].

Um bezüglich am Geschehen beteiligter Ärzte Konfliktsituationen zu vermeiden, sollte dafür Sorge getragen werden, dass die Todesbescheinigung durch einen Arzt ausgefüllt wird, der in den Zwischenfall nicht involviert war, mithin „neutral" ist und somit objektiv und unbefangen tätig werden kann.

Sicherstellung effektiver Verteidigung

Hinsichtlich Strafverfahren sind zwei wesentliche Verfahrenskomplexe zu differenzieren: Zunächst wird (als Vorverfahren) ein staatsanwaltschaftliches Ermittlungsverfahren anhängig. Erfolgt als Ergebnis der Ermittlungen eine Anklageerhebung, kommt es zum Hauptverfahren, welches in der Durchführung einer öffentlichen Hauptverhandlung besteht (nach Prüfung der Zulassung der Anklageschrift im sogenannten Zwischenverfahren).

Während die Sachbearbeitung zivilrechtlicher Anspruchsstellung initial der zuständigen Haftpflichtversicherung obliegt und erst im Zusammenhang mit der Prozessführung an einen Rechtsanwalt übergeben werden muss, ist im Falle eines Ermittlungsverfahrens der Betroffene unmittelbar persönlich gefordert, sich pro-

4 Kleinknecht T, Meyer-Gossner L (1999) StPO, München Rd-Nr. 2 zu § 159; Maiwald M, Zur Ermittlungspflicht des Staatsanwalts in Todesfällen, NJW 1978, 561.

5 Geerds F, Leichensachen und Leichenschau aus juristischer Sicht, MedR 1984, 172 mit weiteren Nachweisen.

fessioneller Hilfe zu versichern. Sofern nicht bereits eine anwaltliche Beratung im Vorfeld erfolgte, kann nur der dringende Rat ergehen, spätestens anlässlich der Mitteilung, man sei Beschuldigter in einem Ermittlungsverfahren, anwaltliche Vertretung in Anspruch zu nehmen. Dabei ist geboten, dass sich der Verteidiger möglichst frühzeitig in das Verfahren einschaltet, um erforderlichen Einfluss nehmen zu können (Antrag auf Gewährung von Akteneinsicht, Prüfung und Bewertung der Ermittlungsergebnisse, substantiierte schriftsätzliche Einlassung unter Darstellung der gegebenen Sach- und Rechtslage aus Sicht des Mandanten etc.)[6]. In diesem Zusammenhang sei daran erinnert, dass nur einem Rechtsanwalt Akteneinsicht gewährt wird, was zur sachangemessenen Verteidigung unabdingbar erforderlich ist.

Primäres Verteidigungsziel muss sein, das Strafverfahren möglichst bereits im Stadium des Ermittlungsverfahrens bei der Staatsanwaltschaft zur Erledigung zu bringen, um zumindest die Durchführung einer öffentlichen Hauptverhandlung zu vermeiden.

Rechte und Pflichten als Zeuge bzw. als Beschuldigter

Steht man nicht als „Beschuldigter" im Fokus der Ermittlungen, kommt eine Zeugenstellung in Betracht. Als „Zeuge" ist man verpflichtet, wahrheitsgemäße Angaben zu machen. Gemäß § 55 StPO kann jedoch die Auskunft auf solche Fragen, deren wahrheitsgemäße Beantwortung die Gefahr wegen einer Straftat verfolgt zu werden nach sich ziehen würde, verweigert werden. Ein Zeuge, der vom Vorwurf eines Behandlungsfehlers möglicherweise betroffen ist, sollte dieses Auskunftsverweigerungsrecht daher möglichst weit ziehen und unter Umständen die Aussage unter Hinweis auf § 55 StPO sogar ganz verweigern. Ein solches Auskunftsoder sogar (im Effekt praktisch:) Aussageverweigerungsrecht muss gemäß § 56 StPO allerdings „glaubhaft" gemacht werden. Daher ist in diesem Fall – auch zur Vermeidung fruchtloser Diskussionen zur Ausübung des Rechts – zu raten, gegenüber der Polizei stets zu schweigen, um eine schriftliche Formulierung von Fragen nachzusuchen und anzukündigen, dass eine schriftliche Stellungnahme zur Sache bzw. eine Beantwortung dieser Fragen erfolgen werde. Dabei empfiehlt sich dann die Zuziehung eines Rechtsanwalts als Zeugenbeistand, um ein adäquates Agieren zu gewährleisten.

Erlangt man Kenntnis, in einem Ermittlungsverfahren als „Beschuldigter" geführt zu werden (regelmäßig aufgrund entsprechender Belehrung seitens der Ermittlungsbehörden), kann nur davor gewarnt werden, ohne weiteres Erklärungen zur Sache – regelmäßig im Rahmen einer Vernehmung als Beschuldigter – abzugeben. Vielmehr muss dringend empfohlen werden, schlicht von seinem Schweigerecht als Beschuldigter Gebrauch zu machen – woraus keine nachteiligen Schlüsse gezogen werden dürfen! – und anzugeben, man werde sich zur Sache

[6] Zu gebotenem anwaltlichen Agieren vgl. eingehend Ulsenheimer K, Arztstrafrecht in der Praxis, Heidelberg 2003, 3. Auflage, Rd-Nr. 475 ff.

äußern, was über einen Rechtsanwalt (Verteidiger) geschehe. Spätestens dann ist allerdings in der Tat der Zeitpunkt gekommen, einen Verteidiger zu beauftragen, damit dieser für seinen Mandanten professionell tätig werden kann.

Umgang mit Medien

Es stellt ein Phänomen unserer Zeit dar, dass (vielfach schon mit Aufnahme von Ermittlungen) sogenannte Kunstfehlerprozesse eklatante Medienwirksamkeit erzeugen. Auch in diesem Zusammenhang ist seitens Kliniken ein professionelles Agieren geboten, was durch organisatorische Vorgaben gewährleistet werden muss.

So ist beispielsweise sicherzustellen, dass Äußerungen gegenüber Medienvertretern allenfalls vorbereitet und koordiniert erfolgen. Es muss ausgeschlossen sein, dass sich Betroffene oder sonstige Mitarbeiterinnen und Mitarbeiter des Hauses individuell äußern. Im Einzelfall kann zweckmäßig sein, offensiv mit einer Presseerklärung an die Öffentlichkeit zu treten. Zumindest sollte eine solche Verlautbarung prophylaktisch vorbereitet – und gemäß dem Fortgang der Erkenntnisse „fortgeschrieben" – werden, um nötigenfalls rasch reagieren zu können. Dabei ist wiederum die Beiziehung professioneller Unterstützung empfehlenswert (Einschaltung der eventuell bei öffentlichen oder großen Kliniktragern eingerichteten Pressestelle, Beiziehung eines Medienberaters etc.).

Persönlich Betroffene sollten sich gegenüber Medien überhaupt nicht äußern. Notfalls ist auf den anwaltlichen Vertreter zu verweisen. Dieser muss im Einzelfall in Abstimmung mit seinem Mandanten entscheiden, ob und in welcher Weise medienwirksam reagiert wird. Dabei bleibt allerdings auch zu veranschlagen, dass einem Vorfall und dessen Medienwirksamkeit mit eigener Informationserteilung nur weiterer „Auftrieb" gegeben wird. Grundsätzlich gilt, möglichst jegliche Publizität zu vermeiden.

Resümee

In den meisten Kliniken ist inzwischen ein mehr oder weniger umfängliches Qualitätsmanagement formell etabliert. Teil dessen muss auch eine adäquate Schadensbearbeitung – beginnend mit einem strukturierten Beschwerdemanagement – sowie eine umfassende Anleitung aller Mitarbeiterinnen und Mitarbeiter zum Verhalten bei und nach Zwischenfällen unter juristischen Aspekten sein.

Es empfiehlt sich, auch insoweit systematisch und strukturiert ein „Zwischenfallmanagement" zu etablieren, was klare schriftliche Organisationsmaßgaben und routinemäßige Belehrungen impliziert. Dies sollte zum einen durchaus auch als Ausfluss der Fürsorgepflicht eines Dienstherrn für seine Mitarbeiterinnen und Mitarbeiter verstanden werden. Zum anderen liegt aber im höchst eigenen Interesse einer Klinik, Komplikationen und Zwischenfälle von vornherein umfassend, d.h. also nicht nur unter medizinischen, sondern auch unter juristischen Aspekten, einer adäquaten Bewältigung zuzuführen. Dergestalt lassen sich vielfach formelle juristische Auseinandersetzungen vermeiden. Gelingt dies nicht, muss im Sinne weitergehender Schadensbegrenzung jeder Beteiligte wissen, was er zu tun und zu veranlassen bzw. wie er sich zu verhalten hat.

18. Zur haftungsrechtlichen Relevanz medizinischer Leitlinien (Thesen)

A. Laufs

Ziel des Arzthaftpflichtrechts ist es, ein Unterschreiten des Standards guter ärztlicher Behandlung wenigstens finanziell auszugleichen. Dem zivilrechtlichen Sorgfaltsmaßstab liegt das am Behandlungsauftrag zu messende Urteil medizinischer Sachverständiger zugrunde über das, was Standard ist für Behandlungsfeld, Behandlungszeit und Behandlungsort. Im Haftpflichtprozess gegen Ärzte und Krankenhausträger geht es um Qualitätsmängel. Welches Verhalten, so die Hauptfrage, war von einem Arzt in der jeweiligen diagnostischen oder therapeutischen Situation nach dem anerkannten und gesicherten Stand der medizinischen Wissenschaft und Erfahrung im Zeitpunkt der Behandlung oder Untersuchung zu erwarten? Der zivilrechtliche Sorgfaltsmaßstab oder Standard muss das Vertrauen rechtfertigen, das die Patienten in die Medizin setzen dürfen. Auf individuelle Schwächen oder situative sachliche Mängel der Behandlungsseite kommt es nicht an; sie entlasten grundsätzlich nicht. Der Verpflichtete hat alle Maßnahmen der Gefahrenabwehr zu ergreifen, die sein Fach gebietet.

„Leitlinien und Empfehlungen der Bundesärztekammer oder der Medizinischen Fachgesellschaften haben zwar keine Bindungswirkung, sind aber Wegweiser für den medizinischen Standard, von denen abzuweichen besonderer Rechtfertigung bedarf"[1]. „Wenn der rechtliche Standard dem medizinischen folgt, dann folgt der rechtliche auch der Leitlinie, weil die Leitlinie dem medizinischen Standard entsprechen soll … Wer der Leitlinie entsprechend handelt, dem kann prinzipiell kein Behandlungsfehlervorwurf gemacht werden. Wer von der Leitlinie abweicht, begibt sich in ein Behandlungsfehlerrisiko. Er wird für die Abweichung begründungspflichtig" (Hart)[2]. Das sei konsequent, weil die Leitlinie einen Handlungskorridor bestimme und Abweichungen zulasse, sofern dafür gute Gründe bestehen, etwa im Blick auf die Krankheitsspezifik oder Patienteneigenschaften. Hier wirke sich praktisch aus, dass die Leitlinie immer der Anwendung für die individuelle Behandlung des Patienten bedarf.

Unter diesem letzten Gesichtspunkt läßt sich die Funktion der Leitlinie freilich zurückhaltender auffassen. Standards wie Leitlinien bedürfen der Berücksichtigung im konkreten Einzelfall. „Ob der Arzt einen Behandlungsfehler begangen hat, der zu einer Gesundheitsschädigung des Patienten geführt hat, beantwortet sich ausschließlich danach, ob der Arzt unter Einsatz der von ihm zu fordernden medizinischen Kenntnisse und Erfahrungen im konkreten Fall vertretbare Entscheidungen über die diagnostischen und therapeutischen Maßnahmen getroffen

---

1 Steffen/Dressler, Arzthaftungsrecht, 9. Aufl. 2002, S. 87, mit Rechtssprechungsnachweisen.

2 Hart (Hrsg.), Ärztliche Leitlinien, 2000, S. 157.

und diese Maßnahmen sorgfältig durchgeführt hat"[3]. Es kommt also für die Frage des Behandlungsfehlers auf die individuelle Behandlungssituation an. Oft werden dieser besonderen Lage Leitlinien indessen nicht oder nicht voll gerecht. Zur evidenzbasierten muss die erfahrungsbasierte Therapie hinzutreten. Man denke an die Medikation bei alten, multimorbiden Patienten. Vielfach läßt sich die rechtlich objektiv gebotene Sorgfalt nicht ausschließlich mittels medizinischer Regelwerke konkretisieren. Das Recht legt den Arzt nicht für jede Behandlungssituation auf einen bestimmten Katalog von Maßnahmen fest. Verführe es so, höbe es die ärztliche Methoden- oder Therapiefreiheit auf.

Die Therapiefreiheit stellt kein Privileg des Arztes, sondern in ihrem letzten Grund ein fremdnütziges Recht dar. Sie erlaubt es dem Arzt, unabhängig von der Fessel normierender Vorschriften, nach pflichtgemäßem und gewissenhaften Ermessen im Einzelfall diejenigen therapeutischen Maßnahmen zu wählen, die nach seiner Überzeugung unter den gegebenen Umständen die besten Wirkungen für seinen Patienten erwarten lassen. Zur Freiheit der Methodenwahl gehört als unausweichliches Korrelat gewiss die Verbindlichkeit von Sorgfaltspflichten, welche die Verfahrensqualität gewährleisten. Dabei kann den Arzt durchaus auch die Pflicht treffen, von der Kunstregel abzuweichen, wenn er nach gewissenhaftem Bedenken und der Abwägung der Vorteile und Gefahren zu dem Schluss gelangt, einer anderen Methode, also etwa auch einer anderen Medikation oder Dosierung, folgen zu müssen[4].

Aus der ärztlichen Methodenfreiheit ergibt sich, „dass es nur begrenzt möglich ist, die Vertretbarkeit einer Maßnahme und damit das Vorliegen eines objektiven Behandlungsfehlers allein auf der Grundlage medizinischer Regelwerke, insbesondere der Leitlinien der wissenschaftlichen medizinischen Fachgesellschaften, zu bestimmen"[5].

Einerseits sind also die Leitlinien eine zur Ermittlung der grundsätzlich verpflichtenden Standards zu beachtende Erkenntnisquelle, andererseits können sie als für typisierte Problemlagen aufgestellte Regelwerke das zum gesundheitlichen Wohl eines konkreten Patienten in einer bestimmten Situation Gebotene nicht ausschließlich oder erschöpfend abstrakt bestimmen. „Ärztliche Leitlinien – wie alle für eine Vielzahl von Fällen, für typische Problemlagen geltenden Regelungen – werden daher zur Beurteilung der Frage, ob im konkreten Fall ein Behandlungsfehler anzunehmen ist oder nicht, in der Regel einen entscheidenden Hinweis auf den maßgeblichen ärztlichen Standard geben können, vermögen aber – wie dies auch in anderen Bereichen (etwa baurechtliche Bestimmungen, immissionsschutzrechtliche Vorgaben, technische Normierungen etc.) der Fall ist – die haftungsrechtliche Beurteilung nach den Normen des Zivilrechts, die sich am geschützten

---

3 BGH, NJW 1987, 2291, 2292; vgl. auch Nowak, Leitlinien in der Medizin. Eine haftungsrechtliche Betrachtung, 2002.

4 Zur Therapiefreiheit eingehend Laufs, Handbuch des Arztrechts, 3. Aufl. 2002, S. 17 – 22.

5 Igloffstein, Regelwerke für die humanmedizinische Individualbehandlung, 2003, S. 103.

Rechtsgut im Einzelfall auszurichten hat, als solche nicht abschließend verbindlich festzulegen"[6].

Es bleibt die Frage, welche beweisrechtliche Folge im Haftpflichtprozess der Umstand gewinnt, dass der Arzt einer einschlägigen Leitlinie folgte oder umgekehrt, dass er sie nicht anwandte. Liegt darin ein Indiz für die Fehlerfreiheit oder die Fehlerhaftigkeit ärztlichen Handelns? Brächte das Hintansetzen einer Richtlinie dem klagenden Patienten eine Beweiserleichterung bei der Behauptung des Arztfehlers? Im Haftpflichtverfahren gegen Ärzte und Krankenhausträger entscheiden häufig die Verteilung der Beweislast und die Beweismaßstäbe den Prozess. Die richterliche Rechtsfortbildung auf diesem Felde darf indessen nicht zu einer Rollenverschiebung im Arzt-Patienten-Verhältnis führen. „Grundsätzlich ist, wo die Ermittlung des Geschehens dem Sachverständigen und dem Gericht nicht gelingt, diese Erkenntnislücke der Krankheit des Patienten zuzuschreiben. Der Behandlungsseite ist die Beweislast nur zuzuschieben, wo auch die Erkenntnislücke selbst der ärztlichen Pflichtverletzung materiellrechtlich zuzurechnen ist, so dass zugleich auch die Grundregeln der prozessualen Durchsetzung von materiellen Rechten nicht nur nicht unterlaufen, sondern bestätigt werden"[7]. Für den Fehler – wie den Kausalitätsnachweis – trägt grundsätzlich der klagende Patient die Beweislast, weil sonst den Arzt eine von ihm nicht geschuldete Garantie für den Erfolg der Behandlung träfe.

Hat der Arzt im Einzelfall medizinische Leitlinien befolgt, so schließt ein solches Verhalten den vom Patienten zu führenden Nachweis nicht aus, dass angesichts besonderer Umstände der konkreten Behandlungssituation dennoch ein anderes Vorgehen geboten gewesen wäre. Die Beweislast für den Arztfehler läge nach der auch hier geltenden Hauptregel beim Patienten; ein non liquet schlüge also zu seinem Nachteil aus.

Doch wie steht es beweisrechtlich im umgekehrten Fall, in dem der Arzt den Leitlinien nicht oder nicht vollständig folgte? Summarische Antworten verbieten sich; es gilt vielmehr zu differenzieren. Dabei kommt es auf die Aktualität, die Stringenz und den Gegenstand der Leitlinie an. Außerdem müssen sich die beweisrechtlichen Maßgaben in das höchstrichterliche System einfügen.

Dem Patienten können Beweiserleichterungen zugute kommen einmal nach den Grundsätzen des Anscheinsbeweises, wenn nach der Lebenserfahrung die Schädigung typischerweise auf einen Behandlungsfehler hindeutet. Freilich besteht dafür wegen der individuellen Bewandtnisse der einzelnen Patienten wenig Raum. Immerhin lassen sich solche Konstellationen denken, etwa wenn der Arzt zwingende aktuelle Leitlinien im Interesse des Infektionsschutzes verletzt haben sollte.

Näher liegen Beweiserleichterungen für das Vorliegen eines Behandlungsfehlers zugunsten des Patienten aus Dokumentationsversäumnissen: Unterlässt es der Arzt, eine aufzeichnungspflichtige diagnostische oder therapeutische Maßnahme zu dokumentieren, so indiziert dies nach der Spruchpraxis, dass sie nicht getroffen wurde. Der Arzt, der einer medizinischen Leitlinie ganz oder teilweise nicht folgt, hat dies und die Gründe dafür in den Patientenunterlagen festzuhalten. Denn zu-

---

6 Dressler, in: Hart (Hrsg.), Ärztliche Leitlinien, S. 163.

7 Steffen/Dressler, S. 248 f.

erst im Dienste der Sicherheit des Patienten, dann auch unter dem Gesichtspunkt des Persönlichkeitsrechts des Kranken hat der Arzt die wichtigsten diagnostischen und therapeutischen Daten und die Verlaufsdaten zu dokumentieren. Dazu gehören gewiss die Gründe für das Abweichen von Richtlinien. Dokumentationslücken in dieser Hinsicht indizieren, dass der Arzt unbegründet handelte, also einen Fehler beging.

Im Verstoß gegen medizinische Leitlinien kann ein grober Arztfehler liegen. Ist ein grober Behandlungsfehler festgestellt, dann greifen bei der haftungsbegründenden Kausalität ausnahmsweise zugunsten des Patienten Beweiserleichterungen bis zur Ursächlichkeitsvermutung ein. „Die Bewertung eines ärztlichen Behandlungsfehlers als grob bedarf der ausreichenden Grundlage in den medizinischen Darlegungen des Sachverständigen, aus dessen fachlichen Ausführungen sich ergeben muss, dass nicht nur ein eindeutiger Verstoß gegen den ärztlichen Standard, sondern ein schlechterdings unverständliches Fehlverhalten vorliegt“[8]. Es geht um Verstöße gegen bewährte elementare Behandlungsregeln, gegen gesicherte grundlegende Erkenntnisse der Medizin. Diese Kriterien gelten auch für die Feststellung und Qualifizierung einer Abweichung des Arztes von den Vorgaben einer Leitlinie.

Ein noch nicht befriedigend gelöstes, durch die Gerichte auch noch nicht durchgearbeitetes, hochaktuelles Problem wirft die Spannung auf, die zwischen dem zivilen Haftungsrecht und dem sozialrechtlichen Versorgungsanspruch des Kassenpatienten entstehen kann. Engpässe bei den medizinischen Diensten infolge unterfinanzierter Haushalte, die Grenzen der Finanzierbarkeit ärztlicher Leistungen setzen die Standards unter Druck. Verdient der Arzt den Vorwurf des Behandlungsfehlers, wenn er einer im Zeichen der Finanznot vom Bundesausschuss der Ärzte und Krankenkassen erlassenen Leitlinie folgt, die Restriktionen gebietet? Können Defizite der Versorgung zu einer haftungsrechtlichen Abwälzung auf den Arzt führen, weil dieser den medizinischen Fachstandard nicht voll erfüllte? Wenn denn die Einheit der Rechtsordnung bestehen bleiben soll, dürfen Zivil- und Sozialrecht nicht auseinanderlaufen. Wenn der Arzt seinem Heilauftrag genügen soll, müssen die medizinischen Standards oberste Richtschnur bleiben. Aber: nemo ultra posse obligatur. Wird man sagen müssen, „dass das Haftungsrecht in begrenzter Form an die sozialrechtlichen Richtlinien gebunden ist; begrenzt deshalb, weil ein eigener haftungsrechtlicher Kontrollvorbehalt gelten sollte“?[9]

Kein geringerer als Klaus Ulsenheimer hat das unumgängliche Eingeständnis erklärt: Wir müssten nicht nur erkennen, sondern uns auch eingestehen und für Recht gelten lassen, dass der Arzt im Zeichen unentrinnbaren Kostendruckes die Regeln des Fachs gleichsam als ultima ratio unterschreiten dürfe – ein bisher undenkbarer Schritt. Er dürfe also äußerstenfalls das bestwirksame Medikament nicht verordnen, die für den Patienten sicherste Methode nicht anwenden und auf eine sehr teure, aber hinsichtlich ihres Erfolgs ungewisse Maßnahme verzichten. „Dies bedeutet zweifellos eine Risikoerhöhung oder Chancenverminderung für den Patienten. Wenn sie aber unausweichlich ist und sich noch im Rahmen des Er-

8 BGH, NJW 2001, 2794.

9 Hart, S. 158.

laubten hält, das heißt das für den Patienten aus der Behandlung resultierende Risiko und die sich für ihn ergebenden Nachteile nicht größer sind als im Falle der Nichtbehandlung bzw. Weiterverweisung an ein anderes Krankenhaus, anders ausgedrückt, wenn die iatrogene Gefährdung der Patienten infolge mangelnder Qualifikation, ungenügender personeller oder sachlicher Ausstattung des Krankenhauses die Chancen des Heileingriffs nicht überwiegt, ist die Grenze des erlaubten Risikos nicht überschritten. Insoweit handelt es sich vielmehr um einen Anpassungsprozess des medizinischen Standards, der für uns alle eine neue – schmerzliche – Erfahrung, aber der Schließung von Krankenhäusern und Abteilungen und damit einer immer stärkeren Zentralisierung und Spezialisierung vorzuziehen ist“[10].

Selbstverständlich begründet der Mangel an Ressourcen die Pflicht des Arztes, bei den Verantwortlichen in den Selbstverwaltungsgremien und in den Gebietskörperschaften auf Abhilfe zu drängen und die Patienten über die Situation und (private) Auswege aufzuklären. Aber wenn auf der untersten Ebene der Allokation die Mittel fehlen, müssen sich Standards absenken und damit auch die mit ihnen verbundene Haftung.

Die Verbindlichkeit von Leitlinien für die Beurteilung des zu fordernden medizinischen Standards sei keinesfalls geklärt und bilde eines der derzeit am heftigsten diskutierten Probleme, so urteilen nicht von ungefähr Bergmann und Müller in ihrem aktuellen Aufsatz über das Risikomanagement in Chirurgie und Orthopädie[11]. Im Blick auf das Urteil des OLG Stuttgart vom 22.2.2001[12] stellen sie kritisch fest: „Die unreflektierte Annahme eines Behandlungsfehlers bei Verstoß gegen eine Leit- oder Richtlinie, gleich welcher Evidenzstufe, ohne Berücksichtigung des Einzelfalls, kann … keinesfalls überzeugen“. In jenem Urteil ging es um einen Sachverhalt, in dem es 1995 nach Heparingaben im Gefolge chirurgischer Eingriffe zu einer Thrombozytopenie und in der Folge zu Thrombosen mit schwerwiegenden gesundheitlichen Konsequenzen gekommen war. Eine Kontrolle der Thrombozytenzahl hatten die Ärzte unterlassen, obwohl Leitlinien der Deutschen Gesellschaft für Chirurgie und der Arzneimittelkommission der Deutschen Ärzteschaft solche empfohlen hatten. Inhaltlich deckten sich die Empfehlungen keineswegs, und die weitaus meisten Ärzte kontrollierten damals in vergleichbaren Fällen die Thrombozytenzahl nicht, weil eine thrombosierende Wirkung von Heparin widersprüchlich erschien, galt dieses Mittel doch geradezu als Prophylakticum gegen Thrombosen. Auch einschlägige chirurgische Lehrbücher verlangten die Kontrolle nur vereinzelt. Dennoch nahm das Gericht ohne weiteres an, das Nichtbeachten der Leitlinien sei als Standardunterschreitung und damit als Behandlungsfehler zu werten.

Die Feststellung eines Behandlungsfehlers verlangt eine umsichtige Analyse aller Umstände des einzelnen Falles unter Einschluss der individuellen, besonderen Bewandtnisse unter Wahrung der – ihrerseits in Sicherungspflichten eingebundenen – Methodenfreiheit. Expertenauskünfte sind, wie regelmäßig im Arzthaft-

10 Chefarzt aktuell. Informationsdienst für leitende Krankenhausärzte Nr. 4/2004, S. 71.

11 MedR 2005, 650-658, 656 f.

12 MedR 2002, 650.

pflichtprozess, unentbehrlich. Eine unbedenkliche, rigorose Sanktionierung von Leitlinien, gar noch im Zeichen des Kostendrucks, muss Verantwortung wie Kompetenz des Arztes für den einzelnen Patienten in seinen individuellen Nöten schwächen und am Ende das Wohl des Kranken verfehlen. Auch in diesem Zusammenhang gebührt einem Beschluss des 107. Deutschen Ärztestages Aufmerksamkeit: Der Ärztetag hat nämlich jüngst zu Recht darauf bestanden, dass sich Qualität und Menschlichkeit des Gesundheitssystems nicht am statistischen Durchschnitt, sondern am Umgang mit dem einzelnen Menschen messen lassen müssen.

Nach einer empirischen Studie von Comos-Aldejohann[13] variiert im Umgang der Rechtspraxis mit ärztlichen Leitlinien der Grad der Kenntnisse wie die Tiefe der Befassung mit ihnen. Sowohl im Arzthaftungs- wie im Sozialrecht fehlten feste Maßgaben. In der Regel hänge im Prozess die Einbeziehung einschlägiger Leitlinien vom Vorgehen des gerichtsbeauftragten Sachverständigen oder der Gutachterstelle im Kommissionsverfahren ab. Hier wie generell trägt der medizinische Experte also eine hohe Verantwortung.

„Die Leitlinie ist medizinisch verbindlich, wenn sie dem Standard entspricht und ist rechtlich verbindlich, weil sie dem Standard entspricht" (Hart[14]). Jenseits des grundsätzlich verbindlichen Standards beginnt die Neulandmedizin. Ihr hat das BVerfG in einem Beschluss vom 6.12.2005[15] im Dienste Schwerstkranker sozialversicherungsrechtlichen Raum gegeben: das Recht der Gesetzlichen Krankenversicherung umfasst den Heilversuch. Ob auch auf diesem gewiss nicht zu schmalen Feld Richtlinien sinnvoll Platz finden können und sollen, steht dahin. In ihrem Besprechungsaufsatz zum Beschluss des BVerfG[16] unterbreiten Francke und Hart jedenfalls den folgenden Vorschlag: „Für die vertragsärztliche Versorgung in jenen Leistungsbereichen, in denen umstrittene Fälle in der Regel zu entscheiden sind, empfiehlt es sich, eine untergesetzliche Regelung, eine Heilversuchsrichtlinie des G-BA, zu erlassen, die einen Verbotsvorbehalt einschließlich des Ausschlusses typischer Fallgruppen eröffnet und die auf der Grundlage einer noch zu schaffenden parlamentsgesetzlichen Ermächtigung eine Anzeigepflicht von Vertragsärzten für Heilversuche sowie eine Dokumentationspflicht begründet."

[13] In dem von Hart herausgegebenen Sammelwerk: Ärztliche Leitlinien im Medizin- und Gesundheitsrecht: Recht und Empirie professioneller Normbildung. 2005, S. 411-430.

[14] Hart, ebenda, S. 115.

[15] MedR 2006, 164.

[16] MedR 2006, 131-138.

19. Medizinischer Standard und Organisationsverantwortung in Zeiten knapper finanzieller Ressourcen

K. Ulsenheimer und D. Berg

Der medizinische Fortschritt eröffnet einerseits immer neue und wirksamere Untersuchungs- und Behandlungsmöglichkeiten, doch werden auf der anderen Seite derzeit offensichtlich die Grenzen der Finanzierbarkeit und der wirtschaftlichen Belastbarkeit unseres Gesundheitssystems erreicht. Damit ergeben sich grundsätzliche Fragen nach der Aufrechterhaltung von bisher gültigen Standards, nach der Therapiefreiheit des Arztes und nach der Bedeutung dieser Mittelverknappung für die Arzthaftung. Im Einzelfall kann sich zwischen den medizinischen Möglichkeiten und den ökonomischen Grenzen ein Zielkonflikt entwickeln, der den behandelnden Arzt in erhebliche Nöte bringt.

Statik und Dynamik von Standards

Jeder Patient hat zu jedem Zeitpunkt und überall Anspruch auf den „Standard eines erfahrenen Facharztes". Mit dieser Formulierung, inhaltsgleich mit den „anerkannten Regeln" und dem „Stand der Wissenschaft", beschreibt die Rechtssprechung die „im Verkehr erforderliche Sorgfalt", die der Arzt bei seiner Tätigkeit nach § 276 BGB zu erfüllen hat. Aus der Anbindung der gebotenen Sorgfalt des Arztes an den objektiven Maßstab des Standards folgt, dass das Haftungsrecht keine Rücksicht auf „individuelle, örtliche Qualitätsdefizite[1]" nimmt, sondern von der Medizin ein bestimmtes Qualitätsniveau verlangt. Dieses wird als das zum Behandlungszeitpunkt in der Praxis bewährte, nach naturwissenschaftlicher Erkenntnis gesicherte, von einem durchschnittlich befähigten Facharzt verlangte Maß an Kenntnis und Können definiert[2].

Aber Steffen, der frühere Vorsitzende des BGH-Arzthaftungssenats, hat im Jahre 2000 ausgeführt[3], „das Arzt-Patientenverhältnis" werde „nicht nur durch die Befindlichkeit des Patienten und den Stand der medizinischen Erkenntnisse gestaltet, sondern auch dadurch, wie viel und auf welche Weise die Gesellschaft für die medizinische Versorgung ausgeben kann und will". Weiterhin: „Es können Patienten ihre Forderung nach optimaler Behandlung und Ärzte ihren Anspruch nach Therapiefreiheit jedenfalls zu Lasten der Solidargemeinschaft nicht unverkürzt durchsetzen". Dressler spricht davon[4], dass zwischen der Einhaltung des gebote-

---

1 Steffen, in: Chirurgie und Recht, 1993, S. 41.
2 vgl. Ulsenheimer, Arztstrafrecht in der Praxis, 3. Aufl. 2003, Rdnr. 18.
3 Steffen, FS Geiss 2000, S. 487.
4 Dressler, FS Geiss, 2000, S. 386.

nen Behandlungsstandards und der Gewährleistung einer sinnvollen Wirtschaftlichkeit und Finanzierbarkeit des Versorgungssystems eine Balance gefunden werden muss. Zu dieser „Balance" gehört die Feststellung des BGH, dass sich die Anforderungen an die gebotene Sorgfalt „nicht unbesehen an den Möglichkeiten von Universitätskliniken und Spezialkrankenhäusern orientieren dürfen, sondern auch an den für diesen Patienten in dieser Situation faktisch erreichbaren Gegebenheiten ausrichten müssen, sofern auch mit ihnen ein zwar nicht optimaler, aber noch ausreichender medizinischer Standard erreicht werden kann"[5].

Anerkannt ist von der Judikatur ferner, dass nicht „stets das neueste Therapiekonzept mittels einer auf den jeweils neuesten Stand gebrachten Ausstattung"[6] eingesetzt werden muss, sondern der zu fordernde medizinische Standard „je nach den personellen und sachlichen Möglichkeiten verschieden"[7] ist. Und weiter: „Der rasche Fortschritt der medizinischen Technik und die damit einhergehende Gewinnung immer neuer Erfahrungen und Erkenntnisse" führt daher „zwangsläufig zu Qualitätsunterschieden in der Behandlung von Patienten", ohne dass die Rechtssprechung diese Entwicklung kritisiert hat; allerdings sind diesen Abweichungen, wie der BGH einschränkend hinzufügt, „Grenzen" gesetzt.

Unstreitig ist, dass „bei der Beurteilung, welcher Sorgfaltsmaßstab im Einzelfall anzusetzen ist, die allgemeinen Grenzen im System der Krankenversorgung, selbst wenn es Grenzen der Finanzierbarkeit und der Wirtschaftlichkeit sind, nicht völlig vernachlässigt werden können"[8]. Diese systemimmanenten Grenzen schließen zum Beispiel Schadensersatzansprüche aus, wenn der Patient wegen fehlender Operationskapazität monatelang auf die Durchführung des Eingriffs warten muss und während dieser Zeit eine Hirnembolie erleidet[9]. Aus dem gleichen Grunde kann auch nicht verlangt werden, dass bei einer Nierenarteriendilatation „für jede mögliche Komplikation ein Notfallteam in Bereitschaft steht"[10].

Es ist allgemein anerkannt, dass derartige „Grenzen aus den Rahmenvorgaben des Systems der Krankenversorgung die ärztliche Behandlungsaufgabe beschränken und der Patient diese generellen Defizite im Gesundheitssystem hinnehmen muss"[11]. „Grenzen der Finanzierbarkeit, die sich aus dem Verteilungssystem ergeben, hat er (der Patient) als Krankheitsrisiko zu tragen"[12], so dass die Haftung des Arztes insoweit ausscheidet.

Unter Berücksichtigung des rasanten medizinischen Fortschritts und der schwindenden Ressourcen enthält der „Standard" daher eine *statische* und eine *dynamische* Komponente, die die „im Verkehr erforderliche Sorgfalt" als etwas Relatives erscheinen läßt. Das Haftungsrecht beschränkt sich „in einer Art Grenz-

---

5 BGH VersR 1994, 480, 482.

6 BGH NJW 1988, 763.

7 BGH NJW 1993, 2989.

8 OLG Köln, VersR 1993, 52 f.

9 OLG Köln, VersR 1993, 52; vgl. auch Deutsch, VersR 1998, 261; Rumler-Detzel, VersR 1998, 547.

10 OLG Oldenburg, VersR 1995, 49.

11 Steffen, a.a.O., S. 493.

12 Franzki, MedR 1994, 178; Steffen, a.a.O., S. 493.

kontrolle[13]" darauf, die Mindesterfordernisse für die berufsspezifische Sorgfaltspflicht des Arztes festzulegen. Diese Mindesterfordernisse gründen sich auf die essentielle Aufgabe jeden Rechts, nämlich den Rechtsgüterschutz, so dass Priorität vor allen anderen Aspekten der Schutz und die Sicherheit des Patienten haben, zumal bei der Krankenversorgung gerade die höchsten Rechtsgüter: Leben, körperliche Integrität, Gesundheit und Freiheit der Selbstbestimmung auf dem Spiel stehen.

Zusammenfassend läßt sich als allgemeine Auffassung in Judikatur und Literatur feststellen: „Das medizinisch Machbare ist nicht mit dem rechtlich Gebotenen gleichzusetzen. Haftungsmaßstab ist nicht eine medizinisch mögliche, aber unbezahlbare Maximaldiagnostik und -therapie"[14]. Die dem Gesundheitswesen zur Verfügung stehenden Mittel sind nicht beliebig vermehrbar, und der Patient muss daher „auch Restrisiken" legitimerweise in Kauf nehmen, „soweit der Arzt auf die Mittelzuweisung und -verteilung keinen Einfluss hat"[15].

Gefordert wird also nicht jede erdenkliche Sorgfalt, nicht ein Maximalstandard, sondern - in Abhängigkeit vom Versorgungsauftrag des Arztes in der Praxis des Niedergelassenen bis zur Universitätsklinik – etwas darunter Liegendes, das aber noch den Sicherheitsinteressen des Patienten genügt – eine für Sachverständige aus dem Bereich der Hochleistungsmedizin oft wichtige Klarstellung.

Die Untergrenze der gebotenen Sorgfalt

Entscheidend ist daher die Frage, wo die Untergrenze der Sorgfalt anzusetzen ist, bei deren Unterschreitung die zivil- und strafrechtliche Verantwortung des Arztes beginnt. An einigen folgenden Beispielen soll gezeigt werden, dass diese „unverzichtbare Basisschwelle des Standards" vom Recht unter Sicherheitsaspekten bestimmt wird. Erst wenn Ressourcen und Einrichtungen nicht mehr für alle akut hilfsbedürftigen Patienten zugleich ausreichen, wenn nach Ausschöpfung aller Finanzierungs- und Rationalisierungsreserven, wenn trotz bester Organisation bestimmte Leistungen nicht erbracht werden können, verkürzt sich der für die Beurteilung der „im Verkehr erforderlichen Sorgfalt" geltende Maßstab, also der medizinische Standard. Insoweit trifft „die Medizin eine Darlegungs- und Rechtfertigungslast"[16].

Die Dominanz des Arzthaftungsrechts über ökonomische Erwägungen läßt den Zwang ableiten, ungünstige Behandlungsbedingungen nach Kräften durch eine bessere Organisation und Kooperation, durch Rationalisierungsmaßnahmen, durch eine primäre Risikoselektion (siehe hierzu den Beitrag von Schwenzer) oder durch

---

13 Vgl. Schreiber, Notwendigkeit und Grenzen rechtlicher Kontrolle der Medizin, 1983, S. 38.

14 Franzki a.a.O. S. 179.

15 Franzki, a.a.O. S. 178; Laufs Arztrecht, 5. Aufl., 1993, Rdnr. 491.

16 Franzki, a.a.O. S. 178.

frühzeitige Übergabe des Patienten an besser ausgerüstete Spezialisten und Kliniken zu kompensieren[17].

Der BGH hat mehrfach betont, Ärzte und Krankenhäuser dürften „sich in keinem Fall darauf berufen, ein Mangel an ausreichend ausgebildeten Fachärzten zwinge zum Einsatz unerfahrener Assistenzärzte"[18], denn der gebotene Sicherheitsstandard dürfe nicht etwaigen personellen Engpässen geopfert werden[19] und die „angemessene medizinische Versorgung sei von vornherein sicherzustellen"[20].

Schließlich muss der Patient bei Behandlungsbeginn und bei Fortsetzung der Behandlung über eine eventuelle Reduktion des Standards und eine damit möglicherweise verbundene Risikoerhöhung oder eine Reduktion der Heilungschancen informiert werden.

Aus dem Gesagten wird deutlich, dass medizinische Maßnahmen im Falle wirklich nicht mehr kompensierbar ungünstiger Rahmenbedingungen nur dann noch akzeptabel sind, wenn der Patient durch die Nicht-Behandlung ein größeres Risiko einginge als durch eine Behandlung. Wenn die personellen und sachlichen Rahmenbedingungen so ungünstig sind, dass das daraus resultierende Risiko und die möglichen Nachteile größer sind als im Falle der Nichtbehandlung, ist der Endpunkt des rechtlich noch Vertretbaren erreicht. Bis dahin hat der „Arzt, der mit seinem Tun und Lassen im Recht bleiben will, auch in Engpässen und bei Kostendruck stets den Regeln seines Faches zu genügen", für die „die medizinischen Standards das Maß geben"[21].

Zielkonflikte und Lösungsansätze

Fachübergreifender Dienst

Aus Kostengründen wird an vielen kleineren Krankenhäusern ein fachübergreifender Bereitschaftsdienst eingeführt, der zum Beispiel zur Folge hat, dass ein Assistenzarzt der Inneren Medizin Nachtdienst im Krankenhaus verrichtet und dabei auch für die chirurgische Abteilung zuständig ist.[22] Eine solche personelle Besetzung ist sicherlich nicht optimal, aber unter bestimmten Voraussetzungen noch hinnehmbar:

© besonders intensive Übergabebesprechung vor Dienstantritt
© Fortbildung bezüglich der besonderen Belange der zu betreuenden Abteilungen

---

17 Laufs, Arztrecht, 5. Aufl., 1993, Rdnr. 492.

18 BGH VersR 1984, 62.

19 BGH NJW 1983, 1376.

20 BGH VersR 1984, 62.

21 Laufs, Arztrecht, 5. Aufl., 1993, Rndr. 492; zum Ganzen s. auch Ulsenheimer, Grenzen der ärztlichen Behandlungspflicht vor dem Hintergrund begrenzter finanzieller Ressourcen, in: FS Kohlmann, 2004, S. 319 ff.

22 Siehe dazu Ulsenheimer, Mitteilungen der Deutschen Gesellschaft für Chirurgie, 2005, 126 ff.

© kein Einsatz von Berufsanfängern
© genaue schriftliche Anweisungen für den Diensthabenden, insbesondere hinsichtlich der Hinzuziehungspflicht des Facharztes
© optimale Organisation des fachärztlichen Hintergrunddienstes
© Sonderbehandlung von aktuellen Risikopatienten
© möglichst „verwandte" Fächer (z. B. Orthopädie und Chirurgie) fachübergreifend tätig werden lassen

Unzulässig – aus dem Gesichtspunkt von Schutz und Sicherheit des Patienten – ist der fachübergreifende Bereitschaftsdienst im Bereich der *Geburtshilfe* und der *Anästhesie*. Hier können sehr kurzfristig Notsituationen entstehen, deren Erkennung besondere fachspezifische Kenntnisse voraussetzt, und die Anforderungen an Eintreff- und Handlungszeiten sind – in der Rechtssprechung belegt – so hoch (10 Minuten), dass sie von einem fachfremden Arzt nicht eingefordert werden können.

Parallelnarkosen

Aus Kostengründen und Personalmangel werden bisweilen Parallelnarkosen durchgeführt, bei denen der Anästhesist neben der eigenen Narkosetätigkeit auch die Narkosen anderer Patienten in verschiedenen Räumen überwacht. Der BGH hat hierzu in mehreren Entscheidungen Stellung genommen und gefordert, dass der sofortige Beistand eines Fachanästhesisten an jedem Op-Tisch gewährleistet sein muss. Deshalb sei „für die ohnehin bedenkliche Parallelnarkose grundsätzlich Blick- oder wenigstens Rufkontakt zu dem Fachanästhesisten" zu verlangen[23] und die Parallelnarkose auf Notfälle sowie die Mitüberwachung *eines* Op-Tisches zu begrenzen[24]. Eine Op-Organisation mit regelhaften Parallelnarkosen wäre also rechtswidrig.

Hebammen-Kreißsaal

Im Bereich der Geburtshilfe ist es für manche Krankenhausträger aus Kostengründen und wegen fehlenden ärztlichen Personals verlockend, sog. Hebammen-Kreißsäle ohne ärztliche Mitwirkung einzurichten. „Im Notfall könne auf einen in der Nähe tätigen Geburtshelfer zurückgegriffen werden", heißt es dann.

Es ist allerdings sehr fraglich, ob eine solche Rationierungsmaßnahme rechtlich haltbar ist. Nach Franzki[25] schuldet ein Krankenhausträger einer Patientin eine ärztliche Behandlung auf Facharztniveau. Eine Gebärende, die in knapp 30% aller Geburten operativ entbunden werden wird[26], wird vom Vorhandensein eines sol-

23 BGH NJW 1983, 1376.
24 BGH NJW 1983, 1375.
25 Franzki †: Vorsitzender Richter am OLG Celle a.D.: pers. Mitteilung.
26 Qualitätsbericht Krankenhaus Bayern der BAQ 2003/04.

chen Behandlungsniveaus ausgehen, wenn sie ein Krankenhaus mit geburtshilflicher Abteilung betritt. Der Krankenhausträger muss sicherstellen, dass im Notfall ärztliche Hilfe innerhalb gebotener Fristen zur Stelle und einsatzbereit ist – was er nicht kann, wenn ein ärztlicher Dienst nicht geregelt ist.

Forderungen an Leitlinien und Empfehlungen

Zur Lösung des Problems, die bestehenden und in zahlreichen Leitlinien aller Fachgebiete verankerten Standards unter unzureichenden Rahmenbedingungen erfüllen zu müssen, stellt sich die Frage nach einer Absenkung der Standards auf ein erreichbares Niveau. Derzeit erscheint ein Verzicht auf das in Deutschland gewohnte Diagnostik- und Therapie-Niveau noch nicht denkbar und daher nicht durchsetzbar, weil die beispielhaft geschilderten Kompensations-, Organisations- und Rationalisierungsmöglichkeiten als noch nicht voll ausgeschöpft gelten. In der Rechtssprechung wurde und wird den in der Krankenversorgung unterschiedlichen Rahmenbedingungen allerdings, wie oben dargestellt, teilweise schon Rechnung getragen.

Es kann jedoch versucht werden, die Forderungen der Leitlinien an bestehende personelle und strukturelle Gegebenheiten soweit anzupassen, dass der der Leitlinie zugrunde liegende Versorgungsauftrag wenigstens sinngemäß erfüllt werden kann. Als Beispiel sei die Leitlinie der Deutschen Gesellschaft für Gynäkologie und Geburtshilfe zu den Mindestanforderungen an geburtshilfliche Abteilungen genannt, die eine Rund-um-die-Uhr-Präsenz von Hebamme und Geburtshelfer in der geburtshilflichen Abteilung verlangen. In praxi gilt diese Präsenzpflicht als gegeben, wenn Arzt und Hebamme zwar außerhalb des Krankenhauses wohnen, aber innerhalb von 10 Minuten im Kreißsaal erscheinen können – also in einer Zeit, die ein im Krankenhaus wohnender Arzt oder Hebamme auch in großen Häusern benötigen würden. Es kann daher statt des geforderten Bereitschaftsdienstes auch ein Rufbereitschaftsdienst angesetzt werden. Auch die Forderung nach der ständigen Präsenz einer examinierten Kinderkrankenschwester ist in zahlreichen Krankenhäusern nicht zu realisieren. Hilfsweise wird deshalb vielfach versucht, eine „integrierte Wöchnerinnen-Baby-Versorgung" aufzubauen, an der Hebammen, Vollschwestern und Kinderkrankenschwestern gemeinsam mitwirken. Das dürfte zu akzeptieren sein, wenn durch Fortbildungsmaßnahmen sichergestellt wird, dass Vollschwester und Hebamme über die neonatalen Probleme Neugeborener unterrichtet werden und – vice versa – die Kinderkrankenschwestern über das Wochenbett und die Pflege operierter Patientinnen.

Inanspruchnahme der Versorgungskette

Der Gedanke, als Arzt für Fehler haftbar gemacht zu werden, die nicht auf eigener Fehlleistung, sondern auf unzureichender logistischer Unterstützung, unzureichenden Rahmenbedingungen und schlechter Organisation beruhen, ist schwer zu ertragen. Bei Arzthaftungsklagen in der Geburtshilfe wird in der Regel der Arzt beschuldigt und nicht die Hebamme oder der Krankenhausträger. Behandlungsfehler sind aber sehr häufig das Ergebnis von Systemfehlern, die wegen des derzeitigen wirtschaftlichen Drucks eher noch häufiger zu werden drohen.

Vor der Strafkammer eines Landgerichts hatte sich ein gynäkologisch-geburtshilflicher Belegarzt wegen des Vorwurfs der fahrlässigen Tötung zu verantworten. Nach einer Sectio war die Patientin im Aufwachraum des Kreißsaals verblutet. Tatsächlich hatte der Belegarzt die Sectio korrekt durchgeführt und die Patientin der Obhut des Anästhesisten und nachfolgend der Beleghebamme überlassen. Diese beauftragte wegen der Übernahme einer anderen Entbindung und entsprechend der hausinternen schriftlichen Regelung Pflegekräfte des Krankenhauses mit der weiteren postoperativen Betreuung. Trotz regelrechter Überwachung wurde der drohende Blutungsschock nicht erkannt. Eine Notoperation mit Hysterektomie konnte die junge Frau nicht mehr retten. Das Verfahren gegen den Belegarzt wurde eingestellt, dem Anästhesisten eine Teilschuld zuerkannt, aber die konkrete Frage nach der Schuld des „Systems“ am Tode der Patientin wurde strafrechtlich nicht weiter verfolgt.

Der Beweisbeschluss des Richters zielt im allgemeinen auf die Frage der ärztlichen Fehlleistung, und der an diesen Beweisbeschluss gebundene Gutachter wird die Defizite der dem Schadensfall zugrunde liegenden Versorgungskette nicht oder nur unzureichend berücksichtigen können. Hier sind die ärztlichen Gutachter gefordert, den Richter vor Erstattung ihres Gutachtens auf eine eventuelle Erweiterung des Beweisbeschlusses aufmerksam zu machen.

Information des Krankenhausträgers

Im allgemeinen weiß ein verantwortlicher Arzt im Krankenhaus um bestehende personelle, apparative oder strukturelle Defizite seiner Abteilung. Entsteht durch unzureichende Rahmenbedingungen ein Behandlungsschaden, so trifft den Arzt der Vorwurf des Übernahmeverschuldens, weil er die Behandlung in Kenntnis der Defizite begonnen und den Patienten damit gefährdet hat. Der Arzt kann sich allerdings dadurch exkulpieren, dass er nachweisen kann, den Krankenhausträger intensiv auf Defizite aufmerksam gemacht und Abhilfe verlangt zu haben, die ihm dann jedoch verwehrt wurde.

Der Chefarzt einer Abteilung muss deshalb alles in seiner Macht Stehende tun, um den „Ziel-Standard“ zu erreichen und diese Bemühungen darlegen können. Dazu gehören u. a. dringliche und mehrfache Informationen des Krankenhausträgers, dass und warum bestehende Standards nicht mehr erfüllt zu werden drohen und wie dies abgestellt werden kann. Wird erkennbar, dass die für den Krankenhausbetrieb erforderlichen Rahmenbedingungen nicht mehr ausreichen, um die Sicherheit des Patienten zu gewährleisten, darf der Betrieb nicht weitergeführt werden. Das Eingehen der erhöhten Gefahr ist dann nicht mehr durch die „soziale Adäquanz“ und das erlaubte Risiko gedeckt, die bei überwiegendem sozialen Nutzen auch eine an sich gefährliche Handlung rechtfertigen. Denn unter diesen Umständen steht „die Erfüllung des Heilauftrags grundsätzlich in Frage“[27], da die iatrogene Gefährdung des Patienten infolge mangelhafter Qualifikation des Arztes oder ungenügender Ausstattung des Krankenhauses die Chancen des Heileingriffs überwiegt und damit das erklaubte Risiko überschritten wird.

Gutachter-Schulung

Die ärztlichen Gutachter müssen viel stärker als bisher die sich durch die Einsparzwänge und Kostendämpfungsmaßnahmen im Gesundheitswesen ergebenden Einschränkungen Richtern, Staatsanwälten und Rechtsanwälten deutlich machen. Die Folgen der finanziellen Verknappung dürfen nicht zu Lasten von Krankenhäusern (Verwaltungsdirektoren und anderen Organisationsverantwortlichen), Ärzten und Pflegekräften gehen und ihre persönliche Haftung begründen.

Die ärztlichen Gutachter sind daher anzuhalten, bei der Bewertung von Behandlungsfehlern nicht nur die Fehler des primär angeschuldigten Arztes zu untersuchen, sondern auch das Umfeld zu beachten, in dem der Schaden entstanden ist. „Insbesondere die Krankenhausträger und für diese handelnd die Krankenhaus-Geschäftsführer tragen die wirtschaftliche Verantwortung für die Arbeitsabläufe am Krankenhaus und die Personalausstattung[28]“. Es gilt, auf die Verantwortung von Politik und Gesellschaft aufmerksam zu machen, damit nicht Krankenhäuser betrieben werden, die für eine ordnungsgemäße Versorgung ihrer Patienten nicht (mehr) ausreichend ausgestattet sind.

---

27 Siehe Dahm, in: Rieger LdA, 2. Aufl., 2001, Nr. 5090 L, Rdnr.9; Krüger, Andrologen-Info 2004, 150.

28 Bruns, W: Persönliche Haftung des Krankenhaus-Geschäftsführers für Organisationsfehler?, ArztR 2003: Heft 3, 60-66.

Stichwortverzeichnis